R. Lacoste
3

# DES SECRETS BIEN GARDÉS

Né en Angleterre en 1940, sir Jeffrey Archer fait ses études à l'université d'Oxford avant d'embrasser la carrière politique. En 1969, il est élu à la Chambre des communes, dont il devient l'un des plus jeunes membres de toute l'Histoire. Il en démissionne en 1974, ruiné et endetté, et décide de faire fortune grâce à sa plume. Pari gagné ! Inspiré de son expérience d'actionnaire floué, son premier livre, *La Main dans le sac*, rencontre un succès immédiat, et se vend à plusieurs millions d'exemplaires dans le monde. Il sera suivi de bien d'autres best-sellers, dont *Seul contre tous*, prix Polar international de Cognac, *Le Sentier de la gloire*, prix Relay du roman d'évasion, *Kane et Abel*, ou encore *Seul l'avenir le dira* et *Les Fautes de nos pères*.

*Paru dans Le Livre de Poche :*

CHRONIQUE DES CLIFTON
 1. Seul l'avenir le dira
 2. Les Fautes de nos pères

KANE ET ABEL

LE SENTIER DE LA GLOIRE

SEUL CONTRE TOUS

JEFFREY ARCHER

# *Des secrets bien gardés*

## Chronique des Clifton, 3

TRADUIT DE L'ANGLAIS PAR GEORGES-MICHEL SAROTTE

LES ESCALES

*Titre original :*

BEST KEPT SECRET
Publié par Macmillan, 2013.

Site de l'auteur : www.jeffreyarcher.com

© Jeffrey Archer, 2013.
© Éditions Les Escales, un département d'Édi8, 2014,
pour l'édition française.
ISBN : 978-2-253-01731-8

*À Shabnam et Alexander*

# ARBRE

## Famille Barrington

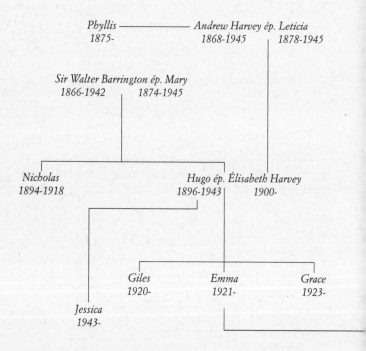

# GÉNÉALOGIQUE

## Famille Clifton

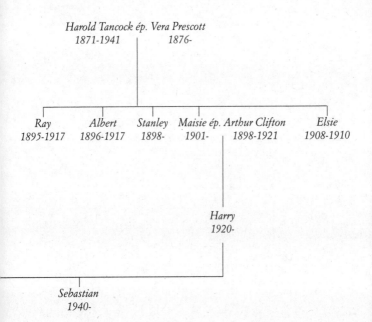

# Prologue

Big Ben égrena quatre coups.

Bien que le lord chancelier fût épuisé, vanné, après ce qui s'était passé cette nuit-là, le flot d'adrénaline qui avait envahi son corps restait encore assez puissant pour l'empêcher de dormir. Il avait promis à Leurs Seigneuries qu'il annoncerait sa décision dans l'affaire Barrington contre Clifton pour déterminer qui devait hériter du baronnet et des vastes propriétés de la famille.

Une fois de plus, il étudia les faits, parce qu'il croyait que seuls les faits comptaient dans ce domaine.

Au début de son stage de formation juridique, quarante ans auparavant, son tuteur lui avait conseillé de chasser tout sentiment personnel, tout a priori, au moment de porter un jugement sur son client ou sur un dossier. Le droit n'était pas une profession pour les esprits pusillanimes ou les âmes sensibles, avait-il souligné. Or, s'il avait respecté ce mantra durant quatre décennies, le lord chancelier devait reconnaître qu'il n'avait jamais eu jusque-là à se prononcer sur un dossier aussi délicat, où les deux plateaux de la balance étaient à ce point en équilibre. Il regrettait que F. E. Smith ne soit plus en vie, car il aurait bien voulu lui demander conseil.

D'une part... – comme il détestait ces formules toutes faites ! –, d'une part, donc, Harry Clifton était né trois semaines avant son meilleur ami, Giles Barrington : premier fait. D'autre part, Giles Barrington était indubitablement le fils de sir Hugo Barrington et d'Élisabeth, son épouse légitime : deuxième fait. Mais cela ne faisait pas de celui-ci premier-né de sir Hugo, et c'était là le point crucial du testament.

D'une part, Maisie Tancock avait donné naissance à Harry le vingt-huitième jour du neuvième mois après avoir eu des rapports avec sir Hugo, avait-elle reconnu, au cours d'une sortie d'entreprise à Weston-super-Mare : troisième fait. D'autre part, Maisie Tancock était mariée à Arthur Clifton à la naissance de Harry, et l'acte de naissance déclarait sans conteste qu'Arthur était le père de l'enfant : quatrième fait.

D'une part... Le lord chancelier repensa à ce qui s'était passé à la Chambre lorsque les lords avaient enfin emprunté l'un ou l'autre couloir pour passer au vote afin de décider qui de Giles Barrington ou de Harry Clifton devait hériter du titre et de « la totalité des biens y afférents ». Il se rappela les termes exacts du premier assesseur lorsqu'il avait annoncé les résultats devant une salle comble.

« Pour, couloir de droite : deux cent soixante-treize voix. Contre, couloir de gauche : deux cent soixante-treize voix. »

Un brouhaha avait alors éclaté sur les bancs rouges ; à cause du nombre égal de voix, il lui incombait de décider – tâche peu enviable – qui devait hériter le titre de la famille Barrington, la compagnie de transport maritime renommée, ainsi que les biens meubles et immeubles. Si seulement l'avenir des deux jeunes gens ne dépendait pas de sa décision ! Devait-il prendre en compte le fait que Giles Barrington souhaitait hériter du titre, contrairement à Harry Clifton ? Il n'en était pas question. Comme l'avait souligné lord Preston dans sa convaincante allocution prononcée depuis les bancs de l'opposition, cela créerait un fâcheux précédent, même si ça leur aurait facilité la tâche.

D'autre part, s'il se prononçait en faveur de Harry… Il finit par s'assoupir mais fut réveillé par un petit coup frappé à la porte à 7 heures, heure inhabituellement tardive. Il grogna et garda les yeux fermés pendant qu'il comptait les coups égrenés par Big Ben. Il ne restait que trois heures avant le moment où il allait devoir rendre son verdict et il n'avait toujours pas pris sa décision.

Il poussa un deuxième grognement en posant les pieds sur le plancher, puis chaussa ses pantoufles et se dirigea à pas feutrés vers la salle de bains. En s'installant dans la baignoire, il réfléchissait toujours au problème.

Fait : Harry Clifton et Giles Barrington étaient tous les deux daltoniens, tout comme sir Hugo. Fait : Le daltonisme était seulement transmis par les femmes, aussi n'était-ce qu'une coïncidence et il fallait, par conséquent, écarter cette donnée.

Il sortit de son bain, se sécha et enfila une robe de chambre avant de quitter sa chambre et de longer le couloir au tapis épais jusqu'à son cabinet de travail.

Il saisit son stylo et inscrivit les noms «Barrington» et «Clifton» sur la première ligne de la page, en dessous desquels il dressa la liste des «pour» et des «contre» du dossier de chacun des deux hommes. Au moment où Big Ben sonna huit coups, il avait rempli trois pages de son écriture ronde. Or il n'était guère plus avancé.

Il reposa son stylo et, à contrecœur, partit se sustenter.

Il prit son petit déjeuner tout seul. Il refusa même de jeter un coup d'œil aux journaux du matin disposés avec un soin extrême à l'autre bout de la table ou d'allumer la radio, car il ne voulait pas être influencé par un commentateur mal informé. Les journaux sérieux pontifiaient sur l'avenir du principe héréditaire au cas où le lord chancelier se prononcerait en faveur de Harry, tandis que les tabloïds ne paraissaient s'intéresser qu'à Emma, se demandant si elle pourrait épouser l'homme qu'elle aimait.

Lorsqu'il revint dans la salle de bains pour se brosser les dents, son avis n'était pas encore tranché.

Juste après que Big Ben eut carillonné 9 heures, il regagna prestement son cabinet de travail et parcourut ses notes dans l'espoir que la balance pencherait enfin clairement d'un côté, mais les deux plateaux restèrent en parfait équilibre. Il relisait une fois de plus ses notes quand un coup frappé à la porte lui rappela qu'il avait beau se croire très puissant, il était toutefois incapable de suspendre le vol du temps. Il poussa un profond soupir, arracha trois feuillets de son bloc-notes, se leva et, tout en poursuivant sa lecture, sortit de son cabinet de travail. Lorsqu'il entra dans sa chambre, il trouva East, son valet, au pied du lit et prêt à exécuter le rituel matinal.

East commença par enlever adroitement la robe de chambre de soie avant d'aider son maître à revêtir la chemise blanche encore imprégnée de la chaleur du fer à repasser. Vint ensuite le col amidonné, suivi d'un foulard de fine dentelle. Comme le lord chancelier enfilait des hauts-de-chausses noirs, il constata qu'il avait pris quelques kilos depuis son entrée en fonction. East l'aida ensuite à revêtir sa longue robe noire galonnée d'or avant de s'occuper de la tête et des pieds de son maître. Une grande perruque carrée fut placée sur sa tête puis le lord chancelier glissa ses pieds dans une paire de chaussures à boucle. Ce ne fut qu'au moment de passer autour de son cou la chaîne en or, symbole de sa fonction et qui avait été portée par trente-neuf lords chanceliers avant lui, que le personnage de théâtre se métamorphosa en la plus haute autorité juridique du royaume. Après un coup d'œil à la glace, il se sentit prêt à entrer en scène pour jouer son rôle dans le drame en cours. Dommage, cependant, qu'il n'ait toujours pas su son texte.

La précision des entrées et des sorties dans la tour nord du palais de Westminster aurait impressionné un adjudant-chef. À 9 h 47, on frappa un coup à la porte et David Bartholomew, son secrétaire, entra dans la pièce.

— Bonjour, milord, fit-il.

— Bonjour, monsieur Bartholomew.

— Je suis désolé de devoir vous informer que lord Harvey est mort cette nuit dans l'ambulance qui le conduisait à l'hôpital.

Les deux hommes savaient que ce n'était pas vrai. Lord Harvey – le grand-père de Giles et d'Emma Barrington – s'était effondré dans la Chambre quelques instants seulement après la sonnerie de la cloche annonçant le moment du vote. Cependant, ils respectaient tous les deux la convention séculaire, selon laquelle, si un membre de la Chambre des communes ou des lords venait à mourir pendant une séance, il fallait lancer une enquête approfondie sur les circonstances de la mort. Afin d'éviter ce désagréable et inutile remue-ménage, « il est mort dans l'ambulance qui le conduisait à l'hôpital » était alors la formule utilisée. La coutume remontait au temps de Cromwell, époque où les membres avaient le droit de porter des épées dans la Chambre ; chaque fois qu'une mort y survenait, on ne pouvait écarter l'hypothèse d'un homicide.

La mort de lord Harvey attrista le lord chancelier, car c'était un collègue qu'il appréciait et qu'il admirait. Il regrettait seulement que son secrétaire lui ait rappelé l'un des faits notés sous le nom de Giles Barrington : lord Harvey n'avait pas pu voter, s'étant effondré, mais sinon il aurait voté en faveur de Giles Barrington. Cela aurait réglé la question une fois pour toutes et le lord chancelier aurait pu jouir d'une bonne nuit de sommeil. À présent, c'était à lui que revenait la charge de régler définitivement la question.

Sous le nom de Harry Clifton, il avait indiqué un autre fait. Quand la première requête avait été examinée par les lords légistes, ils avaient décidé par quatre voix contre trois que Clifton devait hériter du titre et, pour citer le testament, de « la totalité des biens y afférents ».

Un second coup frappé à la porte et, vêtu d'un costume digne lui aussi d'une opérette de Gilbert et Sullivan, son porteur de traîne apparut pour lui signaler que la cérémonie séculaire était sur le point de commencer.

— Bonjour, milord, fit-il.

— Bonjour, monsieur Duncan.

Au moment où le porteur de traîne saisit le bas de la longue robe noire du lord chancelier, David Bartholomew fit un pas en avant et poussa les doubles portes de la salle de réception afin que son maître puisse entreprendre le trajet de sept minutes jusqu'à la Chambre des lords.

Des lords, des messagers portant l'insigne royal et des fonctionnaires de la Chambre qui vaquaient à leurs occupations quotidiennes s'écartèrent vivement dès qu'ils aperçurent le lord chancelier afin de ne pas gêner sa marche. Lorsqu'il passait devant eux, ils s'inclinaient très bas pour saluer non pas sa personne, mais le souverain qu'il représentait. Il avança le long du couloir au tapis rouge à la même allure que depuis six ans pour entrer dans la Chambre au moment où Big Ben sonnait le premier coup de 10 heures du matin.

Normalement, mais ce n'était pas un jour normal, chaque fois qu'il entrait dans la Chambre, il était accueilli par une poignée de membres de la Chambre qui se levaient poliment des bancs rouges, le saluaient en inclinant le buste et restaient debout pendant que l'évêque de service conduisait les prières matinales. Ensuite, on pouvait entamer l'ordre du jour.

Mais pas ce jour-là, parce que longtemps avant d'atteindre la Chambre, il entendit des bavardages. Il fut surpris par le spectacle qu'il découvrit en entrant. Il y avait tant de monde sur les bancs rouges que certains membres, incapables de trouver une place assise, avaient dû gagner les marches du trône, tandis que d'autres se tenaient debout à l'extérieur de la pièce. Les seules autres fois où la salle avait été aussi bondée, se rappela-t-il, c'était lorsque le roi avait prononcé le discours au cours duquel il avait informé les membres des deux Chambres du programme législatif que son gouvernement avait l'intention de mettre en œuvre pendant la prochaine session du Parlement.

Dès que le lord chancelier entra dans la Chambre, Leurs Seigneuries s'arrêtèrent de parler, se levèrent et saluèrent au moment où il se posta devant le *Woolsack* – le « Sac de laine » sur lequel s'assoit le lord chancelier.

Le premier magistrat du pays parcourut lentement l'assemblée du regard, rencontrant plus d'un millier d'yeux impatients. Ses yeux finirent par se poser sur trois jeunes gens assis en haut, à l'autre extrémité de la salle, dans la loge des visiteurs de marque, juste en face de lui. Giles Barrington, sa sœur Emma et Harry Clifton étaient en noir, par respect pour leur grand-père bien-aimé et, en ce qui concernait Harry, pour un mentor et un ami cher. Il avait de la sympathie pour tous les trois, conscient que le jugement qu'il allait prononcer allait changer leur vie. Il pria pour que cela soit pour le mieux.

Lorsque monseigneur Peter Watts, évêque de Bristol – quelle merveilleuse coïncidence ! pensa-t-il –, ouvrit son livre de prières, Leurs Seigneuries inclinèrent la tête et ne la relevèrent que lorsqu'il dit : « Au nom du Père, du Fils et du Saint-Esprit. »

L'assemblée se rassit et seul le lord chancelier resta debout. Une fois installées, Leurs Seigneuries attendirent son verdict.

— Messeigneurs, commença-t-il, je ne prétendrai pas que la tâche que vous m'avez confiée a été facile. Au contraire, j'avoue que c'est l'une des décisions les plus difficiles que j'ai eu à prendre au cours de ma longue carrière de juriste. Mais c'est Thomas More qui nous a rappelé que, lorsqu'on revêt cette robe, on doit accepter de prendre des décisions qui satisferont rarement tout le monde. Et, en effet, messeigneurs, en trois occasions dans le passé, après avoir annoncé sa décision, le lord chancelier fut décapité un peu plus tard le même jour.

Le rire qui accueillit ces propos allégea l'atmosphère, mais seulement quelques instants.

— Cependant, poursuivit-il une fois que les rires eurent cessé, il est de mon devoir de me souvenir que je ne dois des comptes qu'au Tout-Puissant. Gardant cela à l'esprit, messeigneurs, à propos du dossier Barrington contre Clifton portant sur la désignation de l'héritier légitime de sir Hugo Barrington, du titre de la famille et de la totalité des biens y afférents…

Une fois de plus, il leva les yeux vers la galerie et hésita. Son regard se posa sur les trois jeunes gens innocents assis dans la loge qui ne le quittaient pas des yeux. Il pria pour bénéficier de la sagesse de Salomon avant d'ajouter :

— Ayant considéré tous les faits, je me prononce en faveur de… Giles Barrington.

Un brouhaha de voix éclata immédiatement dans l'assemblée. Des journalistes sortirent vivement de la galerie de la presse pour transmettre à leurs rédacteurs en chef impatients la décision du lord chancelier, qui ne touchait pas au principe héréditaire et permettait à Harry Clifton de demander sa main à Emma Barrington, tandis que le public se penchait par-dessus la balustrade de la galerie des visiteurs pour voir comment les lords réagissaient à cette déclaration. Mais il ne s'agissait pas d'un match de football et le lord chancelier n'était pas un arbitre. Il ne serait pas nécessaire de donner un coup de sifflet car tous les membres de la Chambre des lords accepteraient et respecteraient son choix sans la moindre opposition ni contestation. En attendant que la clameur diminue, il leva encore une fois les yeux vers les occupants de la galerie les plus concernés par sa décision afin d'observer leur réaction. Harry, Emma et Giles fixaient sur lui un regard vide, comme s'ils n'avaient pas encore bien évalué toutes les conséquences de ce jugement.

Après des mois d'incertitude, Giles ressentit sur-le-champ un grand soulagement, même si la mort de son grand-père bien-aimé l'empêchait d'éprouver tout sentiment de victoire.

Harry ne pensait qu'à une chose en serrant fortement la main d'Emma : il pouvait enfin épouser la femme qu'il aimait.

Emma demeurait dans l'incertitude. En réalité, cette décision allait avoir des répercussions sur leur vie à eux trois, mais le lord chancelier n'aurait pas la charge de résoudre les nouveaux problèmes qui se présenteraient à eux.

Le lord chancelier ouvrit la chemise ornée de glands dorés et étudia le programme de la séance. La proposition de loi sur la sécurité sociale était le deuxième point à l'ordre du jour. Les choses revenant à la normale, plusieurs lords s'esquivèrent.

Le lord chancelier ne révélerait jamais à personne, même pas à son confident le plus intime, qu'il avait changé d'avis au tout dernier moment.

# Harry Clifton
# et
# Emma Barrington

## 1945-1951

# 1

— *Par conséquent, si quelqu'un s'oppose à cette union, qu'il parle maintenant ou se taise à jamais.*

Harry Clifton n'oublierait jamais la première fois où il avait entendu ces mots et comment, quelques instants plus tard, sa vie avait basculé. Le vieux Jack, qui, comme George Washington, était incapable de mentir, avait révélé dans la sacristie qu'il était possible qu'Emma Barrington, la femme que Harry adorait et qui était sur le point de devenir son épouse, était peut-être sa demi-sœur.

La scène était devenue insupportable lorsque la mère de Harry avait avoué qu'elle avait eu une fois, et une seule, des rapports sexuels avec Hugo Barrington, le père d'Emma. Il était donc possible qu'Emma et lui aient le même père.

À cette époque, sa mère sortait avec Arthur Clifton, un débardeur qui travaillait sur les chantiers navals Barrington. Bien que Maisie se soit mariée peu après avec Arthur, le pasteur avait refusé de célébrer le mariage de Harry et Emma puisque cela risquait de contrevenir aux lois séculaires de l'Église concernant la consanguinité.

Immédiatement, tel un lâche s'enfuyant du champ de bataille, le père d'Emma s'était éclipsé par la porte de derrière de l'église. Emma et sa mère avaient gagné l'Écosse, tandis que Harry, ne sachant plus que faire, était resté dans son collège de l'université d'Oxford comme une âme en peine. Ce fut Adolf Hitler qui décida de son sort.

Quelques jours plus tard, Harry quitta l'université et échangea sa cape d'étudiant contre l'uniforme d'élève officier de la marine marchande. Il naviguait en haute mer depuis moins de quinze jours quand une torpille avait sabordé son bateau, inscrivant le nom de Harry Clifton sur la liste des marins ayant péri en mer.

— *Veux-tu prendre cette femme comme épouse, veux-tu lui rester fidèle, jusqu'à ce que la mort vous sépare ?*

— *Oui, je le veux.*

Ce ne fut qu'à la fin des hostilités, quand Harry, blessé au champ d'honneur, était revenu de la guerre, qu'il découvrit qu'Emma avait donné naissance à leur fils, Sebastian Arthur Clifton. Lorsqu'il fut complètement rétabli, il apprit que Hugo Barrington avait été tué d'une manière absolument atroce et avait légué à la famille Barrington un autre problème tout aussi dévastateur que l'impossibilité pour Harry d'épouser la femme qu'il aimait.

Harry n'avait jamais jugé significatif le fait d'être âgé de quelques semaines de plus que Giles Barrington, le frère d'Emma et son meilleur ami, jusqu'à ce qu'il apprenne qu'il était peut-être, de ce fait, l'héritier du titre de la famille, de ses vastes domaines et, pour citer le testament, de « la totalité des biens y afférents ». Il s'empressa d'indiquer clairement qu'il ne s'intéressait pas du tout à l'héritage Barrington et qu'il était disposé à renoncer à son prétendu droit d'aînesse en faveur de Giles. Le roi d'armes principal de l'ordre de la Jarretière, autrement dit, le chef de la corporation héraldique du roi, avait paru consentir à cet arrangement et tout aurait pu se dérouler comme convenu si lord Preston, un membre travailliste de la Chambre des lords, n'avait pas décidé de revendiquer le titre pour Harry sans même le consulter.

« C'est une question de principe », avait expliqué lord Preston aux journalistes parlementaires qui l'interrogeaient à ce sujet.

— *Veux-tu prendre cet homme comme mari pour vivre ensemble selon la loi de Dieu dans les liens sacrés du mariage ?*

— *Oui, je le veux.*

Harry et Giles étaient restés des amis inséparables durant cette période, bien qu'ils aient été opposés l'un à l'autre devant la plus haute cour du pays ainsi qu'à la une de la presse nationale.

Ils se seraient tous les deux réjouis du verdict du lord chancelier si le grand-père de Giles et d'Emma l'avait entendu, assis à sa place au premier rang, mais il ne put apprendre qu'il avait gagné la bataille.

Grâce à ce jugement, comme les journaux s'empressèrent de le signaler à leurs lecteurs avides, la plus haute juridiction du royaume ayant décidé que Harry et Emma n'avaient aucune consanguinité, Harry était donc libre de la demander en mariage.

— *Avec cet anneau, je t'épouse, avec mon corps je te vénère, et de tous mes biens terrestres je te comble.*

Toutefois, Harry et Emma savaient tous les deux qu'une décision prise par un homme ne pouvait prouver sans conteste que Hugo Barrington n'était pas le père de Harry et, en tant que chrétiens pratiquants, cela les tracassait de risquer d'enfreindre la loi divine.

Malgré toutes les épreuves qu'ils avaient subies, l'amour qu'ils se portaient l'un à l'autre n'avait pas faibli. Au contraire, il s'était renforcé ; encouragée par Élisabeth, sa mère, et avec la bénédiction de Maisie, la mère de Harry, Emma accepta la demande en mariage de Harry. Aucune de ses deux grands-mères ne vécut assez longtemps pour assister à la cérémonie, ce qui l'attrista.

À cause de l'inévitable publicité tapageuse que le faste d'un mariage célébré dans une université aurait entraînée, les noces n'eurent pas lieu à Oxford, comme cela avait été prévu la première fois, mais dans un simple bureau d'état civil à Bristol, seulement en présence de la famille et de quelques amis intimes.

La décision la plus triste que prirent Harry et Emma, à contrecœur, fut que Sebastian Arthur Clifton serait leur unique enfant.

2

Laissant Sebastian à la bonne garde d'Élisabeth, ils passèrent leur lune de miel en Écosse au château de Mulgelrie, la demeure ancestrale de lord et lady Harvey, les défunts grands-parents d'Emma.

Le château fort leur rappela les quelques jours de vacances qu'ils y avaient passés juste avant que Harry n'aille étudier à Oxford. La journée, ils faisaient des randonnées dans les collines, et il était rare qu'ils reviennent au château avant que le soleil ait disparu derrière la plus haute cime. Après le dîner – le cuisinier s'était souvenu que monsieur Harry buvait trois assiettes de bouillon –, ils s'asseyaient près d'un feu de bûches pour lire Evelyn Waugh, Graham Greene et P. G. Wodehouse, l'auteur favori de Harry.

Après deux semaines durant lesquelles ils rencontrèrent plus d'animaux des Highlands que d'êtres humains, ils reprirent à contrecœur le chemin de Bristol. Ils arrivèrent au manoir en se réjouissant à l'avance de mener une paisible vie familiale, mais ce ne serait pas le cas.

Élisabeth avoua qu'il lui tardait de leur rendre Sebastian. Il y avait eu trop de crises de larmes à l'heure du coucher, expliqua-t-elle tandis que Cléopâtre, sa chatte siamoise, sautait sur ses genoux avant de s'endormir sur-le-champ.

— Franchement, ce n'est pas trop tôt, ajouta-t-elle. Je n'ai pas réussi à terminer les mots croisés du *Times* une seule fois en quinze jours.

Harry remercia sa belle-mère pour sa compréhension et ils ramenèrent leur fils hyperactif au château Barrington.

*
\* \*

Avant leur mariage, puisqu'il passait la majeure partie de son temps à Londres pour son travail de député travailliste, Giles avait insisté pour qu'Emma et Harry considèrent le château Barrington comme leur maison. Avec sa bibliothèque de dix mille livres, son immense parc et ses grandes écuries, c'était un lieu idéal pour eux. Harry pouvait y écrire ses romans policiers de la série William Warwick, Emma montait tous les jours à cheval et Sebastian jouait dans le vaste domaine, ramenant d'étranges animaux pour partager son goûter.

Giles revenait souvent à Bristol en voiture le vendredi soir pour dîner avec eux. Le samedi matin, il recevait les électeurs de sa circonscription, puis passait au club des dockers pour boire une ou deux pintes de bière avec Griff Haskins, son directeur de campagne. L'après-midi, Griff et lui se joignaient à dix mille de ses électeurs au stade Eastville pour regarder les Bristol Rovers perdre au football plus souvent qu'ils ne gagnaient. Giles n'avoua jamais, même pas à son directeur de campagne, qu'il aurait préféré passer ses samedis après-midi à regarder jouer l'équipe de rugby, car Griff lui aurait rappelé qu'il y avait rarement plus de deux mille spectateurs au Memorial Ground et que la plupart d'entre eux votaient pour le parti conservateur.

Le dimanche matin, il s'agenouillait à Sainte-Marie-Redcliffe, à côté d'Emma et de Harry. Harry pensait que Giles n'accomplissait là que son devoir car à l'école il avait toujours trouvé un prétexte pour éviter d'assister à l'office. Il était cependant indéniable que Giles acquérait vite une réputation de député consciencieux et travailleur.

Puis, sans la moindre explication, ses visites de fin de semaine s'espacèrent de plus en plus. Chaque fois qu'Emma abordait le sujet, il marmonnait quelque chose sur ses obligations parlementaires. Harry n'était guère convaincu et espérait que les longues absences de son beau-frère n'entameraient pas sa faible majorité à la prochaine élection.

Un vendredi soir, ils découvrirent à quoi Giles s'était réellement occupé les derniers mois.

Il avait téléphoné un peu plus tôt à Emma pour lui annoncer qu'il viendrait passer le week-end à Bristol et qu'il arriverait assez tôt pour dîner avec eux. En revanche, il ne lui avait pas dit qu'il serait accompagné.

En général, Emma aimait bien les petites amies de son frère. Elles étaient immanquablement séduisantes, souvent un peu fofolles et toujours en adoration devant lui, même si la plupart d'entre elles ne faisaient pas assez long feu pour qu'elle ait le temps de bien les connaître. Cette fois-là, les choses allaient être différentes.

Lorsque Giles lui présenta Virginia ce vendredi soir, Emma ne comprit pas ce que son frère pouvait lui trouver. Certes, elle était très belle et venait d'une excellente famille. D'ailleurs, avant même qu'ils passent à table, elle leur rappela plusieurs fois qu'elle avait été élue « débutante de l'année » (en 1934) et trois fois qu'elle était la fille du comte de Fenwick.

Emma aurait pu mettre ça sur le compte de la tension si Virginia n'avait pas chipoté à table et chuchoté à Giles, assez fort pour qu'on puisse l'entendre, que ce devait être difficile de trouver de bons domestiques dans le Gloucestershire. À la grande surprise d'Emma, Giles se contenta de sourire sans jamais la contredire. Emma était sur le point de dire quelque chose qu'elle allait regretter plus tard, elle le savait, lorsque Virginia annonça qu'elle était épuisée après une si longue journée et qu'elle souhaitait se retirer.

Une fois qu'elle fut partie, Giles marchant un pas derrière elle, Emma se dirigea vers le salon, se versa un grand whisky et s'affala dans le fauteuil le plus proche.

— Dieu seul sait ce que ma mère va penser de lady Virginia, dit-elle.

— L'opinion d'Élisabeth n'importera guère, répondit Harry en souriant, parce que je pense que Virginia ne durera pas plus longtemps que les autres petites amies de Giles.

— Je n'en suis pas aussi sûre. Je me demande surtout pourquoi elle s'intéresse à Giles, parce qu'il est clair qu'elle n'est pas amoureuse de lui.

*
* *

Lorsque Giles et Virginia repartirent pour Londres après le déjeuner, le dimanche après-midi, ayant à s'occuper d'une affaire beaucoup plus urgente, Emma s'empressa d'oublier la fille du comte de Fenwick. Une gouvernante de plus avait rendu son tablier en annonçant que le hérisson qu'elle avait trouvé dans son lit avait été la goutte d'eau qui avait fait déborder le vase. Harry ressentit une certaine sympathie pour la malheureuse.

— Le fait qu'il soit fils unique n'aide guère, déclara Emma après qu'elle eut réussi à endormir Sebastian ce soir-là. Ce ne doit pas être très amusant de n'avoir personne avec qui jouer.

— Moi, ça ne m'a pas du tout gêné, répondit Harry sans lever les yeux de son livre.

— Ta mère m'a dit que tu étais un enfant très difficile avant d'aller à Saint-Bède, et, de toute façon, à l'âge de Seb, tu passais plus de temps aux docks que chez toi.

— Eh bien, il ne va pas tarder à commencer sa scolarité à Saint-Bède.

— Et que veux-tu que je fasse en attendant ? Que je le lâche aux docks tous les matins ?

— Ce n'est pas une mauvaise idée.

— Sois sérieux, mon chéri. Sans le vieux Jack, tu y serais encore aujourd'hui.

— C'est vrai, reconnut Harry en rendant un hommage silencieux au grand homme. Mais que faire ?

Emma mit tant de temps à répondre qu'il se demanda si elle s'était assoupie.

— Peut-être, répondit-elle, l'heure est-elle venue d'avoir un autre enfant.

Il fut si étonné qu'il referma son livre et scruta le visage de sa femme. Avait-il bien entendu ?

— Mais je croyais qu'on avait décidé… s'étonna-t-il.

— C'est vrai, et je n'ai pas changé d'avis, mais il n'y a aucune raison pour qu'on ne pense pas à l'adoption.

— D'où te vient cette idée, ma chérie ?

— Je pense constamment à la petite fille qui a été découverte dans le bureau de mon père, le soir de sa mort. (Elle n'arrivait jamais à utiliser le mot «tué».) Et à la possibilité que c'était peut-être son enfant.

— Mais il n'y a aucune preuve qu'elle le soit. Et, de toute façon, je ne vois pas très bien comment tu pourrais la retrouver après tout ce temps.

— Je pensais consulter un célèbre auteur de romans policiers afin de connaître son avis.

— William Warwick, répondit-il après avoir mûrement réfléchi, te suggérerait sans doute de contacter Derek Mitchell.

— Mais tu n'as sûrement pas oublié que Mitchell a travaillé pour mon père, et on ne peut pas dire qu'il voulait notre bien.

— C'est vrai, et c'est précisément la raison pour laquelle je lui demanderais conseil. Après tout, c'est la seule personne qui sait où sont enterrés tous les cadavres.

\*
\* \*

Ils se donnèrent rendez-vous au Grand Hotel. Emma arriva un peu avant l'heure et choisit un siège dans un coin du salon où ils ne risquaient pas d'être entendus. En l'attendant, elle réfléchit aux questions qu'elle avait l'intention de lui poser.

M. Mitchell entra au moment où 16 heures sonnaient à la pendule. Bien qu'il ait pris un peu de poids depuis la dernière fois où elle l'avait rencontré et que ses cheveux aient été un peu plus gris, la claudication restait son signe distinctif. Sa première pensée fut qu'il ressemblait davantage à un gérant de banque qu'à un détective privé. À l'évidence, il la reconnut tout de suite car il se dirigea immédiatement vers elle.

— Je suis ravi de vous revoir, madame Clifton, dit-il.

— Asseyez-vous, je vous prie, dit Emma, tout en se demandant s'il était aussi tendu qu'elle. Je voulais vous voir, monsieur Mitchell, reprit-elle, ayant décidé d'aller droit au but, parce que j'ai besoin des services d'un détective privé.

Il s'agita sur son siège.

— Lors de notre dernière rencontre, je vous avais promis de vous régler le restant de la dette de mon père.

L'idée venait de Harry. Il avait dit que cela montrerait à Mitchell que son offre d'emploi était sérieuse. Elle ouvrit son sac et en tira une enveloppe qu'elle lui tendit.

— Merci, dit Mitchell, manifestement très surpris.

— Vous vous rappelez que, lors de notre dernier entretien, nous avons parlé du bébé trouvé dans un panier d'osier dans le bureau de mon père. Le commissaire Blakemore, qui était chargé du dossier, comme vous vous en souvenez sans doute, a indiqué à mon mari que la petite fille avait été recueillie par les autorités locales.

— C'est la procédure habituelle puisque personne n'est venu la chercher.

— En effet, c'est ce que j'ai appris, et, pas plus tard qu'hier, j'ai parlé à l'employé en charge de ce service à la mairie, mais il a refusé de me renseigner sur l'endroit où la fillette se trouve à présent.

— Nul doute qu'il suive les instructions données par le médecin légiste après l'enquête afin de protéger l'enfant de journalistes curieux. Ce qui ne signifie pas qu'il soit impossible de découvrir le lieu où elle est.

— Je suis ravie de l'apprendre... Mais, poursuivit Emma après un instant d'hésitation, avant que nous cherchions à le savoir, il faut que je sois sûre que la fillette est bien l'enfant de mon père.

— Je peux vous assurer, madame Clifton, que cela ne fait absolument aucun doute.

— Pour quelle raison en êtes-vous à ce point persuadé ?

— Je peux vous fournir tous les détails, mais cela risque de vous mettre un peu mal à l'aise.

— Monsieur Mitchell, je ne pense pas pouvoir être surprise par quoi que ce soit à propos de mon père.

Il resta coi quelques instants, puis finit par déclarer :

— À l'époque où je travaillais pour sir Hugo, vous savez qu'il était parti vivre à Londres.

— Il serait plus juste de dire qu'il s'y était enfui le jour de mon mariage.

Mitchell ne fit aucun commentaire et poursuivit :

— Environ un an plus tard, il est allé habiter à Lowndes Square avec une certaine Olga Piotrovska.

— Comment en avait-il les moyens, puisque mon grand-père lui avait coupé les vivres ?

— Il ne les avait pas. Pour parler franchement, M<sup>lle</sup> Piotrovska n'entretenait pas seulement des rapports avec lui, elle l'entretenait, tout court.

— Pouvez-vous m'en dire un peu plus sur cette dame ?

— Beaucoup plus... Elle était polonaise de naissance et avait fui Varsovie en 1941, juste après l'arrestation de ses parents.

— Quel crime avaient-ils commis ?

— Celui d'être juifs, répondit Mitchell d'un ton neutre. Après avoir réussi à franchir la frontière avec quelques biens de sa famille, elle est allée à Londres où elle vivait dans un hôtel particulier à Lowndes Square. Peu après, elle a rencontré votre père à un cocktail donné par un ami commun. Il lui a fait la cour pendant plusieurs semaines avant de s'installer chez elle en lui promettant de l'épouser dès que son divorce serait prononcé.

— J'ai dit que rien ne me surprendrait, mais j'avais tort.

— Ça va de mal en pis. À la mort de votre grand-père, sir Hugo l'a immédiatement plaquée et est rentré à Bristol pour réclamer son héritage et devenir à son tour président du conseil d'administration de la compagnie de transport maritime Barrington. Entre-temps, il avait volé tous les bijoux de M<sup>lle</sup> Piotrovska, ainsi que plusieurs de ses tableaux de maîtres.

— Si c'est vrai, pourquoi n'a-t-il pas été arrêté ?

— Il l'a été et il allait être inculpé quand Toby Dunstable, son complice, qui avait décidé de collaborer avec la justice, s'est suicidé dans sa cellule la veille de son procès.

Emma baissa la tête.

— Préférez-vous que je m'arrête là, madame Clifton ?

— Non, fit Emma en le regardant dans les yeux. Je veux tout savoir.

— Votre père n'était pas au courant quand il est rentré à Bristol, mais M$^{lle}$ Piotrovska était enceinte. Elle a donné naissance à une petite fille que son acte de naissance désigne comme Jessica Piotrovska.

— Comment le savez-vous ?

— Parce que M$^{lle}$ Piotrovska a eu recours à mes services lorsque votre père n'a plus pu régler mes factures. N'est-il pas ironique qu'elle se soit retrouvée à sec juste au moment où votre père héritait d'une fortune ? Voilà pourquoi elle s'est rendue à Bristol avec Jessica. Elle voulait révéler à sir Hugo qu'il avait une autre fille, car elle pensait qu'il était de son devoir de l'élever.

— Et maintenant, c'est le mien, murmura Emma. Mais je ne sais absolument pas comment faire pour la retrouver, continua-t-elle après un silence, et j'espérais pouvoir compter sur votre aide.

— Je ferai mon possible, madame Clifton. Mais, après tout ce temps, ce ne sera pas facile. Si je découvre quelque chose, vous serez la première à en être informée, ajouta-t-il en se levant.

Il s'éloigna en claudiquant et elle se sentit un peu coupable. Elle ne lui avait même pas offert une tasse de thé.

*
* *

Il lui tardait de rentrer pour raconter à Harry son entretien avec Mitchell. Lorsqu'elle pénétra en trombe dans la bibliothèque du château Barrington, il reposait le téléphone. Il avait un sourire si radieux qu'elle lui dit simplement :

— Toi d'abord.

— Mon éditeur américain veut que je fasse une tournée de promotion aux États-Unis pour la parution de mon nouveau livre le mois prochain.

— Voilà une excellente nouvelle, mon chéri. Tu vas enfin pouvoir rencontrer grand-tante Phyllis, sans parler du cousin Alistair.

— Je bous d'impatience.

— Ne te moque pas, mon petit !

— Je ne me moque pas, mais mon éditeur suggère que tu m'accompagnes. Par conséquent, tu pourras les voir toi aussi.

— J'adorerais t'accompagner mais ça ne pourrait pas tomber plus mal. M$^{me}$ Ryan, la gouvernante de Seb, a fait sa valise et, à ma grande honte, l'agence nous a radiés de ses listes.

— Peut-être pourrais-je convaincre mon éditeur de nous laisser emmener Seb.

— Ce qui aurait sans doute pour conséquence notre expulsion du pays. Non, je vais rester ici avec Seb pendant que tu partiras à la conquête des colonies.

— Dommage, dit-il en la prenant dans ses bras. Je me réjouissais à l'avance de faire un second voyage de noces. Au fait, comment s'est passé ton entretien avec Mitchell ?

*
\* \*

Harry était à Édimbourg à l'occasion d'un déjeuner littéraire lorsque Derek Mitchell téléphona à Emma.

— J'ai peut-être une piste, annonça-t-il sans donner son nom. Quand pouvons-nous nous rencontrer ?

— Demain matin, 10 heures, même endroit ?

Elle venait de reposer le récepteur lorsque le téléphone sonna à nouveau. C'était sa sœur.

— Quelle agréable surprise, Grace ! Mais, telle que je te connais, tu dois avoir une bonne raison pour appeler.

— Certains d'entre nous ont un travail à plein temps, lui rappela Grace. Mais tu as raison. Je t'appelle parce que j'ai assisté hier soir à une conférence donnée par le professeur Cyrus Feldman.

— Le double lauréat du prix Pulitzer ? fit Emma, dans l'espoir d'épater sa sœur. De l'université de Stanford, si j'ai bonne mémoire.

— Je suis impressionnée. Tu aurais été fascinée par sa conférence.

— C'est un économiste, n'est-ce pas ? demanda Emma, qui tentait de ne pas couler. Ce n'est guère mon domaine.

— Ni le mien. Mais il a parlé de transports…

— Ça semble passionnant.

— Ça l'était, poursuivit Grace, sans tenir compte du ton ironique de sa sœur. Surtout lorsqu'il a évoqué l'avenir des compagnies maritimes maintenant que la British Overseas Airways Corporation projette de mettre en service une ligne régulière entre Londres et New York.

Emma comprit soudain la raison du coup de fil de Grace.

— Puis-je obtenir le texte de la conférence ?

— Tu peux faire mieux que ça. Sa prochaine escale étant Bristol, tu peux aller l'écouter en personne.

— Peut-être pourrais-je aller lui parler après la conférence. J'aurais beaucoup de questions à lui poser.

— Bonne idée. Mais, dans ce cas, reste sur tes gardes. Quoiqu'il soit l'un des rares mâles dont le cerveau soit plus gros que les roustons, il a déjà eu quatre épouses, et la dernière en date n'était pas là hier soir.

— Comme tu peux être vulgaire, petite sœur ! s'esclaffa Emma. Mais merci pour le conseil.

*
* *

Le lendemain matin, Harry se rendit en train d'Édimbourg à Manchester et, après s'être adressé à un petit groupe à la bibliothèque municipale, il accepta de répondre à des questions.

Bien évidemment, la première fut posée par un journaliste. Les journalistes se présentaient rarement et ils ne semblaient guère s'intéresser à son dernier livre. Ce jour-là, ce fut le tour du *Manchester Guardian*.

— Comment va M$^{me}$ Clifton ? s'enquit-il.

— Bien, merci, répondit Harry d'un ton prudent.

— Est-il vrai que vous vivez toujours sous le même toit que sir Giles Barrington ?

— C'est une très grande maison.

— Êtes-vous amer que son père lui ait tout légué et rien à vous ?

— Absolument pas. J'ai eu Emma et c'est tout ce que je désirais.

Cette réponse ayant semblé réduire le journaliste à quia quelques instants, un membre de l'assistance en profita pour intervenir.

— Quand William Warwick obtiendra-t-il le poste du commissaire Davenport ? demanda-t-il.

— Pas dans le prochain livre, répliqua Harry avec un sourire. Ça, je peux vous le garantir.

— Est-il vrai, monsieur Clifton, que vous avez perdu sept gouvernantes en moins de trois ans ?

Apparemment, il n'y avait pas qu'un seul journal à Manchester.

Dans la voiture qui le ramenait à la gare, Harry se mit à maugréer contre la presse, même si le représentant de l'éditeur à Manchester lui fit remarquer que toute cette publicité ne paraissait pas affecter les ventes de son roman. Mais Harry savait qu'Emma commençait à se faire du souci à propos de l'effet que les journaux pourraient avoir sur Sebastian à la rentrée scolaire.

— Les enfants sont capables de cruauté, lui rappela-t-elle.

— En tout cas, il ne se fera pas rosser parce qu'il lèche son bol de porridge, répondit-il.

*
* *

Bien qu'Emma eût quelques minutes d'avance, Mitchell était déjà assis dans un coin lorsqu'elle entra dans le salon de l'hôtel. Il se leva dès qu'elle le rejoignit.

— Voulez-vous une tasse de thé ? lui demanda-t-elle, avant même de s'asseoir.

— Non, merci, madame Clifton.

Peu porté sur les entrées en matière, il se rassit et ouvrit son carnet.

— Il semble, reprit-il, que les autorités locales aient placé Jessica Smith…

— Smith ? s'étonna Emma. Pourquoi pas Piotrovska ? Ou même Barrington ?

— Trop révélateur, à mon avis. Je suppose qu'après l'enquête le médecin légiste a insisté pour que l'anonymat soit respecté. Et les autorités locales ont envoyé M<sup>lle</sup> J. Smith au foyer d'un certain D<sup>r</sup> Barnardo à Bridgwater.

— Pourquoi Bridgwater ?

— C'est sans doute le foyer le plus proche qui possédait une place libre à l'époque.

— S'y trouve-t-elle toujours ?

— Oui, autant que je sache. Mais je viens de découvrir que Barnardo projette d'envoyer plusieurs des jeunes filles dans des foyers australiens.

— Mais pour quelle raison ?

— Cela fait partie de la politique d'immigration des Australiens de payer dix livres sterling pour aider à financer le voyage des jeunes gens vers leur pays et ils apprécient particulièrement les filles.

— J'aurais cru qu'ils préféreraient les garçons.

— Apparemment, ils en ont suffisamment, répondit Mitchell en souriant, ce qui était tout à fait inhabituel.

— Par conséquent, on a intérêt à se rendre à Bridgwater le plus tôt possible.

— Patience, madame Clifton. Si vous paraissez trop pressée, ils risquent de deviner pourquoi M<sup>lle</sup> J. Smith vous intéresse tant et de décider que M. Clifton et vous n'êtes pas des parents adoptifs acceptables.

— Mais quelle raison pourraient-ils invoquer pour nous évincer ?

— Votre nom, en premier. Sans parler du fait que vous et M. Clifton n'étiez pas mariés à la naissance de votre fils.

— Alors, que recommandez-vous ? demanda-t-elle à voix basse.

— Faites une demande par la voie normale. Évitez d'avoir l'air impatiente et donnez-leur l'impression que ce sont eux qui décident.

— Mais comment faire pour qu'ils ne refusent pas notre candidature malgré tout ?

— À vous de les pousser délicatement dans la bonne direction, madame Clifton.

— Que suggérez-vous ?

— Quand vous remplissez le formulaire, on vous demande de signaler vos préférences. Ça fait gagner du temps à tout le monde et évite les tracas. Par conséquent, si vous précisez que vous recherchez une fillette de cinq ou six ans, puisque vous avez un fils un peu plus grand, cela devrait contribuer à réduire les possibilités.

— D'autres suggestions ?

— Oui. À la rubrique « Religion », cochez la case « Aucune préférence ».

— En quoi est-ce que cela nous aidera-t-il ?

— Parce que la fiche de M$^{\text{lle}}$ Jessica Smith indique « mère juive, père inconnu ».

3

— Comment un Angliche a-t-il pu obtenir l'Étoile d'argent ? demanda l'agent de l'immigration à l'aéroport Idlewild lorsqu'il étudia le visa d'entrée de Harry.
— C'est une longue histoire, répondit Harry, qui pensa que ce ne serait pas une bonne idée de lui dire que, la dernière fois qu'il avait débarqué à New York, il avait été arrêté pour meurtre.
— Excellent séjour aux États-Unis ! lança l'employé en lui serrant la main.
— Merci, dit Harry en s'efforçant de ne pas avoir l'air étonné.
Il quitta le service de l'immigration et se dirigea vers l'endroit où l'on retirait les bagages. Pendant qu'il attendait sa valise, il vérifia une nouvelle fois ses instructions. Il devait être accueilli par l'attaché de presse de Viking qui l'accompagnerait à son hôtel et lui présenterait le programme. En Grande-Bretagne, quand il se rendait en tournée de promotion en province, il était toujours accompagné par l'attaché commercial de la région, aussi ne savait-il pas précisément ce qu'était un attaché de presse.

Après avoir récupéré sa vieille valise d'étudiant, il gagna la douane. Un douanier le pria d'ouvrir son bagage, effectua une fouille rapide, traça sur le côté une grande croix à la craie et l'invita à poursuivre son chemin. Il passa sous un énorme panneau en demi-cercle où une inscription souhaitait aux voyageurs la bienvenue à New York, au-dessous d'une photo de William O'Dwyer, le maire de la ville, qui leur faisait un sourire radieux.

Lorsqu'il déboucha dans le hall des arrivées, il fut accueilli par une rangée de chauffeurs qui brandissaient des pancartes sur lesquelles étaient inscrits des noms. Il chercha le sien et, lorsqu'il le découvrit, il sourit au chauffeur en disant :

— C'est moi !

— Enchanté, monsieur Clifton, déclara-t-il. Je m'appelle Charlie, poursuivit-il en attrapant la lourde valise de Harry comme si c'était un porte-documents. Et voici Natalie, votre attachée de presse.

Harry se retourna et découvrit une jeune femme que ses instructions désignaient seulement comme N. Redwood. Elle était presque aussi grande que lui, avait des cheveux blonds coiffés à la dernière mode, des yeux bleus, et Harry n'avait vu une dentition aussi parfaite et d'un blanc aussi éclatant que dans les réclames pour les dentifrices. Elle avait, de surcroît, une taille de guêpe. Dans la Grande-Bretagne d'après guerre encore soumise au rationnement, il n'avait jamais vu un physique comme celui de Natalie.

— Ravi de faire votre connaissance, mademoiselle Redwood, dit-il en lui serrant la main.

— Enchantée, Harry. Appelez-moi Natalie, ajouta-t-elle comme ils quittaient le hall et suivaient Charlie en direction de la sortie. Je suis une grande fan de votre œuvre. J'adore William Warwick et je suis absolument certaine que votre dernier livre aura, lui aussi, beaucoup de succès.

Une fois sur le trottoir, Charlie ouvrit la portière arrière de la plus longue limousine que Harry ait jamais vue. Harry s'écarta pour laisser Natalie monter la première.

— Ah, j'adore les Anglais, dit-elle tandis qu'il s'installait à côté d'elle et que la voiture se joignait à un flot de véhicules roulant lentement en direction de New York. On va d'abord se rendre à votre hôtel. J'ai réservé pour vous une suite au Pierre, au onzième étage. J'ai prévu un peu de temps pour que vous fassiez un brin de toilette avant le déjeuner avec M. Guinzburg au Harvard Club. Il lui tarde de vous rencontrer.

— J'ai très envie de le rencontrer moi aussi. Il a publié mes journaux de prison ainsi que le premier roman de la série William Warwick. Je lui dois donc beaucoup.

— Et il a investi énormément de temps et d'argent pour s'assurer que *Faites vos jeux* figure dans la liste des meilleures ventes. Il m'a demandé de vous expliquer comment nous avons l'intention d'y parvenir.

— Je vous en prie, dit Harry en jetant un coup d'œil par la vitre pour admirer la vue, qu'il n'avait découverte que depuis l'arrière d'un fourgon pénitentiaire jaune, lequel, loin de le conduire à une suite au Pierre Hotel, l'avait mené à une cellule de prison.

Une main toucha sa jambe.

— Nous devons passer en revue de nombreux points avant que vous rencontriez M. Guinzburg, déclara Natalie en lui tendant une épaisse chemise bleue. D'abord, permettez-moi de vous expliquer comment nous entendons procéder pour que votre roman soit un best-seller, parce que ici nous n'opérons pas du tout comme en Angleterre.

Il ouvrit la chemise et s'efforça de se concentrer. Il n'avait jamais été assis à côté d'une femme dont le corps semblait avoir été coulé dans sa robe.

— En Amérique, continua-t-elle, on n'a que trois semaines pour s'assurer que le livre figure sur la liste des meilleures ventes du *New York Times*. Si au bout de ce laps de temps il ne se trouve pas parmi les quinze premiers, les librairies remballeront les exemplaires invendus de *Faites vos jeux* et les renverront à l'éditeur.

— Mais c'est fou ! s'exclama Harry. En Angleterre, une fois que le libraire a passé commande, du point de vue de l'éditeur, le livre est vendu.

— Vous n'offrez pas aux libraires l'option « vente ou retour » ?

— Sûrement pas ! répliqua Harry, choqué par cette idée.

— Et est-ce vrai que vous vendez toujours les livres sans offrir de rabais ?

— Oui. Bien sûr.

— Eh bien, vous allez découvrir que c'est l'autre grande différence ici. Car si votre livre figure parmi les quinze meilleures ventes, son prix est automatiquement divisé par deux et le livre est relégué au fond du magasin.

— Pourquoi donc ? Un best-seller devrait être mis en bonne place à l'entrée du magasin, et même dans la vitrine, et il ne devrait certainement pas être vendu au rabais.

— Pas depuis que nos chers publicitaires ont découvert que, si les lecteurs doivent aller jusqu'au fond d'une librairie pour trouver un best-seller, un client sur cinq achète deux livres supplémentaires sur le chemin de la caisse et un sur trois en acquiert un de plus.

— C'est très futé, mais je ne pense pas que cette pratique voie jamais le jour en Angleterre.

— Je pense qu'il ne s'agit que d'une question de temps, mais en tout cas, vous comprenez maintenant pourquoi il est important de faire tout pour que votre livre figure le plus tôt possible sur cette liste ; car une fois que le prix sera divisé par deux, vous aurez toutes les chances de rester plusieurs semaines parmi les quinze premiers. En fait, il est plus difficile de sortir de la liste que d'y entrer. Mais si nous échouons, *Faites vos jeux* aura disparu des rayons dans un mois et nous aurons perdu énormément d'argent.

— J'ai compris, dit Harry, tandis que la limousine roulait lentement sur le Brooklyn Bridge et qu'il retrouvait les taxis jaunes et leurs chauffeurs, un cigare à demi consumé entre les lèvres.

— Ce qui complique notre tâche, c'est que nous devons nous rendre dans dix-sept villes en vingt et un jours.

— « Nous » ?

— C'est ça. Je vais vous tenir la main pendant tout le voyage, répondit-elle d'un ton naturel. En général, je reste à New York et je laisse un attaché de presse de chaque ville s'occuper des auteurs en tournée promotionnelle, mais pas cette fois-ci. M. Guinzburg a insisté pour que je ne vous lâche pas d'une semelle, ajouta-t-elle en lui effleurant à nouveau la jambe, avant de tourner une page de la chemise qui reposait sur ses genoux.

Il lui jeta un coup d'œil et elle lui fit un sourire enjôleur. Était-elle en train de l'aguicher ? Non, c'était impossible. Après tout, ils venaient de se rencontrer.

— Je vous ai déjà fait inviter par plusieurs des principales radios, y compris au « Matt Jacobs Show », qui a onze millions d'auditeurs tous les matins. Matt n'a pas son pareil pour faire vendre les livres.

Harry aurait voulu poser plusieurs questions mais Natalie était comme une carabine Winchester : une balle était tirée chaque fois qu'on levait la tête.

— Attention, poursuivit-elle sans reprendre son souffle, la plupart des présentateurs des grandes émissions ne vous accorderont que quelques minutes, ça n'a rien à voir avec votre BBC. Ils n'ont aucune idée de ce qu'est une « analyse en profondeur ». Pendant le temps qui vous sera imparti, n'oubliez pas de répéter le titre du livre le plus souvent possible.

Il commença à feuilleter le programme de la tournée promotionnelle. Chaque journée semblait commencer dans une ville différente. Il participait à un programme de radio matinal et à d'innombrables émissions, puis donnait des interviews à la presse écrite, avant de filer vers l'aéroport.

— Tous les auteurs sont-ils traités de cette façon ? demanda-t-il.

— Sûrement pas, répliqua-t-elle en posant à nouveau sa main sur sa jambe. Ce qui m'amène au plus gros problème que vous nous posez.

— Je vous pose un problème ?

— Absolument. La plupart des intervieweurs voudront vous interroger sur votre séjour en prison et savoir comment un Anglais a pu obtenir l'Étoile d'argent, mais il vous faudra toujours ramener l'entretien sur le livre.

— En Angleterre, une telle attitude serait considérée comme plutôt vulgaire.

— En Amérique, c'est la vulgarité qui vous fait figurer sur la liste des meilleures ventes.

— Mais les intervieweurs ne voudront-ils pas parler du livre ?

— Harry, vous devez comprendre qu'aucun d'entre eux ne l'aura lu. Une douzaine de nouveaux romans atterrissent sur leur bureau chaque jour, aussi estimez-vous heureux s'ils ont été plus loin que le titre. Ce sera un plus s'ils se souviennent de votre nom. Ils ont accepté de vous inviter à leur émission uniquement parce que vous êtes un ancien prisonnier qui a obtenu l'Étoile d'argent. Par conséquent, tirons le maximum de la situation et profitons-en pour faire la promo du livre à tout prix, expliquait Natalie au moment où la limousine s'arrêtait devant le Pierre.

Il tardait à Harry de rentrer en Angleterre.

Le chauffeur sortit de la voiture et ouvrit le coffre tandis qu'un groom de l'hôtel se dirigeait vers la voiture. Natalie fit traverser à Harry le hall en direction de la réception où il n'eut qu'à montrer son passeport et à signer le registre des arrivées. Natalie semblait avoir annoncé l'avènement du Messie.

— Bienvenue au Pierre, monsieur Clifton ! lança le réceptionniste en lui tendant une grosse clé.

— Je vous retrouve dans le hall dans une heure, dit Natalie en jetant un coup d'œil à sa montre. Ensuite la limousine vous conduira au Harvard Club pour le déjeuner avec M. Guinzburg.

— Merci, répondit Harry, avant de la regarder retraverser le hall, franchir la porte à tambour et disparaître dans la rue.

Il remarqua qu'il n'était pas le seul homme à ne pas pouvoir la quitter des yeux.

Un groom l'accompagna au onzième étage, le fit entrer dans sa suite et lui expliqua comment tout fonctionnait. Harry n'était jamais descendu dans un hôtel qui avait à la fois une baignoire et une douche. Il décida de prendre des notes pour pouvoir tout raconter à sa mère dès son retour à Bristol. Il remercia le porteur et se sépara du seul dollar en sa possession.

Avant même de défaire sa valise, il décrocha le téléphone près du lit et demanda qu'on établisse une communication « de particulier à particulier » avec Emma.

— Je vais vous rappeler dans environ quinze minutes, monsieur, annonça l'opérateur des communications intercontinentales.

Il resta longtemps sous la douche et, après s'être essuyé avec la plus grande serviette qu'il ait jamais vue, il venait tout juste de commencer à défaire sa valise quand le téléphone sonna.

— Votre communication intercontinentale est établie, monsieur, annonça l'opérateur.

Puis il reconnut la voix d'Emma.

— C'est toi, chéri ? Tu m'entends ?

— Pour sûr, poupée, répondit Harry en souriant.

— Tu parles déjà comme un Américain. Qu'est-ce que ce sera dans trois semaines…

— Je serai prêt à rentrer à Bristol, je parie. Surtout si le livre ne figure pas sur la liste des meilleures ventes.

— Que se passera-t-il alors ?

— Je risque de rentrer plus tôt.

— J'en serais ravie. Et d'où m'appelles-tu ?

— Du Pierre. Ils m'ont mis dans la plus grande chambre d'hôtel que j'aie jamais vue. On pourrait dormir à quatre dans le lit.

— Assure-toi qu'une seule personne s'y allonge.

— Il y a la climatisation et un poste de radio dans la salle de bains. Remarque, je ne sais pas encore comment mettre toutes les choses en marche. Ou les arrêter.

— Tu aurais dû emmener Seb avec toi. Il aurait déjà tout compris.

— Ou tout démonté en me laissant tout remonter. Comment va-t-il, à propos ?

— Bien. En fait, il semble plus calme sans gouvernante.

— C'est un soulagement. Et comment avance ta recherche de M$^{lle}$ J. Smith ?

— Lentement. Mais on m'a convoquée pour une entrevue demain après-midi chez le D$^r$ Barnardo.

— Ça semble un bon début.

— Je vois M. Mitchell le matin pour savoir ce qu'il faut dire et surtout ce qu'il ne faut pas dire.

— Tu t'en tireras très bien, Emma. Rappelle-toi qu'ils sont chargés de placer les enfants dans de bons foyers. Mon seul souci, c'est la réaction de Seb quand il découvrira ce que tu manigances.

— Il le sait déjà. J'ai abordé le sujet hier soir juste avant son coucher et, à ma grande surprise, il a semblé adorer cette idée. Mais une fois que Seb est impliqué, ça crée toujours un nouveau problème.

— Qu'est-ce que c'est, cette fois-ci ?

— Il veut avoir son mot à dire au moment du choix. La bonne nouvelle, c'est qu'il veut une sœur.

— Ça risque d'être quand même délicat si M$^{lle}$ J. Smith ne lui plaît pas et qu'il a un coup de cœur pour une autre.

— Dans ce cas, je ne sais pas ce que nous ferons.

— Eh bien, il faudra réussir à le persuader que c'est lui qui a choisi Jessica.

— Et comment penses-tu y parvenir ?

— Je vais y réfléchir.

— Surtout, ne le sous-estime pas ! Sinon ça risque de se retourner contre nous.

— Parlons-en à mon retour. Il faut que je me dépêche, ma chérie. Je dois déjeuner avec Harold Guinzburg.

— Assure-le de mon affection et rappelle-toi que tu ne peux pas te permettre de le sous-estimer, lui non plus. Et n'oublie pas de lui demander ce qui est arrivé à…

— Je n'ai pas oublié.

— Bonne chance, mon chéri. Fais tout pour te hisser sur la liste des meilleures ventes !

— Tu es pire que Natalie.
— Qui est Natalie ?
— Une blonde ravissante aux mains baladeuses.
— À d'autres, monsieur Clifton !

*
* *

Emma fut parmi les premières à arriver dans le grand amphithéâtre de l'université, ce soir-là, pour écouter la conférence du professeur Cyrus Feldman sur le sujet suivant : « Après avoir gagné la guerre, l'Angleterre a-t-elle perdu la paix ? »

Elle s'assit à l'extrémité d'un gradin situé à mi-hauteur. Longtemps avant l'heure prévue pour le début de la conférence, l'amphithéâtre était si bondé que les retardataires durent s'asseoir sur les marches dans les allées et deux ou trois se perchèrent même sur les rebords des fenêtres.

L'auditoire applaudit à tout rompre l'entrée du lauréat du prix Pulitzer accompagné du vice-président de l'université. Une fois que tout le monde se fut assis, sir Philip Morris présenta son invité, résumant brièvement la carrière de l'économiste distingué, depuis ses études à Princeton jusqu'à l'obtention, l'année précédente, de son second prix Pulitzer, en passant par sa nomination à Stanford, où il fut le plus jeune professeur titulaire d'une chaire ayant jamais exercé dans cette université. La présentation fut saluée par une deuxième salve d'applaudissements. Le professeur Feldman se leva alors de son siège et se dirigea vers le pupitre.

Ce qui frappa en premier Emma, avant même que Cyrus Feldman n'ait ouvert la bouche, fut de voir à quel point il était bel homme, détail que Grace avait omis de mentionner quand elle avait appelé. Il devait mesurer un peu plus d'un mètre quatre-vingts, était doté d'une épaisse chevelure grisonnante et son visage hâlé rappelait à tous l'endroit où il enseignait. Son allure sportive faisait oublier son âge et suggérait qu'il devait passer autant d'heures au gymnase qu'à la bibliothèque.

Dès qu'il commença à parler, Emma fut fascinée par son énergie et sa fougue, et bientôt tout l'auditoire était sous le charme. Les étudiants écrivaient à toute allure, sans rien omettre, et Emma regretta de ne pas avoir apporté un calepin et un stylo.

Parlant sans notes, le professeur passait allègrement d'un sujet à l'autre : le rôle de Wall Street après la guerre ; le dollar, nouvelle monnaie mondiale ; le pétrole, produit qui allait dominer la seconde moitié du siècle et peut-être au-delà ; le futur rôle du Fonds monétaire international et la question de savoir si l'Amérique allait rester attachée à l'étalon-or.

Quand la conférence se termina, le seul regret d'Emma était qu'il avait à peine effleuré la question des transports, ayant seulement évoqué le fait que l'avion allait modifier l'ordre du monde tant dans le domaine des affaires que dans celui du tourisme. Toutefois, en professionnel expérimenté, il rappela à l'assistance qu'il avait écrit un livre sur le sujet. Emma n'allait pas attendre Noël pour s'en procurer un exemplaire. Cela lui fit penser à Harry. Elle espérait que la tournée américaine de promotion de son roman se déroulait sans encombre.

Après avoir acheté *Le Nouvel Ordre du monde*, elle se joignit à la longue file d'attente des personnes qui voulaient faire dédicacer le livre. Lorsque ce fut son tour, elle avait déjà presque terminé le premier chapitre et se demandait s'il accepterait de lui accorder un petit moment pour développer ses idées sur l'avenir des compagnies de transport maritime britanniques.

Quand elle posa le livre sur la table devant lui, il lui fit un sourire amical.

— À qui dois-je dédicacer le livre ?

Elle décida de tenter sa chance.

— À Emma Barrington.

Il la regarda de plus près et demanda :

— Seriez-vous par hasard apparentée à feu sir Walter Barrington ?

— C'était mon grand-père, répondit-elle avec fierté.

— Je l'ai entendu donner une conférence, il y a fort longtemps, sur le rôle que jouerait l'industrie des transports si l'Amérique entrait dans la Première Guerre mondiale. J'étais étudiant à l'époque et il m'a plus appris en une heure que mes professeurs en tout un semestre.

— Il m'a beaucoup appris à moi aussi, répondit Emma en lui rendant son sourire.

— J'aurais voulu lui poser un grand nombre de questions, ajouta Feldman, mais il devait prendre un train pour Washington ce soir-là et je ne l'ai jamais revu.

— Et moi, c'est à vous que j'aimerais poser un grand nombre de questions, dit Emma. En fait, pour être plus précise, il faut absolument que je vous les pose.

Feldman jeta un coup d'œil à la file d'attente.

— Je suppose que cela ne devrait pas me prendre plus d'une demi-heure et, étant donné que je ne dois pas reprendre le train pour Washington ce soir, peut-être, mademoiselle Barrington, pourrions-nous avoir un entretien privé avant mon départ ?

4

— Et comment va mon Emma bien-aimée ? s'enquit Harold Guinzburg après avoir accueilli Harry au Harvard Club.

— Je viens de lui parler au téléphone, dit Harry. Elle vous envoie ses tendres amitiés et est déçue de ne pas pouvoir se joindre à nous.

— Moi aussi, je suis déçu. Dites-lui que la prochaine fois je n'accepterai aucune excuse. (Il lui fit traverser la salle à manger en direction de ce qui était à l'évidence sa table habituelle.) J'espère que vous trouvez le Pierre à votre convenance, poursuivit-il une fois qu'ils furent assis et que le garçon leur eut présenté le menu.

— Ce serait parfait si seulement je savais arrêter la douche.

— Peut-être devriez-vous appeler M$^{lle}$ Redwood à la rescousse, s'esclaffa Guinzburg.

— Si elle venait, je ne suis pas sûr de savoir comment l'arrêter, elle.

— Ah, elle vous a donc déjà expliqué l'importance qu'il y a à hisser le plus tôt possible *Faites vos jeux* sur la liste des meilleures ventes.

— C'est une femme redoutable.

— Voilà pourquoi je l'ai nommée chef de service, malgré les protestations de plusieurs autres chefs qui ne voulaient pas qu'une femme siège au conseil d'administration.

— Emma serait fière de vous, dit Harry, et je peux vous assurer que Mlle Redwood m'a averti des conséquences si j'échouais.

— C'est du Natalie tout craché. N'oubliez pas que c'est elle seule qui décide si vous rentrez au pays en avion ou en bateau à rames.

Harry aurait ri, mais il n'était pas certain que l'éditeur plaisantât.

— Je l'aurais bien invitée à déjeuner avec nous, mais, comme vous l'avez sans doute noté, le Harvard Club n'accepte pas les femmes... Ne le dites pas à Emma.

— J'ai le sentiment que vous verrez des femmes au Harvard Club longtemps avant que vous en aperceviez une dans n'importe lequel des clubs de gentlemen de Pall Mall ou de St James[1].

— Avant que nous parlions de la tournée de promotion, reprit Guinzburg, je veux que vous me racontiez tout ce qu'Emma et vous avez fait depuis son départ de New York. Comment avez-vous obtenu l'Étoile d'argent ? Emma travaille-t-elle ? Comment Sebastian a-t-il réagi lorsqu'il a rencontré son père pour la première fois ? Et...

---

1. Élégantes artères du centre de Londres où sont situés plusieurs clubs privés très sélects et prestigieux. *(Toutes les notes sont du traducteur.)*

— Et Emma a insisté pour que je ne rentre pas en Angleterre sans avoir appris ce qui est arrivé à Sefton Jelks.

— On commande d'abord ? Je n'ai guère envie de penser à Sefton Jelks le ventre vide.

*
* *

— Même si je n'ai pas de train à prendre pour Washington, je crains de devoir rentrer à Londres ce soir, mademoiselle Barrington, déclara le professeur Feldman après avoir signé le dernier livre. Je dois donner une conférence à la London School of Economics demain matin à 10 heures. Aussi ne puis-je vous accorder que quelques minutes.

Emma s'efforça de ne pas avoir l'air déçue.

— À moins que... poursuivit Feldman.

— À moins que... ?

— À moins que vous ne preniez le train avec moi jusqu'à Londres, et dans ce cas, je pourrais me consacrer entièrement à vous pendant au moins deux heures.

— Je vais devoir passer un coup de téléphone, répondit Emma après une courte hésitation.

Vingt minutes plus tard, elle était installée dans une voiture de première classe en face du professeur Feldman. C'est lui qui posa la première question.

— Bien, mademoiselle Barrington, votre famille est-elle toujours propriétaire de la compagnie de transport maritime qui porte son illustre patronyme ?

— En effet. Ma mère possède vingt-deux pour cent des parts.

— C'est plus qu'assez pour donner à votre famille le contrôle de l'entreprise et c'est tout ce qui compte dans n'importe quel organisme... Du moment que personne d'autre ne s'empare de plus de vingt-deux pour cent.

— Mon frère Giles ne s'intéresse guère aux affaires de l'entreprise. Il est député et n'assiste même pas à l'assemblée générale annuelle. Contrairement à moi, monsieur le professeur, et c'est la raison pour laquelle il fallait que je vous parle.

— Appelez-moi Cyrus, je vous en prie. J'ai atteint l'âge où je ne souhaite pas qu'une belle jeune femme me rappelle que je n'ai plus vingt ans.

Grace avait eu raison sur un point, pensa Emma, et elle décida d'en tirer parti. Elle lui rendit son sourire.

— D'après vous, s'enquit-elle, à quels problèmes l'industrie des transports maritimes devra-t-elle faire face au cours de la prochaine décennie ? Sir William Travers, notre nouveau président-directeur général...

— C'est un homme de tout premier plan. La Cunard a eu tort de laisser partir quelqu'un d'aussi compétent, l'interrompit Feldman.

— Sir William se demande si nous devrions ajouter un nouveau paquebot à notre flotte.

— Pure folie ! s'écria Feldman en donnant un coup de poing sur le siège à côté de lui, ce qui souleva un nuage de poussière. Sauf si vous avez un surplus de fonds dont vous devez vous débarrasser ou si les entreprises de transport maritime du Royaume-Uni bénéficient d'avantages fiscaux dont personne ne m'a parlé.

— Ni l'un ni l'autre, à ma connaissance.

— Alors il est temps que vous regardiez la réalité en face. L'avion est sur le point de transformer le paquebot en dinosaure flottant. Pourquoi une personne saine d'esprit consacrerait-elle cinq jours à traverser l'Atlantique, alors qu'en avion elle peut couvrir la même distance en dix-huit heures ?

— Parce que c'est plus reposant. Parce que cette personne a peur en avion ? Parce qu'elle arrivera en meilleure forme ? suggéra Emma en se rappelant les paroles de sir William à l'assemblée générale.

— Tout ça est complètement irréaliste et dépassé, ma jeune dame ! Il vous faudra trouver des arguments plus solides pour me convaincre. Non, la vérité, c'est que l'homme d'affaires moderne et même le touriste aventureux veulent réduire le temps qui les sépare de leur destination, ce qui, à brève échéance, fera couler, c'est le cas de le dire, l'entreprise de transport maritime.

— Et sur le long terme ?

— Vous n'avez pas tout ce temps.

— Alors, que nous recommandez-vous ?

— Investissez tous les fonds disponibles dans la construction de nouveaux bateaux marchands. Les avions ne seront jamais capables de transporter de larges ou de lourds objets, par exemple les automobiles, les machines d'usine ou même les caisses de denrées alimentaires.

— Comment puis-je en convaincre sir William ?

— Exposez clairement votre point de vue au prochain conseil d'administration, répondit Feldman en donnant un nouveau coup de poing sur le siège.

— Mais je ne fais pas partie du conseil d'administration.

— Comment ça ?

— Je ne vois pas la compagnie Barrington y nommer jamais une femme.

— Mais elle n'a pas le choix, rétorqua Feldman, sa voix montant de plusieurs tons. Puisque votre mère possède vingt-deux pour cent des actions de l'entreprise, vous pouvez y exiger un siège.

— Je ne suis pas qualifiée pour ça, et ce n'est pas un trajet en train de deux heures jusqu'à Londres, même en compagnie d'un lauréat du prix Pulitzer, qui va résoudre ce problème.

— Alors c'est le moment de le devenir.

— À quoi pensez-vous ? Je ne connais aucune université anglaise qui délivre un diplôme d'études commerciales.

— Il va donc falloir que vous preniez trois ans de congé pour me rejoindre à Stanford.

— Je crains que mon mari et mon petit garçon n'apprécient guère l'idée, expliqua-t-elle.

Cela réduisit le professeur à quia, et il laissa passer un certain temps avant de répondre.

— Pouvez-vous vous offrir un timbre de dix cents ?

— Oui, répondit-elle avec prudence, sans trop savoir ce à quoi elle s'engageait.

— Alors je serais ravi de vous inscrire comme étudiante à Stanford, à l'automne.

— Mais, comme je vous l'ai dit...

— Vous avez dit, sans la moindre réserve, que vous pouviez vous offrir un timbre de dix cents.

Elle hocha la tête.

— Eh bien, le Congrès vient de voter une loi qui permet aux militaires américains en poste à l'étranger de s'inscrire à des cours de commerce sans être obligés d'assister aux cours.

— Mais je ne suis ni américaine ni en poste à l'étranger.

— C'est vrai, mais, dissimulé dans le texte de loi, en tout petits caractères, à la rubrique «Exemptions particulières», on trouve le mot «Alliés», dont je suis à peu près sûr que nous pouvons tirer parti. En tout cas, si l'avenir à long terme de l'entreprise familiale vous tient réellement à cœur.

— C'est bien le cas. Et qu'attendrez-vous de moi?

— Une fois que je vous aurai inscrite à Stanford comme étudiante de première année, je vous enverrai une liste de lectures à faire pour les cours, ainsi que les bandes enregistrées de toutes mes conférences. En outre, vous aurez un essai à rédiger par semaine et je vous le renverrai après l'avoir corrigé. Et si vous pouvez dépenser plus de dix cents, on pourra même discuter au téléphone de temps en temps.

— Quand est-ce que je commence?

— À l'automne prochain. Mais je dois vous prévenir qu'il y a une évaluation des connaissances à la fin de chaque trimestre pour décider si vous pouvez continuer à suivre le cours, dit-il au moment où le train entrait en gare de Paddington. Si vous n'êtes pas au niveau, vous serez abandonnée en chemin.

— Vous êtes disposé à faire tout cela pour moi, après une seule rencontre avec mon grand-père?

— Eh bien, j'avoue que j'espérais que vous accepteriez de dîner avec moi ce soir au Savoy afin que nous puissions parler de l'industrie de la construction navale de manière plus détaillée.

— Quelle bonne idée ! fit-elle en lui donnant un baiser sur la joue. Mais j'ai acheté un aller-retour et je crains de devoir rejoindre mon mari dès ce soir.

*
\* \*

Même si Harry ne parvenait toujours pas à allumer la radio, il avait en tout cas réussi à maîtriser le fonctionnement des robinets d'eau chaude et d'eau froide de la douche. Une fois séché, il choisit une chemise bien repassée, une cravate en soie qu'Emma lui avait offerte pour son anniversaire et un costume que sa mère aurait appelé son habit du dimanche. Un coup d'œil à la glace lui fit reconnaître que ni d'un côté ni de l'autre de l'Atlantique il n'aurait été considéré comme un homme à la page.

Il sortit du Pierre juste avant 20 heures et commença à marcher sur la 5e Avenue en direction de l'intersection de la 64e Rue et de Park Avenue. Quelques minutes plus tard seulement, il se tenait devant une magnifique maison de ville en grès brun. Combien de minutes de retard fallait-il avoir à New York ? se demanda-t-il en consultant sa montre. Emma lui avait raconté qu'elle avait eu un tel trac à l'idée de rencontrer sa grand-tante Phyllis qu'elle avait d'abord fait le tour du pâté de maisons. Puis, prenant son courage à deux mains, elle avait gravi les marches. Parvenue devant la porte d'entrée, elle n'avait osé appuyer que sur le bouton de la sonnette réservée aux livreurs.

Harry monta les marches et actionna vigoureusement le lourd heurtoir de cuivre. Attendant qu'on vienne lui ouvrir, il se rappela les remontrances d'Emma : « Ne te moque pas, mon petit ! »

La porte fut ouverte par un majordome en queue-de-pie qui de toute évidence l'attendait.

— Bonsoir, monsieur Clifton. M$^{me}$ Stuart est au salon. Auriez-vous l'obligeance de me suivre ?

— Bonsoir, Parker, répondit Harry, bien que ce fût la première fois qu'il le voyait.

Il crut apercevoir l'ébauche d'un sourire comme le majordome lui faisait longer le corridor jusqu'à un ascenseur ouvert. Dès que Harry fut à l'intérieur, Parker referma la grille et ne reparla qu'au moment où ils atteignirent le troisième étage. Il rouvrit la grille et, précédant Harry, marcha vers le salon.

— M. Harry Clifton, madame, annonça-t-il en pénétrant dans la pièce.

Élégamment vêtue, une grande femme se tenait au milieu de la pièce et bavardait avec un homme que Harry supposa être son fils.

Grand-tante Phyllis se dirigea vers Harry et, sans un mot, l'étreignit avec une force qui aurait impressionné un joueur de football américain. Quand elle le relâcha enfin, elle lui présenta son fils Alistair, lequel lui donna une chaleureuse poignée de main.

— C'est un honneur de rencontrer l'homme qui a mis fin à la carrière de Sefton Jelks, dit Harry.

Alistair le remercia d'un léger salut.

— J'ai moi aussi joué un petit rôle dans sa chute, précisa Phyllis d'un ton aigre comme Parker tendait un verre de sherry à l'invité de sa patronne. Mais je ne tiens pas à m'étendre sur ce sujet, ajouta-t-elle en conduisant Harry vers un confortable fauteuil près de l'âtre, parce que je m'intéresse davantage à Emma et à ce qu'elle fait.

Harry mit un certain temps pour mettre grand-tante Phyllis au courant des activités d'Emma depuis son départ de New York, surtout parce que la vieille dame et son fils n'arrêtaient pas de l'interrompre par des questions. Ce ne fut qu'au moment où le majordome revint pour annoncer que le repas était servi qu'ils changèrent de sujet.

— Votre séjour se passe bien ? s'enquit Alistair tandis qu'ils s'installaient à table.

— Je crois que je préfère être arrêté pour meurtre, répondit Harry. C'est bien plus facile.

— Ça se passe si mal ?

— C'est pire par certains côtés. Vous voyez, je ne sais pas très bien me vendre, reconnut Harry, au moment où une servante plaçait devant lui une assiette de potage écossais à base de mouton, de légumes et d'orge perlé. J'espérais que le livre parlerait de lui-même.

— Oubliez ça ! lui conseilla grand-tante Phyllis. Et rappelez-vous que New York n'est pas une succursale de Bloomsbury. Oubliez le raffinement, les discrètes allusions et l'ironie ! Même si cela vous gêne, il vous faut apprendre à vendre votre produit comme un marchand des quatre-saisons de l'East End.

— « Je suis fier d'être l'auteur anglais qui a le plus de succès ! » lança Alistair en élevant la voix.

— Mais ce n'est pas le cas ! Et tant s'en faut ! se récria Harry.

— « J'ai été stupéfait de la réaction du public américain à *Faites vos jeux* ! » s'exclama Phyllis.

— C'est seulement parce que personne ne l'a lu, protesta Harry entre deux gorgées.

— «Comme pour Dickens, Conan Doyle et Wilde, je suis certain que les États-Unis vont être mon plus gros marché», ajouta Alistair.

— Je vends davantage de livres dans un bourg anglais de vingt mille habitants comme Market Harborough qu'à New York, déclara Harry, tandis qu'on enlevait prestement son assiette. Il est évident que tante Phyllis pourrait assurer la tournée de promotion à ma place et que je devrais être renvoyé en Angleterre.

— J'en serais ravie, dit Phyllis. Dommage que je n'aie pas votre talent! ajouta-t-elle d'un ton mélancolique.

Harry prit une tranche de rosbif et beaucoup trop de pommes de terre, et il ne tarda pas à se détendre lorsque Phyllis et Alistair lui racontèrent les exploits d'Emma lorsqu'elle était venue à sa recherche. Cela l'amusa d'entendre leur version des faits et cela lui rappela à quel point il avait eu de la chance que son lit soit à côté de celui de Giles Barrington à Saint-Bède. Et s'il n'avait pas été invité au goûter d'anniversaire de Giles au manoir, il n'aurait sans doute jamais rencontré Emma. Bien qu'il ne lui ait même pas jeté un coup d'œil à l'époque.

— Vous vous rendez compte que vous ne lui arriverez jamais à la cheville, n'est-ce pas? dit Phyllis en allumant un cigarillo.

Harry opina du chef, comprenant pour la première fois pourquoi cette femme indomptable était devenue le vieux Jack d'Emma. Si on l'avait envoyée à la guerre, se dit-il, grand-tante Phyllis serait sûrement rentrée décorée de l'Étoile d'argent.

Lorsque la pendule sonna 23 heures, ayant peut-être bu un verre de brandy de trop, Harry se leva en chancelant de son siège. Il n'était pas nécessaire qu'on lui rappelle qu'à 6 heures du matin Natalie se trouverait dans le hall de l'hôtel, prête à l'entraîner vers sa première interview radiophonique de la journée. Il remercia son hôtesse pour cette mémorable soirée et fut à nouveau puissamment étreint.

— N'oubliez pas : lorsque vous êtes interviewé, il vous faut penser en britannique mais agir en yiddish. Et si vous avez jamais besoin de pleurer sur une épaule ou de prendre un repas relativement convenable, sachez que nous ne fermons jamais.

— Merci.

— La prochaine fois que vous parlerez à Emma, intervint Alistair, n'oubliez pas de lui transmettre nos tendres souvenirs et de lui reprocher de ne pas vous avoir accompagné.

Il décida que ce n'était pas le bon moment pour leur parler de Sebastian et de ce que les médecins décrivaient comme un problème d'hyperactivité.

Ils réussirent à tenir tous les trois dans l'ascenseur et Harry reçut une dernière accolade de la part de Phyllis avant que Parker n'ouvre la porte d'entrée et que Harry se retrouve à nouveau dans les rues de Manhattan.

— Ah, flûte ! s'écria-t-il après avoir parcouru quelques mètres dans Park Avenue.

Il fit demi-tour sur-le-champ, courut en direction de la maison de Phyllis, monta les marches et cogna contre la porte. Le majordome n'arriva pas aussi vite cette fois-ci.

— Il faut que je voie M<sup>me</sup> Stuart de toute urgence, déclara Harry. J'espère qu'elle n'est pas déjà couchée.

— Pas à ma connaissance, monsieur, dit Parker. Suivez-moi, je vous prie, ajouta-t-il avant de lui faire longer le couloir jusqu'à l'ascenseur et d'appuyer à nouveau sur le bouton du troisième.

Lorsque Harry fit sa seconde entrée, Phyllis se tenait près de la cheminée, fumant son cigarillo et entourée d'un halo de fumée. Ce fut son tour d'avoir l'air surprise.

— Je suis absolument désolé, dit-il, mais Emma ne me le pardonnera jamais si je rentre en Angleterre sans avoir appris ce qui est arrivé à cet avocat qui l'avait si bêtement sous-estimée.

Assis près du feu, Alistair leva la tête et expliqua :

— Sefton Jelks. Quoiqu'un peu à contrecœur, ce maudit personnage a fini par démissionner de sa fonction d'associé principal de Jelks, Myers & Abernathy.

— Peu après, il a disparu quelque part dans le Minnesota, ajouta Phyllis.

— Et il n'est pas près de revenir, précisa Alistair, vu qu'il est mort il y a quelques mois.

— Mon fils est un avocat type, affirma Phyllis en écrasant le mégot de son cigarillo. Il ne vous raconte que la moitié de l'histoire. La première attaque cardiaque de Jelks ne lui a valu qu'une brève allusion dans le *New York Times* et ce n'est qu'après la troisième qu'on lui a consacré un entrefilet, pas particulièrement élogieux, tout en bas de la rubrique nécrologique.

— Ce qui était plus qu'il ne méritait, dit Alistair.

— Tout à fait d'accord, renchérit Phyllis. Et ça m'a fait énormément plaisir de constater que quatre personnes seulement ont assisté à son enterrement.

— Comment le sais-tu ? s'enquit Alistair.

— Parce que j'étais l'une d'entre elles.

— Vous êtes allée jusque dans le Minnesota rien que pour assister à l'enterrement de Sefton Jelks ? s'écria Harry, stupéfait.

— Bien sûr que oui.

— Mais pourquoi ? demanda Alistair.

— On ne pouvait pas faire confiance à Sefton Jelks, expliqua-t-elle. Je n'aurais pas été vraiment certaine qu'il était mort si je n'avais vu son cercueil descendre dans la fosse ; et j'ai même attendu que les fossoyeurs aient rebouché le trou.

— Asseyez-vous, je vous prie, madame Clifton.

— Merci, dit Emma en prenant place sur une chaise de bois en face des trois directeurs installés sur des sièges confortables derrière une longue table placée sur une estrade.

— Je m'appelle David Slater, commença l'homme qui se trouvait au centre, et je vais présider la réunion de cet après-midi. Permettez-moi de vous présenter mes deux collègues, M$^{lle}$ Braithwaite et M. Needham.

Emma essaya de jauger rapidement les trois personnes qu'elle avait devant elle. Le président portait un costume trois-pièces, son ancienne cravate d'université, qu'elle reconnut, et il semblait que ce n'était pas le seul comité qu'il présidait. Assise à sa droite, M^lle Braithwaite portait un tailleur en tweed d'avant la guerre et d'épais bas de laine. Aux yeux d'Emma, son chignon indiquait clairement que c'était une vieille fille du coin et la forme de ses lèvres suggérait qu'elle ne devait pas souvent sourire. L'homme qui se trouvait à la gauche du président était plus jeune que ses deux collègues et son physique rappela à Emma qu'il n'y avait pas si longtemps, la Grande-Bretagne était encore en guerre. Sa moustache broussailleuse suggérait qu'il avait servi dans la Royal Air Force.

— Madame Clifton, commença le président, le comité a étudié avec intérêt votre demande et, avec votre permission, nous aimerions vous poser quelques questions.

— Oui, bien sûr, dit Emma en essayant de se détendre.

— Depuis combien de temps envisagez-vous d'adopter un enfant, madame Clifton ?

— Depuis que j'ai compris que je ne pouvais pas avoir d'autres enfants, répondit Emma sans donner de plus amples détails.

Les deux hommes lui adressèrent un sourire compatissant, tandis que M^lle Braithwaite gardait l'air pincé.

— Sur votre formulaire de demande, poursuivit le président en consultant ses documents, vous déclarez que vous préféreriez une fillette d'environ cinq ou six ans. Y a-t-il une raison particulière à cela ?

— Oui. Mon fils Sebastian est fils unique, et mon mari et moi avons pensé que ce serait une bonne chose pour lui de grandir avec quelqu'un qui n'a pas joui de tous les avantages et de tous les privilèges qu'il trouve normaux depuis sa naissance.

Elle espérait que sa réponse ne semblait pas avoir été apprise par cœur et elle aurait pu jurer que le président avait coché une case sur sa fiche.

— Pouvons-nous déduire de votre réponse, poursuivit le président, que, financièrement parlant, cela ne vous poserait aucun problème d'élever un deuxième enfant ?

— Absolument aucun, monsieur le président. Mon mari et moi sommes des gens aisés.

Emma nota qu'une nouvelle case avait été cochée.

— Une dernière question. Vous précisez dans votre demande que la religion de l'enfant n'a aucune importance. Puis-je vous demander si vous appartenez à une Église particulière ?

— Je suis chrétienne, comme le D$^r$ Barnardo. Enfant, mon mari était choriste à Sainte-Marie-Redcliffe, dit-elle en regardant le président dans les yeux avant d'ajouter : Avant d'aller au lycée de Bristol où il est devenu premier choriste. J'ai fait mes études à Red Maids avant d'être admise à l'université d'Oxford.

Le président toucha sa cravate et Emma avait le sentiment que l'entretien n'aurait pu guère mieux se dérouler jusqu'au moment où M$^{lle}$ Braithwaite tapota la table avec son crayon. Le président fit un signe de tête dans sa direction.

— Madame Clifton, vous avez mentionné votre mari, dit-elle. Puis-je vous demander pourquoi il ne vous a pas accompagnée ?

— Il se trouve aux États-Unis, en tournée de promotion de son livre. Il va rentrer dans une quinzaine de jours.

— Part-il souvent en voyage ?

— Non. Très rarement, en fait. Mon mari est écrivain, aussi reste-t-il à la maison la plupart du temps.

— Mais il doit bien se rendre en bibliothèque de temps en temps, suggéra M$^{lle}$ Braithwaite avec un semblant de sourire.

— Non. Nous avons notre propre bibliothèque, répliqua Emma, en regrettant immédiatement ses paroles.

— Et vous, travaillez-vous ? s'enquit M$^{lle}$ Braithwaite, comme si c'était un crime.

— Non. Quoique j'aide mon mari de mon mieux. Je considère cependant que le travail d'épouse et de mère est une occupation à plein temps.

Bien que Harry lui ait recommandé de donner cette réponse, il savait parfaitement qu'Emma n'y croyait pas, et elle y croyait encore moins après avoir rencontré Cyrus Feldman.

— Depuis combien de temps êtes-vous mariée, madame Clifton ?

— Un peu plus de trois ans.

— Mais j'ai lu sur le formulaire rempli par vos soins que votre fils Sebastian a aujourd'hui huit ans.

— En effet. Harry et moi nous sommes fiancés en 1939, mais il a pensé qu'il était de son devoir de s'engager avant même la déclaration de guerre.

M$^{lle}$ Braithwaite s'apprêtait à poser une autre question, mais l'homme qui se trouvait à la gauche du président se pencha en avant et la devança.

— Par conséquent, madame Clifton, vous vous êtes mariée juste après la fin de la guerre ?

— Hélas, non, répondit Emma, en regardant l'homme qui n'avait plus qu'un bras. Mon mari a été blessé par une mine terrestre allemande quelques jours avant la fin de la guerre et il a dû rester un certain temps à l'hôpital.

Comme cela ne semblait pas émouvoir M^lle Braithwaite, Emma se demanda s'il était possible que... Elle décida alors de courir un risque que Harry, elle le savait, n'aurait pas approuvé.

— Mais, monsieur Needham, dit-elle sans quitter le manchot des yeux, je me considère comme une privilégiée. Je plains ces femmes dont les maris, les fiancés et les petits amis ne sont pas revenus au sein de leur famille, puisqu'ils ont donné leur vie pour leur pays.

M^lle Braithwaite baissa la tête.

— Je vous remercie, madame Clifton. Nous ne tarderons pas à vous recontacter.

5

Dès 6 heures du matin, Natalie l'attendait debout dans le hall. Elle avait l'air aussi fraîche et en forme que lorsqu'il l'avait quittée la veille. Une fois qu'ils se furent installés à l'arrière de la limousine, elle ouvrit l'inévitable chemise.

— Vous commencez la journée avec l'interview par Matt Jacobs sur NBC. Son émission a le plus fort indice d'écoute du pays à l'heure du petit déjeuner. La bonne nouvelle est qu'on vous a alloué le meilleur créneau. Autrement dit, vous allez passer entre 7 h 40 et 8 heures. La moins bonne nouvelle est que vous le partagez avec Clark Gable et Mel Blanc, la voix de Bugs Bunny et de Titi. Gable fait la promotion de son dernier film, *Le Retour*, dans lequel il a comme partenaire Lana Turner.

— Et Mel Blanc? demanda Harry en se retenant de rire.

— Il fête ses dix ans avec la Warner Bros. En prenant en compte les diverses pauses pour les messages publicitaires, j'estime que vous serez à l'antenne durant quatre à cinq minutes, plus ou moins, soit entre deux cent quarante et trois cents secondes. Je ne répéterai jamais assez que cette émission est cruciale pour le lancement de toute notre campagne. Vous ne ferez rien d'aussi important dans les trois semaines à venir. Cela pourrait non seulement vous faire entrer sur la liste des meilleures ventes, mais, si tout va bien, les principales émissions du pays voudront vous inviter.

Harry sentait le rythme de son cœur s'accélérer de seconde en seconde.

— Saisissez la moindre occasion pour citer *Faites vos jeux*, ajouta-t-elle au moment où la limousine s'arrêtait devant les studios de la NBC au Rockefeller Center.

Il n'en crut pas ses yeux en découvrant la scène qui l'attendait lorsqu'il mit pied à terre. Des barrières avaient été dressées de chaque côté de l'étroit passage qui menait au bâtiment, et des fans agglutinés hurlaient de chaque côté. Harry avançait au milieu de la foule des fans impatients, tout en sachant pertinemment que quatre-vingt-dix pour cent d'entre eux étaient venus pour voir Clark Gable, neuf pour cent pour Mel Blanc et un pour cent peut-être pour…

— Qui est-ce ? hurla quelqu'un.

Peut-être pas même un pour cent.

Une fois qu'il fut en sécurité à l'intérieur du bâtiment, un employé l'accompagna jusqu'à la loge des invités et lui indiqua l'heure de passage de chaque invité.

— M. Gable sera interviewé à 7 h 40, Mel Blanc suivra à 7 h 50 et nous espérons vous faire passer à 7 h 55, juste avant le bulletin d'informations.

— Merci, dit Harry en s'asseyant et en s'efforçant de se détendre.

À 7 h 30, Mel Blanc entra en coup de vent dans la loge et regarda Harry comme s'il s'attendait à ce qu'il lui demande un autographe. Entouré de sa suite, M. Gable arriva quelques minutes plus tard. Harry fut surpris de voir la vedette de cinéma en smoking et un verre de whisky à la main. Il expliqua à Mel Blanc qu'il ne s'agissait pas d'un petit verre matinal car, en fait, il ne s'était pas couché. Des éclats de rire le suivirent tandis qu'on l'entraînait rapidement, et Harry resta seul avec Mel.

— Écoutez attentivement Gable, dit Mel en s'asseyant à côté de Harry. Dès que la lumière rouge apparaîtra, personne, y compris l'auditoire du studio, ne se rendra compte qu'il a bu autre chose que du jus d'orange. Et lorsqu'il ressortira, tout le monde voudra aller voir son nouveau film.

Mel avait raison. Gable était professionnel jusqu'au bout des ongles, et le titre de son nouveau film fut cité toutes les trente secondes, au moins. Et, bien que Harry ait lu quelque part que M$^{lle}$ Turner et lui ne se supportaient pas, il dit tant de gentillesses sur sa partenaire que le plus cynique des auditeurs aurait été persuadé qu'ils étaient amis intimes. Seule Natalie n'avait pas l'air contente, parce qu'il avait dépassé de quarante-deux secondes le temps qui lui était imparti.

Pendant la pause publicitaire, on conduisit Mel au studio. Harry apprit beaucoup en écoutant sa prestation, durant laquelle se firent entendre Sylvestre, Titi et Bugs Bunny. Mais ce qui impressionna le plus Harry, c'est que, lorsque Matt Jacobs posa ce qui était clairement la dernière question, Mel continua à deviser et lui vola trente-sept secondes de plus de son précieux temps.

Pendant la publicité suivante, Harry fut à son tour conduit à l'échafaud, où il savait qu'on allait lui couper la tête. Souriant nerveusement, il s'assit en face de son hôte. Jacobs étudiait l'intérieur du rabat de *Faites vos jeux*, livre qu'il semblait ouvrir pour la première fois. Levant les yeux, il rendit son sourire à Harry.

— Quand la lumière rouge s'allumera, ce sera à vous, dit simplement Jacobs en tournant la première page.

Harry regarda l'aiguille des secondes de la pendule du studio : 7 h 56. Il écouta une réclame pour le Nescafé tandis que Jacobs griffonnait deux ou trois choses sur le bloc-notes posé devant lui. La réclame se termina par le petit couplet publicitaire familier et la lumière rouge s'alluma. L'esprit de Harry se vida et il aurait aimé être à la maison en train de déjeuner avec Emma, ou même préféré affronter les Allemands sur le mont Clemenceau plutôt que onze millions d'Américains prenant leur petit déjeuner.

— Bonjour, lança Jacobs dans son micro. Quelle matinée, hein ? D'abord Gable, puis Mel, et nous terminons l'émission du petit déjeuner avec un invité particulier venu de Grande-Bretagne, Harry (il jeta un rapide coup d'œil à la couverture du roman) Clifton… Bien. Avant que nous parlions de votre nouveau livre, Harry, pouvez-vous nous confirmer que la dernière fois que vous avez mis le pied en Amérique, vous avez été arrêté pour meurtre ?

— En effet. Mais c'était un simple malentendu, bredouilla Harry.

— C'est ce qu'ils disent tous ! s'exclama Jacobs avec un rire déconcertant. Mais ce que voudront savoir mes onze millions d'auditeurs, c'est si vous allez revoir certains de vos anciens copains taulards ?

— Non. Ce n'est pas pour ça que je suis revenu en Amérique, répliqua Harry. J'ai écrit un…

— Bon. Harry, parlez-moi de l'impression que vous a faite l'Amérique cette fois-ci.

— C'est un pays merveilleux. Les New-Yorkais m'ont accueilli à bras ouverts et…

— Même les chauffeurs de taxi ?

— Même les chauffeurs de taxi, et ce matin j'ai pu rencontrer Clark Gable.

— Gable est-il célèbre en Angleterre ?

— Oh, oui ! Il est très aimé, tout comme M$^{lle}$ Turner. En fait, il me tarde de voir leur nouveau film.

Jacobs se tut, jeta un coup d'œil à l'aiguille des secondes de la pendule, puis déclara :

— Harry, ç'a été formidable de vous recevoir dans l'émission, et bonne chance pour votre bouquin ! Après une courte publicité, nous serons de retour à 8 heures tapantes pour le bulletin d'informations. Quant à moi, Matt Jacobs, je vous dis au revoir et excellente journée à tous !

La lumière rouge s'éteignit.

Jacobs se leva, serra la main de Harry.

— Désolé, dit-il, que nous n'ayons pas eu davantage de temps pour parler de votre livre. Ah, j'adore la couverture !

Emma but tranquillement son café du matin avant d'ouvrir la lettre.

*Chère madame Clifton,*

*Merci d'avoir répondu à l'invitation du comité la semaine dernière.*
*J'ai le plaisir de vous informer que nous aimerions passer à la deuxième étape.*

Elle aurait voulu téléphoner immédiatement à Harry, mais elle savait que c'était la nuit en Amérique et elle ignorait dans quelle ville il se trouvait.

*Nous avons plusieurs candidates à vous présenter, à vous et à votre mari. Un certain nombre d'entre elles résident dans nos foyers de Taunton, Exeter et Bridgwater. Si vous aviez l'obligeance de m'indiquer dans quel foyer vous souhaitez vous rendre en premier, je serais ravi de vous envoyer des renseignements sur chaque enfant.*

*Sincères salutations,*

*M. David Slater*

Un coup de fil passé à Mitchell lui confirma que Jessica Smith était toujours chez le D$^r$ Barnardo à Bridgwater mais que celle-ci espérait se trouver parmi les enfants devant partir pour l'Australie. Emma jeta un coup d'œil à sa montre. Il lui faudrait attendre jusqu'à midi pour recevoir peut-être un appel de Harry et lui faire part de la nouvelle. Puis elle s'intéressa à une autre lettre qui portait un timbre de dix cents. Inutile de regarder le cachet de la poste pour deviner le nom de l'expéditeur.

*
* *

Au moment où Harry arriva à Chicago, *Faites vos jeux* figurait à la trente-troisième place sur la liste des meilleures ventes du *New York Times* et Natalie ne posait plus la main sur sa jambe.

— Inutile de paniquer, le rassura-t-elle. La deuxième semaine est toujours la plus importante. Mais nous avons beaucoup de travail en perspective pour nous hisser parmi les quinze premiers avant dimanche.

Denver, Dallas et San Francisco les amenèrent presque à la fin de la deuxième semaine et Harry était désormais convaincu que Natalie n'avait pas lu le livre. Certaines émissions diffusées à une heure de grande écoute annulèrent l'invitation de Harry à la dernière minute et il passa de plus en plus de temps dans des librairies de plus en plus petites à dédicacer de moins en moins d'exemplaires. Deux ou trois libraires refusèrent même de le laisser signer. En effet, lui expliqua Natalie, ils ne pouvaient pas renvoyer à l'éditeur les livres signés, considérés alors comme abîmés.

Lorsqu'ils atterrirent à Los Angeles, *Faites vos jeux* s'était péniblement hissé à la vingt-huitième place et, comme il ne restait qu'une semaine de tournée, Natalie avait du mal à dissimuler sa déception et laissait entendre que les livres ne quittaient pas les rayons assez vite. Cela fut encore plus évident quand Harry descendit pour prendre le petit déjeuner le lendemain matin et découvrit un certain Justin assis en face de lui.

— Natalie est repartie pour New York cette nuit, expliqua-t-il. Elle devait rencontrer un autre auteur.

Il n'avait pas besoin d'ajouter qu'il s'agissait de quelqu'un qui avait davantage de chances de figurer parmi les quinze meilleures ventes. Il n'en voulait pas à Natalie.

Durant la dernière semaine, il zigzagua à travers tout le pays, apparut dans des émissions à Seattle, San Diego, Raleigh, Miami et, finalement, Washington. Il commençait à se détendre maintenant que Natalie n'était plus là à lui parler constamment de meilleures ventes et il réussit même à citer *Faites vos jeux* plus d'une fois au cours de longs entretiens, même si ce n'étaient que des émissions locales.

Quand il atterrit à New York, le dernier jour de la tournée, Justin l'installa dans un motel de l'aéroport, lui remit un billet d'avion en classe économique et lui souhaita bonne chance.

*
* *

Dès qu'Emma eut rempli le formulaire d'inscription à l'université de Stanford, elle écrivit une longue lettre à Cyrus pour le remercier pour tout ce qu'il avait fait pour elle. Elle s'occupa ensuite du volumineux paquet qui contenait les documents concernant Sophie Barton, Sandra Davis et Jessica Smith. Elle comprit très vite quelle candidate était soutenue par l'intendante du foyer, et ce n'était sûrement pas M$^{lle}$ J. Smith.

Que se passerait-il si Sebastian était d'accord avec l'intendante ou, pire, s'il choisissait une fillette qui n'avait même pas été sélectionnée ? Emma n'arrivait pas à dormir, attendant un coup de téléphone de Harry.

*
* *

Harry eut envie d'appeler Emma mais il se dit qu'elle devait être déjà couchée. Il fit sa valise afin que tout soit prêt pour le vol du lendemain matin. Il s'allongea ensuite sur le lit et se demanda comment ils pourraient persuader Sebastian que Jessica était non seulement la fillette idéale pour être sa sœur, mais que c'était lui qui l'avait choisie.

Il ferma les yeux même s'il n'avait aucun espoir de s'assoupir, ne serait-ce qu'un court moment, tant que le climatiseur ferait du bruit. Il était couché sur un matelas mince et bosselé, sa tête reposant sur un oreiller en mousse qui enveloppait ses oreilles. Loin d'offrir le choix entre une baignoire et une douche, la chambre n'avait qu'un lavabo dont le robinet fuyait, laissant tomber sans cesse des gouttes d'eau marron. Les yeux clos, il revit les trois dernières semaines, plan par plan, comme dans un film en noir et blanc. Quelle perte de temps et d'argent pour tout le monde ! Il dut reconnaître qu'il n'était tout simplement pas fait pour les tournées de promotion, et si, même après d'innombrables entretiens à la radio ou dans les journaux, il n'était pas capable de faire figurer le livre parmi les quinze meilleures ventes, l'heure était peut-être venue de mettre à la retraite William Warwick et le commissaire Davenport et de chercher un vrai travail.

Le directeur de Saint-Bède avait tout récemment indiqué qu'il souhaitait recruter un nouveau professeur d'anglais, mais Harry savait qu'il n'était pas taillé pour ce métier. À maintes reprises, Giles avait gentiment suggéré qu'il fasse partie du conseil d'administration de la compagnie Barrington afin de défendre les intérêts de la famille. Or, Harry ne faisait pas vraiment partie de la famille et, de toute façon, il avait toujours voulu être écrivain et non homme d'affaires.

C'était déjà assez gênant d'habiter au château Barrington. Ses livres ne lui avaient pas encore rapporté assez d'argent pour acheter une maison digne d'Emma et ça n'avait pas arrangé les choses que Sebastian lui ait demandé en toute innocence pourquoi il ne partait pas travailler tous les matins, comme tous les autres pères. Il avait parfois le sentiment d'être un homme entretenu.

Il se glissa sous les draps juste après minuit, brûlant encore plus d'envie d'appeler Emma et de partager ses réflexions avec elle, mais comme il n'était encore que 5 heures du matin à Bristol, il décida de rester éveillé et de l'appeler deux heures plus tard. Il s'apprêtait à éteindre la lumière quand un léger coup fut frappé à la porte. Il était pourtant persuadé d'avoir accroché la pancarte « Ne pas déranger » à la poignée. Il enfila sa robe de chambre et alla ouvrir à pas feutrés.

— Sincères félicitations, dit-elle simplement.

Il fixa Natalie, en robe moulante dotée sur le devant d'une fermeture Éclair ne demandant qu'à être ouverte, qui tenait une bouteille de champagne à la main.

— En quel honneur ?

— Je viens de voir la première édition du *New York Times* dominical et *Faites vos jeux* est monté à la quatorzième place. Vous y êtes arrivé !

— Merci beaucoup, dit Harry sans très bien saisir le sens de ses propos.

— Et, comme j'ai toujours été votre plus grande admiratrice, j'ai pensé que vous aimeriez fêter la nouvelle.

Il croyait entendre les paroles de grand-tante Phyllis résonner dans ses oreilles : « Vous vous rendez compte que vous ne lui arriverez jamais à la cheville, n'est-ce pas ? »

— Quelle bonne idée ! Accordez-moi quelques instants, je vous prie, répondit Harry avant de rentrer dans la chambre.

Il prit un livre sur la table de chevet et la rejoignit. Il lui enleva la bouteille de champagne des mains et lui sourit.

— Si vous avez toujours été ma plus grande admiratrice, peut-être est-il temps que vous lisiez ceci, dit-il en lui tendant un exemplaire de *Faites vos jeux*, avant de refermer doucement la porte.

Il s'assit sur le lit, se versa un verre de champagne, décrocha le téléphone et demanda une communication internationale. Il avait presque terminé la bouteille lorsque la communication fut établie.

— Emma, mon roman s'est hissé à la quatorzième place sur la liste des meilleures ventes, bafouilla-t-il.

— Merveilleuse nouvelle ! fit Emma en étouffant un bâillement.

— Et il y a une ravissante blonde dans le couloir, une bouteille de champagne à la main, qui essaye de défoncer ma porte.

— Oui, bien sûr, mon chéri. Au fait, tu ne devineras jamais qui m'a proposé de passer la nuit avec lui.

# 6

Une femme portant un uniforme bleu foncé doté d'un col blanc empesé ouvrit la porte.

— Je suis l'intendante, annonça-t-elle.

Harry lui serra la main, puis lui présenta sa femme et son fils.

— Venez donc dans mon bureau, dit-elle. Ainsi, nous pourrons bavarder un peu avant que vous rencontriez les fillettes.

Elle leur fit longer un couloir dont les murs étaient couverts de peintures aux couleurs vives.

— Celle-ci me plaît, déclara Sebastian en s'arrêtant devant l'une des peintures.

L'intendante ne répondit pas, considérant, à l'évidence, que les enfants ne devaient faire que de la figuration et n'avaient pas voix au chapitre.

Ils la suivirent tous les trois dans son bureau.

Une fois la porte fermée, Harry commença par dire à l'intendante qu'ils avaient attendu ce moment avec grande impatience.

— Les enfants également, répondit-elle. Mais je dois d'abord vous expliquer quelques-unes des règles du foyer, mon seul intérêt étant le bien-être des enfants.

— Bien sûr, dit Harry. Nous nous en remettons totalement à vous.

— Les trois fillettes qui vous intéressent, Sandra, Sophie et Jessica, suivent en ce moment un cours de peinture, ce qui vous donnera l'occasion de voir comment elles se comportent avec les autres enfants. Quand nous les rejoindrons, il est important que nous les laissions travailler, car ils ne doivent pas se sentir en concurrence les uns avec les autres. Cela risquerait de se terminer par des pleurs et d'avoir des conséquences à long terme. Ayant déjà été rejetés une fois, il faut éviter qu'ils revivent la même expérience. Si les enfants voient une famille passer parmi eux, ils comprennent, bien sûr, qu'elle cherche à adopter. Autrement pourquoi serait-elle là ? Ce qu'ils ne doivent pas deviner, c'est que vous avez déjà sélectionné deux ou trois d'entre eux. Et, naturellement, une fois que vous aurez rencontré les trois fillettes, il se peut qu'avant de prendre une décision vous souhaitiez quand même visiter nos foyers de Taunton et Exeter.

Harry aurait aimé dire à l'intendante qu'ils avaient déjà fait leur choix, même s'ils espéraient donner l'impression que c'était Sebastian qui avait eu le dernier mot.

— Eh bien, êtes-vous prêts à aller dans la classe de peinture ?

— Oui ! s'écria Sebastian en se mettant debout d'un bond, avant de se précipiter vers la porte.

— Comment allons-nous reconnaître les fillettes ? s'enquit Emma en se levant lentement de son siège.

L'intendante regarda Sebastian en fronçant les sourcils.

— Je vais vous présenter plusieurs enfants, répondit-elle, afin qu'aucun d'entre eux n'ait le sentiment d'avoir été présélectionné. Avant que nous les rencontrions, avez-vous des questions ?

Harry fut surpris que Sebastian n'en ait pas une douzaine à poser, mais il les attendait impatiemment près de la porte, et, comme ils longeaient à nouveau le couloir en direction de la classe de peinture, il se mit à courir devant eux.

L'intendante ouvrit la porte de la classe. Ils entrèrent et se tinrent en silence au fond de la salle. Elle fit un signe de tête au maître qui déclara :

— Les enfants, nous avons des visiteurs.

— Bonjour, monsieur et madame Clifton ! s'écrièrent les élèves en chœur.

Plusieurs tournèrent la tête vers eux alors que d'autres continuaient à peindre.

— Bonjour ! répondirent Harry et Emma, tandis que Sebastian restait inhabituellement silencieux.

Harry remarqua que la plupart des enfants baissaient la tête et semblaient quelque peu soumis. Il avança vers un garçonnet qui était en train de peindre un match de football. Il sourit en constatant que c'était, à l'évidence, un supporter de Bristol City.

Emma fit semblant de regarder une peinture représentant un canard, à moins que c'eût été un chat, tout en essayant de deviner qui était Jessica, mais elle n'était pas plus avancée lorsque l'intendante la rejoignit et lui dit :

— Je vous présente Sandra.
— Quelle belle peinture, Sandra ! fit Emma.

Un grand sourire s'étala sur le visage de la fillette, tandis que Sebastian se penchait en avant pour mieux voir la peinture.

Harry s'approcha pour bavarder avec Sandra, pendant qu'Emma et Sebastian étaient présentés à Sophie.

— C'est un chameau, affirma celle-ci, avant qu'ils aient le temps de l'interroger.

— Un dromadaire ou un chameau de Bactriane ? demanda Sebastian.

— Un chameau de Bactriane, répondit-elle d'un ton tout aussi ferme.

— Mais il n'a qu'une bosse, répliqua Sebastian.

La fillette sourit et s'empressa de doter l'animal d'une seconde bosse.

— À quelle école vas-tu ? s'enquit-elle.

— J'irai à Saint-Bède en septembre.

Harry garda un œil sur son fils, qui, de toute évidence, s'entendait bien avec Sophie, et il eut peur qu'il ait déjà fait son choix. Soudain, Sebastian s'intéressa à la peinture d'un garçonnet, juste au moment où l'intendante présentait Harry à Jessica, laquelle était si absorbée par son travail qu'elle ne leva même pas les yeux. Malgré tous ses efforts, rien ne put détourner la fillette de son travail. Était-elle timide, voire pétrifiée ? Impossible de le savoir.

Il revint vers Sophie qui bavardait avec Emma au sujet de son chameau. La fillette lui demanda s'il préférait une bosse ou deux. Pendant qu'il réfléchissait à la question, Emma quitta Sophie et se dirigea vers

Jessica, mais, pas plus que son mari, elle ne put lui tirer une seule parole. L'opération allait-elle aboutir à une catastrophe, Jessica partant pour l'Australie tandis qu'ils se retrouveraient avec Sophie ?

Emma s'éloigna et se mit à discuter avec un garçonnet appelé Tommy à propos de son volcan en éruption. La plus grande partie de sa feuille était couverte de grandes flammes rouges. Emma songea que Freud aurait bien voulu adopter cet enfant, qui continuait à barbouiller le papier de peinture rouge.

Elle jeta un coup d'œil à Sebastian qui parlait à Jessica tout en fixant avec attention sa peinture de l'arche de Noé.

Bien qu'elle n'ait pas levé les yeux, la fillette semblait au moins l'écouter. Sebastian quitta Jessica et jeta un dernier regard au travail de Sandra et de Sophie, puis alla attendre près de la porte.

Quelques instants plus tard, l'intendante leur proposa de revenir dans son bureau pour prendre une tasse de thé.

Une fois qu'elle eut servi trois tasses et offert un biscuit à chacun, elle déclara :

— Nous comprendrions parfaitement qu'avant de prendre une décision définitive vous souhaitiez réfléchir et revenir plus tard, ou vous rendre dans l'un de nos autres foyers.

Harry resta coi, attendant de voir si Sebastian allait abattre ses cartes.

— Je les ai trouvées toutes les trois absolument charmantes, dit Emma. Et j'ai vraiment du mal à faire un choix.

— Je suis d'accord, renchérit Harry. Peut-être devrions-nous suivre vos conseils, rentrer chez nous et en discuter avant de vous faire part de notre décision.

— Mais ce serait une perte de temps si nous voulons tous les trois la même fillette, déclara Sebastian, avec la logique d'un enfant précoce.

— Cela signifie-t-il que tu as déjà décidé ? demanda son père, qui se rendait compte qu'une fois que Sebastian aurait révélé son choix, lui et Emma pourraient joindre leurs voix et l'emporter sur lui.

Même si cela n'était peut-être pas la meilleure façon pour Jessica de commencer sa vie au château Barrington.

— Avant que vous décidiez, reprit l'intendante, peut-être devrais-je vous fournir quelques renseignements sur chacune des trois fillettes. Sandra a été la plus facile à maîtriser. Sophie est plus sociable mais un peu écervelée.

— Et Jessica ? demanda Harry.

— Parmi les fillettes, c'est sans doute la plus douée, mais elle vit dans un monde à part et elle a du mal à se faire des amis. Des trois, je dirais que c'est Sandra qui vous conviendrait le mieux.

Voyant l'expression de Sebastian passer de l'inquiétude à la colère, Harry changea de tactique.

— Oui, je suis d'accord avec vous, madame, affirma Harry. Personnellement, je choisirais Sandra.

— J'hésite, dit Emma. Sophie m'a plu. Elle est vive et drôle.

Emma et Harry échangèrent un rapide coup d'œil.

— Eh bien, Sebastian, c'est à toi maintenant ! Ce sera Sandra ou Sophie ? s'enquit Harry.

— Ni l'une ni l'autre. Je préfère Jessica, lança-t-il, avant de se lever d'un bond et de sortir de la pièce en courant, laissant la porte grande ouverte.

L'intendante se leva de son bureau. À l'évidence, elle aurait dit deux mots à Sebastian s'il avait été l'un de ses pensionnaires.

— Il n'a pas encore compris comment fonctionne la démocratie, expliqua Harry, d'un ton qui se voulait désinvolte.

L'intendante se dirigea vers la porte, l'air peu convaincue. Harry et Emma la suivirent dans le couloir. Lorsque l'intendante entra dans la salle de classe, elle n'en crut pas ses yeux. Jessica détachait sa peinture et la donnait à Sebastian.

— Que lui as-tu offert en échange ? s'enquit Harry comme Sebastian passait devant lui à grands pas, l'arche de Noé serrée dans sa main.

— Je lui ai promis que, si elle venait goûter demain après-midi, on lui servirait ce qu'elle préfère.

— Et que préfère-t-elle ? demanda Emma.

— Des crumpets bien chauds couverts de beurre et de confiture de framboises.

— Est-ce possible, madame ? demanda Harry à l'intendante d'un ton inquiet.

— D'accord. Mais peut-être vaudrait-il mieux que les trois fillettes y aillent ensemble ?

— Non, merci, madame, intervint Emma. Ça ira avec Jessica.

— À votre guise, dit l'intendante, incapable de cacher sa surprise.

Sur le chemin du retour, Harry demanda à Sebastian pourquoi il avait choisi Jessica.

— Sandra est très jolie, répondit-il, et Sophie est très drôle, mais au bout d'un mois, je m'ennuierais avec elles.

— Et Jessica ? fit Emma.

— Elle me fait penser à toi, maman.

*
* *

Sebastian se tenait près de la porte d'entrée lorsque Jessica arriva pour le goûter.

Elle gravit les marches, accrochée à l'intendante d'une main et serrant l'une de ses peintures de l'autre.

— Suis-moi, lui dit Sebastian.

Jessica resta sur la plus haute marche du perron, comme figée sur place. L'air pétrifiée, elle refusa de bouger jusqu'à ce que Sebastian revienne.

— C'est pour toi, dit-elle en lui tendant l'une de ses peintures.

— Merci, dit Sebastian en reconnaissant la peinture qu'il avait remarquée sur le mur du couloir du foyer. Mais t'as intérêt à entrer, parce que je ne peux pas manger tous les crumpets tout seul.

Elle pénétra dans le vestibule en hésitant et resta bouche bée. Non parce qu'elle pensait aux crumpets, mais parce qu'elle voyait sur tous les murs de vraies peintures à l'huile encadrées.

— Plus tard, lui promit Sebastian. Sinon les crumpets vont refroidir.

Comme elle entrait dans le salon, Harry et Emma se levèrent pour l'accueillir, mais là aussi elle ne quitta pas des yeux les tableaux. Elle finit par s'asseoir sur le sofa, à côté de Sebastian, et son regard se porta alors sur un tas de crumpets brûlants. Toutefois, elle ne bougea pas jusqu'à ce qu'Emma lui tende une assiette, suivie d'un couteau, d'un crumpet, du beurre et d'une coupelle de confiture de framboises.

L'intendante fronça les sourcils à l'adresse de Jessica au moment où la fillette s'apprêtait à prendre sa première bouchée.

— Merci, madame Clifton ! lança Jessica.

Elle dévora deux crumpets de plus, chacun accompagné d'un « Merci, madame Clifton ».

Quand elle en refusa un quatrième avec un « Non, merci, madame Clifton », Emma ne savait pas si la fillette n'en voulait vraiment pas un de plus ou si l'intendante lui avait indiqué qu'elle ne devait pas en accepter plus de trois.

— Tu sais qui est Turner ? demanda Sebastian, une fois que Jessica eut fini son deuxième verre de jus de fruits.

Elle hocha la tête mais resta coite. Sebastian se leva, la prit par la main et ils sortirent ensemble du salon.

— Turner est vraiment un très bon peintre, déclara-t-il, mais il n'a pas autant de talent que toi.

— Je n'arrive pas à y croire, dit l'intendante, comme la porte se refermait derrière eux. Je ne l'ai jamais vue autant à son aise.

— Mais elle n'a quasiment rien dit, s'étonna Harry.

— Croyez-moi, monsieur Clifton, c'est déjà beaucoup.

— Elle est tout à fait délicieuse, s'esclaffa Emma. Comment devons-nous procéder pour qu'elle ait une chance de devenir un membre de la famille ?

— Je crains que ce soit un long processus, et l'opération n'est pas toujours couronnée de succès. Vous pourriez commencer par l'inviter chez vous de temps en temps et, si tout se passe bien, vous pourriez envisager ce que nous appelons une « permission de fin de semaine ». Après cela, il est impossible de revenir en arrière parce que nous ne devons pas faire naître de faux espoirs.

— Nous nous laisserons guider par vous, madame, dit Harry. Parce que nous voulons absolument faire un essai.

— Alors je vais faire tout mon possible.

Une fois que l'intendante eut bu sa troisième tasse de thé et mangé un second crumpet, Harry et Emma n'avaient aucun doute sur ce qu'on attendait d'eux.

— Où sont donc passés Sebastian et Jessica ? fit Emma, quand l'intendante suggéra qu'elles devaient songer à rentrer au foyer.

— Je vais aller les chercher, annonça Harry lorsque les deux enfants entrèrent en trombe dans la pièce.

— C'est l'heure de rentrer à la maison, jeune demoiselle, déclara l'intendante en se levant de son siège. Il faut que nous soyons de retour pour le dîner.

Jessica refusa de lâcher la main de Sebastian.

— Je n'ai plus faim, dit-elle.

L'intendante ne sut que répondre.

Harry conduisit Jessica dans le vestibule et l'aida à enfiler son manteau. Comme l'intendante franchissait la porte d'entrée, Jessica éclata en sanglots.

— Oh, non ! s'écria Emma. Moi qui croyais que tout s'était merveilleusement bien passé.

— Les choses n'auraient pu aller mieux, chuchota l'intendante. Ils ne pleurent que lorsqu'ils ne veulent pas partir. Si vous êtes tous les deux d'accord, je vous conseille de remplir les formulaires le plus tôt possible.

Jessica se retourna et, les joues ruisselantes de larmes, fit un grand salut de la main avant de monter dans la petite Austin 7 de l'intendante.

— Excellent choix, Seb ! dit Harry en plaçant un bras autour des épaules de son fils, comme ils regardaient la voiture s'éloigner dans l'allée.

*
\* \*

Ce ne fut que cinq mois plus tard que l'intendante quitta le château Barrington pour la dernière fois et reprit toute seule le chemin du foyer du D$^r$ Barnardo, un autre de ses enfants placé avec succès. Enfin, pas si bien que ça, car Harry et Emma ne tardèrent pas à s'apercevoir que Jessica avait des problèmes tout aussi difficiles à résoudre que ceux de Sebastian.

Ni l'un ni l'autre n'avaient réfléchi au fait que la fillette n'avait jamais dormi seule dans une chambre et, le premier soir de son arrivée au château, elle laissa la porte de la nursery grande ouverte et s'endormit en pleurant. Harry et Emma s'habituèrent à sentir une petite créature toute chaude se glisser entre eux deux peu après son réveil. Cela arriva moins souvent après que Sebastian se fut séparé de Winston, son ours en peluche, pour offrir à Jessica l'ancien Premier ministre.

Elle adorait Winston. Seul Sebastian avait le pas sur lui, bien que son nouveau frère ait déclaré d'un ton un rien hautain :

— Je suis beaucoup trop grand pour avoir un ours en peluche. Après tout, dans quelques semaines, je vais entrer au collège Saint-Bède.

Elle aurait voulu se joindre à lui, mais Harry lui expliqua que les garçons et les filles ne fréquentaient pas les mêmes écoles.

— Pourquoi pas ? fit-elle.

— Pourquoi pas, en effet ? renchérit Emma.

Lorsque le jour de la rentrée arriva enfin, Emma regarda son grand garçon avec étonnement, se demandant où étaient passées toutes ces années. Il portait un blazer et une casquette rouges et un short en flanelle grise. Même ses souliers reluisaient… C'était le premier jour du trimestre. Comme la voiture longeait l'allée et franchissait la grille du parc, Jessica se tenait sur le perron et faisait de grands signes d'adieu. Puis elle s'assit sur la marche du haut et attendit le retour de Sebastian.

Sebastian avait demandé que sa mère ne les accompagne pas, lui et son père. Quand Harry l'avait interrogé à ce sujet, il avait répondu :

— Je ne veux pas que les autres élèves voient maman m'embrasser.

Harry aurait tenté de lui faire entendre raison s'il ne s'était pas rappelé son premier jour à Saint-Bède. Lui et sa mère avaient pris le tramway à Still House Lane et il lui avait demandé s'ils pouvaient descendre à l'arrêt d'avant pour parcourir à pied les cent derniers mètres afin que les autres élèves ne voient pas qu'ils n'avaient pas de voiture. Lorsqu'ils étaient parvenus à cinquante mètres des grilles de l'école, il lui avait permis de l'embrasser mais, la laissant plantée là, s'était empressé de lui dire au revoir. Approchant de Saint-Bède pour la première fois, il avait vu ses futurs condisciples descendre de fiacres ou d'automobiles, et l'un d'eux était même arrivé dans une Rolls-Royce conduite par un chauffeur.

S'il avait lui aussi trouvé pénible sa première nuit en dehors de la maison, c'était parce que, contrairement à Jessica, il n'avait jamais dormi à côté d'autres garçons.

Mais l'alphabet lui avait été favorable, parce qu'il dormait dans un dortoir entre Barrington et Deakins. Il n'avait pas eu de chance, cependant, en ce qui concernait son préfet de dortoir. La première semaine, Alex Fisher lui donna des coups de savate tous les soirs, pour la seule et unique raison que Harry était le fils d'un débardeur et, par conséquent, indigne de fréquenter la même école que lui, fils d'un agent immobilier. Harry se demandait parfois ce qui était arrivé à Fisher après son départ de Saint-Bède. Il savait que son chemin et celui de Giles s'étaient croisés à nouveau pendant la guerre, à Tobrouk, parce qu'ils servaient dans le même régiment, et il supposait que Fisher devait toujours habiter à Bristol, puisqu'il avait évité de lui parler à une récente réunion d'anciens élèves de Saint-Bède.

En tout cas, Sebastian arriverait en voiture. En tant qu'externe, il rentrerait tous les soirs au château

Barrington et n'aurait donc pas à subir un autre Fisher. Harry se doutait malgré tout que son fils ne trouverait pas Saint-Bède plus facile à supporter que lui, même si c'était pour des raisons tout à fait différentes.

Quand Harry se gara devant la grille de l'école, Sebastian sortit avant même que son père ait eu le temps de mettre le frein. Harry le regarda franchir le portail en courant et, identique à une centaine d'autres garçonnets, disparaître dans une foule de blazers rouges, sans se retourner une seule fois. Harry accepta que, comme l'avait dit lord Alfred Tennyson, «l'ancien ordre change et cède la place au nouveau».

Il prit lentement le chemin du retour tout en réfléchissant au chapitre suivant de son dernier livre. Le moment était-il venu d'accorder une promotion à William Warwick?

Comme il approchait de la maison, il aperçut Jessica, assise sur la plus haute marche du perron. Elle sourit au moment où il arrêta la voiture.

— Où est Seb?

Telles furent les premières paroles de la fillette quand il mit pied à terre.

*
* *

Lorsque Sebastian était à l'école, Jessica se retirait dans son monde intérieur. Pour passer le temps en attendant son retour, elle lisait à Winston des livres sur d'autres animaux : Winnie l'ourson, M. Crapaud, un lapin blanc, un chat roux appelé Orlando et un crocodile qui avait avalé une pendule.

Dès que Winston s'était endormi, elle le bordait dans son lit et retournait à son chevalet pour peindre. Inlassablement. La pièce qu'Emma avait jadis considérée comme la nursery avait été transformée par Jessica en atelier de peinture. Une fois qu'elle eut couvert de dessins au crayon, au fusain, ou de peinture toutes les feuilles de papier qui lui tombaient sous la main, y compris les anciens manuscrits de Harry – il faudrait qu'il garde sous clé les nouveaux –, elle avait décidé de redécorer les murs de la nursery.

Si Harry ne voulait pas tempérer son enthousiasme, loin de là, il rappelait néanmoins à Emma que le château Barrington ne leur appartenait pas et qu'ils devraient peut-être prévenir Giles. Après la nursery, Jessica avait découvert les nombreux murs encore vierges de la maison.

Giles était si subjugué par la nouvelle arrivante qu'il déclara que cela ne le gênerait pas si elle repeignait de fond en comble tout le château.

— Ne l'encourage pas, Dieu du ciel ! le supplia Emma. Sebastian lui a déjà demandé de repeindre sa chambre.

— Et quand allez-vous lui dire la vérité ? s'enquit Giles comme ils s'asseyaient un soir à la table du dîner.

— Rien ne presse, à notre avis, répondit Harry. Après tout, Jessica n'a que six ans et elle n'est pas encore tout à fait installée.

— N'attendez pas trop longtemps, le prévint Giles, parce qu'elle vous considère déjà, toi et Emma, comme ses parents, Seb comme son frère et elle m'appelle oncle Giles, alors qu'en réalité elle est ma demi-sœur et la tante de Seb.

— Je crains, s'esclaffa Harry, que cela prenne du temps avant qu'elle soit capable de le comprendre.

— J'espère qu'elle n'aura jamais à le faire, ajouta Emma. N'oublie pas que tout ce qu'elle sait, c'est que ses vrais parents sont morts. Pourquoi cela devrait-il changer, alors que nous ne sommes que tous les trois à connaître la vérité ?

— Ne sous-estimez pas Sebastian ! Il a déjà fait la moitié du chemin qui mène à la vérité.

7

Si, à la fin du premier trimestre de Sebastian, Harry et Emma furent étonnés d'être invités par le directeur du collège à prendre le thé, ils ne tardèrent pas à découvrir que ce n'était pas par pure courtoisie.

— Votre fils est un peu solitaire, déclara M. Hedley, docteur ès lettres, une fois que la domestique leur eut servi une tasse de thé et fut ressortie. En fait, il préfère se lier avec un jeune étranger qu'avec un Bristolien de souche.

— Y a-t-il une raison à cela ? s'enquit Emma.

— Un garçon venant d'une contrée lointaine n'a jamais entendu parler de M. et M$^{me}$ Clifton ni de son célèbre oncle Giles, expliqua le directeur. Mais, comme c'est très souvent le cas, à toute chose malheur est bon, parce que nous avons pu ainsi découvrir que Sebastian était doué pour les langues vivantes, ce dont nous ne nous serions peut-être pas aperçus autrement. En fait, c'est le seul élève qui puisse converser avec Lu Yang dans sa langue maternelle.

Harry éclata de rire mais Emma remarqua que le directeur ne souriait pas.

— Cependant, poursuivit M. Hedley, il risque d'y avoir un problème lorsque Harry passera l'examen d'entrée au lycée de Bristol.

— Mais il est premier en anglais, en français et en latin, fit remarquer fièrement Emma.

— Et il a obtenu cent points sur cent en mathématiques, rappela Harry au directeur.

— C'est vrai, et tout ça est remarquable. Malheureusement, il est presque dernier en histoire, en géographie et en sciences naturelles, qui sont toutes des matières obligatoires. S'il n'obtient pas la moyenne dans deux ou plus de ces matières, il sera automatiquement rejeté par le lycée, ce qui, je le sais, serait une grande déception pour vous deux, ainsi que pour son oncle.

— «Grande déception» est un euphémisme, dit Harry.

— Tout à fait, renchérit le directeur.

— Font-ils jamais des exceptions à la règle? s'enquit Emma.

— Je ne me souviens que d'un cas depuis que j'occupe ce poste, et c'était pour un élève qui, au troisième trimestre, avait marqué une centaine au cricket tous les samedis matin.

Harry éclata de rire parce que, assis sur l'herbe, il avait regardé Giles accomplir cet exploit.

— Par conséquent, dit Harry, nous devrons faire en sorte qu'il se rende bien compte des risques qu'il court s'il n'a pas la moyenne dans deux des matières obligatoires.

— Ce n'est pas par manque d'intelligence, reprit le directeur, mais si une matière ne lui plaît pas, il s'ennuie très vite. L'ironie de la situation, c'est que, vu son don pour les langues, je suis certain qu'il voguera toutes voiles dehors jusqu'à Oxford. Mais, entretemps, nous devons nous assurer qu'il arrive au lycée de Bristol, même en pédalo.

Amadoué par son père et soudoyé par sa grand-mère, Sebastian réussit à quitter la dernière place et à en gagner quelques-unes dans deux des trois matières obligatoires. Ayant calculé qu'il lui était permis d'échouer dans l'une d'elles, il choisit les sciences naturelles.

À la fin de sa seconde année, le directeur était sûr qu'au prix de quelques efforts supplémentaires le garçonnet obtiendrait la moyenne nécessaire dans cinq des six matières au programme de l'examen. Lui aussi avait renoncé aux sciences naturelles. Tout en commençant à reprendre espoir, Harry et Emma s'efforçaient de garder leur fils au niveau. L'optimisme du directeur aurait pu être justifié si deux incidents n'étaient pas survenus durant la dernière année de Sebastian à Saint-Bède.

8

— C'est le roman de ton père ?
Sebastian regarda une pile impeccable de livres placée dans la vitrine de la librairie et surmontée d'un écriteau qui annonçait : « *Rien ne va plus* par Harry Clifton, trois shillings, six pence. La suite de *Faites vos jeux* et la dernière aventure de William Warwick. »
— Oui, répondit Sebastian avec fierté. Tu en veux un ?
— Oui, s'il te plaît, dit Lu Yang.
Suivi de son ami, Sebastian entra dans la boutique. Sur une table près de l'entrée se dressait une haute pile du dernier roman de son père en édition cartonnée, entourée des deux premiers romans de la série des William Warwick, *L'Affaire du témoin aveugle* et *Faites vos jeux*, en livres de poche.
Sebastian donna à Lu Yang un exemplaire de chacun des trois livres. Les deux garçons furent bientôt rejoints par plusieurs de leurs camarades, et Sebastian offrit à chacun d'entre eux le dernier livre de son père et à certains les deux autres également. La pile diminuait à vue d'œil lorsqu'un homme d'âge moyen sortit

en trombe de derrière le comptoir et, attrapant Sebastian par le col, l'entraîna loin de la table.

— Mais qu'est-ce que tu fabriques ? hurla-t-il.

— Ne vous en faites pas, répondit Sebastian, ce sont les livres de mon père !

— À d'autres ! s'écria le gérant en traînant Sebastian, qui protestait haut et fort à chaque pas, vers le fond du magasin. Appelez la police ! lança le gérant à un vendeur. J'ai pris ce voleur la main dans le sac. Et essayez de récupérer les livres qui ont été emportés par ses copains.

Il poussa Sebastian dans son bureau et le fit asseoir brutalement sur un vieux canapé de crin.

— Et ne t'avise pas de bouger d'ici, le prévint-il en quittant le bureau dont il referma la porte.

Sebastian entendit une clé tourner dans la serrure. Il se leva, se dirigea vers la table de travail du gérant, y prit un livre, se rassit et se mit à lire. Il était parvenu à la neuvième page et commençait à s'attacher à Richard Hannay, l'agent secret des romans de John Buchan, quand le gérant revint, un sourire radieux sur les lèvres.

— Le voilà, commissaire, j'ai surpris le gamin la main dans le sac.

Le commissaire Blakemore s'efforça de rester sérieux lorsque le gérant ajouta :

— Il a eu le toupet de prétendre que ces livres appartenaient à son père.

— Il ne mentait pas, expliqua le commissaire. Il est le fils de Harry Clifton. Mais, poursuivit-il en fixant Sebastian d'un air sévère, cela n'excuse pas votre conduite, jeune homme.

— Même si son père est Harry Clifton, reprit le gérant, j'ai perdu une livre et dix-huit shillings. Que comptez-vous faire à ce sujet ? fit-il en pointant un doigt accusateur sur Sebastian.

— J'ai déjà contacté M. Clifton, répondit Blakemore. Aussi je suis sûr que la question sera bientôt réglée. En attendant, je suggère que vous expliquiez à son fils le fonctionnement du commerce des livres.

L'air quelque peu radouci, le gérant s'assit sur le coin de son bureau.

— Lorsque votre père écrit un livre, commença-t-il, son éditeur lui donne une avance, puis un pourcentage sur le prix de vente de chaque livre. En ce qui concerne votre père, je dirais que ça tourne autour de dix pour cent. L'éditeur doit également payer ses agents commerciaux, le personnel éditorial et publicitaire, l'imprimeur, et il doit aussi régler les frais de publicité et de distribution.

— Et combien devez-vous acheter chaque livre ? demanda Sebastian.

Blakemore attendait avec impatience la réponse du gérant. Celui-ci hésita avant de dire :

— Environ deux tiers du prix de vente.

Les yeux de Sebastian s'étrécirent.

— Par conséquent, répliqua-t-il, mon père n'a que dix pour cent, alors que vous empochez trente-trois pour cent ?

— Oui, mais je dois payer le loyer et les impôts du local, et le salaire de mon personnel, se récria le gérant.

— Cela reviendrait moins cher à mon père de remplacer les livres plutôt que de vous les rembourser au prix de vente ?

Le commissaire regretta que sir Walter Barrington ne soit plus en vie. L'échange verbal lui aurait plu.

— Peut-être pourriez-vous me dire, monsieur, continua Sebastian, combien de livres il faut remplacer ?

— Huit livres cartonnés et onze livres de poche, répondit le gérant au moment où Harry entrait dans le bureau.

Le commissaire lui expliqua ce qui était arrivé, avant d'ajouter :

— Pour cette fois, je ne vais pas inculper le gamin de vol à l'étalage, monsieur Clifton. Je me contenterai de lui donner un avertissement. À vous de faire en sorte, monsieur, qu'il ne commette plus d'acte aussi irresponsable.

— Bien sûr, commissaire, dit Harry. Je vous en suis reconnaissant et je vais demander à mon éditeur de remplacer les livres sans tarder. Et, mon garçon, tu n'auras plus d'argent de poche tant que tu n'auras pas remboursé les livres jusqu'au dernier penny, poursuivit-il en se tournant vers Sebastian.

Sebastian se mordit la lèvre.

— Merci, monsieur Clifton, dit le gérant, qui ajouta, l'air un peu penaud : Puisque vous êtes là, auriez-vous la gentillesse de signer le reste de la pile ?

Lorsque Élisabeth, la mère d'Emma, entra à l'hôpital pour faire un bilan de santé, elle tenta de rassurer sa fille en lui disant qu'il n'y avait rien de grave et, afin de ne pas les inquiéter, la pria de n'en parler ni à Harry ni aux enfants.

Toutefois, cela inquiéta Emma et, dès qu'elle rentra au château Barrington, elle appela Giles à la Chambre des communes puis sa sœur à Cambridge. Toutes affaires cessantes, ils prirent tous les deux le premier train pour Bristol.

— J'espère ne pas vous faire perdre votre temps, dit Emma lorsqu'elle vint les chercher à Temple Meads.

— Au contraire, espérons que tu nous fais perdre notre temps, répondit Grace.

La mine anxieuse, Giles regardait à l'extérieur du véhicule tandis qu'ils roulaient vers l'hôpital.

Avant même que M. Langbourne ait refermé la porte de son bureau, Emma devina que les nouvelles ne seraient pas bonnes.

— J'aimerais pouvoir vous le dire d'une façon plus douce, commença le spécialiste, une fois qu'ils furent assis, mais je crains que ce ne soit pas possible. Le D$^r$ Raeburn, le médecin traitant de votre mère depuis plusieurs années, lui a fait faire un bilan de santé de routine et, lorsqu'il a reçu les résultats des analyses, il lui a demandé de venir me voir afin que j'effectue des examens plus approfondis.

Emma serra les poings, un geste qu'elle faisait à l'époque où elle était écolière, chaque fois qu'elle était anxieuse ou qu'elle avait des ennuis.

— Hier, poursuivit M. Langbourne, j'ai reçu les résultats du laboratoire d'analyses médicales, qui ont confirmé les craintes du D$^r$ Raeburn : votre mère souffre d'un cancer du sein.

— Peut-on la guérir ? demanda immédiatement Emma.

— Il n'y a encore aucun traitement pour quelqu'un de son âge, dit M. Langbourne. Les scientifiques espèrent une avancée décisive tôt ou tard, mais je crains que cela ne se produise pas assez tôt pour sauver votre mère.

— Pouvons-nous faire quelque chose ? s'enquit Grace.

Emma se pencha vers sa sœur et lui prit la main.

— Elle aura besoin de tout l'amour et de tout le soutien que vous pouvez lui apporter, vous et sa famille. Élisabeth est une femme remarquable et, après toutes les épreuves qu'elle a dû surmonter, elle aurait mérité un meilleur sort. Mais elle ne s'est pas plainte une seule fois… Ce n'est pas son style. C'est une Harvey typique.

— Combien de temps lui reste-t-il parmi nous ? demanda Emma.

— Je crains qu'il faille compter en semaines plutôt qu'en mois.

— Alors il faut que je lui parle de quelque chose, intervint Giles, qui n'avait rien dit jusque-là.

*\* \**

Après l'incident du vol à l'étalage, ainsi qu'on nomma l'affaire à Saint-Bède, Sebastian passa du statut de garçon quelque peu solitaire à celui de héros de légende, et des élèves qui l'avaient ignoré auparavant l'invitèrent à rejoindre leur bande. Harry commença à croire que cela constituait peut-être un tournant important, mais lorsqu'il lui apprit que sa grand-mère n'avait plus que quelques semaines à vivre, le jeune garçon rentra dans sa coquille.

Jessica avait commencé sa première année à Red Maids. Elle travaillait beaucoup plus que Sebastian, mais ne fut première dans aucune matière. Le professeur de dessin dit à Emma qu'il était dommage que la peinture ne soit pas prise en compte car Jessica avait plus de talent à huit ans qu'elle-même durant sa dernière année d'université.

Emma décida de ne pas faire part de ces propos à Jessica mais de laisser l'enfant découvrir toute seule, avec le temps, la force de son talent. Sebastian lui répétait qu'elle était géniale, mais qu'en savait-il ? Ne considérait-il pas Stanley Matthews[1] comme un génie ?

Un mois plus tard, Sebastian échoua à trois examens blancs, quelques semaines avant l'examen d'entrée au lycée de Bristol. Ni Harry ni Emma n'eurent le courage de le réprimander, étant donné la grande tristesse dans laquelle l'état de santé de sa grand-mère le plongeait. Il accompagnait Emma à l'hôpital tous les après-midi après l'école où elle venait le chercher en voiture. Il grimpait sur le lit d'Élisabeth et il lui lisait le livre qu'il préférait jusqu'à ce qu'elle s'endorme.

Chaque jour, Jessica faisait une nouvelle peinture pour sa grand-mère et la déposait le lendemain matin avant que Harry ne l'emmène à l'école. À la fin du trimestre, il ne restait que quelques espaces vides sur les murs de la galerie privée d'Élisabeth.

Giles ne tint pas compte de plusieurs votes auxquels il aurait dû prendre part, Grace manqua

---

1. Stanley Matthews (1915-2000) était un footballeur anglais légendaire. Il fut le premier et le plus âgé à recevoir le Ballon d'or en 1956.

d'innombrables séances de travaux dirigés et Emma négligea parfois de répondre aux lettres hebdomadaires de Cyrus Feldman. Mais c'était la visite quotidienne de Sebastian qu'Élisabeth attendait avec le plus d'impatience. Harry ne savait pas si c'était à son fils ou à sa belle-mère que ces rencontres faisaient le plus de bien.

*\* \**

Cela ne facilita pas les choses que Sebastian ait dû passer l'examen d'entrée au lycée de Bristol alors que sa grand-mère s'affaiblissait de jour en jour.

Les résultats furent irréguliers, comme l'avait prédit le directeur de Saint-Bède. Excellents en latin, français, anglais et mathématiques, à peine moyens en histoire. Il échoua de peu à l'épreuve de géographie et n'obtint que neuf points sur cent en sciences naturelles.

Juste après avoir épinglé la feuille des résultats sur le panneau d'affichage de l'école, le directeur Hedley téléphona à Harry au château Barrington.

— Je vais parler en privé avec John Garrett, le directeur du lycée, annonça-t-il, et lui rappeler que Sebastian a reçu cent points sur cent en latin et en mathématiques et qu'il est quasiment certain d'obtenir une bourse universitaire prestigieuse.

— Vous pourriez aussi lui rappeler, renchérit Harry, que son oncle et moi-même avons été élèves du lycée de Bristol et que son arrière-grand-père, sir Walter Barrington, était président du conseil d'administration.

— Je ne pense pas qu'il soit nécessaire de le lui rappeler, mais je vais lui signaler que la grand-mère de Sebastian était hospitalisée alors qu'il passait l'examen. Tout ce que nous pouvons espérer, c'est qu'il soutienne mon point de vue.

Et ce fut bien le cas. M. Hedley rappela Harry à la fin de la semaine pour lui annoncer que le directeur du lycée allait recommander au conseil d'administration que, malgré l'échec de Sebastian dans deux matières, on lui offre quand même une place au lycée pour la rentrée de septembre.

— Merci, répondit Harry. C'est la seule bonne nouvelle depuis plusieurs semaines.

— Cependant, ajouta le directeur, il m'a rappelé que la décision finale appartient au conseil d'administration.

Harry fut le dernier visiteur de sa belle-mère ce soir-là et il s'apprêtait à repartir quand Élisabeth chuchota :

— Peux-tu rester encore quelques minutes, mon cher enfant ? Il faut que je te parle de quelque chose.

— Oui, bien sûr, répondit-il en se rasseyant sur le bord du lit.

— J'ai passé la matinée avec Desmond Siddons, notre notaire, expliqua Élisabeth en butant sur chaque mot, et je voulais te faire savoir que j'ai rédigé un nouveau testament, parce que je ne peux pas supporter l'idée que Virginia Fenwick, cette affreuse bonne femme, mette la main sur le moindre de mes biens.

— Ce n'est plus un problème, à mon avis. Nous ne l'avons pas vue et n'avons pas entendu parler d'elle depuis des semaines. Par conséquent, je pense que cette histoire est terminée.

— La raison pour laquelle vous ne l'avez pas vue et n'avez pas entendu parler d'elle, c'est qu'elle veut que je croie que l'histoire est terminée. Ce n'est pas une coïncidence si elle a disparu de la scène quelques jours seulement après que Giles a appris qu'il ne me restait que peu de temps à vivre.

— Je suis certain que vous dramatisez, Élisabeth. Je ne crois pas qu'elle pourrait être aussi insensible.

— Mon cher Harry, tu es si généreux de nature que tu as toujours accordé à tout le monde le bénéfice du doute. Emma a eu beaucoup de chance de te rencontrer.

— C'est gentil à vous de dire ça, Élisabeth, mais je suis sûr qu'avec le temps...

— C'est justement ce que je n'ai pas.

— Peut-être alors devrions-nous demander à Virginia de venir vous rendre visite ?

— À plusieurs reprises, j'ai clairement indiqué à Giles que j'aimerais la voir, mais chaque fois il a invoqué des prétextes improbables. Pour quelle raison, à ton avis ? Ne prends pas la peine de répondre, Harry, parce que tu serais la dernière personne à deviner les manigances de Virginia. Et tu peux être sûr qu'elle n'avancera ses pions qu'après mon enterrement. (Une ébauche de sourire passa sur son visage.) Mais j'ai encore une carte dans ma manche, que je n'ai pas l'intention d'abattre avant ma mise au tombeau, et ensuite mon esprit reviendra tel un ange vengeur.

Harry ne l'interrompit pas pendant qu'elle se retournait et, rassemblant toute son énergie, tirait une enveloppe de dessous son oreiller.

— Écoute-moi bien, Harry, reprit-elle. Je te demande d'exécuter mes instructions à la lettre, poursuivit-elle en lui saisissant la main. Si Giles conteste mon dernier testament…

— Mais pourquoi le ferait-il?

— Parce que c'est un Barrington, et les Barrington ont toujours été faibles avec les femmes. Par conséquent, s'il conteste mon testament, répéta-t-elle, il faudra que tu remettes ce pli au juge choisi pour désigner le membre de ma famille qui doit hériter de mes biens.

— Et s'il ne le conteste pas?

— Tu devras le détruire, répondit-elle, respirant plus difficilement de seconde en seconde. Tu ne dois pas l'ouvrir, ni laisser Giles et Emma en connaître l'existence. (Elle serra fortement sa main et chuchota de façon presque inaudible.) Tu dois me donner ta parole, Harry Clifton, parce que je sais que le vieux Jack t'a appris que cela suffit toujours.

— Vous avez ma parole, déclara Harry, avant de ranger l'enveloppe dans la poche intérieure de sa veste.

Elle desserra sa prise et s'affala sur l'oreiller, un sourire de contentement sur les lèvres. Elle ne découvrit jamais si Sydney Carton, le héros du *Conte de deux cités*, avait échappé à la guillotine.

*
* *

Harry ouvrit le courrier pendant son petit déjeuner.

*Lycée de Bristol*
*University Road*
*Bristol, 27 juillet 1951*

*Monsieur Clifton,*
*J'ai le regret de vous informer que votre fils, Sebastian, n'a pas été…*

Harry se leva de table d'un bond et se dirigea vers le téléphone. Il composa le numéro qui figurait au bas de la lettre.

— Bureau du directeur, annonça la voix.
— Puis-je parler à M. Garrett, s'il vous plaît ?
— De la part de qui ?
— Harry Clifton.
— Je vous le passe, monsieur.
— Bonjour, monsieur le directeur. Ici, Harry Clifton.
— Bonjour, monsieur Clifton. J'attendais votre appel.
— Je n'arrive pas à croire que le conseil ait pris une décision aussi infondée.
— Franchement, moi non plus, monsieur Clifton. Surtout après avoir plaidé la cause de votre fils avec une telle énergie.
— Quelle raison ont invoquée les membres du conseil pour le refuser ?
— Qu'il ne fallait pas donner l'impression qu'on faisait une exception pour le fils d'un ancien élève alors qu'il n'avait pas obtenu la moyenne dans deux matières obligatoires.

— C'est la seule raison avancée ?

— Non. L'un des membres du conseil a rappelé l'avertissement infligé à votre fils par la police pour vol à l'étalage.

— Mais il y a une explication toute simple à cet incident qui l'innocente, répliqua Harry qui s'efforçait de ne pas sortir de ses gonds.

— J'en suis persuadé, mais on n'a pas pu faire changer d'avis notre nouveau président.

— Eh bien, je vais lui téléphoner sur-le-champ. Comment s'appelle-t-il ?

— Il s'agit du commandant Alex Fisher.

# Giles Barrington

1951-1954

9

Si Giles fut ravi, il ne fut pas surpris de constater que l'église paroissiale de Saint-André où s'était mariée Élisabeth Harvey et où ses trois enfants avaient été baptisés et confirmés était pleine à craquer, membres de la famille, amis et admirateurs s'y pressant en masse.

Le révérend Donaldson rappela tout ce qu'Élisabeth Barrington avait fait pour la communauté. En fait, déclara-t-il, sans sa générosité, la restauration du clocher de l'église n'aurait pas été possible. Il poursuivit en évoquant le grand nombre de personnes qui, très loin au-delà des murs de l'église, avaient bénéficié de sa sagesse et de sa finesse d'esprit lorsqu'elle était bienfaitrice du petit hôpital local. Il mentionna également le rôle qu'elle avait joué comme chef de famille, après la mort de lord Harvey. Au grand soulagement de Giles, et sans doute à celui de la plupart des personnes présentes, le pasteur ne fit aucune allusion à son père.

Le révérend Donaldson conclut l'éloge funèbre en déclarant :

— Le cours de la vie terrestre d'Élisabeth a été prématurément interrompu à l'âge de cinquante et un ans, mais ce n'est pas à nous de contester les décisions du Seigneur.

Une fois que le pasteur eut regagné son banc, Giles et Sebastian lurent chacun un récit biblique, «Le Bon Samaritain» et «Le sermon sur la montagne», tandis qu'Emma et Grace récitèrent des vers extraits des poèmes préférés de leur mère. Emma choisit du Shelley :

*Ange perdu d'un paradis en ruine !*
*Point ne savait qu'il était sien,*
*Elle s'éclipsa sans la moindre souillure,*
*Tel un nuage ayant pleuré sa réserve de pluie.*

Grace lut des vers de Keats :

*Réfléchis à ceci : la vie ne dure qu'un jour.*
*Fragile goutte de rosée qui son périlleux voyage accomplit*
*Depuis la cime d'un arbre, sommeil du pauvre Indien*
*Tandis que sa barque vogue vers l'affreux précipice...*

Comme les paroissiens sortaient de l'église, plusieurs personnes demandèrent qui était la jolie femme au bras de sir Giles. Harry ne put s'empêcher de penser que la prédiction d'Élisabeth se vérifiait déjà. Vêtue entièrement de noir, comme les porteurs descendaient le cercueil d'Élisabeth dans la tombe, Virginia se tenait à la droite de Giles. Harry se rappela les paroles de sa belle-mère : «J'ai encore une carte dans ma manche.»

Après la cérémonie funèbre, la famille et quelques amis proches furent invités à se joindre à Giles, Emma et Grace au château Barrington pour participer à ce que les Irlandais appellent une « veillée mortuaire ». Virginia allait prestement de l'un à l'autre, se présentant comme si elle était déjà la maîtresse de maison. Giles ne semblait pas le remarquer, à moins que cela ne l'ait pas dérangé.

— Bonjour, je suis lady Virginia Fenwick, dit-elle quand elle rencontra pour la première fois la mère de Harry. Et vous, quelle est votre position dans la famille ?

— Je suis M$^{me}$ Holcombe, répondit Maisie. Harry est mon fils.

— Ah, oui, bien sûr... Vous êtes serveuse de restaurant ou quelque chose comme ça, non ?

— Je suis directrice du Grand Hotel de Bristol, précisa Maisie, du ton qu'elle aurait employé pour parler à un client pénible.

— Évidemment ! Mais je vais avoir un certain mal à m'habituer à l'idée que les femmes travaillent. Dans ma famille, voyez-vous, les femmes n'ont jamais travaillé, répliqua Virginia en s'éloignant, avant que Maisie ne puisse lui répondre.

— Qui êtes-vous ? s'enquit Sebastian.

— Je suis lady Virginia Fenwick. Et vous, qui êtes-vous, jeune homme ?

— Sebastian Clifton.

— Ah, oui. Votre père a-t-il finalement réussi à trouver une école qui vous accepte ?

— Je vais au collège Beechcroft Abbey à la rentrée de septembre, rétorqua Sebastian.

— Ce n'est pas une mauvaise école, dit Virginia, mais elle ne fait pas la course en tête. Mes trois frères ont été à Harrow, comme tous les hommes de ma famille depuis sept générations.

— Où avez-vous fait vos études ? demanda le garçonnet tandis que Jessica accourait vers lui.

— Tu as vu le Constable, Seb ? fit-elle.

— Petite fille, ne m'interromps pas quand je suis en train de parler. C'est affreusement impoli.

— Désolée, mademoiselle.

— On ne m'appelle pas « mademoiselle ». Quand tu t'adresses à moi, tu dois toujours dire « lady Virginia ».

— Vous avez vu le Constable, lady Virginia ?

— Oui, en effet. Et il n'a rien à envier aux trois tableaux de ce peintre qui se trouvent dans la collection de ma famille. Mais il ne court pas dans la même catégorie que notre Turner. Vous avez entendu parler de Turner ?

— Oui, lady Virginia. J. M. W. Turner est peut-être le plus grand aquarelliste de son siècle.

— Ma sœur est peintre, intervint Sebastian. Et je pense qu'elle peint aussi bien que Turner.

— Excusez-le, lady Virginia, gloussa Jessica. Comme maman le lui dit souvent, il a vraiment tendance à exagérer.

— À l'évidence, déclara Virginia, avant de les laisser pour partir à la recherche de Giles, car elle jugeait qu'il était temps que les invités s'en aillent.

Giles raccompagna le pasteur à la porte d'entrée, ce que les autres invités interprétèrent comme le signal du départ. Lorsqu'il ferma la porte pour la dernière fois, il poussa un soupir de soulagement, puis revint au salon pour rejoindre la famille.

— Eh bien, il me semble que, dans de telles circonstances, les choses se sont passées du mieux possible, commenta-t-il.

— Un ou deux pique-assiettes se sont comportés comme s'il s'agissait d'un banquet plutôt que d'une veillée, déclara Virginia.

— Cela t'ennuierait-il, vieille branche, dit Giles à Harry, si on s'habillait pour le dîner ? Virginia est très à cheval sur l'étiquette.

— Il faut à tout prix sauvegarder la bienséance, expliqua Virginia.

— La bienséance, mon père l'a foulée aux pieds, répliqua Grace, ce qui fit rire Harry. Mais je crains que vous deviez vous passer de moi. Je dois rentrer à Cambridge car je dois préparer une séance de travail avec des étudiants. De toute façon, ajouta-t-elle, je suis habillée pour un enterrement et non pas pour un dîner mondain. Ne prenez pas la peine de me raccompagner.

*
* *

Giles attendait dans le salon lorsque Harry et Emma descendirent dîner.

Marsden leur servit un sherry sec, puis quitta la pièce pour s'assurer que tout se déroulait comme prévu.

— Triste moment, dit Harry. Levons nos verres en l'honneur d'une grande dame !

— À une grande dame ! lancèrent Emma et Giles en levant leur verre au moment où Virginia faisait son entrée dans le salon.

— Parliez-vous de moi, par hasard ? fit-elle sans la moindre trace d'ironie.

Giles éclata de rire, tandis qu'Emma ne put qu'admirer la magnifique robe longue de taffetas qui faisait complètement oublier les vêtements de deuil de Virginia, laquelle toucha son collier de diamants et de rubis pour attirer sur lui l'attention d'Emma.

— Quel beau bijou ! s'exclama celle-ci sur-le-champ, tandis que Giles tendait un gin-tonic à Virginia.

— Merci. Il appartenait à mon arrière-grand-mère, la duchesse douairière de Westmorland, qui me l'a légué par testament. Marsden, dit-elle en se tournant vers le majordome qui venait d'entrer dans la pièce, les fleurs de ma chambre commencent à se faner. Peut-être pourriez-vous les remplacer avant que j'aille me coucher ce soir.

— Certainement, milady... Quand vous serez prêt, sir Giles, le dîner est servi.

— Je ne sais pas ce qu'il en est pour vous, reprit Virginia, mais j'ai une faim de loup. On y va ?

Sans attendre la réponse, elle prit Giles par le bras et mena la marche en direction de la salle à manger.

Pendant le repas, elle les abreuva d'anecdotes sur ses ancêtres, donnant l'impression qu'ils constituaient la colonne vertébrale de l'Empire britannique. Généraux, évêques, ministres et, bien sûr, quelques brebis galeuses, reconnut-elle, car quelle famille n'en a pas une ou deux ? Elle ne reprit pratiquement pas son souffle avant que les assiettes du dessert aient été ramassées, moment que choisit Giles pour lâcher une petite bombe. Il tapota son verre à vin avec une cuiller pour capter l'attention de tous.

— J'ai une excellente nouvelle à partager avec vous, déclara-t-il. Virginia m'a fait le grand honneur de consentir à devenir ma femme.

Un silence gêné suivit cette annonce, puis Harry finit par déclarer :

— Toutes mes félicitations.

Emma réussit à faire un maigre sourire.

Comme Marsden débouchait une bouteille de champagne et remplissait les coupes, Harry ne put s'empêcher de penser que la prophétie d'Élisabeth s'était accomplie quelques heures seulement après son enterrement.

— Naturellement, une fois que nous serons mariés, annonça Virginia en touchant délicatement la joue de Giles, il faudra effectuer quelques changements ici. Je ne pense pas que ce sera vraiment une surprise, poursuivit-elle en faisant un radieux sourire à Emma.

Giles paraissait tellement ensorcelé par Virginia qu'il approuvait d'un hochement de tête à la fin de chacune de ses phrases.

— Giles et moi, poursuivit Virginia, avons l'intention de nous installer au château Barrington peu après notre mariage, mais à cause des élections législatives, les noces vont devoir être repoussées de quelques mois, ce qui vous donnera assez de temps pour trouver un autre logis.

Emma reposa son verre et fixa son frère, qui évita son regard.

— Emma, je suis certain que tu comprendras, dit-il, que nous aimerions que Virginia devienne la maîtresse de Barrington Hall dès que nous commencerons notre vie de couple.

— Bien sûr, répondit Emma. Franchement, je serais extrêmement heureuse de retourner au manoir, où, enfant, j'ai passé de très nombreuses années de bonheur.

Virginia lança un regard noir à son fiancé.

— Ah, finit par dire Giles, j'avais l'intention d'offrir le manoir à Virginia comme cadeau de mariage.

Emma et Harry échangèrent un coup d'œil, mais avant qu'ils n'aient pu intervenir, Virginia déclara :

— J'ai deux tantes âgées, qui sont toutes les deux veuves depuis peu. Ce sera tout à fait commode pour elles.

— Giles, as-tu seulement pensé à ce qui serait commode pour Harry et moi ? s'enquit Emma en regardant son frère droit dans les yeux.

— Peut-être pourriez-vous vous installer dans l'un des pavillons du domaine ? suggéra-t-il.

— Je ne pense pas que ce serait une bonne idée, mon chéri, dit Virginia en lui prenant la main. Nous ne devons pas oublier qu'en tant que fille de comte j'ai l'intention d'avoir une grande famille.

— Je n'ai aucune envie d'habiter dans un pavillon sur le domaine, cracha Emma. Je te remercie, mais nous pouvons acheter notre propre maison.

— J'en suis persuadée, ma chère, déclara Virginia. Après tout, Giles m'a dit que Harry est un auteur à succès.

Emma ne répondit pas et, se tournant vers son frère, elle lui demanda :

— Comment es-tu certain que le manoir t'appartient et que tu peux, par conséquent, en disposer ?

— Parce qu'il y a quelque temps maman m'a fait lire son testament du début à la fin. Je serai très heureux de vous le montrer, à toi et Harry, si tu penses que cela vous aidera à établir vos projets.

— Je ne pense pas qu'il soit convenable de discuter du testament de maman le jour de son enterrement.

— Je ne veux pas avoir l'air insensible, ma chère, intervint Virginia, mais je repars à Londres demain matin et la préparation des noces va occuper le plus clair de mon temps. Je pense que nous aurions intérêt à régler ces questions pendant que nous sommes tous ensemble, précisa-t-elle en se tournant vers Giles avec le même charmant sourire.

— Je suis d'accord avec Virginia, renchérit Giles. Il vaut mieux ne pas laisser traîner les choses. Et je peux t'assurer que le legs que vous a fait maman à toi et à Grace est plus que correct. Elle vous a laissé dix mille livres à chacune et a partagé ses bijoux entre vous deux. Et elle donne cinq mille livres à Sebastian, qu'il héritera à sa majorité.

— Quelle chance il a, cet enfant ! s'exclama Virginia. Elle a également légué à Jessica son *Écluse à Cleveland* de Turner, mais il restera dans la famille jusqu'à ses vingt et un ans.

Cette intervention indiqua que Giles avait révélé en détail le contenu du testament à sa fiancée avant de prendre la peine d'en parler à ses sœurs.

— Quelle générosité ! poursuivit Virginia, étant donné que Jessica ne fait même pas partie de la famille.

— Nous considérons Jessica comme notre fille, intervint Harry d'un ton sec, et nous la traitons comme telle.

— «Demi-sœur» serait un terme plus adéquat, répliqua Virginia. Nous ne devons pas oublier que c'est une orpheline du foyer Barnardo et qu'elle est juive, de surcroît. Je suppose que c'est parce que je suis originaire du Yorkshire que j'ai tendance à appeler un chat, un chat.

— Et je suppose que c'est parce que je suis originaire du Gloucestershire, rétorqua Emma, que j'ai tendance à appeler une sale intrigante, une sale intrigante.

Sur ce, elle se leva de table et sortit à grands pas de la pièce. Giles avait l'air gêné. Harry était maintenant certain que ni Giles ni Virginia ne se doutaient qu'Élisabeth avait rédigé un nouveau testament. Il choisit ses mots avec soin.

— Emma est un peu tendue depuis les obsèques. Je suis sûr qu'elle ira mieux demain matin.

Il replia sa serviette, leur souhaita une bonne nuit et quitta la pièce sans un mot de plus.

Virginia regarda son fiancé.

— Tu as été magnifique, lapin. Mais je dois dire que ta famille est très susceptible. Je suppose que c'est tout à fait normal après les épreuves qu'elle a traversées. Cependant, je crains que cela n'augure rien de bon pour l'avenir.

# 10

— Ici le BBC Home Service. Voici le bulletin d'informations lu par Alvar Lidell. Ce matin, à 10 heures, M. Attlee, le Premier ministre, a sollicité une audience auprès du roi et a demandé à Sa Majesté l'autorisation de dissoudre le Parlement et de convoquer des élections législatives anticipées. M. Attlee est revenu à la Chambre des communes pour annoncer que les élections auraient lieu jeudi 25 octobre.

Le lendemain, six cent vingt-deux députés firent leurs valises, vidèrent leurs casiers, dirent adieu à leurs collègues et regagnèrent leurs circonscriptions pour préparer la bataille. Parmi eux se trouvait sir Giles Barrington, le candidat travailliste du quartier des docks de Bristol.

Un matin, au petit déjeuner, durant la deuxième semaine de la campagne électorale, Giles annonça à Emma et à Harry que Virginia ne se joindrait pas à lui pendant la période préélectorale. Emma ne chercha pas à cacher son soulagement.

— Virginia pense qu'elle risquerait même de me faire perdre des voix, reconnut Giles. Après tout, aucun membre de sa famille n'a, semble-t-il, jamais voté pour les travaillistes. Un ou deux ont pu, à l'occasion, soutenir un candidat du parti libéral, mais jamais un travailliste.

— On a au moins ça en commun ! s'esclaffa Harry.

— Si les travaillistes gagnent les élections, dit Emma, penses-tu que M. Attlee pourrait t'offrir un ministère ?

— Dieu seul le sait. L'homme tient ses cartes si près de sa poitrine que même lui ne les voit pas. De toute façon, à en croire les sondages, l'élection sera très serrée. Inutile, par conséquent, de rêver d'un portefeuille ministériel avant l'annonce des résultats.

— Personnellement, dit Harry, je crois que, cette fois-ci, Churchill va passer tout juste. Remarque, seuls les Anglais sont capables de virer un Premier ministre qui vient de gagner une guerre.

— Je ne peux pas rester bavarder, annonça Giles en jetant un coup d'œil à sa montre. Je suis censé faire campagne dans Coronation Road. Ça te dit de te joindre à moi, Harry ? s'enquit-il avec un grand sourire.

— Tu plaisantes ? Tu me vois demander à des gens de voter pour toi ? Je te ferais perdre plus de voix que Virginia.

— Pourquoi pas ? intervint Emma. Tu as remis le manuscrit de ton dernier roman à l'éditeur et tu dis toujours à tout le monde qu'il vaut mieux apprendre directement sur le terrain que de passer des heures en bibliothèque pour vérifier d'innombrables données.

— Mais ma journée va être très occupée, protesta Harry.

— Évidemment, reconnut Emma. Voyons un peu... Ce matin, tu emmènes Jessica à l'école et, ah, oui ! tu vas la chercher cet après-midi pour la ramener à la maison.

— Bon, d'accord, je t'accompagne, dit Harry à Giles. Mais en tant que simple observateur, d'accord ?

*
\* \*

— Bonjour, monsieur, je m'appelle Giles Barrington. J'espère pouvoir compter sur votre soutien aux prochaines élections législatives, le 25 octobre, dit Giles à un électeur de la circonscription.

— En effet, monsieur Barrington. Je vote toujours pour les tories.

— Merci, dit Giles en se dirigeant déjà vers l'électeur suivant.

— Mais tu es le candidat du parti travailliste, rappela Harry à son beau-frère.

— Le nom du parti n'est pas indiqué sur le bulletin de vote, expliqua Giles, seulement le nom du candidat. Alors, pourquoi le décevoir ? Bonjour, je m'appelle Giles Barrington et j'espérais...

— Et vous pouvez continuer à espérer, parce que je n'ai pas l'intention de voter pour un aristo.

— Mais je suis le candidat du parti travailliste ! se récria Giles.

— Ça vous empêche pas d'être un aristo. Vous valez pas mieux que ce type, Frank Pakenham[1]. Vous trahissez votre classe.

Harry se retint d'éclater de rire comme l'homme s'éloignait.

— Bonjour, madame, je m'appelle Giles Barrington...

— Ah, quel plaisir de vous voir, sir Giles ! Je suis l'une de vos grandes admiratrices depuis le jour où vous avez obtenu la croix de guerre à Tobrouk. Et, bien que je vote normalement pour le parti libéral, cette fois-ci vous pouvez compter sur moi.

— Merci, madame, dit Giles en faisant un salut.

Elle se tourna vers Harry qui sourit et souleva son chapeau.

— Et vous, monsieur Clifton, inutile de me saluer, parce que je sais que vous êtes né à Still House Lane, et vous devriez avoir honte de voter tory. Vous trahissez votre classe, ajouta-t-elle avant de s'éloigner à grands pas.

Ce fut au tour de Giles de se retenir de rire.

— Je ne pense pas être fait pour la politique, conclut Harry.

— Bonjour. Je m'appelle...

— ... Giles Barrington. Oui, je le sais, déclara l'homme en refusant la main tendue de Giles. Monsieur Barrington, vous m'avez déjà serré la main, il y

---

1. Personnage controversé pour ses divers projets de réformes sociales, Frank Pakenham (1905-2001), comte de Longford, baron Pakenham, devint membre travailliste de la Chambre des lords en 1945. Il fut plusieurs fois ministre dans des gouvernements travaillistes.

a une demi-heure, et je vous ai dit que j'allais voter pour vous. Mais maintenant je n'en suis plus aussi sûr.

— Est-ce toujours aussi désagréable? demanda Harry.

— Oh, c'est parfois bien pire, répondit Giles. Mais si on place sa tête dans le trou du pilori, il ne faut pas s'étonner qu'il y ait de temps en temps des gens qui prennent plaisir à vous envoyer une tomate pourrie dans la figure.

— Je ne pourrais jamais faire de la politique, dit Harry. Je prends tout trop personnellement.

— Alors tu finiras sans doute à la Chambre des lords, répliqua Giles en s'arrêtant devant un pub. Je pense qu'un bock est de mise, avant de retourner sur le champ de bataille.

— Il me semble que je ne suis jamais allé dans ce pub, dit Harry en levant les yeux vers l'enseigne ballottée par le vent et sur laquelle un Volontaire les invitait d'un geste à entrer.

— Moi non plus. Mais, quand arrivera le jour des élections, j'aurai bu un verre dans la moindre auberge de la circonscription. Les tenanciers de pubs sont toujours ravis de donner leur avis.

— Qui a envie de devenir député?

— Si tu poses cette question, rétorqua Giles alors qu'ils entraient dans le pub, tu ne comprendras jamais l'excitation qu'on éprouve à se battre pour gagner une élection, à prendre sa place à la Chambre des communes et à jouer un rôle, même mineur, dans la gestion du pays. C'est une sorte de guerre sans armes à feu.

Harry se dirigea vers un coin calme de la salle, tandis que Giles s'installait au bar. Il bavardait avec le barman lorsque Harry l'y rejoignit.

— Désolé, vieille branche, s'excusa Giles. Je ne peux pas me cacher dans un coin. Il faut que je reste bien en vue, même quand je fais une pause.

— Mais j'espérais qu'on parlerait en privé.

— Eh bien, tu n'auras qu'à parler à voix basse... Garçon, deux bocks pression, s'il vous plaît ! lança Giles.

Il se redressa pour écouter ce que Harry avait à lui dire, pendant que plusieurs clients – certains d'entre eux un peu éméchés – lui flanquaient des claques dans le dos et, tout en lui donnant du « monsieur » ou en le traitant, entre autres, de « salaud », lui expliquaient comment il fallait gouverner le pays.

— Alors, comment mon neveu se débrouille-t-il dans sa nouvelle école ? demanda Giles une fois qu'il eut vidé son verre.

— Il n'a pas l'air de se plaire davantage à Beechcroft qu'à Saint-Bède. J'ai parlé à son professeur principal et il m'a seulement dit que Seb est très intelligent, qu'il sera très certainement accepté à Oxford mais qu'il a toujours du mal à se faire des amis.

— Je suis désolé de l'apprendre. Peut-être est-il seulement timide. Après tout, personne ne t'aimait beaucoup au début de ta scolarité à Saint-Bède... Deux autres bocks, s'il vous plaît ! lança-t-il au barman.

— Tout de suite, monsieur.

— Et comment va ma petite amie préférée ? s'enquit Giles.

— Si tu parles de Jessica, tu vas devoir te joindre à une longue file d'attente. Tout le monde l'adore, de Cléopâtre au facteur, mais elle n'aime que son père.

— Quand vas-tu lui dire qui est son véritable père ? demanda Giles en baissant la voix.

— Je n'arrête pas de me poser cette question, et inutile de me parler de lendemains qui déchantent, mais je n'arrive jamais à trouver le bon moment.

— Ce ne sera jamais le bon moment. Mais n'attends pas trop longtemps, parce qu'une chose est sûre : Emma ne le lui dira jamais et je suis à peu près certain que Seb a déjà percé le mystère tout seul.

— Qu'est-ce qui te fait dire ça ?

— Pas ici, dit Giles, alors qu'un autre électeur lui donnait une bourrade dans le dos.

Le barman plaça deux bocks sur le comptoir.

— Ça fera neuf pence, monsieur.

Harry ayant réglé la première tournée, il supposa que c'était le tour de Giles de payer.

— Désolé, dit Giles, mais je n'ai pas le droit de payer.

— « Pas le droit » ?

— Non, un candidat n'a pas le droit de payer à boire pendant une campagne électorale.

— Ah ! fit Harry. J'ai enfin trouvé une bonne raison de devenir député. Mais pourquoi, s'il te plaît ?

— On pourrait croire que j'essaye d'acheter ta voix. Ça remonte à l'époque de la réforme des « bourgs pourris[1] ».

---

1. Conscriptions dépeuplées qui conservaient leur représentation originelle. Une réforme fut appliquée en 1832, car cent quarante sièges sur six cent cinquante-huit se trouvaient dans des « bourgs pourris », cinquante d'entre eux ayant moins de cinquante électeurs.

— Il faudrait m'offrir bien plus qu'un bock pour que j'envisage de voter pour toi !

— Parle doucement ! Car si mon beau-frère ne veut pas voter pour moi, pourquoi les autres devraient-ils le faire ?

— À l'évidence, ce n'est ni le moment ni l'endroit pour discuter de questions de famille ; pourrais-tu par hasard dîner avec Emma et moi dimanche soir ?

— Pas question. Dimanche, je dois assister à trois offices religieux, et n'oublie pas que ce sera le dernier dimanche avant les élections.

— Grand Dieu, le vote a déjà lieu jeudi prochain ?

— Mince ! On ne rappelle jamais à un tory la date d'une élection ! C'est une règle d'or. Maintenant, je vais devoir compter sur l'appui de Dieu et je ne sais toujours pas précisément quel camp il soutient. Je vais m'agenouiller dimanche matin, solliciter Ses conseils aux vêpres puis prier pendant l'office du soir, et ensuite espérer obtenir le double des voix de mon adversaire.

— Dois-tu en arriver à ces extrémités rien que pour gagner quelques voix de plus ?

— Évidemment, si on se présente dans une circonscription très disputée. Les offices religieux sont bien plus suivis que mes réunions électorales les plus fréquentées.

— Mais je croyais que l'Église était censée être neutre.

— Il devrait en être ainsi, en effet. Les pasteurs vous affirment toujours qu'ils ne s'intéressent pas du tout à la politique tout en n'ayant guère de scrupules à faire savoir à leurs ouailles pour quel parti ils ont eux-mêmes l'intention de voter, et ce souvent depuis la chaire.

— Veux-tu un autre verre, puisque c'est moi qui paye ? s'enquit Harry.

— Non, merci. Je ne peux pas gaspiller davantage de temps à bavarder avec toi. Non seulement tu n'es pas inscrit dans cette circonscription, mais même si tu l'étais, tu ne me soutiendrais pas.

Sur ce, il descendit de son tabouret, serra la main du barman, sortit en trombe du pub et sourit à la première personne qu'il vit sur le trottoir.

— Bonjour, monsieur. Je m'appelle Giles Barrington et j'espère pouvoir compter sur votre soutien jeudi prochain aux élections législatives.

— J'habite pas dans cette circonscription, mon pote. Je viens de Birmingham et je suis ici que pour la journée.

*
* *

Le jour des élections, Griff Haskins, le directeur de campagne de Giles, dit au candidat que les électeurs de la circonscription des docks de Bristol garderaient confiance en leur député et qu'ils l'enverraient à nouveau siéger à la Chambre des communes, même si c'était avec une majorité légèrement réduite. Toutefois, il n'était pas persuadé que le parti travailliste conserverait le pouvoir.

Griff eut raison sur les deux points. Le 27 octobre 1951, à 3 heures du matin, le président du bureau de vote annonça qu'après un triple comptage des voix sir Giles Barrington avait été élu député de la circonscription des docks de Bristol avec une majorité de quatre cent quatorze voix.

Après le dépouillement des bulletins de tout le pays, le parti conservateur obtint une majorité de dix-sept sièges et Winston Churchill emménagea à nouveau au 10 Downing Street. Ce fut la première élection qu'il gagna en tant que chef du parti conservateur.

Le lundi suivant, Giles se rendit à Londres en voiture et prit son siège à la Chambre des communes. On disait dans les couloirs que, la majorité des tories n'étant que de dix-sept sièges, des élections anticipées n'allaient pas tarder à être organisées.

Giles savait que, lorsqu'elles auraient lieu, vu sa faible majorité, il se battrait pour sa survie politique. Et s'il perdait, cela risquerait de sonner le glas de sa carrière de député.

11

Le majordome présenta à sir Giles son courrier sur un plateau d'argent. Comme tous les matins, Giles passa rapidement d'un pli à l'autre, séparant les longues et minces enveloppes en papier gris, qu'il plaçait d'un côté, des enveloppes blanches carrées qu'il ouvrait immédiatement. Ce matin-là, parmi celles qui retinrent son attention, se trouvait une longue et mince enveloppe blanche portant le cachet de la poste de Bristol, qu'il ouvrit.

Il en tira un seul feuillet adressé « À qui de droit ». Après l'avoir lu, il releva la tête et sourit à Virginia, qui s'était jointe à lui pour un petit déjeuner tardif.

— Tout sera réglé et bouclé mercredi prochain, annonça-t-il.

Elle ne leva pas les yeux de son exemplaire du *Daily Express*. Elle débutait toujours la matinée par une tasse de café noir et William Hickey[1], afin d'apprendre ce que faisaient ses amies, quelles débutantes

---

1. Pseudonyme du député Tom Driberg qui tint une rubrique mondaine dans le *Daily Express* à partir de 1928.

espéraient être présentées à la cour cette année-là et lesquelles n'avaient aucune chance.

— Qu'est-ce qui sera réglé et bouclé ? s'enquit-elle, toujours sans lever les yeux.

— La lecture du testament de maman.

Oubliant complètement les débutantes pleines d'espoir, Virginia replia son journal et fit un charmant sourire à Giles.

— Je t'écoute, mon chéri.

— La lecture du testament doit avoir lieu à Bristol mercredi prochain. On pourrait y aller en voiture mardi après-midi, passer la nuit au château et assister à la lecture le lendemain.

— À quelle heure aura-t-elle lieu ?

Giles jeta un nouveau coup d'œil à la lettre.

— À 11 heures, répondit-il, à l'étude de Marshall, Baker & Siddons.

— Est-ce que cela t'ennuierait beaucoup, lapin, si on partait en voiture mercredi matin de bonne heure ? Je ne pense pas pouvoir passer une nouvelle soirée à être gentille avec ta sœur acariâtre.

Giles s'apprêtait à dire quelque chose mais il changea d'avis.

— Bien sûr, mon amour, acquiesça-t-il.

— Lapin, cesse de m'appeler «mon amour». C'est affreusement commun.

— Qu'est-ce qui t'attend aujourd'hui, ma chérie ?

— Une journée très bousculée, comme d'habitude. Je n'ai pas un moment à moi, ces jours-ci. Nouvel essayage de la robe, déjeuner avec les demoiselles d'honneur et rendez-vous cet après-midi avec les traiteurs, qui me harcèlent pour connaître le nombre d'invités.

— Quel est-il pour le moment ?

— Un peu plus que deux cents de mon côté et cent trente du tien. J'aimerais bien pouvoir envoyer les invitations la semaine prochaine.

— Ça me convient parfaitement. Ce qui me rappelle que le président de la Chambre a accepté que nous utilisions la terrasse des Communes pour organiser la réception. Aussi peut-être devrions-nous l'inviter également.

— D'accord, lapin. Après tout, c'est un conservateur.

— Et peut-être M. Attlee, suggéra Giles d'un ton prudent.

— Je ne sais pas ce que penserait papa de la présence du chef du parti travailliste aux noces de sa fille unique. Peut-être pourrais-je lui demander d'inviter M. Churchill.

*
* *

Le mercredi suivant, Giles prit sa Jaguar pour se rendre à Cadogan Gardens et gara sa voiture devant la maison de Virginia. Il sonna à la porte, pensant prendre le petit déjeuner avec sa fiancée.

— Lady Virginia n'est pas encore descendue, monsieur, dit le maître d'hôtel. Mais si vous voulez bien attendre au salon, je pourrais vous apporter une tasse de café et les journaux du matin.

— Merci, Mason, répondit Giles au maître d'hôtel, qui lui avait une fois avoué en privé qu'il votait travailliste.

Giles s'installa dans un fauteuil confortable et on lui proposa le *Daily Express* ou le *Daily Telegraph*. Il choisit le *Telegraph* parce que le gros titre à la une attira son attention : « Eisenhower annonce qu'il va se présenter à l'élection présidentielle ». La décision ne le surprit pas, même si cela l'intéressa d'apprendre que le général se présenterait sous les couleurs du parti républicain, vu qu'encore tout récemment personne ne savait au juste quel parti il soutenait, les démocrates comme les républicains lui ayant fait des avances.

Il jetait un coup d'œil à sa montre toutes les deux ou trois minutes, mais Virginia n'apparaissait toujours pas. Lorsque la pendule de la cheminée sonna la demi-heure, il passa à un article de la page sept qui suggérait que la Grande-Bretagne envisageait de construire sa première autoroute. La guerre de Corée était évoquée dans les pages consacrées aux affaires parlementaires ; le discours de Giles sur la semaine de quarante-huit heures pour tous les travailleurs, toutes les heures travaillées au-delà de cette durée étant considérées comme des heures supplémentaires, était longuement cité, l'éditorial condamnant son point de vue. Il sourit. Après tout, c'était le *Telegraph*. Giles était en train de lire, dans la rubrique consacrée aux affaires de la Cour, que la princesse Élisabeth allait entreprendre un voyage en Afrique au mois de janvier lorsque Virginia entra en coup de vent.

— Désolée de t'avoir fait attendre, mon chéri, lança-t-elle, mais je n'arrivais pas à choisir une toilette.

Il se mit debout d'un bond et embrassa sa fiancée sur les deux joues, recula d'un pas et se dit une fois de plus qu'il avait beaucoup de chance d'avoir été remarqué par cette magnifique créature.

— Tu es merveilleuse ! s'exclama-t-il en admirant une robe jaune qu'il voyait pour la première fois et qui soulignait la silhouette svelte et gracieuse de la jeune femme.

— C'est peut-être un rien osé pour la lecture d'un testament ? suggéra Virginia en tournoyant sur elle-même.

— Pas du tout ! En fait, dès que tu entreras dans l'étude, personne ne pensera à autre chose.

— Je l'espère bien ! Juste ciel, est-il aussi tard ? fit-elle en consultant sa montre. On a intérêt à sauter le petit déjeuner, lapin, si on veut être à l'heure. Même si nous connaissons déjà le contenu du testament de ta mère, on doit faire semblant d'être dans l'ignorance.

Comme ils roulaient vers Bristol, Virginia mit Giles au courant des derniers éléments concernant l'organisation des noces. Il fut un peu déçu qu'elle ne lui demande pas comment avait été reçue son allocution prononcée la veille depuis le premier rang de l'opposition, mais il est vrai que, ne s'étant pas trouvé dans la galerie réservée à la presse, William Hickey n'en avait pas parlé dans sa chronique. Ce ne fut que lorsqu'ils atteignirent la Great West Road que Virginia dit quelque chose qui retint toute son attention.

— La première chose que nous devrons faire une fois que la succession sera réglée sera de chercher quelqu'un pour remplacer Marsden.

— Mais il travaille pour la famille depuis plus de trente ans. En fait, je l'ai toujours connu.

— Ce qui fait justement partie du problème. Mais ne te tracasse pas, mon chéri. Je crois avoir trouvé la perle.

— Mais...

— Et si ça te tient tellement à cœur, lapin, Marsden peut toujours aller travailler au manoir pour s'occuper de mes tantes.

— Mais...

— Et à propos de remplacements, il est grand temps que nous parlions sérieusement de Jackie.

— Ma secrétaire personnelle ?

— Qui est bien trop personnelle, à mon avis... Je ne peux pas faire semblant d'approuver cette habitude moderne d'appeler son patron par son prénom. Cela fait sans aucun doute partie du ridicule concept d'égalité prôné par les travaillistes. Néanmoins, j'ai trouvé nécessaire de lui rappeler que je suis «lady Virginia».

— Je suis désolé. Elle est en général extrêmement polie.

— Avec toi, peut-être, mais quand j'ai appelé hier, elle m'a dit de ne pas quitter. Je n'ai pas l'habitude qu'on me mette en attente.

— Je vais lui en parler.

— Laisse tomber, je te prie, dit-elle, ce qui soulagea Giles. Parce que je ne contacterai plus ton bureau tant qu'elle restera à ton service.

— N'est-ce pas un peu exagéré ? Après tout, c'est une excellente secrétaire et ça me serait quasiment impossible de la remplacer.

Elle se pencha vers lui et l'embrassa sur la joue.

— J'espère, lapin, dit-elle, être la seule personne que tu trouveras quasiment impossible de remplacer.

*
* *

Mᵉ Siddons entra dans la pièce et ne fut pas surpris de voir tous ceux à qui avait été envoyée la lettre adressée « À qui de droit ». Il s'assit derrière son bureau et regarda les visages rayonnants d'espoir.

Au premier rang, il y avait sir Giles Barrington et lady Virginia Fenwick, sa fiancée, qui était encore plus belle en personne que sur la photo publiée par *Country Life*, peu après l'annonce de leurs fiançailles. Mᵉ Siddons avait très envie de faire sa connaissance.

Au deuxième rang, juste derrière eux, se trouvaient M. Harry Clifton et sa femme Emma, assise à côté de Grace, sa sœur. Cela l'amusa de voir que Mˡˡᵉ Barrington portait des bas bleus.

M. et Mᵐᵉ Holcombe étaient au troisième rang, à côté du révérend Donaldson et d'une dame en uniforme d'intendante de foyer. Les deux derniers rangs étaient entièrement occupés par les membres du personnel qui servaient la famille Barrington depuis de nombreuses années, l'endroit où ils étaient assis indiquant leur position hiérarchique.

Le notaire plaça une paire de petites lunettes sur le bout de son nez puis se racla la gorge pour signaler que la séance allait débuter.

Il regarda son auditoire par-dessus ses bésicles avant de faire des remarques préliminaires. Il parla sans notes, étant donné que c'était là une tâche qu'il effectuait régulièrement.

— Mesdames, messieurs, commença-t-il. Je m'appelle Desmond Siddons et j'ai le privilège d'être le notaire de la famille Barrington depuis vingt-trois ans. Je suis cependant encore loin du record de mon père qui a été lié à la famille pendant les carrières de sir Walter et de sir Hugo Barrington. Mais je m'égare...

Il eut l'impression que lady Virginia était d'accord avec lui sur ce point.

— Je suis en possession, poursuivit-il, du testament d'Élisabeth May Barrington, que j'ai rédigé à sa demande et signé en présence de deux témoins indépendants. Par conséquent, ce document, continua-t-il en le brandissant, rend nul et non avenu tout testament précédent. Je vous épargnerai les pages du jargon juridique exigées par la loi pour me concentrer sur les divers legs faits par Élisabeth May Barrington. Si certains d'entre vous souhaitent étudier le testament plus avant, ils sont les bienvenus.

M$^e$ Siddons baissa les yeux, tourna la page et rajusta ses verres avant de poursuivre :

— Plusieurs associations caritatives chères au cœur de la défunte sont citées dans le testament. À savoir, l'église paroissiale Saint-André, les foyers du D$^r$ Barnardo et l'hôpital qui a soigné lady Barrington avec tant de dévouement durant ses derniers jours. Chacun de ces établissements recevra un legs de cinq cents livres.

Il ajusta à nouveau ses lunettes.

— Je vais maintenant passer aux personnes qui ont servi la maisonnée Barrington au fil des ans. Chaque membre du personnel employé par lady Barrington depuis plus de cinq ans recevra une année de gages supplémentaire, tandis que la gouvernante et le majordome recevront cinq cents livres de plus.

Marsden inclina la tête et marmonna :

— Merci, madame.

— Je me tourne maintenant vers M$^{me}$ Holcombe, autrefois M$^{me}$ Arthur Clifton. Lui est léguée la broche victorienne portée par lady Barrington le jour du mariage de sa fille, ce qui, espère-t-elle, je cite le testament, « aidera M$^{me}$ Holcombe à se rappeler les nombreux agréables moments passés ensemble ».

Maisie sourit tout en se demandant à quelle occasion elle pourrait porter un bijou aussi magnifique.

Le notaire tourna une nouvelle page et remonta ses bésicles avant de poursuivre sa lecture.

— « Je laisse à Jessica Clifton, née Piotrovska, *Écluse à Cleveland* de Turner, l'aquarelle préférée de mon grand-père. J'espère qu'elle l'inspirera, car je crois que Jessica possède un remarquable talent auquel il faut offrir toutes les possibilités de se développer. »

Giles hocha la tête, se rappelant parfaitement les paroles de sa mère quand celle-ci lui avait expliqué pourquoi elle avait décidé de léguer à Jessica le Turner très convoité.

— « Et à mon petit-fils Sebastian Arthur Clifton, continua M$^e$ Siddons, je lègue la somme de cinq mille livres, qu'il recevra à sa majorité, le 9 mars 1961. »

Giles hocha à nouveau la tête. Rien qu'on ne sache déjà jusque-là, pensa-t-il.

— « Le reste de mes biens, y compris vingt-deux pour cent de l'entreprise Barrington, ainsi que le manoir... (le notaire ne put s'empêcher de jeter un coup d'œil à lady Virginia Fenwick, qui était assise au bord de son siège) … est légué à mes bien-aimées… filles Emma et Grace, legs dont elles disposeront à leur guise, à part Cléopâtre, ma chatte siamoise que je laisse à lady Virginia Fenwick, étant donné leurs nombreux points communs. Elles sont toutes les deux fort belles, très soignées, vaniteuses, rusées, manipulatrices, prédatrices, et elles pensent que tout le monde a été mis sur Terre pour les servir, y compris mon fils tombé sous l'emprise de lady Virginia et qui, je l'espère, se libérera du sort qu'elle lui a jeté avant qu'il ne soit trop tard. »

Aux regards choqués et aux chuchotements qui bruissèrent dans les rangs, Mᵉ Siddons comprit clairement que personne ne s'était attendu à cela, même s'il nota que M. Clifton restait remarquablement calme. « Calme » n'était pas l'adjectif qui pouvait être appliqué à lady Virginia qui murmurait quelque chose à l'oreille de Giles.

— Ceci met un terme à la lecture du testament, reprit le notaire. S'il y a des questions, je me ferai un plaisir d'y répondre.

— Une seule, dit Giles, avant que les autres légataires aient eu le temps d'intervenir. Combien de temps ai-je pour contester le testament ?

— Le délai pour interjeter appel devant la Cour suprême est de vingt-huit jours, sir Giles, répondit Mᵉ Siddons qui s'était attendu à la question et avait deviné qui la poserait.

S'il y eut d'autres questions, sir Giles et lady Virginia ne les entendirent pas car ils sortirent en trombe du bureau sans prononcer un mot de plus.

## 12

— Je ferai tout ce que tu veux, ma chérie, déclara Giles, mais je t'en prie, ne romps pas nos fiançailles.

— Comment puis-je faire face au monde après l'humiliation que m'a infligée ta mère devant ta famille, tes amis et même les domestiques ?

— Je comprends, répondit-il. Bien sûr que je comprends, mais il est clair que maman n'avait plus toute sa tête. Il est impossible qu'elle se soit rendu compte de ce qu'elle faisait.

— Tu dis que tu es prêt à faire tout ce que je veux ? reprit Virginia en jouant avec sa bague de fiançailles.

— Absolument tout, ma chérie.

— En tout premier lieu, il faut que tu vires ta secrétaire. Et je dois approuver le choix de sa remplaçante.

— C'est comme si c'était fait, acquiesça Giles d'un ton soumis.

— Et dès demain tu choisiras un cabinet d'avocats de premier plan pour contester le testament. Quelles que soient les conséquences, tu lutteras bec et ongles pour gagner.

— J'ai déjà pris contact avec l'avocat de la Couronne sir Cuthbert Makins.

— Bec et ongles, insista Virginia.

— Bec et ongles, répéta Giles. Autre chose ?

— Oui. Lorsqu'on enverra les invitations à la noce la semaine prochaine, c'est moi, et moi seule, qui approuverai la liste des invités.

— Mais cela signifie...

— Précisément. Parce que je tiens à ce que tous ceux qui se trouvaient dans l'étude sachent ce que l'on ressent quand on est rejeté.

Giles baissa la tête.

— Ah, je vois, reprit Virginia en ôtant sa bague de fiançailles. Tu n'avais donc pas vraiment l'intention de faire tout ce que je veux.

— Mais si, ma chérie ! Tout à fait d'accord... Tu seras la seule à choisir les invités.

— Et, enfin, tu chargeras M<sup>e</sup> Siddons d'envoyer une injonction expulsant tous les membres de la famille Clifton du château Barrington.

— Mais où vont-ils habiter ?

— Ça, je m'en fiche comme de l'an quarante ! Il te faut à présent décider si tu veux passer le reste de ta vie avec moi ou avec eux.

— C'est avec toi que je veux passer le reste de ma vie.

— La question est donc réglée, lapin, conclut-elle en remettant la bague avant de commencer à défaire les boutons de sa robe.

*

Harry était en train de lire le *Times* et Emma le *Telegraph* lorsque le téléphone sonna. La porte s'ouvrit et Denby entra dans la salle du petit déjeuner.

— M. Collins, votre éditeur, est en ligne, monsieur. Il désire savoir si vous auriez l'amabilité de lui accorder quelques instants.

— Je doute que ce soient là ses paroles exactes, dit Harry en repliant son journal.

Emma était si intéressée par l'article qu'elle lisait qu'elle ne leva même pas les yeux quand son mari quitta la pièce. Elle l'avait terminé lorsqu'il revint.

— Laisse-moi deviner, dit-elle.

— Billy a reçu des appels de la plupart des journaux du pays, ainsi que de la BBC, pour savoir si je voulais faire une déclaration.

— Qu'as-tu répondu ?

— Rien à déclarer. Je lui ai dit qu'il était inutile d'ajouter de l'huile sur le feu.

— Je ne crois pas que Billy Collins se contentera de cette réponse. Tout ce qui l'intéresse, c'est de vendre des livres.

— Il ne s'attendait pas à une autre réponse et il ne s'est pas plaint. Il m'a indiqué que dès le début de la semaine prochaine il enverrait aux librairies un troisième tirage du livre de poche.

— Tu veux écouter le compte rendu du *Telegraph* ?

— Suis-je obligé ? fit Harry en se rasseyant à la table.

Sans prendre la peine de répondre, Emma commença la lecture à haute voix.

— « Hier a été célébré le mariage de sir Giles Barrington, croix de guerre et membre du Parlement, avec lady Virginia Fenwick, fille unique du 9e comte de Fenwick. La mariée portait une robe confectionnée par M. Norman... »

— Épargne-moi au moins ces détails.

Emma sauta deux paragraphes.

— « Quatre cents invités assistèrent à la cérémonie qui s'est déroulée en l'église de Sainte-Marguerite, à Westminster. L'office a été célébré par monseigneur George Hastings, évêque de Ripon. Puis il y eut une réception sur la terrasse de la Chambre des communes. Parmi les invités se trouvaient Son Altesse Royale la princesse Margaret, le comte Mountbatten de Birmanie, l'honorable Clement Attlee, chef de l'opposition, ainsi que l'honorable William Morrison, président de la Chambre des communes. La liste des invités est tout à fait intéressante, mais il est encore plus fascinant de noter les absents, soit parce que ces personnes n'ont pas reçu d'invitation, soit parce qu'elles n'ont pas souhaité se rendre à la noce. À part sir Giles lui-même, aucun membre de la famille Barrington ne figurait sur la liste des invités. L'absence de ses deux sœurs, M<sup>me</sup> Emma Clifton et M<sup>lle</sup> Grace Barrington, ainsi que celle de son beau-frère, l'auteur à succès Harry Clifton, reste un mystère, d'autant plus qu'on avait annoncé, il y a seulement quelques semaines, qu'il serait garçon d'honneur de sir Giles. »

— Alors, qui est le garçon d'honneur ? s'enquit Harry.

— Le professeur Algernon Deakins, de Balliol College, université d'Oxford.

— Ce cher Deakins… C'est un excellent choix. Il ne risquait pas d'être en retard ou d'égarer la bague. Quelque chose d'autre ?

— Hélas, oui… « Ce qui rend la chose encore plus mystérieuse, c'est qu'il y a six ans, lorsque l'affaire Barrington contre Clifton a été examinée à la Chambre des lords et qu'on a voté pour savoir qui devait hériter du titre et des biens de la famille Barrington, sir Giles et M. Clifton ont semblé tous les deux approuver la décision du lord chancelier en faveur de sir Giles. Les heureux nouveaux mariés vont passer leur lune de miel dans la villa de sir Giles en Toscane. »

» Ça, c'est un peu fort, déclara Emma en relevant la tête. La villa a été laissée à la libre disposition de Grace et de moi-même.

— Sois raisonnable, Emma. Tu as jugé bon de laisser Giles jouir de la villa en échange de notre emménagement au manoir jusqu'à ce que le juge décide de la validité du testament. C'est tout ?

— Non. Voici maintenant la cerise sur le gâteau… « Toutefois, après le décès de lady Élisabeth Barrington, la mère de sir Giles, une grave querelle semble avoir éclaté dans la famille. Dans son testament, qui vient d'être ouvert, lady Barrington lègue l'ensemble de ses biens à ses deux filles, Emma et Grace, mais rien à son unique fils. Sir Giles a entamé une procédure pour contester le testament et l'affaire passera le mois prochain devant la Cour suprême. » C'est tout. Et que dit le *Times* ?

— C'est beaucoup plus sobre. Rien que les faits. Aucune supputation. Mais Billy Collins me dit qu'il y a une photo de Cléopâtre en première page du *Mail* et de l'*Express* et que le gros titre du *Mirror*, c'est : « La bataille des chattes ».

— Comment a-t-on pu en arriver là ? s'écria Emma. Je ne comprendrai jamais comment Giles a pu permettre à cette femme d'empêcher sa propre famille d'assister à son mariage.

— Moi non plus. Mais je n'ai pas davantage compris comment le prince de Galles a pu abandonner le trône pour une Américaine divorcée. Je suppose que ta mère avait raison : Giles est tout simplement fou amoureux de cette femme.

— Si ma mère avait voulu que je renonce à toi, je l'aurais défiée, dit Emma en le gratifiant d'un chaleureux sourire. C'est pourquoi j'éprouve une certaine sympathie pour mon frère.

*
* *

Durant les deux semaines qui suivirent, des photos de sir Giles et de lady Barrington prises au cours de leur voyage de noces en Toscane parurent dans la plupart des journaux nationaux.

*Plus forte que l'épée*[1], le quatrième roman de Harry, sortit le jour du retour d'Italie des Barrington. Le lendemain matin, la même photo fut publiée à la une de tous les journaux, sauf du *Times*.

---

1. « *The pen is mightier than the sword* » – « La plume est plus forte que l'épée » – est un adage tiré de *Richelieu, or the Conspiracy* – *Richelieu, ou la conspiration* –, pièce de théâtre d'Edward Bulwer-Lytton.

Quand l'heureux couple descendit du train à Waterloo, il dut passer devant une librairie WHSmith pour gagner sa voiture. Dans la vitrine, il y avait de nombreuses piles d'un seul roman. Une semaine plus tard, *Plus forte que l'épée* figurait sur la liste des meilleures ventes et y resta jusqu'au premier jour du procès.

Harry déclara que personne ne savait assurer la promotion d'un livre mieux que Billy Collins.

## 13

La seule chose sur laquelle Giles et Emma réussirent à tomber d'accord fut qu'il serait sage que le procès se tienne à huis clos sous la présidence d'un magistrat afin d'éviter les imprévisibles caprices d'un jury et l'impitoyable harcèlement de la presse. Le juge d'instance Cameron fut choisi comme magistrat instructeur et les deux avocats assurèrent à leurs clients respectifs qu'il s'agissait d'un homme honnête et doué, à doses égales, de sagesse et de bon sens.

Bien que les journalistes se soient pressés en masse devant la cour numéro 6, ils n'obtinrent pour tout commentaire qu'un bonjour et un bonsoir de la part des deux parties.

Giles était représenté par sir Cuthbert Makins, avocat de la Couronne, tandis qu'Emma et Grace avaient chargé M$^e$ Simon Todd, avocat de la Couronne, de défendre leur dossier, même si Grace avait clairement indiqué qu'elle n'assisterait pas à l'audience, car elle devait s'occuper d'affaires bien plus importantes.

— Quoi, par exemple ? s'enquit Emma.

— Par exemple, enseigner à des enfants intelligents au lieu d'écouter des adultes infantiles. Si j'avais le choix, je me contenterais de cogner vos deux têtes l'une contre l'autre, conclut-elle.

Le jour du procès, comme le premier des dix coups sonnait à la pendule accrochée derrière le fauteuil du président de séance, le juge Cameron fit son entrée. Suivant l'exemple des deux avocats, toutes les personnes présentes se levèrent et inclinèrent le buste pour le saluer. Après leur avoir rendu le compliment, il s'installa dans le fauteuil de cuir à haut dossier, placé devant l'écusson royal, ajusta sa perruque, ouvrit une épaisse chemise rouge et avala une petite gorgée d'eau, avant de s'adresser aux deux parties.

— Mesdames, messieurs, commença-t-il, ma tâche consiste à écouter les arguments présentés par les deux principaux avocats, à évaluer les déclarations des témoins et à appliquer les articles de loi relatifs au cas présent. Je dois d'abord demander aux avocats du plaignant et de la défense si toutes les tentatives de règlement à l'amiable ont été effectuées.

Sir Cuthbert se leva lentement et tira sur les revers de sa longue robe noire avant de s'adresser à la cour.

— Votre Honneur, force m'est de répondre, au nom des deux parties, que, hélas, cela n'a pas été possible.

— Alors commençons les débats, sir Cuthbert, en écoutant votre déclaration liminaire.

— Avec votre accord, Votre Honneur, je représente le plaignant, sir Giles Barrington. Le dossier a trait à la validité du testament. Il s'agit de déterminer si, quelques heures seulement avant son décès, feu lady Barrington était assez lucide pour signer un long et complexe document entraînant de graves conséquences. À mon avis, Votre Honneur, cette femme amaigrie, épuisée n'était plus capable de prendre raisonnablement une décision qui allait affecter la vie de tant de gens. Je montrerai également que lady Barrington avait rédigé un précédent testament, un an avant sa mort, alors qu'elle jouissait d'une santé robuste et de davantage de temps pour réfléchir à ce qu'elle faisait. À cette fin, Votre Honneur, j'aimerais faire comparaître mon premier témoin, le D$^r$ Michael Pym.

Un homme élégant, de haute taille, à la chevelure argentée, entra dans la salle. Avant même d'arriver à la barre des témoins, il avait produit l'impression favorable prévue par sir Cuthbert. Lorsque le témoin eut prêté serment, sir Cuthbert lui fit un chaleureux sourire.

— Docteur Pym, ayez l'obligeance de donner votre nom et d'indiquer votre profession pour que cela soit inscrit au procès-verbal.

— Je m'appelle Michael Pym et je suis chirurgien-chef à l'hôpital Saint-Guy, dans la ville de Londres.

— Depuis combien de temps occupez-vous ce poste ?

— Seize ans.

— Vous possédez donc une grande expérience dans votre domaine. En fait, on pourrait affirmer…

— Je reconnais que le D$^r$ Pym est un expert, sir Cuthbert, intervint le juge. Poursuivez donc.

— Docteur Pym, poursuivit sir Cuthbert en reprenant vivement le dessus, en vous fondant sur votre très longue expérience, pourriez-vous décrire à la cour la souffrance habituelle, durant la dernière semaine, des victimes d'une maladie aussi douloureuse et fatigante que le cancer.

— Cela dépend, bien sûr, mais la grande majorité de ces patients passent de longs moments de demi-conscience ou de complète inconscience. Éveillés, ils se rendent souvent compte qu'ils s'éteignent peu à peu, mais il leur arrive de perdre le sens de la réalité.

— Pensez-vous qu'il soit possible qu'un patient dans cet état d'esprit puisse prendre une importante décision à propos d'un sujet juridique complexe ? Signer un testament, par exemple.

— Non, je ne le pense pas. Chaque fois que j'ai besoin qu'un formulaire médical d'accord soit signé par ce genre de patient, je m'assure que cela soit fait longtemps avant qu'il n'atteigne cette phase de la maladie.

— Je n'ai aucune autre question à poser, Votre Honneur, déclara sir Cuthbert en se rasseyant.

— Docteur Pym, dit le juge en se penchant en avant, affirmez-vous que cette règle ne souffre aucune exception ?

— C'est l'exception qui confirme la règle, Votre Honneur.

— Tout à fait... acquiesça le juge. Et vous, maître Todd, avez-vous des questions à poser au témoin ?

— Absolument, Votre Honneur, répondit l'avocat de la défense, en se mettant debout. Docteur Pym, avez-vous jamais, en privé ou dans un cadre professionnel, rencontré lady Barrington ?

— Non, mais...

— Vous n'avez donc pas eu l'occasion d'étudier son dossier médical.

— Bien sûr que non ! Étant donné que ce n'était pas l'une de mes patientes, c'eût été une faute contre la déontologie médicale.

— Par conséquent, vous n'avez jamais rencontré lady Barrington et vous ne connaissez pas son dossier médical.

— C'est exact, maître.

— Aussi est-il possible, docteur Pym, que le cas de lady Barrington soit l'exception qui confirme la règle ?

— Possible, mais hautement improbable.

— Aucune autre question, Votre Honneur.

Sir Cuthbert sourit comme M^e Todd se rasseyait.

— Allez-vous faire témoigner d'autres experts, sir Cuthbert ? demanda le juge.

— Non, Votre Honneur. Je crois avoir prouvé mes allégations. Toutefois, parmi les éléments de preuve que vous détenez, j'ai placé à votre intention trois déclarations rédigées par des membres de la profession médicale tout aussi éminents. Si vous-même ou M^e Todd souhaitez les convoquer, ils sont tous disposés à venir témoigner en personne.

— C'est fort aimable à vous, sir Cuthbert. J'ai lu les déclarations et elles confirment toutes les trois l'avis du D^r Pym… maître Todd, souhaitez-vous appeler à la barre certains de ces témoins, voire les trois ?

— Ce ne sera pas nécessaire, Votre Honneur. Sauf, naturellement, s'ils connaissaient personnellement lady Barrington ou s'ils ont étudié son dossier.

Le juge jeta un coup d'œil à sir Cuthbert, lequel secoua la tête.

— Je n'ai pas d'autres témoins, Votre Honneur, dit-il.

— Par conséquent, maître Todd, vous pouvez faire venir votre premier témoin.

— Merci, Votre Honneur. J'appelle le D<sup>r</sup> Kenneth Langbourne.

Le D<sup>r</sup> Pym et le D<sup>r</sup> Langbourne étaient aussi différents que possible. Le D<sup>r</sup> Langbourne était petit et deux boutons manquaient à son gilet, ce qui suggérait qu'il venait de prendre du poids ou qu'il était célibataire. En outre, soit les quelques mèches qui lui restaient sur le crâne agissaient à leur guise, soit il ne possédait pas de peigne.

— Indiquez vos nom et profession, je vous prie.

— Je m'appelle Kenneth Langbourne et je suis chirurgien-chef à la clinique royale de Bristol.

— Depuis combien de temps occupez-vous ce poste, docteur Langbourne ?

— Depuis neuf ans.

— Êtes-vous le chirurgien qui a traité lady Barrington pendant son séjour à la clinique royale de Bristol ?

— En effet. C'est son médecin de famille, le D<sup>r</sup> Raeburn, qui me l'avait envoyée.

— Est-il vrai qu'après avoir pratiqué plusieurs tests vous avez confirmé le diagnostic de son médecin, que vous lui avez annoncé qu'elle souffrait d'un cancer du sein et qu'il ne lui restait que quelques semaines à vivre ?

— Oui. Et avoir à annoncer à un patient que sa maladie est en phase terminale est l'une des tâches les plus désagréables qui incombent à un chirurgien. C'est encore plus pénible lorsque le patient en question est un vieil ami.

— Pouvez-vous dire au président comment lady Barrington a réagi à cette nouvelle ?

— « Stoïque » est le terme que j'emploierais pour décrire son attitude. Une fois qu'elle a accepté son sort, elle a montré une détermination qui suggérait qu'elle avait quelque chose d'important à faire et qu'elle n'avait pas une minute à perdre.

— Pourtant, docteur Langbourne, elle devait être épuisée, du fait de la douleur qu'il lui fallait supporter, et somnolente à cause des médicaments qu'elle prenait ?

— Certes, elle dormait beaucoup, mais quand elle était éveillée, elle était parfaitement capable de lire le *Times*, et lorsqu'elle avait des visiteurs, c'étaient souvent eux qui repartaient épuisés.

— Comment expliquez-vous cela, docteur Langbourne ?

— Je n'en ai aucune idée. Tout ce que je peux vous dire, c'est qu'une fois qu'ils ont accepté qu'ils n'ont plus beaucoup de temps à vivre, les êtres humains ont parfois des réactions tout à fait stupéfiantes.

— Étant donné votre connaissance du dossier, docteur Langbourne, considérez-vous que lady Barrington était capable de comprendre un document juridique complexe tel qu'un testament et de le signer en toute connaissance de cause ?

— Je ne vois pas pourquoi il en aurait été autrement. Au cours de son séjour à la clinique, elle a écrit plusieurs lettres et elle m'a demandé d'être son témoin à la signature de son testament en présence de son notaire.

— Effectuez-vous souvent cette tâche ?

— Seulement si je suis sûr et certain que le patient comprend parfaitement ce qu'il signe. Sinon je refuserais.

— Mais, dans le cas présent, vous étiez sûr et certain que lady Barrington était parfaitement lucide.

— En effet.

— Je n'ai pas d'autres questions à poser au témoin, monsieur le président.

— Sir Cuthbert, souhaitez-vous interroger le témoin ?

— Je n'ai qu'une seule question à lui poser, Votre Honneur, répondit l'avocat. Docteur Langbourne, combien de temps lady Barrington est-elle restée en vie après que vous avez été témoin de la signature du testament ?

— Elle est morte un peu plus tard, ce soir-là.

— Un peu plus tard ce soir-là, répéta sir Cuthbert. Seulement quelques heures après, par conséquent.

— C'est bien ça.

— Je n'ai pas d'autres questions à poser au témoin, Votre Honneur.

— Souhaitez-vous appeler votre témoin suivant, maître Todd ?

— Oui, monsieur le président. J'appelle M$^e$ Desmond Siddons.

Siddons entra dans la salle d'audience comme s'il s'agissait de son salon et prêta serment tel un professionnel aguerri.

— Déclinez votre nom et votre profession, s'il vous plaît.

— Je m'appelle Desmond Siddons. Je suis associé principal de l'étude Marshall, Baker & Siddons et je suis notaire de la famille Barrington depuis vingt-trois ans.

— En premier lieu, permettez-moi de vous demander, maître Siddons, si vous avez rédigé le précédent testament, lequel, selon sir Giles, est le testament définitif de lady Barrington.

— C'est exact, monsieur.

— Et il y a combien de temps de cela ?

— Un peu plus d'un an avant le décès de lady Barrington.

— Lady Barrington vous a-t-elle par la suite contacté pour vous informer qu'elle souhaitait rédiger un nouveau testament ?

— En effet, monsieur. Quelques jours seulement avant sa mort.

— Et en quoi ce second testament, l'objet de la contestation, diffère-t-il de celui rédigé il y a seulement un peu plus d'une année ?

— Tous les legs faits aux associations caritatives, à son personnel, à ses petits-enfants et à ses amis demeurent identiques. En fait, il n'y a qu'un changement significatif dans tout le document.

— Et en quoi consiste ce changement, maître Siddons ?

— L'ensemble des biens de la famille Harvey ne doit plus être légué à son fils, sir Giles Barrington, mais à ses deux filles, M$^{me}$ Harold Clifton et M$^{lle}$ Grace Barrington.

— Permettez-moi d'insister sur ce point, dit M$^e$ Todd. À part cette modification, modification importante, je le concède, le reste du document précédent demeure inchangé ?

— C'est bien ça.

— Dans quel état d'esprit se trouvait lady Barrington quand elle vous a demandé d'effectuer cet unique changement significatif dans son testament ?

— Objection, Votre Honneur ! lança sir Cuthbert en se levant d'un bond. Comment M$^e$ Siddons peut-il juger l'état d'esprit de lady Barrington ? Il est notaire, pas psychiatre.

— Tout à fait d'accord, répondit le juge. Mais, étant donné que M$^e$ Siddons connaissait lady Barrington depuis vingt-trois ans, j'aimerais connaître son avis.

— Elle était très fatiguée, reconnut Siddons, et elle parlait plus lentement que d'habitude. Toutefois, elle a clairement indiqué qu'elle souhaitait qu'on prépare de toute urgence un nouveau testament.

— « De toute urgence » ? Sont-ce vos propres termes ou les siens ?

— Les siens, Votre Honneur. Elle me reprochait souvent d'écrire tout un paragraphe alors qu'une seule phrase aurait suffi.

— Vous avez donc de toute urgence rédigé un nouveau testament ?

— Absolument. Je me rendais bien compte que le temps pressait.

— Étiez-vous présent lors de la signature du testament devant témoins ?

— Certes. Les témoins étaient le D$^r$ Langbourne et une certaine M$^{lle}$ Rumbold, la surveillante générale du service.

— Et vous soutenez toujours que lady Barrington comprenait parfaitement ce qu'elle signait ?

— Absolument, répliqua le notaire avec fermeté. Dans le cas contraire, je n'aurais pas accepté d'accomplir cette tâche.

— Fort bien. Je n'ai pas d'autres questions, Votre Honneur, conclut Me Todd.

— Vous pouvez interroger le témoin, sir Cuthbert.

— Merci, Votre Honneur… Maître Siddons, vous avez dit à la cour que vous étiez extrêmement pressé de rédiger le nouveau testament et de le faire signer, et que vous l'aviez donc préparé de toute urgence, pour utiliser votre expression.

— En effet. J'avais été prévenu par le Dr Langbourne que lady Barrington n'en avait plus pour longtemps.

— Par conséquent, il est normal que vous ayez fait tout ce qui était en votre pouvoir pour accélérer les choses.

— Je n'avais guère le choix.

— Je n'en doute pas, maître Siddons. Puis-je vous demander combien de temps vous avez passé à rédiger le premier testament, celui qui, d'après mon client, est le véritable testament de lady Barrington ?

— Trois mois, peut-être quatre, répondit Siddons, après un instant d'hésitation.

— Et en consultant régulièrement lady Barrington, sans aucun doute ?

— En effet, elle attachait de l'importance au moindre détail.

— Cela ne m'étonne pas. Mais elle n'a pas eu beaucoup de temps pour s'occuper des détails de son second testament. Cinq jours, pour être précis.

— Oui. Mais n'oubliez pas...

— Et le dernier jour, elle l'a signé juste à temps, n'est-ce pas ?

— Oui. Je suppose qu'on peut dire ça.

— Ayez l'amabilité de donner à M<sup>e</sup> Siddons les deux testaments de lady Barrington, enjoignit sir Cuthbert au greffier.

Sir Cuthbert attendit que les deux documents aient été remis au témoin avant de continuer son interrogatoire.

— Êtes-vous d'accord avec moi, maître Siddons, pour dire que la signature apposée sur le premier document est bien plus ferme et plus assurée que celle apposée sur celui rédigé «juste à temps» ? En fait, il est difficile de croire qu'il s'agit de la même signature.

— Sir Cuthbert, suggérez-vous que ce n'est pas lady Barrington qui a signé le second testament ?

— Sûrement pas, Votre Honneur, mais je suggère qu'elle ne savait pas ce qu'elle signait.

— Maître Siddons, poursuivit sir Cuthbert en se tournant vers le notaire qui à présent agrippait la barre des témoins des deux mains, une fois le nouveau testament rédigé à la hâte, avez-vous fait lire chaque clause à votre cliente ?

— Non. Après tout, il y avait un seul changement important par rapport au précédent testament.

— Maître Siddons, si vous n'avez pas fait lire chaque clause à lady Barrington, nous devons vous croire sur parole.

— Voilà un scandaleux sous-entendu, Votre Honneur, intervint M<sup>e</sup> Todd en se levant d'un bond.

171

Mᵉ Siddons a derrière lui une longue et distinguée carrière de juriste et il ne mérite pas qu'on souille ainsi sa réputation.

— Je suis d'accord avec vous, maître Todd... Je vous prie de retirer ces propos, sir Cuthbert.

— Veuillez m'excuser, Votre Honneur, déclara l'avocat en esquissant un petit salut, avant de s'adresser à nouveau au témoin. Maître Siddons, en ce qui concerne le premier testament, qui a suggéré que chacune des trente-six pages devait être paraphée des initiales E.B. ?

— Il me semble que c'est moi, répondit Siddons, l'air un rien troublé.

— Mais vous n'avez pas insisté pour que soit appliquée la même rigoureuse procédure au document rédigé de toute urgence.

— Cela ne m'a pas paru nécessaire. Après tout, je le répète, il n'y avait qu'une seule modification significative.

— Et à quelle page trouvons-nous cette modification significative, maître Siddons ?

Le notaire feuilleta le document et sourit.

— Page vingt-sept, dit-il. Clause numéro sept.

— Ah, oui. Je l'ai sous les yeux, acquiesça sir Cuthbert. Pourtant, je ne vois les initiales EB ni au bas de la page ni à côté de la clause en question. Peut-être lady Barrington était-elle trop fatiguée pour effectuer deux signatures le même jour ?

Siddons parut vouloir protester mais il resta coi.

— Maître Siddons, reprit l'avocat, puis-je vous demander combien de fois dans votre longue et distinguée carrière vous avez omis de conseiller à un client d'apposer son paraphe sur chaque page d'un testament ?

Le notaire resta silencieux. Sir Cuthbert regarda d'abord M^e Todd puis le juge, avant de se tourner à nouveau vers la barre des témoins.

— Maître, j'attends toujours votre réponse.

L'air désespéré, Siddons leva les yeux vers le bureau du juge et s'écria :

— Votre Honneur, si vous lisiez la lettre que lady Barrington vous a adressée, cela pourrait peut-être vous aider à décider si lady Barrington comprenait ce qu'elle faisait.

— La lettre ? fit le juge, la mine perplexe. Je n'ai pas connaissance d'une lettre. En tout cas, elle ne se trouvait pas dans la liasse de documents détenus par le tribunal. Sir Cuthbert, êtes-vous au courant de l'existence d'une telle lettre ?

— C'est la première fois que j'en entends parler, Votre Honneur. Je suis tout aussi perplexe que vous.

— C'est parce qu'on ne me l'a remise que ce matin, balbutia le notaire. Je n'ai même pas eu le temps d'aviser M^e Todd de son existence.

— Mais de quoi parlez-vous, mon ami ? demanda le juge.

Tous les regards étaient fixés sur le notaire au moment où il tira une lettre de la poche intérieure de sa veste et la brandit comme si elle était en feu.

— Voici la lettre qu'on m'a remise ce matin, Votre Honneur.

— Par qui vous a-t-elle été remise, maître Siddons ? s'enquit le juge.

— Par M. Harry Clifton. Il m'a indiqué que lady Barrington la lui avait confiée quelques heures seulement avant son décès.

— L'avez-vous ouverte, maître Siddons ?

— Non, monsieur. Elle vous est adressée en tant que président de cette cour.

— Je vois. Maître Todd et sir Cuthbert, auriez-vous la bonté de m'accompagner dans mon bureau ?

*
* *

— Voilà une drôle d'affaire, messieurs, déclara le juge en plaçant la lettre non décachetée sur son bureau devant les deux avocats. Dans de telles circonstances, j'avoue ne pas connaître la meilleure marche à suivre.

— Nous pourrions tous les deux requérir, proposa Me Todd, que cette lettre soit un témoignage irrecevable.

— Tout à fait d'accord, acquiesça sir Cuthbert. Mais, franchement, nous sommes pris entre l'enclume et le marteau. Parce que si nous n'ouvrons pas la lettre maintenant qu'elle a été présentée à l'audience, la partie qui perdra le procès aura alors un excellent motif pour se pourvoir en appel.

— C'est bien ce que je crains, déclara le juge. Si vous êtes tous les deux d'accord, peut-être serait-ce une bonne idée, Simon, que vous fassiez venir M. Clifton comme témoin assermenté afin de le prier de nous éclairer sur les circonstances dans lesquelles il a reçu ce pli. Qu'en pensez-vous, Cuthbert ?

— Je n'ai aucune objection à cette procédure.

— Très bien. Toutefois, je vous assure que je ne vais pas décacheter l'enveloppe avant d'avoir entendu le témoignage de M. Clifton et que je l'ouvrirai seulement si vous êtes tous les deux d'accord. Dans ce cas, ce sera fait en présence de tous ceux qui risquent d'être affectés par le verdict.

## 14

— J'appelle M. Harry Clifton.

Emma étreignit la main de Harry qui se leva pour se diriger d'un pas tranquille vers la barre des témoins. Une fois qu'il eut prêté serment, le juge se pencha en avant et déclara :

— Monsieur Clifton, je souhaite vous poser quelques questions. Ensuite, si les distingués avocats désirent certaines clarifications, libre à eux de vous interroger… Pouvez-vous confirmer pour le procès-verbal que vous êtes le mari d'Emma Clifton et le beau-frère de M$^{lle}$ Grace Barrington, les deux défendeurs dans cette affaire ?

— En effet, monsieur. Je suis également le beau-frère de sir Giles Barrington, mon plus ancien et plus proche ami.

— Pourriez-vous expliquer à la cour votre relation avec lady Barrington ?

— J'avais douze ans quand je l'ai rencontrée pour la première fois au goûter d'anniversaire de Giles. Aussi l'ai-je connue pendant près de vingt ans.

— Vous ne répondez pas à ma question, insista le juge.

— Élisabeth était pour moi une amie chère, très proche, et je pleure sa mort précoce autant que les autres personnes présentes dans cette pièce. C'était vraiment une femme remarquable, et si elle était née une génération plus tard, à la mort de son mari, le conseil d'administration de la compagnie de transport maritime Barrington n'aurait pas eu besoin de choisir un président en dehors de la famille.

— Merci. Maintenant, j'aimerais vous interroger sur cette lettre, dit le juge en la brandissant pour que tous puissent la voir, et que vous expliquiez dans quelles circonstances vous l'avez reçue.

— Je rendais visite à Élisabeth presque tous les soirs à l'hôpital. La dernière fois, ce fut, en fait, le dernier soir de sa vie.

— Vous étiez seul avec elle ?

— Oui, monsieur. Sa fille Grace venait de partir.

— Racontez à la cour le déroulement de cette visite, je vous prie.

— Élisabeth m'a dit qu'elle avait reçu ce jour-là la visite de M$^e$ Siddons, son notaire, et qu'elle avait signé un nouveau testament.

— Nous parlons de la soirée du jeudi 26 juillet, n'est-ce pas ?

— Oui, monsieur. Cela s'est passé quelques heures avant sa mort.

— Pouvez-vous relater à la cour le reste de cette visite ?

— À ma grande surprise, elle a pris sous son oreiller un pli cacheté qu'elle m'a prié de garder soigneusement.

— Vous a-t-elle expliqué pourquoi c'est à vous qu'elle voulait le confier ?

— Elle m'a seulement dit que si Giles contestait le testament, je devais remettre la lettre au magistrat instructeur chargé du dossier.

— Vous a-t-elle donné d'autres instructions ?

— Elle m'a dit que je ne devais pas l'ouvrir ni en parler à Giles ou à ma femme.

— Et si sir Giles ne contestait pas le testament ?

— Je devais la détruire sans révéler son existence.

— Par conséquent, monsieur Clifton, vous ne savez pas ce que contient cette enveloppe ? fit le juge en la brandissant à nouveau.

— Je n'en ai aucune idée.

— À d'autres ! fit Virginia assez fort pour être entendue de tous.

— De plus en plus curieux, commenta le juge, sans faire cas de l'interruption. Je n'ai pas d'autres questions à vous poser, monsieur Clifton... Maître Todd ?

— Merci, Votre Honneur, dit l'avocat en se mettant debout. Monsieur Clifton, vous avez déclaré à M. le président que lady Barrington vous avait annoncé qu'elle avait rédigé un nouveau testament. Vous a-t-elle donné une raison ?

— Je ne doute pas un instant qu'Élisabeth ait aimé son fils mais elle m'a confié qu'elle craignait que, s'il épousait cette affreuse femme, lady Virginia...

— Votre Honneur, lança sir Cuthbert en se levant, ce sont là des ragots clairement inacceptables !

— Objection accordée. Cela ne figurera pas au procès-verbal.

— Mais, Votre Honneur, intervint M<sup>e</sup> Todd, le fait que lady Barrington ait légué sa chatte siamoise Cléopâtre à lady Virginia suggère...

— Bon, d'accord, maître Todd. Sir Cuthbert, avez-vous des questions à poser au témoin ?

— Une seule, Votre Honneur... Dans le premier testament, étiez-vous l'un des légataires ? demanda-t-il à Harry en le regardant droit dans les yeux.

— Non, maître.

— Je n'ai pas d'autres questions à poser à M. Clifton. Mais, avant que vous décidiez si la lettre doit être ouverte ou non, je prie la cour de me permettre de faire comparaître un nouveau témoin.

— À qui pensez-vous, sir Cuthbert ? s'enquit le juge.

— La personne qui a le plus à perdre au cas où votre verdict lui serait défavorable. Autrement dit, sir Giles Barrington.

— Du moment que M$^e$ Todd est d'accord, je n'ai aucune objection à sa comparution.

— Avec plaisir, répondit M$^e$ Todd, qui savait qu'il n'avait aucun intérêt à s'y opposer.

Giles se dirigea lentement vers la barre des témoins et prêta serment comme s'il se trouvait à la Chambre des communes. Sir Cuthbert l'accueillit avec un chaleureux sourire.

— Pour le procès-verbal, veuillez décliner votre nom et votre profession, s'il vous plaît.

— Sir Giles Barrington, député de la circonscription des docks de Bristol.

— Quand avez-vous vu votre mère pour la dernière fois ? s'enquit sir Cuthbert en l'accueillant avec un grand sourire.

— Je lui ai rendu visite le matin du jour de sa mort.

— Vous a-t-elle signalé qu'elle avait modifié son testament ?

— Pas le moins du monde.

— Par conséquent, quand vous l'avez quittée, vous aviez l'impression qu'il n'existait qu'un seul testament, celui dont vous aviez discuté dans le moindre détail avec elle, plus d'un an auparavant ?

— Franchement, sir Cuthbert, le testament de ma mère était la dernière chose que j'avais alors à l'esprit.

— Évidemment. Mais je dois vous demander dans quel état de santé vous avez trouvé votre mère ce matin-là.

— Elle était très faible. Nous avons à peine parlé durant l'heure que j'ai passée à son chevet.

— Aussi avez-vous dû être étonné d'apprendre que, peu de temps après votre départ, elle avait apposé sa signature sur un document complexe de quelque trente-six pages.

— Cela m'a semblé inconcevable. Et c'est toujours le cas.

— Aimiez-vous votre mère, sir Giles ?

— Je l'adorais. C'était le roc de la famille. Je regrette qu'elle ne soit plus des nôtres, car alors cette triste histoire n'aurait pas lieu d'être.

— Merci, sir Giles. Restez là, je vous prie, car Mᵉ Todd désire peut-être vous interroger.

— Je crains de devoir en prendre le risque, chuchota Todd à Siddons avant de se lever et de s'adresser au témoin. Sir Giles, permettez-moi de vous demander si vous avez la moindre objection à ce que le président ouvre la lettre qui lui est adressée ?

— Bien sûr ! s'écria Virginia.

— Je n'ai aucune objection à ce qu'on ouvre la lettre, répondit Giles, sans prêter attention à l'intervention de sa femme. Si ma mère l'a rédigée le jour de sa mort, cette lettre montrera sûrement qu'elle était incapable de signer un document de l'importance d'un testament. Et si elle a été écrite avant le 26 juillet, il est peu probable qu'elle offre le moindre intérêt.

— Cela signifie-t-il que vous croyez M. Clifton à propos de ce qui s'est passé après votre dernière visite à votre mère ?

— Absolument pas ! lança Virginia.

— Veuillez, madame, mettre un terme à ces interruptions, dit le juge en la foudroyant du regard. Si vous intervenez ailleurs qu'à la barre des témoins, je serai contraint de vous expulser de la salle. Est-ce bien clair ?

Virginia baissa la tête, et le juge se dit que ce serait la seule réaction qu'il obtiendrait de cette femme.

— Maître Todd, vous pouvez répéter votre question.

— C'est inutile, Votre Honneur, dit Giles. Si Harry affirme que ma mère lui a remis cette lettre ce soir-là, eh bien, c'est ce qui s'est passé.

— Merci, sir Giles. Je n'ai pas d'autres questions.

Le juge pria les deux avocats de se lever.

— Après le témoignage de sir Giles, annonça-t-il, si aucune objection n'est émise, j'ai l'intention de décacheter l'enveloppe.

Les deux avocats opinèrent du chef, conscients qu'une objection de leur part ouvrirait la porte à un recours en appel. De toute façon, ils savaient tous les deux que n'importe quel juge du pays se serait opposé à une telle objection.

Le juge d'instance Cameron brandit une nouvelle fois l'enveloppe afin que tout le monde puisse la voir clairement, puis il l'ouvrit à l'aide d'un coupe-papier et en sortit un unique feuillet qu'il plaça sur le bureau devant lui. Il le lut trois fois avant de reprendre la parole.

— Maître Siddons, finit-il par dire.

Le notaire de la famille Barrington se leva, l'air nerveux.

— Pouvez-vous m'indiquer la date et l'heure précise de la mort de lady Barrington ?

M$^e$ Siddons fouilla dans une liasse de documents avant de trouver celui qu'il cherchait. Levant les yeux vers le juge, il répondit :

— Je peux confirmer, monsieur, que le certificat de décès a été signé le jeudi 26 juillet 1951, à 22 h 26.

— Je vous remercie, maître Siddons. Je vais à présent me retirer dans mon bureau pour évaluer l'importance juridique de cette pièce. La séance est suspendue pendant une demi-heure.

*
* *

— Cela n'avait pas l'air d'une lettre, dit Emma. On aurait plutôt dit un document officiel. A-t-elle signé autre chose ce jour-là, maître Siddons ?

Le notaire secoua la tête.

— Pas en ma présence, en tout cas. Vous avez une idée de ce que c'est, maître Todd ?

— C'était très mince. Cela pourrait être une coupure de journal, mais à cette distance, je ne peux pas en être certain.

— Pourquoi diable as-tu permis au juge d'ouvrir l'enveloppe, Giles ? siffla Virginia à l'autre bout de la salle d'audience.

— Vu les circonstances, lady Virginia, votre mari n'avait guère le choix, intervint sir Cuthbert. Même si je croyais que l'affaire serait réglée en notre faveur avant cet incident de dernière minute.

— Que peut bien faire le juge ? s'enquit Emma, incapable de dissimuler sa nervosité.

— Il va bientôt revenir, ma chérie, la rassura Harry en lui prenant la main.

— Si nous perdons le procès, déclara Virginia, pourrons-nous toujours maintenir que ce qui se trouvait dans l'enveloppe, quoi que ce soit, est un élément irrecevable ?

— Je ne peux répondre à cette question, répondit sir Cuthbert, avant d'avoir eu la possibilité d'étudier le document. Le contenu peut parfaitement prouver que votre mari avait raison d'affirmer que sa mère n'était pas capable de signer un document juridique au cours des dernières heures de sa vie. Dans ce cas, ce sera à la partie adverse de décider si elle souhaite faire appel ou non du jugement.

Dans leur coin respectif, penchés les uns vers les autres, les membres des deux groupes continuaient à chuchoter, tels des boxeurs attendant que la cloche les libère pour entamer le dernier round, lorsque la porte derrière le fauteuil du juge s'ouvrit pour laisser passer l'arbitre.

Toutes les personnes présentes se levèrent et inclinèrent le buste pour saluer le juge d'instance Cameron qui se rassit dans le fauteuil à haut dossier. Depuis son bureau, il regarda une douzaine de visages anxieux.

— J'ai donc eu la possibilité d'étudier le contenu de l'enveloppe, commença-t-il, tandis que tous les regards continuaient à le fixer. J'ai été fort intéressé de découvrir que lady Barrington et moi avons le même passe-temps, même si j'avoue qu'elle était bien plus forte que moi, puisque le jeudi 26 juillet elle a terminé les mots croisés du *Times*, ne laissant qu'une définition sans réponse, ce qu'elle a fait, sans doute aucun, afin de nous convaincre. Si j'ai dû vous laisser seuls, c'est qu'il me fallait me rendre à la bibliothèque pour consulter le *Times* du jour suivant, soit l'exemplaire du vendredi 27 juillet, le lendemain du décès de lady Barrington. Je souhaitais voir si elle avait fait des erreurs dans les mots croisés de la veille, ce qui n'est pas le cas, et vérifier la solution de la définition correspondant aux seules cases laissées en blanc. Ayant procédé à ces vérifications, j'ai conclu que lady Barrington était non seulement capable de signer un testament mais aussi de le faire en toute connaissance de cause. Je suis donc prêt à émettre mon verdict sur le dossier en question.

Sir Cuthbert se mit vivement debout.

— Votre Honneur, fit-il, j'aimerais beaucoup savoir quelle est la définition correspondant aux cases vides qui vous a aidé à prendre votre décision.

Le juge d'instance Cameron baissa les yeux vers la grille de mots croisés.

— Horizontalement, XII. Deux fois six lettres : « *Common pests I confused when in my right mind* [1]. »

Sir Cuthbert baissa la tête et un sourire apparut sur le visage de Harry.

— Par conséquent, en ce qui concerne le procès Barrington contre Clifton, je donne raison à M^me Harold Clifton et à M^lle Grace Barrington.

— Il faut faire appel, dit Virginia, comme sir Cuthbert et M^e Todd effectuaient un profond salut.

— Je n'ai pas l'intention de faire appel, déclara Giles. Même moi, je connais assez de latin pour comprendre la formule.

*
\* \*

— Tu as été pitoyable ! s'écria Virginia en sortant en trombe de la salle d'audience.

— Mais Harry est mon plus vieil ami ! répliqua Giles en courant après elle.

— Et moi je suis ta femme, au cas où tu l'aurais oublié, rétorqua-t-elle en franchissant les portes battantes pour sortir.

---

1. « *Common pests I confused when in my right mind* » signifie littéralement : « Insectes nuisibles que j'ai confondus quand j'étais sain(e) d'esprit. » Il faut en fait décomposer la formule et lire « *Common pests I / confused when / in my right mind.* » « *Common pests I* » est l'anagramme de « *compos mentis* », expression latine qui signifie « sain d'esprit ». Autrement dit, en laissant les cases en blanc, lady Barrington attire l'attention du juge et indique qu'elle était parfaitement capable de faire les mots croisés particulièrement difficiles du *Times* le jour de sa mort.

— Mais qu'aurais-je pu faire ? demanda-t-il une fois qu'il l'eut rattrapée.

— Tu aurais pu te battre bec et ongles pour obtenir ce qui t'appartient de droit. Comme tu l'avais promis, lui rappela-t-elle avant de héler un taxi.

— Mais n'est-il pas possible que le juge ait eu raison d'affirmer que ma mère savait parfaitement ce qu'elle faisait ?

— Si c'est ce que tu crois, Giles, dit-elle en se retournant pour le regarder droit dans les yeux, alors tu me tiens en aussi piètre estime qu'elle.

Giles resta coi alors qu'un taxi s'arrêtait devant eux. Elle ouvrit la portière, monta en voiture et baissa la vitre.

— Je vais passer quelques jours chez ma mère. Si tu n'as pas interjeté appel à mon retour, je te suggère de consulter un avocat spécialisé dans les procédures de divorce.

# 15

Un coup sec fut frappé à la porte. Giles consulta sa montre : 19 h 20. Qui pouvait-ce bien être ? Il n'avait invité personne à dîner et on n'attendait pas son retour à la Chambre pour entendre les allocutions finales avant 21 heures. Un second coup, tout aussi ferme, et il se rappela que c'était la soirée de congé de la gouvernante. Il replaça sur le guéridon l'exemplaire du *Hansard* – le compte rendu quotidien des débats de la Chambre des communes – et s'extirpa du fauteuil. Il se dirigeait vers le couloir quand un troisième coup se fit entendre.

— Du calme ! lança-t-il.

Ouvrant la porte, il aperçut la dernière personne qu'il pensait voir sur le seuil de sa maison de Smith Square.

— Grace ! fit-il, incapable de cacher son étonnement.

— Quel soulagement de constater que tu te rappelles toujours mon nom, dit-elle en entrant.

Giles s'efforça de trouver une réplique aussi acérée, mais, n'ayant pas été en contact avec sa sœur depuis le jour de l'enterrement de leur mère, force lui fut de reconnaître que sa pique était justifiée. En vérité, il n'avait été en contact avec aucun membre de la famille depuis que Virginia était sortie en trombe de la salle d'audience et l'avait laissé planté sur le trottoir.

— Qu'est-ce qui t'amène à Londres, Grace ? demanda-t-il d'un ton un rien penaud, comme il conduisait sa sœur le long du couloir jusqu'au salon.

— Toi. Tu connais la formule. Si la montagne, etc.

— Puis-je te servir à boire ? s'enquit-il, tout en se demandant ce qu'elle pouvait bien vouloir, à moins que…

— Oui, merci. Un sherry sec serait le bienvenu, après cet horrible voyage en train.

Il se dirigea vers le buffet et lui servit un sherry. Il se versa un demi-verre de whisky tout en cherchant désespérément quelque chose à dire.

— Je dois aller voter à 22 heures, annonça-t-il en tendant le verre de sherry à sa sœur cadette, qui le faisait toujours se sentir comme un garnement que le directeur a surpris en train de fumer.

— C'est plus de temps qu'il m'en faut pour ce que j'ai à te dire.

— Es-tu venue réclamer ta part d'héritage et me flanquer à la porte ?

— Non, crétin. Je suis venue pour tenter de faire entrer un peu de bon sens dans ta fichue caboche.

Il s'affala dans son fauteuil et avala une petite gorgée de whisky.

— Je suis tout ouïe, fit-il.

— Je vais avoir trente ans, la semaine prochaine, même si ça t'a sûrement échappé.

— Et tu es venue jusqu'ici pour me dire ce que tu veux comme cadeau d'anniversaire, c'est ça? répliqua-t-il pour tenter d'alléger l'atmosphère.

— Absolument, renchérit-elle, ce qui le prit pour la seconde fois au dépourvu.

— Et qu'as-tu à l'esprit? fit-il, toujours perplexe.

— Je veux que tu assistes à ma fête d'anniversaire.

— Mais la Chambre tient séance et maintenant que je siège au premier rang, on s'attend à ce que…

— Harry et Emma y assisteront, l'interrompit-elle en faisant fi de ce prétexte. Alors ce sera comme dans le temps.

— Cela ne sera jamais comme dans le temps, répliqua-t-il, après avoir avalé une nouvelle gorgée de whisky.

— Bien sûr que ça peut l'être, espèce d'idiot, parce que tu es la seule personne qui empêche une telle réunion.

— Ils ont envie de me voir?

— Pourquoi seraient-ils contre? fit Grace. Cette stupide brouille dure depuis trop longtemps. C'est la raison pour laquelle j'ai l'intention de vous remonter les bretelles à tous avant qu'il ne soit trop tard.

— Qui seront les autres invités?

— Sebastian et Jessica, quelques amis, surtout des universitaires, mais tu n'es pas obligé de parler avec eux, sauf peut-être avec ton vieil ami Deakins. En tout cas, ajouta-t-elle, il y a quelqu'un que je n'ai pas l'intention d'inviter. Au fait, où se trouve-t-elle, cette salope?

Il avait cru qu'il ne pourrait jamais être choqué par les propos de sa sœur. Comme il se trompait!

— Je n'en ai aucune idée, finit-il par dire. Il y a plus d'un an qu'elle ne m'a pas contacté. Mais, à en croire le *Daily Express*, elle se trouve en ce moment à Saint-Tropez au bras d'un comte italien.

— Je suis certaine qu'ils formeront un couple charmant. Surtout, cela te fournit un motif de divorce.

— Je n'aurai jamais le courage de divorcer, même si je le souhaitais. N'oublie pas ce que maman a enduré. Je n'ai aucune envie d'affronter cette épreuve à mon tour.

— Ah, je vois. Il est tout à fait normal que Virginia batifole sur la Côte d'Azur en compagnie de son amant italien, mais ce n'est pas normal que son mari demande le divorce ?

— Libre à toi de te moquer, mais un gentleman ne se conduit pas ainsi.

— Ne me fais pas rire ! Ce n'était guère digne d'un gentleman de nous traîner au tribunal, Emma et moi, pour contester le testament de maman.

— Ça, c'est un coup sous la ceinture ! se récria Giles en avalant une autre lampée de whisky. Mais je suppose que je le mérite bien, ajouta-t-il. C'est quelque chose que je vais regretter le restant de ma vie. Vas-tu jamais me le pardonner ?

— Oui, si tu viens à ma soirée et si tu t'excuses auprès de ta sœur et de ton plus vieil ami d'avoir agi en imbécile.

— Je ne suis pas certain de pouvoir leur faire face.

— Tu as fait face à un bataillon d'Allemands, armé seulement d'un pistolet et de quelques grenades.

— Et je le referais si je pensais que cela pouvait persuader Emma et Harry de me pardonner.

Elle se leva et traversa la pièce pour s'agenouiller à côté de son frère.

— Bien sûr qu'ils vont te pardonner, espèce d'idiot.

Il baissa la tête lorsque sa sœur le prit dans ses bras.

— Tu sais parfaitement que maman n'aurait pas voulu que cette femme nous sépare, conclut-elle.

*\
* *

Passant devant un panneau indiquant la direction de Cambridge, il pensa qu'il était encore temps de rebrousser chemin, tout en sachant que dans ce cas il n'aurait peut-être pas de seconde chance.

Au moment où il pénétrait dans la ville universitaire, il se sentit à nouveau plongé dans l'atmosphère estudiantine. Les jeunes hommes et les jeunes filles portant des capes de différentes longueurs allaient et venaient. Cela lui rappela son séjour à Oxford, qui avait été abrégé par Herr Hitler.

Lorsque, cinq ans plus tard, Giles était finalement revenu en Angleterre, après s'être échappé d'un camp de prisonniers de guerre, le principal de Brasenose lui avait proposé de revenir dans son ancien collège pour terminer ses études. Or Giles était alors un ancien combattant de vingt-cinq ans marqué par la guerre et, comme tant de jeunes hommes de sa génération, Harry y compris, il avait le sentiment que l'heure n'était plus aux études. De toute façon, l'occasion de livrer une autre bataille s'était présentée et il n'avait pu résister à la tentation de lutter pour obtenir une place sur les bancs verts de la Chambre des communes. Aucun regret, pensa-t-il. Enfin, il y avait toujours quelques regrets.

Il roula dans Grange Road, tourna à droite et gara sa voiture dans Sidgwick Avenue. Il passa sous une voûte où il était indiqué que Newnham College avait été fondé en 1871, avant que les femmes puissent recevoir un diplôme, par un grand visionnaire qui pensait que ce serait possible avant sa mort. Il se trompait.

Giles s'arrêta à la loge et s'apprêtait à demander où avait lieu la soirée de M$^{lle}$ Barrington quand le gardien lui dit :

— Bonsoir, sir Giles. Vous cherchez sans doute la salle Sidgwick.

On l'avait reconnu. Impossible, par conséquent, de rebrousser chemin.

— Longez le couloir, c'est en haut de l'escalier, troisième porte à gauche. Vous ne pouvez pas vous tromper.

Giles suivit les instructions et croisa une dizaine de jeunes filles en longue jupe noire, chemisier blanc et cape d'étudiant. Leur regard ne s'attarda pas sur lui, mais rien d'étonnant à cela puisqu'il avait trente-trois ans, presque le double de leur âge.

Il monta l'escalier et, lorsqu'il arriva sur le palier, il n'eut pas besoin de nouvelles instructions, car longtemps avant d'atteindre la troisième porte à gauche, il entendit des voix joyeuses et des rires. Il prit une profonde inspiration et essaya d'entrer discrètement dans la pièce.

Jessica fut la première à le voir et elle se précipita vers lui.

— Oncle Giles, oncle Giles ! cria-t-elle. Où étais-tu ?

Où, en effet ? se dit Giles en regardant la fillette qu'il adorait et qui, si elle n'était pas encore une demoiselle, n'était plus une enfant. Elle fit un bond et l'entoura de ses deux bras. Jetant un coup d'œil par-dessus l'épaule de Jessica, il vit Grace et Emma qui se dirigeaient vers lui. Elles tentèrent toutes les trois de l'étreindre en même temps. Des invités les fixaient, se demandant à quoi rimait cette scène.

— Je suis absolument désolé, dit-il, après avoir serré la main de Harry. Je n'aurais jamais dû vous infliger tout ça.

— N'en parlons plus, répondit Harry. Et, franchement, nous avons tous les deux traversé de plus dures épreuves.

Giles fut surpris de la vitesse avec laquelle il se détendit en compagnie de son plus vieil ami. Comme avant, ils parlaient de Peter May, le joueur de cricket, quand il l'aperçut. À partir de ce moment, il ne la quitta plus des yeux.

— Le meilleur coup droit, long et appuyé, que j'aie jamais vu, déclara Harry en plaçant son pied gauche fermement en avant pour faire une démonstration, comme s'il maniait une batte.

Il n'avait pas remarqué que Giles avait totalement la tête ailleurs.

— Oui, j'étais au stade Headingley quand, pendant son premier test-match, il a marqué une centaine contre les Sud-Africains.

— Moi aussi j'ai vu cette manche, intervint un professeur d'un certain âge qui venait de se joindre à eux. Merveilleux coup !

Giles s'éclipsa et se fraya un chemin dans la salle bondée, ne s'arrêtant que pour parler avec Sebastian de ses études. Il n'avait jamais vu l'adolescent aussi décontracté et aussi sûr de lui.

Il craignait qu'elle parte avant d'avoir l'occasion de faire sa connaissance et, lorsque Sebastian fut distrait à la vue d'un friand, il poursuivit son chemin jusqu'à se trouver près d'elle. Elle bavardait avec une femme mûre et ne parut pas s'apercevoir de sa présence. Il resta planté là, incapable de dire un mot, se demandant pourquoi les Anglais avaient tant de mal à se présenter aux femmes et en particulier aux jolies femmes. Betjeman avait vraiment raison, et on n'était même pas sur une île déserte[1].

— Je ne pense pas que Schwarzkopf possède la tessiture qui convient au rôle, disait l'autre femme.

— Vous avez peut-être raison, mais je donnerais volontiers la moitié de ma bourse annuelle rien que pour l'entendre chanter.

La dame mûre jeta un coup d'œil à Giles avant de se détourner pour s'adresser à quelqu'un d'autre, presque comme si elle avait compris son jeu. Giles se présenta et espéra que personne d'autre n'allait les rejoindre. Ils se serrèrent la main. Le seul fait de la toucher…

— Bonsoir. Giles Barrington…

— Vous devez être le frère de Grace, le député dont on parle constamment dans la presse et qui a des opinions de gauche radicales… Gwyneth, se présenta-t-elle.

---

1. Le poète sir John Betjeman (1906-1984) a plusieurs fois participé à l'émission de la BBC *«Desert Island Discs»* où l'on demandait, entre autres, aux personnalités invitées quels disques elles emporteraient sur une île déserte. Dans ses premiers poèmes, il décrit souvent un jeune homme timide et peu sûr de lui face à de jeunes femmes sportives à l'air plutôt dominateur et méprisant.

— Vous faites votre licence ?

— Vous me flattez, répondit-elle avec un sourire. Non, je termine mon doctorat. Votre sœur est ma directrice de thèse.

— Sur quel sujet porte votre thèse ?

— Les liens entre les mathématiques et la philosophie dans la Grèce antique.

— Il me tarde de la lire.

— Je vais m'assurer que vous en ayez l'un des tout premiers exemplaires.

— Qui est la fille avec qui Giles est en train de parler ? demanda Emma à sa sœur.

— C'est Gwyneth Hughes, l'une de mes plus brillantes étudiantes, répondit Grace en se retournant pour scruter la salle. Nul doute qu'il la trouve quelque peu différente de lady Virginia. C'est la fille d'un mineur gallois. Elle a émergé du fin fond des vallées, comme elle aime le rappeler à tout le monde, et elle connaît sans doute la signification de *compos mentis*.

— Elle est très jolie. Tu ne crois pas...

— Grand Dieu, non ! Qu'auraient-ils en commun ?

Emma sourit intérieurement.

— As-tu donné tes onze pour cent de la compagnie à Giles ? s'enquit-elle.

— En effet, répondit Grace, ainsi que mes droits sur la maison de grand-père à Smith Square, comme j'en étais convenue avec mère, une fois que j'ai été sûre et certaine que ce petit idiot était enfin débarrassé de Virginia.

Emma se tut quelques instants puis demanda :

— Donc, tu étais déjà au courant du contenu du second testament de mère ?

— Et de ce qui se trouvait dans l'enveloppe, précisa Grace d'un ton désinvolte. Voilà pourquoi je ne pouvais assister au procès.

— Mère te connaissait parfaitement.

— Elle nous connaissait tous les trois parfaitement, répliqua Grace en regardant son frère de l'autre côté de la salle.

## 16

— Pouvez-vous tout organiser? s'enquit Giles.
— Oui, monsieur, je m'en charge.
— J'aimerais que cela se termine le plus tôt possible.
— Bien sûr, monsieur.
— Quelle histoire sordide! Je préférerais qu'il existe une manière plus civilisée de procéder.
— C'est la loi qu'il faudrait changer, sir Giles. Et, franchement, c'est davantage votre domaine que le mien.

Il savait que l'homme avait raison et sans doute la loi changerait-elle avec le temps, mais Virginia avait déclaré sans ambages qu'elle était pressée. Après des mois de silence, elle l'avait appelé un beau jour pour lui expliquer pourquoi elle souhaitait divorcer. Elle n'avait pas eu besoin de préciser ce qu'elle voulait qu'il fasse. «Merci, lapin. Je savais que je pouvais compter sur toi», avait-elle dit avant de raccrocher.

— Quand me rappellerez-vous? demanda Giles.
— À la fin de la semaine, répondit l'homme.

Il avala son bock de bière, se leva, esquissa un petit salut et s'éloigna en boitant.

*
* *

Afin qu'elle puisse le reconnaître à coup sûr, Giles arborait un gros œillet rouge à la boutonnière. Il fixait toutes les femmes de moins de trente ans qui avançaient vers lui. Aucune ne lui jeta le moindre coup d'œil jusqu'à ce qu'une jeune femme très collet monté s'arrête près de lui.

— Monsieur Brown ? s'enquit-elle.

— Oui.

— Je m'appelle M$^{lle}$ Holt. Je suis envoyée par l'agence.

Sur ce, elle passa son bras sous celui de Giles et, tel un chien d'aveugle, le conduisit sur le quai jusqu'à un compartiment de première classe. Une fois qu'ils se furent assis l'un en face de l'autre, Giles ne savait pas ce qu'il était censé faire à présent. Comme on était un vendredi soir, toutes les places se remplirent longtemps avant le départ du train. M$^{lle}$ Holt n'ouvrit pas une seule fois la bouche de tout le voyage.

Quand le train arriva à Brighton, elle fut l'une des premières à en descendre. Giles remit deux billets au contrôleur à la sortie du quai et la suivit jusqu'à la station de taxis. Il était clair qu'il ne s'agissait pas d'une première fois pour elle. Elle ne reparla que lorsqu'ils furent installés sur la banquette arrière de la voiture, mais ce ne fut pas à lui qu'elle s'adressa.

— Au Grand Hotel.

À la réception de l'hôtel, Giles les inscrivit sous le nom de M. et M$^{me}$ Brown.

— Chambre 31, monsieur, dit le réceptionniste.

Il donna l'impression d'être sur le point de faire un clin d'œil, mais il se contenta de sourire et de dire :

— Bonne nuit, monsieur.

Un porteur monta leurs bagages au troisième étage. Ce fut seulement après qu'il eut reçu son pourboire et fut reparti qu'elle parla à nouveau.

— Je m'appelle Angela Holt, déclara-t-elle en s'asseyant toute droite au bout du lit.

Giles resta debout et regarda la femme qui était la dernière personne susceptible de l'accompagner pour passer un week-end coquin à Brighton.

— Pouvez-vous m'indiquer les diverses étapes de la procédure ? s'enquit-il.

— Bien sûr, sir Giles, répondit M$^{lle}$ Holt, comme s'il lui avait demandé d'écrire sous sa dictée. À 20 heures, nous descendrons dîner. J'ai réservé une table au centre de la salle, dans l'espoir que quelqu'un vous reconnaisse. Après le dîner, nous remonterons dans la chambre. Je resterai entièrement habillée, mais vous pourrez vous déshabiller dans la salle de bains où vous revêtirez votre pyjama et votre robe de chambre. À 22 heures, j'irai dormir dans le lit et vous sur le canapé. À 2 heures du matin, vous téléphonerez à la réception pour commander une bouteille de champagne millésimé, un bock de Guinness et des sandwichs au jambon. Quand le garçon de service apportera votre commande, vous lui direz que vous aviez commandé des sandwichs à la tomate et à la Marmite[1] et lui ordonnerez d'aller chercher immédiatement la bonne

---

1. Pâte à tartiner végétale à base d'extrait de levure et au goût salé, très appréciée en Angleterre.

commande. Quand il reviendra, vous le remercierez et lui donnerez cinq livres.

— Pourquoi un si généreux pourboire ?

— Parce que, si cette affaire passe au tribunal, il sera sans aucun doute appelé à la barre des témoins et nous devons nous assurer qu'il ne vous oublie pas.

— Je comprends.

— Le matin, nous prendrons le petit déjeuner ensemble, et au moment de partir, prenez soin de régler la note par chèque, afin qu'on puisse facilement remonter la piste. Lorsque nous quitterons l'hôtel, vous me prendrez dans vos bras et m'embrasserez plusieurs fois. Puis vous monterez en taxi et me ferez de grands signes d'adieu.

— Pourquoi plusieurs fois ?

— Parce que nous devons nous assurer que le détective privé de votre épouse prenne une photo de nous deux ensemble où nous soyons facilement reconnaissables. Avez-vous d'autres questions, sir Giles, avant que nous descendions dîner ?

— Oui, mademoiselle Holt. Puis-je vous demander si vous êtes coutumière du fait ?

— Vous êtes mon troisième cette semaine, et l'agence m'a déjà retenue pour deux missions la semaine prochaine.

— C'est de la folie pure ! Nos lois sur le divorce sont franchement barbares. Il faut que le gouvernement élabore un nouveau projet de loi le plus tôt possible...

— J'espère que non ! s'écria M<sup>lle</sup> Holt. Car alors, sir Giles, je serais au chômage.

# Alex Fisher

1954-1955

# 17

— Je veux l'abattre, déclara-t-elle. Purement et simplement. Rien de moins ne me satisfera.

— Comptez sur moi, lady Virginia, pour faire tout ce qui sera en mon pouvoir pour vous aider.

— C'est bon à savoir, commandant, parce que si nous devons travailler ensemble, il faudra que nous nous fassions entièrement confiance et que nous n'ayons aucun secret l'un pour l'autre. Toutefois, je ne suis pas encore persuadée que vous êtes la personne parfaite. Qu'est-ce qui vous fait croire que vous êtes particulièrement qualifié pour ce travail ?

— Je pense que vous allez vous apercevoir que je suis trop qualifié, en fait, milady, répliqua Fisher. Ma relation avec Barrington remonte à loin.

— Alors commencez au début et faites-moi part du moindre détail, même s'il vous paraît tout à fait insignifiant.

— Cela commença lorsque nous étions tous les trois élèves du collège Saint-Bède et que Barrington est devenu l'ami du fils du docker.

— Le dénommé Harry Clifton, dit Virginia en crachant les mots.

— Barrington aurait dû être renvoyé de l'école.

— Pourquoi donc ?

— Il a été pris en flagrant délit de vol dans la boutique de l'école, mais il s'en est tiré.

— Comment cela a-t-il été possible ?

— Son père, sir Hugo, une autre crapule, a fait un chèque de mille livres, grâce auquel l'école a pu faire construire un nouveau pavillon abritant les vestiaires et le bar du club de cricket. C'est pour cette raison que le directeur a fermé les yeux et cela a permis à Barrington d'aller à Oxford.

— Avez-vous, vous aussi, été à Oxford ?

— Non. Je me suis engagé. Mais nos chemins se sont à nouveau croisés à Tobrouk, alors qu'on servait dans le même régiment.

— C'est là qu'il s'est distingué, en gagnant la croix de guerre et en s'échappant d'un camp de prisonniers.

— C'est moi qui aurais dû obtenir cette croix, déclara Fisher en plissant les yeux. À ce moment-là, j'étais son chef et c'est moi qui ai dirigé l'attaque contre un bataillon ennemi. Après que j'ai eu repoussé les Allemands, le colonel a suggéré mon nom pour la croix de guerre, mais le caporal Bates, un ami de Barrington, a refusé de me soutenir. Aussi ai-je été seulement « cité à l'ordre du jour » et Barrington a finalement hérité de ma croix.

Ce n'était pas la version de Giles des événements, mais Virginia savait fort bien celle qu'elle voulait croire.

— L'avez-vous revu depuis ?

— Non. Je suis resté dans l'armée, mais lorsque j'ai compris qu'il avait ruiné mes chances de faire carrière, j'ai pris une retraite anticipée.

— Alors, que faites-vous à présent, commandant ?

— J'exerce la profession d'agent de change et je fais partie du conseil d'administration du lycée de Bristol. Je suis également membre du comité exécutif de la section locale du parti conservateur. Je me suis inscrit au parti pour contribuer à l'échec de Barrington aux prochaines élections législatives.

— Je vais faire en sorte que vous jouiez un rôle de premier plan, parce que conserver son siège à la Chambre des communes lui tient le plus à cœur. Il est persuadé que, si les travaillistes gagnent les prochaines élections, Attlee lui offrira un portefeuille.

— Plutôt mourir…

— Je ne crois pas qu'il soit nécessaire d'en arriver là. Après tout, s'il perd son siège aux prochaines élections, il est peu probable qu'ils le soutiennent à nouveau, et cela provoquerait sans doute la fin de sa carrière politique.

— Dieu vous entende ! Mais je dois souligner que, bien qu'il ne dispose que d'une faible majorité, il est toujours très aimé dans la circonscription.

— Je ne sais pas s'il sera toujours très aimé lorsque je lui aurai intenté un procès pour adultère.

— Il a déjà préparé le terrain en racontant à tout le monde qu'il a dû monter une mise en scène à Brighton pour protéger votre réputation. Il fait même campagne pour que les lois sur le divorce soient modifiées.

— Mais comment réagiraient ses électeurs s'ils apprenaient qu'il a une liaison avec une étudiante de Cambridge depuis un an ?

— Une fois que le divorce sera prononcé, tout le monde s'en fichera.

— Mais il ne l'est pas encore, et je fais savoir aux gens que je fais des efforts désespérés pour que l'on se réconcilie.

— Cela changerait alors la situation du tout au tout. Et vous pouvez compter sur moi pour que le récit de votre malheur parvienne aux bonnes oreilles.

— Très bien. Et cela faciliterait énormément nos projets à long terme si vous deveniez président de la section du parti conservateur de la circonscription des docks de Bristol.

— Rien ne me plairait davantage. Le seul problème, c'est que je ne peux pas me permettre d'accorder beaucoup de temps à la politique tant que je dois gagner ma vie, dit-il en s'efforçant de ne pas avoir l'air gêné.

— Vous n'aurez plus ce souci lorsque vous ferez partie du conseil d'administration de la compagnie de transport maritime Barrington.

— Cela n'a guère de chance d'arriver un jour. Si mon nom était mentionné, Barrington s'empresserait de mettre son veto à ma nomination.

— Il ne peut mettre son veto à rien tant que je possède sept et demi pour cent des actions de la compagnie.

— Je ne suis pas sûr de comprendre...

— Eh bien, permettez-moi de vous expliquer la situation, commandant. Depuis six mois, j'achète des actions Barrington par l'intermédiaire d'une société fiduciaire et je possède à présent sept et demi pour cent de la compagnie. Si vous consultez ses statuts, vous découvrirez que cela me permet de nommer un membre du conseil d'administration, et je ne vois pas qui serait mieux qualifié pour me représenter que vous, commandant.

— Comment puis-je vous remercier ?

— C'est très simple. À court terme, vous consacrerez votre temps à tenter de devenir président de la section locale du parti conservateur, puis, une fois que vous y serez parvenu, votre unique but sera de vous assurer qu'aux prochaines élections les électeurs de la circonscription des docks de Bristol se débarrassent de leur député actuel.

— Et à long terme ?

— J'ai une idée qui chatouillera peut-être votre imagination. Toutefois, on ne peut pas envisager cette éventualité avant que vous ne deveniez président de la section.

— Alors j'ai intérêt à rentrer à Bristol pour me mettre tout de suite à l'ouvrage. Mais, auparavant, j'aimerais vous poser une question.

— Bien sûr. Demandez-moi ce que vous voulez. Après tout, nous sommes associés désormais.

— Pourquoi m'avez-vous choisi pour ce travail ?

— Ah, c'est très simple, commandant. Giles m'a un jour dit que vous étiez le seul homme qu'il ait jamais détesté.

*
* *

— Messieurs, déclara Bill Hawkins, président de la section locale du parti conservateur, en frappant la table de son marteau, puis-je ouvrir la séance ? Peut-être pourrais-je commencer par demander à notre secrétaire honoraire, le commandant Fisher, de lire le compte rendu de notre dernière réunion.

— Merci, président... Lors de notre dernière réunion, qui s'est tenue le 14 juin 1954, le comité m'a chargé d'écrire au bureau central à Londres pour demander une liste de candidats potentiels pour représenter le parti dans notre circonscription aux prochaines élections législatives. La liste officielle est arrivée quelques jours plus tard, et j'en ai fait distribuer une copie aux membres de notre comité afin qu'ils puissent discuter des candidats à la réunion de ce soir.

» Nous avons décidé que, cette année, la fête d'été se déroulerait au village de Castle Combe, avec l'aimable permission de M$^{me}$ le juge d'instance Hartley-Booth. Une discussion s'est ensuivie à propos du prix des billets de tombola, puis nous sommes passés au vote et nous sommes tombés d'accord sur le prix de six pence, avec la possibilité d'en acheter six pour une demi-couronne. M. Maynard, le trésorier, a alors indiqué que le compte bancaire de la section présentait un crédit de quarante-sept livres et douze shillings. Il a ajouté qu'il avait envoyé une lettre de relance à tous les membres qui n'avaient pas encore réglé leur cotisation annuelle. L'ordre du jour ayant été épuisé, la séance a été levée à 22 h 12.

— Merci, mon commandant, dit le président. Passons maintenant au deuxième sujet, à savoir la liste des candidats recommandés par le bureau central. Vous avez tous eu plusieurs jours pour étudier les candidats, aussi vais-je lancer la discussion générale avant que nous établissions une liste restreinte de ceux que nous souhaitons convoquer pour un entretien.

Fisher avait déjà montré la liste à lady Virginia et ils avaient choisi la personne qui servirait le mieux leur projet à long terme. Fisher écouta soigneusement l'avis des membres du comité sur les qualités et les défauts de chaque candidat. Il était évident que le candidat de son choix n'était pas le mieux placé, mais en tout cas personne n'était contre.

— Souhaitez-vous exprimer votre avis, mon commandant, avant que l'on passe au vote ? s'enquit Hawkins.

— Merci, président. Je suis d'accord avec les membres du comité qui considèrent que M. Simpson, qui s'est si vaillamment battu à Ebbw Vale aux dernières élections, mérite d'être convoqué pour un entretien, mais je pense que nous devrions également penser à M. Dunnett. Après tout, son épouse est une femme du pays, ce qui est un avantage considérable, surtout si on prend en compte le statut marital actuel de sir Giles Barrington.

Plusieurs « Oyez, oyez ! » se firent entendre autour de la table.

Quarante minutes plus tard, Gregory Dunnett figurait sur la liste restreinte, au côté de M. Simpson, l'ancien candidat d'Ebbw Vale, d'un conseiller local – aucune chance –, d'un célibataire de plus de quarante ans – aucune chance – et de la femme-alibi – absolument aucune chance. À présent, Fisher n'avait plus qu'à trouver une bonne raison pour que le comité ne choisisse pas M. Simpson.

Comme la séance touchait à sa fin, le président demanda s'il y avait des sujets annexes.

— Je dois faire part de quelque chose au comité, déclara Fisher en revissant le capuchon de son stylo, mais je pense qu'il serait sage de ne pas l'inscrire au procès-verbal.

— Je suis certain que vous êtes le meilleur juge en la matière, mon commandant, dit le président en parcourant la table du regard pour s'assurer que tous étaient d'accord.

— La semaine dernière, à mon club londonien, j'ai appris d'une source sûre une information très troublante à propos de sir Giles Barrington. (Il jouissait désormais de toute l'attention du comité.) Comme vous le savez tous, après la malheureuse rupture de son union conjugale, sir Giles est en ce moment engagé dans une procédure de divorce. La plupart d'entre nous l'avons plaint quand il a décidé de prendre « la route de Brighton », surtout après qu'il a fait savoir, avec une certaine inélégance à mon avis, qu'il l'avait fait pour protéger la réputation de sa femme. Nous sommes tous des hommes adultes et nous sommes conscients du fait que les lois sur le divorce ont terriblement besoin d'être modifiées. Cependant, j'ai depuis découvert que nous n'avons entendu que la moitié de l'histoire. Sir Giles, semble-t-il, file le parfait amour avec une jeune étudiante de Cambridge, alors que sa femme déploie beaucoup d'efforts pour qu'ils se réconcilient.

— Grand Dieu, cet homme est un goujat ! s'écria Bill Hawkins. Il faudrait le forcer à démissionner.

— Je suis tout à fait de votre avis, président. En fait, il y aurait été contraint s'il avait été le candidat du parti conservateur.

Des murmures se firent entendre autour de la table.

— J'espère, reprit Fisher, après que le président eut frappé plusieurs fois la table avec son marteau, que je peux faire confiance au comité pour que cette information ne sorte pas de cette salle.

— Naturellement, affirma le président. Cela va sans dire.

Fisher se radossa à son siège, sûr et certain que quelques heures plus tard l'histoire serait parvenue aux oreilles de membres bien placés du parti travailliste local, ce qui garantirait qu'avant la fin de la semaine la moitié de la circonscription serait au courant.

Une fois que le président eut levé la séance et que les membres du comité eurent commencé à se diriger vers le pub du coin, sur le trottoir d'en face, Peter Maynard, le trésorier, s'approcha discrètement d'Alex et lui demanda s'il pouvait lui dire deux mots en privé.

— Bien sûr, mon vieux. En quoi puis-je vous aider ?

— Comme vous le savez, le président a manifesté plusieurs fois son intention de démissionner avant les prochaines élections.

— J'en ai entendu parler.

— Deux ou trois d'entre nous pensent que le poste doit être confié à un homme jeune, et on m'a prié de vous sonder pour savoir si vous permettriez que votre nom soit proposé.

— Comme c'est aimable à vous, Peter ! Si la majorité de mes collègues jugeaient que je suis la bonne personne, j'accepterais évidemment de me charger de cette lourde tâche, mais, comprenez-vous, pas si un autre membre du comité était plus apte à remplir cette fonction.

*
* *

Lorsqu'il reçut le premier chèque émis par la compagnie de transport maritime Barrington, Alex clôtura son compte à la Midland Bank et traversa la rue pour en ouvrir un à la Barclays. Celle-ci gérait le compte de la compagnie Barrington et travaillait également pour la section locale du parti conservateur. En outre, contrairement à celui de la Midland, le directeur de la Barclays lui donna une autorisation de découvert.

Le lendemain, il se rendit à Londres et ouvrit un compte chez Gieves & Hawkes où l'on prit ses mesures pour lui tailler trois costumes, un smoking et un pardessus, tous de couleur noire. Après avoir déjeuné à l'Army and Navy Club, il passa chez Hilditch & Key et choisit une demi-douzaine de chemises ainsi que deux pyjamas, une robe de chambre et un assortiment de cravates. Après avoir signé la facture, il alla chez John Lobb et y resta le temps qu'on prenne sa pointure pour lui confectionner deux paires de richelieus, l'une marron, l'autre noire.

— Elles devraient être prêtes dans trois mois environ, mon commandant, lui dit-on.

Pendant les quatre semaines suivantes, il invita tous les membres du comité, l'un après l'autre, à déjeuner ou à dîner, aux frais de Virginia; il était sûr que la plupart d'entre eux feraient de Gregory Dunnett leur deuxième choix pour être candidat du parti et qu'un ou deux le choisiraient comme candidat favori.

Alors qu'il prenait un brandy après un dîner avec Peter Maynard, il comprit que le trésorier connaissait des difficultés financières. Il se rendit à Londres le lendemain et, après un discret entretien avec lady Virginia, ces difficultés financières n'existaient plus. Un membre du comité lui était désormais redevable.

## 18

Alex était membre du conseil d'administration de la compagnie de transport maritime Barrington depuis seulement quelques mois quand il put saisir une occasion qui, se dit-il, devrait plaire à Virginia.

Il avait assisté à toutes les réunions du conseil, lu tous les rapports et toujours voté avec la majorité, aussi personne ne se douta de ce qu'il manigançait.

Virginia savait fort bien que la nomination d'Alex au conseil éveillerait les soupçons de Giles. Elle s'était même demandé s'il chercherait à savoir qui détenait les sept et demi pour cent des actions dont Fisher était le représentant. Dans ce cas, tout ce qu'il découvrirait serait une société fiduciaire anonyme. Mais Giles était assez malin pour percer l'anonymat et deviner qui détenait les sept et demi pour cent.

Bien que le président du conseil d'administration l'ait assuré que le commandant semblait un type plutôt correct, qu'il ouvrait rarement la bouche durant les réunions et qu'il ne causait absolument aucun ennui, Giles avait des doutes à propos de Fisher. Toutefois, vu l'imminence des élections, où l'on s'attendait à ce que les tories augmentent leur majorité, et le refus de Virginia à signer les documents concernant le jugement provisoire alors qu'elle l'avait supplié de lui fournir un motif de divorce, Fisher était le moindre de ses soucis.

*
* *

— Messieurs, déclara le président du conseil d'administration de la compagnie Barrington, je ne pense pas exagérer en affirmant que la proposition que je fais aujourd'hui a vraiment des chances de marquer un tournant décisif dans l'histoire de la compagnie. Ce projet, que l'on doit à M. Compton, notre directeur général, a reçu ma totale approbation. Je vais inviter le conseil à soutenir le programme de construction du premier paquebot de la compagnie depuis la guerre, pour tenter de concurrencer nos grandes rivales, la Cunard et la P&O[1]. J'aimerais croire que Joshua Barrington, notre fondateur, aurait applaudi à cette initiative.

Alex était tout ouïe. Il avait appris à respecter sir William Travers, qui avait remplacé Hugo Barrington – quoiqu'on n'ait jamais mentionné l'ancien président –, le considérant comme un homme intelligent et avisé, tenu pour un gestionnaire habile et sérieux.

— L'investissement financier va, à l'évidence, mettre nos réserves à rude épreuve, mais nos banquiers sont disposés à nous soutenir, car même si

---

1. La Peninsular and Oriental Steam Navigation Company.

nous remplissons seulement quarante pour cent des cabines de ce nouveau paquebot, nous rentrerions dans nos frais en cinq ans... Je répondrai avec plaisir à toutes les questions du conseil.

— Ne craignez-vous pas que le public risque de garder en mémoire le sort du *Titanic* et hésite à voyager à bord d'un nouveau paquebot de luxe? demanda Fisher.

— C'est une bonne question, mon commandant, répondit sir William, mais la décision de la Cunard d'ajouter un nouveau vaisseau de ligne à sa flotte suggère plutôt qu'une nouvelle génération de voyageurs a remarqué qu'il n'y a pas eu de grave accident impliquant un paquebot de luxe depuis la tragédie de 1912.

— Combien de temps nous faudrait-il pour construire ce bateau?

— Si le conseil donne son accord, nous ferons immédiatement un appel d'offres et nous espérons pouvoir choisir des architectes navals avant la fin de l'année, afin que le lancement ait lieu dans trois ans.

Alex attendit qu'un autre membre du conseil pose la question qu'il ne voulait pas poser lui-même.

— À combien est estimé le coût?

— Il est difficile de donner un chiffre exact, reconnut sir William, mais j'ai prévu un budget de trois millions de livres. Cependant, il s'agit là d'une surestimation.

— Espérons-le, intervint un autre membre. Et il nous faudra informer les actionnaires de nos intentions.

— Tout à fait d'accord, acquiesça sir William. Je le ferai le mois prochain au cours de notre assemblée générale annuelle. Je soulignerai également que nos prévisions de bénéfices sont très encourageantes et que je ne vois pas pourquoi nous ne pourrions pas verser à nos actionnaires le même dividende que l'année dernière. Toutefois, le conseil doit s'attendre à ce que certains d'entre eux s'inquiètent de ce changement de cap, sans parler de cette énorme mise de fonds. Cela risque de faire chuter le cours de nos actions. Cependant, une fois que la City aura compris que nous possédons les ressources pour parer à toute difficulté passagère, nos actions ne devraient guère tarder à remonter à leur niveau actuel. D'autres questions ?

— Avons-nous choisi un nom pour le nouveau département des paquebots de la compagnie ? s'enquit Fisher.

— Nous pensons appeler ce nouveau service la Palace Line, et son premier vaisseau de ligne le *Buckingham*, afin de souligner l'engagement résolu de la compagnie dans une nouvelle ère élisabéthaine.

Sur ce sujet, tous les membres du conseil d'administration étaient d'accord.

*
\* \*

— Expliquez-moi tout cela une nouvelle fois, insista Virginia.

— Sir William annoncera jeudi à l'assemblée générale annuelle que la Barrington va construire un nouveau paquebot de luxe pour rivaliser avec les meilleurs navires de haute mer de la Cunard et de la P&O, dont le coût est estimé à trois millions de livres.

— Cela me paraît une entreprise créative et audacieuse.

— Certains la trouvent risquée, parce que la plupart des investisseurs en Bourse ne sont ni créatifs ni audacieux. Ils craindront le dépassement du budget et la difficulté de la compagnie à remplir assez de cabines pour rentrer dans ses frais. Or, s'ils vérifiaient sérieusement les comptes, ils constateraient que la Barrington a plus d'argent qu'il n'en faut pour couvrir d'éventuelles pertes à court terme.

— Alors, pourquoi recommandez-vous que je vende mes actions ?

— Parce que, si vous les rachetiez moins de trois semaines après les avoir vendues, vous réussiriez un sacré coup.

— Voilà justement ce que je ne comprends pas.

— Permettez-moi de vous expliquer le processus. Lorsqu'on achète une action, on a vingt et un jours pour régler la facture. De même, lorsqu'on vend une action, on n'est payé que trois semaines plus tard. Pendant vingt et un jours, vous pouvez jouer en Bourse sans devoir payer la moindre somme. Et puisque nous connaissons l'affaire de l'intérieur, nous pouvons tirer parti de la situation.

— Que suggérez-vous ?

— L'assemblée générale de la Barrington débutera à 10 heures jeudi par le rapport annuel du président du conseil d'administration. Je m'attends à ce que le prix de l'action tombe de son taux actuel, un peu plus de quatre livres, à environ trois livres et dix shillings. Si vous vendiez vos sept pour cent dès l'ouverture du marché, à 9 heures, cela accentuerait encore la chute de l'action qui passerait peut-être en dessous de trois livres. Ensuite, vous attendez que le prix ait atteint son niveau plancher avant d'intervenir à nouveau et de racheter tout le stock disponible au prix le plus bas, et cela jusqu'à ce que vous ayez racheté vos sept et demi pour cent.

— Cela ne va-t-il pas mettre la puce à l'oreille des agents de change et les pousser à avertir le conseil de nos agissements ?

— Ils n'ouvriront pas la bouche puisqu'ils empocheront une commission lorsqu'ils vendront le stock et une autre quand ils le rachèteront, gagnant ainsi sur les deux tableaux.

— Mais nous, risquons-nous de perdre quelque chose ?

— Seulement si les actions montent après le rapport annuel du président, parce que vous devrez payer davantage pour racheter vos actions. Mais, franchement, cela ne risque pas d'arriver une fois que la compagnie aura annoncé qu'elle met en péril trois millions de livres.

— Alors, que dois-je faire à présent ?

— Si vous me donnez votre procuration, je placerai l'affaire entre les mains d'un agent de change de Hong Kong que je connais, de sorte qu'on ne puisse remonter la piste jusqu'à nous.

— Giles va deviner nos manigances. Il est loin d'être idiot.

— Pas si les rapports montrent dans trois semaines que vos sept pour cent n'ont pas changé de main. De toute façon, pour le moment, il a des problèmes bien plus urgents à résoudre.

— Lesquels ?

— Il paraît qu'il doit affronter un vote de confiance devant le comité exécutif de la section locale du parti travailliste, maintenant qu'ils ont découvert sa relation avec M<sup>lle</sup> Gwyneth Hughes. Il est même possible qu'il ne se présente pas aux élections. Cela, bien sûr, si vous n'avez pas encore signé les documents du divorce.

*
* *

— Pouvez-vous me confirmer, commandant Fisher, que cette enquête ne concerne en rien sir Giles Barrington ou M<sup>me</sup> Harry Clifton ? Ils ont tous les deux été mes clients par le passé et cela créerait un conflit d'intérêts.

— Mes recherches ne concernent en rien la famille Barrington. La section locale du parti conservateur a choisi deux personnes susceptibles d'être son candidat pour la circonscription des docks de Bristol et, en tant que secrétaire de la section, je tiens à être absolument certain qu'il n'y a rien dans leur passé qui risquerait un jour de gêner le parti.

— Cherchez-vous quelque chose en particulier, mon commandant ?

— Grâce à vos contacts avec la police, pouvez-vous vous assurer qu'aucun des deux n'est fiché ?

— Cela comprend-il les contraventions pour stationnement interdit ou autres délits n'entraînant pas de peine de prison ?

— Tout ce dont le parti travailliste pourrait tirer parti au cours d'une campagne électorale.

— Je vois l'idée, dit Mitchell. De combien de temps est-ce que je dispose ?

— Le processus de sélection va durer deux mois, peut-être trois, mais si vous trouvez quelque chose, il faut m'en faire part immédiatement, déclara Fisher en lui remettant un morceau de papier sur lequel étaient inscrits deux noms.

Mitchell y jeta un coup d'œil avant de le ranger dans sa poche. Sur ce, il s'éloigna sans un mot de plus.

*
* *

Le jour de l'assemblée générale annuelle de la compagnie Barrington, dès 9 heures du matin, Fisher appela un numéro privé à Hong Kong.

— Benny, ici, le commandant, dit-il quand il entendit une voix familière au bout du fil.

— Comment allez-vous, mon commandant ? Ça fait une paye…

— Il y a une bonne raison à cela, et je vous expliquerai tout la prochaine fois que vous viendrez à Londres. Pour le moment, j'ai besoin que vous passiez pour moi un ordre de vente.

— Je vous écoute.

— Je veux que vous vendiez deux cent mille actions de la compagnie de transport maritime Barrington dès l'ouverture de la Bourse de Londres.

Benny sifflota.

— C'est comme si c'était fait, dit-il.

— Et une fois que vous aurez exécuté l'ordre, je veux que vous rachetiez le même nombre d'actions pendant les vingt et un jours suivants, mais pas avant qu'elles aient atteint leur cours plancher.

— Compris. Juste une question, mon commandant. Benny devrait-il parier un petit quelque chose sur ce cheval ?

— À vous de voir ! Mais ne soyez pas trop gourmand.

Le commandant raccrocha, quitta le club et prit un taxi pour aller au Savoy. Il rejoignit ses collègues directeurs dans la salle de conférences de l'hôtel quelques minutes seulement avant que le président ne se lève pour prononcer son allocution annuelle devant les actionnaires de la compagnie de transport maritime Barrington.

## 19

Le Constitutional Hall sur Davis Street était tellement plein que plusieurs membres du parti durent rester debout dans les allées ou au fond de la salle. Un ou deux étaient même perchés sur les rebords des fenêtres dans l'espoir de mieux voir les débats.

Bien que Neville Simpson et Gregory Dunnett, les candidats restant en lice, aient tous les deux prononcé d'excellents discours, Fisher avait l'impression que Simpson possédait quelques points d'avance sur le candidat de son choix. Simpson, avocat londonien, âgé de quelques années de plus que Dunnett, s'était conduit honorablement pendant la guerre et s'était déjà présenté à une élection contre Aneurin Bevan à Ebbw Vale où il avait augmenté le nombre de voix obtenues par les tories. Toutefois, Mitchell avait pu fournir à Fisher suffisamment d'éléments susceptibles de l'embarrasser.

Simpson et Dunnett étaient assis de chaque côté du président sur l'estrade, tandis que les membres du comité se trouvaient au premier rang de la salle. La nouvelle selon laquelle sir Giles Barrington avait survécu à un vote de confiance au cours d'une réunion à huis clos de la section locale du parti travailliste cette semaine-là avait ravi Fisher, même s'il n'avait expliqué pourquoi qu'à Virginia. Il avait l'intention de l'humilier en public, sous les feux des projecteurs d'une campagne électorale, plutôt que dans la maigre lumière d'une salle de réunion. Mais son projet ne pouvait aboutir que si Dunnett devenait le candidat tory, et le suspense se prolongeait à ce sujet.

Le président se leva et observa l'assemblée avec un bienveillant sourire. Il toussa, comme à son habitude, avant de commencer.

— Avant d'ouvrir la séance des questions, je souhaite vous informer que ce sera la dernière fois que je prendrai part à une réunion en tant que président. Je considère que la section doit participer aux élections législatives avec un nouveau candidat et un nouveau président, de préférence quelqu'un de beaucoup plus jeune que moi.

Il se tut quelques instants pour voir si on tenterait de le dissuader de démissionner mais, comme personne n'intervenait, il se résigna à poursuivre.

— Nous entrons à présent dans la phase finale avant de choisir l'homme qui défendra notre cause aux prochaines élections. Les membres du parti vont avoir la possibilité d'interroger directement les deux candidats.

Au fond de la salle, un homme de haute taille se leva d'un bond et prit la parole avant même que Bill Hawkins n'ait invité quiconque à poser une question.

— Monsieur le président, puis-je demander aux deux candidats s'ils vont vivre dans la circonscription au cas où ils seraient élus ?

Simpson fut le premier à répondre.

— Nul doute que j'achèterai une maison dans la circonscription, déclara-t-il, mais je suppose que je vais devoir passer ma vie à la Chambre des communes.

La réponse fut accueillie par des rires et par quelques applaudissements.

— J'ai pris la liberté de rendre visite à un agent immobilier, la semaine dernière, affirma Dunnett pour sa part, dans l'éventualité où j'aurais la chance d'être choisi par vous.

Les applaudissements suggérèrent à Fisher que l'assemblée était partagée assez équitablement.

Le président désigna une femme assise au troisième rang qui ne manquait jamais de poser une question à chaque réunion de la section. Aussi décida-t-il de s'en débarrasser le plus vite possible.

— L'un d'entre vous étant un avocat renommé et l'autre un agent d'assurances, aurez-vous assez de temps à consacrer à la campagne électorale et à ce siège clé ?

— Si je suis choisi, répondit Dunnett, je ne rentrerai pas à Londres ce soir. Je consacrerai chaque heure du jour à la campagne pour gagner ce siège et faire en sorte que nous éliminions définitivement Giles Barrington.

Cette fois-ci, les applaudissements furent nourris et Fisher se détendit enfin.

— Ce n'est pas le nombre d'heures investies qui compte, rétorqua Simpson, mais ce qu'on en fait. Ayant déjà livré combat dans une élection contre un vaillant adversaire, je sais ce qui m'attend. Il est important que vous choisissiez quelqu'un qui apprenne vite, qui puisse utiliser ce savoir pour vaincre Giles Barrington et gagner ce siège pour le parti conservateur.

Fisher commençait à penser que Dunnett allait peut-être avoir besoin d'un coup de main pour faire dérailler la candidature de Simpson. Le président fit un signe en direction d'un homme d'affaires bien connu dans la région.

— Qui, à votre avis, serait l'homme idéal pour succéder à Winston Churchill comme chef de notre parti ?

— Je ne savais pas que le poste était vacant, répondit Simpson sous les rires et de nouveaux applaudissements. Il serait stupide de notre part de vouloir remplacer le plus grand Premier ministre du siècle, à moins d'avoir une sacrée bonne raison, ajouta-t-il d'un ton plus sérieux.

Les applaudissements étaient assourdissants et il s'écoula un certain temps avant que Dunnett puisse se faire entendre.

— Je crois, dit-il, que M. Churchill a clairement indiqué que le moment venu son choix se porterait en premier sur sir Anthony Eden, notre distingué et admiré ministre des Affaires étrangères. Si c'est assez bien pour M. Churchill, c'est assez bien pour moi.

Les applaudissements ne furent pas aussi assourdissants.

Durant la demi-heure qui suivit, alors que les questions continuaient à pleuvoir, Fisher eut le sentiment que Simpson consolidait sa position de favori. Il était cependant absolument persuadé que les trois dernières questions aideraient son candidat, d'autant plus qu'il en avait formulé deux sur trois et qu'il était tombé d'accord avec le président pour poser la dernière.

Bill Hawkins regarda sa montre.

— Il reste juste assez de temps pour trois questions.

Il désigna un homme au fond de la salle qui n'avait cessé d'essayer d'attirer son attention. Fisher sourit.

— Les deux candidats auraient-ils l'obligeance d'exprimer leur point de vue sur le nouveau projet de loi concernant le divorce ? demanda l'homme.

On entendit distinctement des murmures de surprise, suivis d'un silence anxieux, la question visant plutôt sir Giles Barrington que l'un des deux candidats.

— Je désapprouve cordialement nos lois sur le divorce qui sont aujourd'hui dépassées et qui ont nettement besoin d'être modifiées, répondit l'avocat. J'espère seulement que le sujet n'occupera pas la première place durant la campagne électorale dans cette circonscription, car je préférerais battre Barrington au mérite plutôt que grâce à des rumeurs et des ragots.

Fisher comprit sans mal pourquoi le bureau central considérait Simpson comme un futur ministre, mais il savait aussi que ce n'était pas la réponse que les membres de la section souhaitaient entendre.

Évaluant rapidement la réaction de l'auditoire, Dunnett déclara :

— Même si je suis en grande partie d'accord avec ce que vient de dire M$^e$ Simpson, j'ai le sentiment que les électeurs de la circonscription des docks de Bristol ont le droit de connaître la vérité sur la situation matrimoniale de Barrington avant de se rendre aux urnes, et non après.

La première salve d'applaudissements indiqua clairement que Dunnett avait la faveur de la salle.

Le président désigna Peter Maynard qui était assis au milieu du premier rang.

— Dans cette circonscription, nous cherchons plus qu'un député, commença-t-il en lisant un texte préparé avant la réunion. Nous voulons avoir des partenaires, une équipe. Les deux candidats peuvent-ils nous assurer que nous verrons régulièrement leurs épouses les soutenir durant la campagne électorale dans la circonscription ? Parce que nous ne voyons jamais lady Barrington.

— Ma femme se trouve déjà à mes côtés, dit Dunnett en désignant d'un grand geste une jolie jeune femme assise au deuxième rang, comme elle le sera pendant toute la campagne. En fait, si je deviens votre député, vous verrez sans doute beaucoup plus Connie que moi.

Fisher sourit. Il savait que la question mettait en valeur le point fort de Dunnett et surtout le point faible de Simpson. Lorsque Fisher avait envoyé les lettres pour les inviter à participer à la réunion, il avait adressé l'une d'elles à M. et M$^{me}$ Dunnett et l'autre simplement à M$^e$ N. Simpson.

— Mon épouse, dit Simpson, est maître de conférences à la London School of Economics, mais il lui sera possible de venir rendre visite à la circonscription la plupart des week-ends et pendant les vacances universitaires. Et je suis sûr que vous conviendrez qu'il n'existe pas de plus noble métier que celui d'instruire la jeune génération.

Les applaudissements qui suivirent suggérèrent que deux ou trois personnes ne pensaient pas que la meilleure façon de le faire était d'enseigner à la London School of Economics.

— Enfin, dit le président, je sais que le commandant Fisher, notre secrétaire honoraire, souhaite poser une question à nos deux candidats.

— Ce matin, j'ai lu dans le *Daily Mail*, aussi est-il possible que cela ne soit pas vrai, déclara Fisher, ce qui fit rire les deux candidats, que la circonscription londonienne de Fulham Central a aussi établi sa liste restreinte de candidats et qu'elle va convoquer ceux-ci lundi pour un entretien. J'aimerais savoir si l'un ou l'autre de nos deux candidats figure sur cette liste et, si c'est le cas, s'il est disposé à se retirer de cette compétition avant que nous passions au vote ce soir.

— Je n'ai pas posé ma candidature à Fulham Central, répondit Dunnett, ayant toujours voulu représenter une circonscription dans le pays de l'Ouest où ma femme est née et a été élevée, et où nous espérons élever nos enfants.

Fisher opina du chef. Simpson dut attendre que les applaudissements cessent.

— Je figure sur la liste restreinte de Fulham Central, commandant Fisher, commença-t-il, et je jugerais discourtois d'en faire ôter mon nom avec si peu de préavis et sans une raison valable. Cependant, si j'avais la chance d'être choisi ce soir, je ne pourrais avoir de meilleure raison de me retirer.

Voilà ce qui s'appelle bien retomber sur ses pieds, pensa Fisher en écoutant les applaudissements qui saluèrent ces propos. Mais cela suffirait-il ?

Le président se leva.

— Je suis certain, conclut-il, que vous vous joindrez tous à moi pour remercier les deux candidats, non seulement de nous avoir accordé leur précieux temps mais d'avoir fait d'aussi brillantes interventions. Je suis absolument persuadé que vous deviendrez tous les deux membres du Parlement, mais, hélas, nous ne pouvons choisir qu'un seul candidat. Par conséquent, nous allons à présent passer au vote. Laissez-moi vous expliquer comment nous allons procéder. Si les membres veulent bien venir jusqu'au-devant de la salle, le secrétaire de la section, le commandant Fisher, va remettre à chacun d'entre vous un bulletin de vote. Une fois coché le nom du candidat de votre choix, veuillez déposer votre bulletin dans l'urne. Dès la fin du comptage des voix et dès que le secrétaire et moi-même aurons vérifié les bulletins, ce qui ne devrait pas prendre beaucoup de temps, j'annoncerai le nom du candidat qui a été choisi pour représenter le parti conservateur dans la circonscription des docks de Bristol aux prochaines élections législatives.

Les membres de la section s'alignèrent patiemment tandis que Fisher distribuait un peu plus de trois cents bulletins de vote. Une fois que le dernier bulletin eut été placé dans l'urne, le président demanda à l'huissier de transporter l'urne dans une salle privée située derrière l'estrade.

Lorsque le président et le secrétaire le rejoignirent quelques minutes plus tard, ils trouvèrent l'urne sur une table au milieu de la pièce sous la surveillance de l'huissier. Ils s'assirent l'un en face de l'autre sur deux chaises de bois. L'huissier déverrouilla l'urne avant de sortir et de tirer la porte derrière lui.

Dès qu'il entendit la porte se fermer, le président se leva, ouvrit l'urne et déversa les bulletins sur la table. Il se rassit et demanda à Fisher :

— Comment voulez-vous procéder ?

— Je suggère que vous comptiez les voix en faveur de Simpson et moi celles pour Dunnett.

Le président opina du chef et ils commencèrent à trier les bulletins. S'apercevant rapidement que Simpson allait sans doute gagner par une vingtaine ou une trentaine de voix, Fisher comprit qu'il lui faudrait patienter et attendre le moment opportun. Ce moment arriva lorsque le président plaça l'urne sur le sol et se pencha en avant pour en scruter l'intérieur et vérifier qu'il n'avait oublié aucun bulletin. Si l'opération ne lui prit que quelques secondes, cela donna assez de temps à Fisher pour plonger sa main dans sa poche et en retirer discrètement une poignée de bulletins sur lesquels il avait, l'après-midi, coché le nom de Dunnett, geste qu'il s'était entraîné à faire plusieurs fois devant la glace. Il plaça prestement les bulletins sur sa pile, sans trop savoir s'il y en aurait suffisamment.

— Bien, dit Fisher en relevant la tête, combien de bulletins avez-vous en faveur de Simpson ?

— Cent soixante-huit, répondit le président. Et vous, combien pour Dunnett ?

— Cent soixante-treize.

Le président eut l'air surpris.

— Comme c'est très serré, président, dit Fisher, peut-être serait-il sage de recompter afin qu'il n'y ait aucune contestation possible.

— Absolument d'accord. On échange nos places ?

Aussitôt dit, aussitôt fait, et ils commencèrent le recomptage.

Quelques minutes plus tard, le président déclara :

— Tout à fait exact, Fisher. Cent soixante-treize voix pour Dunnett.

— Et je trouve le même nombre que vous, président. Cent soixante-huit pour Simpson.

— Je n'aurais pas cru qu'il y avait autant de monde dans la salle.

— Il y avait énormément de gens debout au fond de la salle. Et plusieurs assis dans les allées.

— C'est sûrement là l'explication. Mais, entre vous et moi, je vous avouerais que j'ai voté pour Simpson.

— Moi aussi. Mais c'est la démocratie…

— Eh bien, s'esclaffa le président, je suppose qu'on a intérêt à retourner dans la salle pour annoncer les résultats avant que les indigènes commencent à s'agiter.

— Peut-être serait-il sage, président, d'annoncer seulement le nom du vainqueur, sans révéler à quel point le résultat est serré ? Après tout, nous devons tous soutenir le candidat choisi par la section. Bien sûr, j'inscrirai les chiffres exacts lorsque je rédigerai le procès-verbal de la séance.

— Très bonne idée, Fisher.

*
\* \*

— Désolé de vous appeler si tard un dimanche soir, lady Virginia, mais il s'est passé quelque chose, et si nous voulons en profiter, j'ai besoin de votre autorisation pour agir immédiatement.

— Ç'a intérêt à être une bonne nouvelle, répondit une voix endormie.

— Je viens d'apprendre que sir William Travers, le président de la Barrington...

— Je sais qui est William Travers.

— ... est mort d'une attaque cardiaque il y a deux heures.

— Est-ce une bonne ou une mauvaise nouvelle ? s'enquit une voix soudain très éveillée.

— Excellente, parce que le prix de l'action est sûr de tomber dès que la presse aura eu vent de son décès. C'est pour cela que j'appelle, parce que nous n'avons que quelques heures d'avance.

— Je suppose que vous voulez vendre à nouveau mes actions ?

— En effet. Je n'ai pas besoin de vous rappeler que vous avez gagné une belle somme la dernière fois et nui à la réputation de la compagnie de surcroît.

— Mais si je les revends, y a-t-il la moindre chance qu'elles remontent plus tard ?

— Les actions ne varient que dans un sens quand le président d'une société anonyme par actions meurt, lady Virginia. Surtout lorsque c'est à la suite d'une crise cardiaque.

— Alors allez-y ! Vendez !

## 20

Giles avait promis à sa sœur qu'il serait à l'heure pour la réunion. Sa Jaguar dérapa sur le gravier avant de s'arrêter devant le bâtiment principal et il se gara à côté de la Morris Traveller d'Emma. Il constata avec plaisir qu'elle était déjà là parce que, bien qu'ils aient tous les deux possédé onze pour cent de la compagnie, Emma s'intéressait bien davantage que lui aux affaires de la Barrington, notamment depuis qu'elle avait commencé ses études à Stanford sous la direction du double lauréat du prix Pulitzer, dont il n'arrivait jamais à se rappeler le nom.

— Tu te souviendrais très bien du nom de Cyrus Feldman s'il votait dans ta circonscription, s'était moquée Emma.

Il n'avait pas cherché à nier.

Il sortit d'un bond de sa voiture et remarqua un groupe d'enfants qui descendait du compartiment Pullman du vieux Jack. Complètement abandonné du temps de son père, il avait été récemment restauré et transformé en musée à la gloire du grand homme. Des groupes d'écoliers venaient régulièrement le visiter pour voir la Victoria Cross du vieux Jack et entendre un cours d'histoire sur la guerre des Boers. Dans combien de temps allaient-ils avoir des cours sur la Seconde Guerre mondiale ?

Tandis qu'il courait vers le bâtiment, il se demanda pourquoi Emma avait jugé si important de rencontrer le nouveau président ce soir-là alors que les élections législatives étaient imminentes. Il ne savait pas grand-chose sur Ross Buchanan, à part ce qu'il avait lu dans le *Financial Times*. Après avoir été élève du prestigieux collège privé écossais de Fettes, il avait étudié l'économie à l'université d'Édimbourg, avant de faire un stage à la P&O. Il y avait gravi tous les échelons jusqu'à siéger au conseil d'administration et en devenir le vice-président. On avait pronostiqué qu'il serait le prochain président, mais le poste lui avait été refusé lorsqu'un membre de la famille avait décidé qu'il le voulait.

Quand Buchanan accepta l'invitation du conseil d'administration de la Barrington pour succéder à sir William Travers, les actions de la compagnie montèrent de cinq shillings à l'annonce de sa désignation, et quelques mois plus tard elles avaient retrouvé leur niveau d'avant la mort de sir William.

Giles jeta un coup d'œil à sa montre, non seulement parce qu'il était en retard de quelques minutes mais aussi parce qu'il avait trois autres réunions ce soir-là, notamment avec le syndicat des dockers, qui n'appréciait pas qu'on le fasse attendre. Bien qu'il fasse campagne pour la semaine de quarante-huit heures et deux semaines de congés payés pour tous les syndiqués, les dockers continuaient à se méfier de leur député qui était lié à la compagnie de transport maritime portant son nom, même si c'était la première fois depuis un an qu'il entrait dans le bâtiment.

Il remarqua que la façade avait reçu davantage qu'un simple coup de peinture et, après avoir poussé la porte d'entrée, il posa le pied sur un épais tapis bleu et or où figurait l'écusson de la nouvelle Palace Line. Il entra dans un ascenseur, appuya sur le bouton du dernier étage et constata que, pour la première fois, l'ascenseur ne grinçait pas. Lorsqu'il en sortit, sa première pensée fut pour son grand-père, président révéré qui s'était employé à faire franchir à la compagnie le cap du XX$^e$ siècle, avant d'en faire une entreprise anonyme par actions. Ensuite, il ne put s'empêcher de repenser à son père qui, en deux fois moins de temps, avait failli couler la compagnie. Mais son plus mauvais souvenir, et c'était surtout pour ça qu'il évitait le lieu, c'était la mort de son père qui y avait été assassiné. La seule agréable conséquence de cet atroce fait divers, c'était Jessica, la Berthe Morisot de sa classe.

Giles était le premier Barrington à ne pas devenir président du conseil d'administration, mais il avait souhaité faire de la politique depuis le jour où il avait rencontré Winston Churchill quand celui-ci avait présidé la cérémonie de la distribution des prix au lycée de Bristol, alors que Giles était élève major et capitaine de l'équipe de cricket. Mais c'était le caporal Bates, son ami proche, tué en essayant de fuir les Allemands, qui l'avait sans le savoir fait passer de conservateur à travailliste.

Il entra en trombe dans le bureau du président et étreignit fortement sa sœur avant d'échanger une poignée de main avec Ray Compton, qui était le directeur général de la compagnie d'aussi loin que remontaient ses souvenirs.

Ce qui le frappa en premier lorsqu'il serra la main de Ross Buchanan, c'est qu'il faisait beaucoup moins que ses cinquante-deux ans. Il se rappela alors l'article du *Financial Times* signalant que Buchanan ne fumait ni ne buvait, jouait au squash trois fois par semaine, éteignait la lumière à 10 h 30 et se levait à 6 heures du matin. Ce n'était guère un régime d'homme politique.

— Quel plaisir de vous rencontrer enfin, sir Giles ! fit Buchanan.

— Les dockers m'appellent Giles. Les membres du conseil devraient donc peut-être en faire autant.

Les rires soulagèrent la légère tension que Giles avait captée. Il avait cru qu'il s'agissait d'une réunion informelle organisée pour qu'il rencontre enfin Buchanan, mais à en juger par la mine des personnes présentes, quelque chose de bien plus sérieux devait figurer à l'ordre du jour.

— L'affaire semble plutôt grave, dit Giles en s'affalant sur un siège à côté d'Emma.

— Hélas, oui, répondit Buchanan, et je ne vous aurais pas dérangé alors que les élections sont imminentes si je n'avais pas pensé que vous deviez être mis au courant le plus tôt possible. J'irai droit au but. Vous avez dû remarquer que le cours de l'action de l'entreprise a très fortement chuté après le décès de mon prédécesseur.

— En effet. Mais j'ai cru qu'il n'y avait là rien d'inhabituel.

— Ce serait normalement le cas, mais ce qui est inhabituel, c'est la rapidité de la chute et son ampleur.

— Mais depuis votre arrivée les actions semblent avoir remonté à leur niveau habituel.

— C'est vrai, mais je ne pense pas que ce soit seulement grâce à moi. Je me suis demandé s'il pouvait y avoir une autre explication à l'inexplicable chute des actions de la compagnie après la mort de sir William, surtout lorsque Ray m'a fait remarquer que ce n'était pas la première fois que cela se produisait.

— C'est exact, président, dit Compton. Les actions ont chuté tout aussi soudainement quand nous avons annoncé notre décision de nous lancer dans la construction de paquebots.

— Mais, si j'ai bonne mémoire, intervint Emma, elles sont remontées et ont dépassé leur niveau précédent.

— Vous avez tout à fait raison, reconnut Buchanan. Cependant, elles ont mis plusieurs mois à le regagner et cela n'a guère été bon pour l'entreprise. Si on peut accepter une fois une telle anomalie, lorsque cela se produit une deuxième fois, on se demande si un schéma ne commence pas à se dessiner. Je n'ai pas le temps de regarder constamment par-dessus mon épaule pour tenter de deviner quand cela risque de se reproduire. Je dirige une société cotée en Bourse, pas un casino, conclut-il en passant la main dans son épaisse chevelure auburn.

— Vous allez me dire que ces deux faits ont eu lieu après l'arrivée d'Alex Fisher au conseil d'administration.

— Vous connaissez le commandant Fisher ?

— C'est une histoire trop compliquée pour que je vous en inflige le récit maintenant. En tout cas, si je veux assister à la réunion des dockers avant minuit.

— Tout semble désigner Fisher, en effet. Les deux fois, deux cent mille actions ont été négociées, soit presque exactement les sept et demi pour cent de l'entreprise qu'il représente. La première fois, ça s'est passé quelques heures seulement avant l'assemblée générale où l'on a annoncé notre changement de politique, et la seconde juste après la mort subite de sir William.

— Ça ne peut pas être une coïncidence, renchérit Emma.

— Et ce n'est pas tout, reprit Buchanan. Chaque fois, pendant les trois semaines de battement, après la chute brutale des actions, l'agent qui les a vendues a racheté exactement la même quantité, permettant ainsi à son client de réaliser un joli bénéfice.

— Et vous pensez que ce client était Fisher ? demanda Emma.

— Non. C'est un montant trop élevé pour lui, dit Giles.

— Je suis sûr que vous avez raison, affirma Buchanan. Il devait agir pour quelqu'un d'autre.

— Lady Virginia Barrington, à mon avis, déclara Giles.

— Cette pensée m'avait traversé l'esprit, reconnut Buchanan, mais je peux prouver que Fisher tirait les ficelles.

— Comment ?

— J'ai fait consulter les archives de la Bourse concernant les deux périodes de battement de trois semaines, intervint Compton, et les deux ventes ont été effectuées depuis Hong Kong, par l'intermédiaire d'un agent du nom de Benny Driscoll. Il n'a pas fallu beaucoup de recherches pour découvrir que Driscoll a quitté Dublin, il n'y a pas si longtemps, quelques heures seulement avant que la Garda – la police de la république d'Irlande – ne lui mette la main au collet. Et il ne va sûrement pas revenir sur l'île d'Émeraude dans un futur proche.

— C'est grâce à votre sœur que nous avons pu aller au fond des choses, dit Buchanan.

Giles jeta un regard étonné à Emma.

— Elle a recommandé que nous fassions appel à M. Derek Mitchell qui l'avait aidée par le passé. M. Mitchell s'est rendu à Hong Kong en avion à notre demande. Une fois qu'il a eu trouvé le seul bar de l'île qui sert de la Guinness, après environ une semaine de recherches, il a découvert le nom du plus gros client de Benny Driscoll.

— Par conséquent, on peut enfin éliminer Fisher du conseil, dit Giles.

— J'aimerais que ce soit aussi simple, fit Buchanan. Il a le droit de siéger au conseil tant qu'il représente sept et demi pour cent du capital de l'entreprise. Et la seule preuve que nous ayons de sa duplicité, c'est un agent de change alcoolique résidant à Hong Kong.

— Cela signifie-t-il que nous ne pouvons rien faire ?

— Pas du tout ! C'est la raison pour laquelle il fallait que je vous voie de toute urgence, M$^{me}$ Clifton et vous. Je crois que le moment est venu de rendre au commandant Fisher la monnaie de sa pièce.

— Je suis partant.

— Avant de prendre une décision, j'aimerais savoir ce que vous avez à l'esprit, dit Emma.

— Bien sûr, dit Buchanan en ouvrant le dossier qui se trouvait devant lui. À vous deux, vous détenez vingt-deux pour cent des actions de la compagnie. Cela faisant de vous, et de loin, les plus gros actionnaires, je n'envisagerais jamais d'agir sans votre bénédiction.

— Nous sommes absolument certains, intervint Ray Compton, que le but à long terme de lady Virginia est de nuire à la compagnie en s'attaquant régulièrement à nos actions jusqu'à ce que nous perdions toute crédibilité.

— Et vous pensez qu'elle ferait cela uniquement pour se venger de moi ? demanda Giles.

— Tant qu'elle aura une taupe chez nous, elle saura exactement quand frapper, déclara Buchanan en esquivant la question de Giles.

— Mais ne risque-t-elle pas de perdre beaucoup d'argent avec cette tactique ? s'enquit Emma.

— Virginia s'en moque, répondit Giles. Si elle pouvait détruire l'entreprise et moi en même temps, elle serait absolument enchantée, comme ma mère l'avait compris longtemps avant moi.

— Le plus grave, reprit le président, c'est que nous estimons que ses deux précédentes attaques contre nos actions lui ont fait réaliser un bénéfice de plus de soixante-dix mille livres. Voilà pourquoi nous devons tout de suite passer à l'action, avant qu'elle frappe à nouveau.

— À quoi pensez-vous ? fit Emma.

— Supposons, intervint Compton, que Fisher attende une autre mauvaise nouvelle afin d'effectuer exactement la même opération que précédemment.

— Et si nous lui en donnions l'occasion… continua Buchanan.

— Mais en quoi est-ce que cela nous aide ? s'enquit Emma.

— Cette fois-ci, répondit Compton, c'est nous qui opérons comme des initiés.

— Lorsque Driscoll placera les sept et demi pour cent de lady Virginia sur le marché, nous les achèterons immédiatement et le prix montera au lieu de chuter.

— Mais cela nous coûtera une fortune, dit Emma.

— Pas si nous fournissons à Fisher des renseignements erronés, expliqua Buchanan. Avec votre bénédiction, je vais tenter de le convaincre que l'entreprise traverse une crise financière qui risque de menacer son existence. Je lui dirai que nous ne ferons pas de bénéfices cette année à cause du *Buckingham*, dont la construction dépasse déjà le budget prévu de vingt pour cent, et que, par conséquent, il nous sera impossible d'accorder des dividendes à nos actionnaires.

— Autrement dit, déclara Emma, vous supposez qu'il va conseiller à Virginia de vendre ses actions en attendant de les racheter à un prix inférieur pendant la période des trois semaines.

— Exactement. Mais si le prix de l'action montait pendant ces trois semaines, poursuivit Ray, lady Virginia ne serait peut-être pas disposée à racheter ses sept et demi pour cent. Dans ce cas, Fisher perdrait son siège au conseil d'administration et nous serions débarrassés de l'un et de l'autre.

— De quelle somme allons-nous avoir besoin pour effectuer cette opération ? demanda Giles.

— Je suis certain, répondit Buchanan, que si je jouissais d'un demi-million de livres, je pourrais les tenir tous les deux en échec.

— Quand l'opération va-t-elle se dérouler ?

— Je vais annoncer les mauvaises nouvelles sous le sceau du secret à la prochaine réunion du conseil en indiquant qu'il faudra mettre au courant les actionnaires à l'assemblée générale.

— Et quand doit-elle se tenir ?

— C'est à ce propos que j'ai besoin de votre avis, sir Giles. Connaissez-vous les dates des prochaines élections ?

— Les parieurs avisés misent sur le 26 mai. En tout cas, moi, je me prépare pour cette date.

— Quand saurons-nous que c'est la bonne date ?

— En général, il y a un préavis d'un mois avant que le Parlement ne soit prorogé.

— Très bien. Je vais donc convoquer le conseil d'administration pour… (Il tourna quelques pages de son agenda.)… le 18 avril et prévoir l'assemblée générale pour le 5 mai.

— Pourquoi convoquer une assemblée générale en pleine campagne électorale ? s'enquit Emma.

— Parce que c'est le seul moment où je suis sûr et certain qu'un président de circonscription électorale ne pourra pas y assister.

— Président ? fit Giles en montrant soudain beaucoup plus d'intérêt.

— Il est clair que vous n'avez pas lu le journal du soir, répondit Ray Compton en lui montrant un exemplaire du *Bristol Evening Post*.

Giles lut alors le gros titre suivant : «Un héros de Tobrouk devient président de la section du parti conservateur de la circonscription des docks. Le commandant Alex Fisher a été élu à l'unanimité…»

— Mais que manigance ce type ?

— Il suppose que vous allez perdre les élections et veut être président lorsque…

— Si c'était vrai, il aurait soutenu Neville Simpson et non pas Greg Dunnett pour être le candidat conservateur, parce que Simpson aurait été un adversaire bien plus redoutable. Il manigance quelque chose.

— Que voudriez-vous que nous fassions, monsieur Buchanan ? demanda Emma en se rappelant pourquoi le président avait souhaité les voir, Giles et elle.

— J'ai besoin de votre autorisation pour acheter toutes les actions qui seront à vendre le 5 mai et continuer à acheter pendant les trois semaines suivantes.

— Combien pourrions-nous perdre ?

— Je crains que cela puisse aller jusqu'à trente mille livres. Mais, en tout cas, cette fois-ci, nous aurons choisi la date des combats et le champ de bataille, aussi devriez-vous au pire rentrer dans vos frais, et il est possible que vous gagniez un shilling ou deux.

— Si cela aboutit au remplacement de Fisher au conseil, tout en mettant des bâtons dans les roues de Virginia, dit Giles, trente mille livres sont une bagatelle.

— Pendant que nous parlons du remplacement de Fisher comme membre du conseil d'administration…

— Je ne suis pas disponible, déclara Giles, même si je perds mon siège à la Chambre.

— Je ne pensais pas à vous, sir Giles. J'espérais que Mᵐᵉ Clifton accepterait de devenir membre du conseil d'administration.

\*
\* \*

« Le Premier ministre, sir Anthony Eden, s'est rendu au palais de Buckingham cet après-midi à 16 heures pour une audience avec Sa Majesté la reine. Sir Anthony a demandé à Sa Majesté la permission de dissoudre le Parlement afin que des élections législatives puissent avoir lieu le 26 mai. Sa Majesté a gracieusement accepté sa requête. »

— Exactement comme vous l'aviez prévu, dit Virginia en éteignant la radio. Quand avez-vous l'intention de faire part au malheureux M. Dunnett du sort que vous lui réservez ?

— Il s'agit de choisir le bon moment, répondit Fisher. Je pense attendre dimanche après-midi pour le prier de venir me voir.

— Pourquoi dimanche après-midi ?

— Je ne veux pas que d'autres membres du comité soient présents à ce moment-là.

— Machiavel aurait été fier de vous avoir comme président de son comité.

— Machiavel n'avait rien à faire des comités.

Virginia éclata de rire.

— Et quand avez-vous l'intention de téléphoner à notre ami de Hong Kong ?

— J'appellerai Benny la veille de l'assemblée générale. Il est important qu'il place l'ordre de vente au moment où Buchanan se lèvera pour s'adresser à l'assemblée.

Virginia prit une Passing Cloud dans son étui à cigarettes, s'appuya au dossier de son siège et attendit que le commandant gratte une allumette. Elle inhala deux fois avant de déclarer :

— Ne trouvez-vous pas que c'est une étrange coïncidence, commandant, que tout se mette parfaitement en place le même jour ?

## 21

— C'est très aimable à vous, Dunnett, de venir dans un délai si court. Surtout un dimanche après-midi.

— C'est avec plaisir, président. Je sais que vous serez ravi d'apprendre que notre campagne se déroule extrêmement bien. Les premiers sondages indiquent que nous devrions gagner le siège avec une majorité de plus d'un millier de voix.

— Espérons que vous avez raison, Dunnett, pour le parti. Parce que je crains de ne pas avoir d'aussi bonnes nouvelles à vous annoncer. Il vaut mieux vous asseoir.

Le sourire du candidat céda la place à une mine perplexe.

— Quel est le problème, président ? demanda-t-il en s'asseyant sur la chaise en face de Fisher.

— Je pense que vous ne savez que trop bien de quel problème il s'agit.

Le regard fixé sur le président, Dunnett commença à se mordre la lèvre inférieure.

— Quand vous avez fait acte de candidature et fourni votre CV au comité, il semble que vous n'avez pas été tout à fait franc avec nous. (Fisher n'avait vu un homme blêmir à ce point que sur le champ de bataille.) Vous vous rappelez qu'on vous avait prié d'indiquer le rôle que vous aviez joué durant la guerre. (Il prit sur son bureau le CV de Dunnett et lut à haute voix :) « À cause d'une blessure causée au rugby, j'ai été obligé de servir dans le corps royal des ambulanciers. »

Dunnett s'affala sur sa chaise, comme une marionnette dont on a coupé les ficelles.

— Je viens de découvrir que cette déclaration est au mieux trompeuse et au pire mensongère. La vérité est que vous étiez objecteur de conscience et que vous avez fait six mois de prison. Ce n'est qu'après avoir été libéré que vous avez rejoint le corps des ambulanciers.

— Mais cela s'est passé il y a plus de dix ans, se récria Dunnett d'un ton désespéré. Il n'y a aucune raison que quelqu'un d'autre découvre la vérité.

— Je voudrais bien qu'il en soit ainsi, Dunnett, mais, hélas, nous avons reçu une lettre de l'un de vos codétenus à Parkhurst, déclara Fisher en brandissant une enveloppe qui ne contenait qu'une facture de gaz. Si je laissais passer cette tromperie, Dunnett, je serais complice de votre malhonnêteté. Et si la vérité se faisait jour durant la campagne et, pire, alors que vous siégez à la Chambre, je devrais avouer à mes collègues que j'étais déjà au courant et ils exigeraient, avec raison, ma démission.

— Mais je peux toujours gagner l'élection, si vous acceptez de me soutenir.

— Et Barrington gagnerait haut la main si le parti travailliste avait vent de cette histoire. N'oubliez pas qu'il a non seulement obtenu la croix de guerre mais qu'il s'est échappé d'un camp de prisonniers.

Dunnett baissa la tête et se mit à pleurer.

— Ressaisissez-vous, Dunnett, et conduisez-vous en gentleman. Il reste une porte de sortie honorable.

Dunnett releva la tête et, l'espace d'un instant, un air d'espoir apparut sur son visage. Fisher poussa vers lui un feuillet vierge à l'en-tête de la section locale du parti et dévissa le capuchon de son stylo.

— Et si nous travaillions ensemble à la formulation ? fit-il en lui tendant le stylo. « Cher monsieur le président, dicta Fisher, tandis que Dunnett commençait à écrire à contrecœur. À mon grand regret, je suis contraint de présenter ma démission en tant que candidat du parti conservateur aux prochaines élections législatives (Fisher se tut, avant d'ajouter)… pour raisons de santé. »

Dunnett releva la tête.

— Votre femme sait-elle que vous étiez objecteur de conscience ?

Dunnett secoua la tête.

— Alors ne changeons rien, d'accord ? proposa Fisher en lui faisant un sourire complice, avant de poursuivre : « Je suis absolument désolé de mettre dans l'embarras le comité si peu de temps avant les élections (Fisher s'arrêta à nouveau et regarda la main de Dunnett avancer en tremblant sur le feuillet.)… et souhaite bon vent à la personne qui aura la chance de me remplacer. Bien à vous… »

Sur ce, il se tut jusqu'à ce que Dunnett ait apposé sa signature au bas de la feuille. Il prit la lettre et vérifia soigneusement le texte. Satisfait, il la glissa dans une enveloppe et la poussa à nouveau sur la table.

— Inscrivez simplement sur l'enveloppe : « À l'attention du président. Personnel. »

Dunnett obtempéra. Il avait accepté son sort.

— Je suis absolument désolé, Dunnett, reprit Fisher en rebouchant son stylo. Vous avez toute ma sympathie. (Il plaça la lettre dans le premier tiroir de son bureau, qu'il ferma à clé.) Mais courage, mon vieux! dit-il en se levant avant de saisir le coude de Dunnett. Je suis certain que vous vous rendrez compte que je vous ai toujours sincèrement soutenu, ajouta-t-il en le conduisant lentement vers la porte. Vous auriez intérêt à quitter la circonscription au plus tôt. Il ne faudrait pas qu'un fouille-merde de journaliste s'empare de cette histoire, n'est-ce pas ?

Dunnett eut l'air horrifié.

— Et, avant que vous ne me le demandiez, Greg, vous pouvez compter sur ma discrétion.

— Merci, président, dit Dunnett comme la porte se refermait.

Fisher rentra dans son bureau, décrocha le téléphone et composa le numéro inscrit sur le bloc-notes placé devant lui.

— Peter, ici, Alex Fisher. Désolé de vous déranger un dimanche après-midi, mais un problème est survenu et je dois en discuter avec vous de toute urgence. Seriez-vous libre pour dîner avec moi ?

— Messieurs, à mon grand regret, je dois vous informer que, hier après-midi, j'ai reçu la visite de Gregory Dunnett qui, hélas, a dû renoncer à nous représenter aux élections législatives. C'est la raison pour laquelle j'ai convoqué cette réunion exceptionnelle.

Presque tous les membres du comité exécutif se mirent à parler en même temps. « Pourquoi ? » était la question qui revenait constamment.

Fisher attendit patiemment que l'ordre revienne avant de répondre à cette question.

— Dunnett m'a avoué qu'il avait trompé le comité en suggérant qu'il avait servi dans le corps royal des ambulanciers pendant la guerre, alors qu'il avait purgé une peine de six mois de prison pour avoir été objecteur de conscience. Quand il a appris que l'un de ses anciens codétenus de Parkhurst avait été contacté par la presse, il s'est senti contraint de démissionner.

Les questions fusèrent plus bruyamment cette fois-ci, mais Fisher attendit à nouveau patiemment. Il avait le temps. Ayant rédigé le scénario, il savait ce qui suivait.

— Force m'a été d'accepter sa démission de votre part et nous sommes tombés d'accord qu'il devait quitter la circonscription le plus vite possible. J'espère que vous n'allez pas penser que je me suis montré trop indulgent envers ce jeune homme.

— Comment trouver un autre candidat compétent dans un laps de temps si court ? s'enquit Peter Maynard à point nommé.

— Ç'a été également ma première réaction, répondit Fisher. Aussi ai-je appelé immédiatement le bureau central pour bénéficier de ses conseils, mais il n'y avait pas grand monde dans les bureaux un dimanche après-midi. Cependant, lorsque j'ai parlé au service juridique, j'ai découvert quelque chose qui vous paraîtra peut-être significatif. Si nous ne trouvons pas un candidat avant le 12 mai, autrement dit avant jeudi prochain, selon la loi électorale nous serons disqualifiés et nous ne pourrons pas participer aux élections, ce qui garantira à Barrington une victoire triomphale puisque son seul adversaire sera le candidat du parti libéral.

Comme il l'avait parfaitement prévu, un vent de panique souffla autour de la table. Une fois que la fièvre parut s'être calmée, il reprit :

— J'ai ensuite appelé Neville Simpson.

Des sourires de soulagement apparurent sur certains visages.

— Malheureusement, il a été approché par Fulham Central et il a déjà signé son engagement. J'ai alors examiné la liste que nous avait envoyée le bureau central, mais j'ai découvert que les bons candidats avaient déjà été recrutés et qu'à n'en pas douter ceux qui sont toujours disponibles seraient mangés tout crus par Barrington. Par conséquent, messieurs, la balle est dans votre camp.

Plusieurs doigts se levèrent vivement et Fisher choisit Peter Maynard comme s'il l'avait vu en premier.

— C'est un triste jour pour le parti, président, mais je pense que personne n'aurait pu traiter cette délicate question mieux que vous.

Un murmure d'approbation parcourut toute la table.

— C'est fort aimable à vous, Peter. J'ai seulement fait ce qui m'a semblé le mieux pour la section.

— Et je ne peux parler que pour moi-même, président, mais, vu le problème à régler, j'aimerais savoir s'il serait possible de vous persuader de combler le vide devant lequel nous nous trouvons.

— Non, non ! se récria Fisher en agitant la main. Je suis sûr que vous pourrez trouver quelqu'un de bien plus qualifié pour vous représenter.

— Mais personne, mieux que vous, ne connaît la circonscription, ainsi d'ailleurs que notre adversaire, président.

Fisher laissa plusieurs membres du comité exprimer des opinions semblables avant que le secrétaire du parti déclare :

— Je suis d'accord avec Peter. Nous n'avons plus de temps à perdre. Plus nous attendons pour prendre une décision, plus Barrington sera ravi.

Dès qu'il eut l'impression que cet avis était partagé par la majorité des membres du comité, il baissa la tête, signe qui indiquait à Maynard de se lever pour déclarer :

— Je propose que le commandant Fisher soit invité à poser sa candidature pour représenter le parti conservateur dans la circonscription des docks de Bristol aux prochaines élections législatives.

Fisher leva un œil pour voir si quelqu'un allait appuyer cette proposition. Le secrétaire s'exécuta.

— Ceux qui sont pour... déclara Maynard.

Plusieurs mains se levèrent vivement. Maynard attendit que la dernière main se joigne à contrecœur à la majorité, puis annonça :

— Je déclare la motion votée à l'unanimité.

L'annonce fut saluée par un tonnerre d'applaudissements.

— Je suis bouleversé, messieurs, dit Fisher, et j'accepte avec humilité la tâche que vous me confiez, car, comme vous le savez tous, j'ai toujours placé le parti en premier et je n'aurais jamais pu imaginer que les choses en arriveraient là. Toutefois, poursuivit-il, soyez certains que je ferai tout ce qui est en mon pouvoir pour battre Giles Barrington et envoyer un conservateur à la Chambre des communes pour représenter la circonscription des docks de Bristol.

Il avait répété ce discours plusieurs fois, sachant qu'il ne pourrait lire des notes.

Les membres du comité se levèrent et applaudirent à tout rompre. Fisher baissa la tête et sourit. Il appellerait Virginia dès son retour chez lui pour lui annoncer que la petite somme qu'elle l'avait autorisé à donner à Mitchell pour découvrir s'il y avait dans le passé de l'un des deux candidats quelque chose qui risquait de gêner le parti avait été un investissement plus que rentable. Il était à présent persuadé qu'il pouvait humilier Barrington, et cette fois-ci ce serait sur le champ de bataille.

*
* *

— Benny, ici, le commandant Fisher.

— Toujours ravi de vous entendre, mon commandant, d'autant plus que mon petit doigt me dit que des félicitations sont à l'ordre du jour.

— Merci. Mais ce n'est pas là la raison de mon appel.

— J'ai mon stylo en main, mon commandant.

— Je veux que vous exécutiez la même transaction que précédemment, mais cette fois-ci, il n'y a aucune raison que vous n'investissiez pas vous-même une petite somme.

— Vous devez être très sûr de vous, mon commandant. (Ne recevant pas de réponse, il ajouta :) Par conséquent, il s'agit d'un ordre de vente de deux cent mille actions Barrington.

— Affirmatif. Mais cette fois encore, le moment choisi est d'une importance cruciale.

— Dites-moi seulement quand vous voulez que je place l'ordre de vente, mon commandant.

— Le 5 mai, le jour de l'assemblée générale de la Barrington. Mais il faut que la transaction soit exécutée avant 10 heures du matin.

— C'est comme si c'était fait. (Après un instant de silence, il ajouta :) Par conséquent, la transaction sera terminée le jour des élections ?

— C'est exact.

— Le jour idéal pour faire d'une pierre deux coups !

# Giles Barrington

## 1955

22

Le téléphone sonna juste après minuit. Giles savait qu'une seule personne oserait l'appeler à cette heure.

— Vous ne vous couchez jamais, Griff?
— Pas quand un candidat du parti conservateur démissionne en plein milieu d'une campagne électorale, répondit son directeur de campagne.
— De quoi parlez-vous ? fit Giles soudain complètement réveillé.
— Greg Dunnett a démissionné, soi-disant pour raisons de santé. Mais il doit bien y avoir autre chose, vu que c'est Fisher qui le remplace. Tentez de dormir un peu, car j'ai besoin que vous soyez dans mon bureau à 7 heures du matin pour décider comment réagir à ce rebondissement. Franchement, c'est un tout nouveau match qui commence.

Mais Giles ne ferma pas l'œil de la nuit. S'il avait deviné depuis quelque temps que Fisher manigançait quelque chose, il savait à présent de quoi il retournait. Il avait sûrement projeté d'être candidat dès le début. Dunnett n'était que l'agneau du sacrifice.

Giles savait que, défendant une faible majorité de quatre cent quatorze voix, et les sondages prédisant que les tories accroîtraient leur nombre de sièges, il avait déjà à livrer une rude bataille. Et voilà qu'il devrait à présent lutter contre quelqu'un qui était prêt à envoyer des hommes à la mort s'il pensait que ça l'aiderait à survivre. Gregory Dunnett était sa dernière victime.

*\* \* \**

Harry et Emma arrivèrent au château Barrington le lendemain matin, pendant que Giles prenait le petit déjeuner.

— Adieu, les déjeuners et les dîners pendant les trois prochaines semaines ! fit Giles en beurrant un autre toast. À partir de maintenant, je vais devoir battre le pavé du matin au soir, et serrer les mains d'innombrables électeurs. Et gardez-vous tous les deux de vous montrer ! Je n'ai absolument pas envie qu'on se rappelle que ma sœur et mon beau-frère sont de fervents tories.

— Nous aussi, nous serons sur le terrain pour défendre une cause à laquelle nous croyons, dit Emma.

— Il ne manquait plus que ça !

— Dès qu'on a appris que Fisher était le candidat du parti conservateur, on a décidé de payer notre cotisation au parti travailliste, déclara Harry. On a même envoyé une donation à ton fonds de campagne.

Giles arrêta de manger.

— Et pendant les trois prochaines semaines, on a l'intention de travailler nuit et jour, jusqu'à la fermeture des urnes, si ça contribue à empêcher Fisher de gagner.

— Mais, dit Emma, nous exigeons deux ou trois conditions avant d'abandonner nos principes de toujours et de te soutenir.

— Je savais qu'il devait y avoir un piège, fit Giles en se versant une grande tasse de café noir.

— Tu viendras vivre avec nous au manoir jusqu'à la fin de la campagne. Autrement, avec seulement Griff Haskins pour s'occuper de toi, tu vas finir par manger seulement du *fish and chips*, boire des litres de bière et dormir sur le plancher de ton bureau de campagne.

— Tu as sans doute raison, mais je vous avertis que je ne rentrerai jamais avant minuit.

— D'accord. Fais seulement bien attention à ne pas réveiller Jessica.

— Très bien, dit-il en se levant, un toast dans une main, un journal dans l'autre. À ce soir !

— Ne sors pas de table avant d'avoir fini de manger, dit Emma, du même ton que leur mère.

— Maman n'a jamais eu à livrer une bataille électorale, s'esclaffa Giles.

— Elle aurait fait un sacré bon député, dit Harry.

— Là-dessus, on peut tous être d'accord, acquiesça Giles en sortant de la pièce à grands pas, sans lâcher son toast.

Il dit deux mots à Denby avant de sortir de la maison en courant. Il trouva Harry et Emma assis à l'arrière de sa Jaguar.

— Que faites-vous là, tous les deux ? demanda-t-il en s'installant au volant et en mettant le contact.

— On va travailler, expliqua Emma. On veut s'engager comme bénévoles, et pour ça il faut qu'on nous conduise en voiture au quartier général.

— Vous vous rendez compte, leur dit Giles tandis qu'il débouchait sur l'avenue, que la journée de travail dure dix-huit heures et que vous ne serez pas payés?

Lorsqu'ils suivirent Giles dans son quartier général, ils furent impressionnés par le nombre de bénévoles de tous âges, de toutes tailles et de toutes formes qui s'activaient en tous sens. Giles les mena à vive allure jusqu'au bureau de son directeur de campagne et les présenta à Griff Haskins.

— Deux bénévoles de plus, annonça-t-il.

— Des personnes surprenantes ont rallié notre parti depuis qu'Alex Fisher est devenu le candidat tory. Bienvenue à bord, monsieur et madame Clifton. Bien, l'un de vous deux a-t-il déjà fait campagne?

— Non, jamais, reconnut Harry. Pas même pour les tories.

— Alors suivez-moi, dit Griff en les conduisant dans la salle principale.

Il s'arrêta devant une longue table à tréteaux sur laquelle étaient disposées des rangées d'écritoires à pince.

— Chaque écritoire à pince représente une rue ou une avenue de la circonscription, reprit-il en leur en tendant une à chacun ainsi qu'un assortiment de crayons rouges, verts et bleus.

» C'est votre jour de chance, poursuivit-il. Vous avez le quartier Woodbine, l'un de nos bastions. Laissez-moi vous expliquer les règles de base. Quand on frappe à la porte à cette heure du jour, il est probable que ce soit l'épouse qui ouvre, parce que son mari est au travail. Si c'est un homme qui ouvre, il est sans doute au chômage et, par conséquent, susceptible de voter travailliste. Mais, quelle que soit la personne qui ouvre, tout ce que vous devez dire, c'est : « Bonjour, je viens de la part de Giles Barrington – jamais sir Giles –, le candidat du parti travailliste pour les élections du jeudi 26 mai – rappelez toujours la date –, et j'espère que vous allez le soutenir. » Ensuite, vous allez devoir faire preuve de jugeote. Si la personne vous dit : « Je suis travailliste depuis toujours, vous pouvez compter sur moi », cochez le nom au crayon rouge. Si c'est une personne âgée, demandez-lui si elle a besoin d'une voiture pour la transporter jusqu'au bureau de vote le jour des élections. Si elle répond par l'affirmative, vous écrivez « voiture » à côté du nom. Si on vous dit : « J'ai voté travailliste par le passé, mais je ne suis pas décidé pour cette fois-ci », vous cochez le nom en vert, ce qui signifie « incertain », et le conseiller du coin ira sous peu leur rendre visite. Si la personne vous répond qu'elle ne discute jamais de ses opinions politiques, ou qu'elle va devoir y réfléchir, ou encore qu'elle n'a pas encore pris sa décision, ou quelque variante du genre, elle est tory, cochez alors le nom en bleu et ne perdez pas davantage de temps avec elle. Avez-vous compris jusque-là ?

Ils opinèrent tous les deux du chef.

— Les résultats de ce porte-à-porte sont d'une importance capitale, enchaîne Griff, parce que le jour des élections nous rendrons à nouveau visite à tous les rouges pour s'assurer qu'ils ont voté ou leur rappeler de le faire. Si vous avez le moindre doute sur les intentions de quelqu'un, cochez-les en vert, soit «incertain», parce qu'on ne veut surtout pas rappeler aux gens de voter, voire pire, les emmener en voiture au bureau de vote, s'ils ont l'intention de voter pour nos adversaires.

Un jeune bénévole accourut pour remettre un morceau de papier à Griff.

— Que dois-je faire de celui-ci ? s'enquit-il.

Griff lut le message et répondit :

— Dis-lui d'aller se faire foutre ! C'est un tory bien connu qui essaye de te faire perdre ton temps. Au fait, continua-t-il en s'adressant à nouveau à Harry et Emma, si certains vous gardent sur le seuil de leur porte plus de soixante secondes, en affirmant qu'ils ont besoin d'être convaincus, qu'ils aimeraient discuter davantage de la politique des travaillistes ou encore qu'ils veulent en savoir davantage sur le candidat du parti, ce sont aussi des tories qui vous mènent en bateau. Souhaitez-leur une bonne journée et passez votre chemin. Bonne chance ! Revenez me voir lorsque vous aurez terminé une tournée complète.

— Bonjour, je m'appelle Ross Buchanan, je suis président du groupe de transport maritime Barrington et j'ai le plaisir de vous accueillir à l'assemblée générale annuelle de l'entreprise. Vous avez dû trouver sur vos sièges une copie du rapport annuel de la compagnie. Je souhaiterais attirer votre attention sur quelques points principaux. Cette année, les bénéfices annuels sont passés de cent huit mille à cent vingt-deux mille livres, soit une progression de douze pour cent. Nous avons choisi les architectes chargés de concevoir notre premier paquebot de luxe et ils doivent nous présenter leurs propositions dans six mois.

» Permettez-moi d'assurer à nos actionnaires que nous n'allons pas mettre en œuvre ce projet avant d'être convaincus qu'il est viable. Cela dit, je suis heureux de vous annoncer que cette année nous allons faire monter jusqu'à cinq pour cent les dividendes versés à nos actionnaires. Je n'ai aucune raison de craindre que l'entreprise ne croisse pas au même rythme et je pense même qu'il a des chances de s'accélérer durant l'année à venir.

Une salve d'applaudissements permit à Buchanan de tourner une page de son discours et de se rappeler ce qui venait ensuite. Quand il releva les yeux, il vit deux journalistes quitter la salle à grands pas afin d'être sûrs d'arriver à temps pour la première édition de leurs journaux du soir respectifs, conscients que le président avait déjà annoncé l'essentiel et allait maintenant informer les actionnaires point par point.

Après l'allocution, Buchanan et Ray Compton répondirent aux diverses questions pendant quarante minutes. Lorsque l'assemblée se termina enfin, le président nota avec une certaine satisfaction que la plupart des actionnaires quittaient la salle en bavardant entre eux, le sourire aux lèvres.

Comme Buchanan descendait de l'estrade de la salle de conférences de l'hôtel, sa secrétaire se précipita vers lui.

— Vous avez un appel téléphonique urgent de Hong Kong, l'informa-t-elle, et l'opératrice de l'hôtel attend pour vous le passer dans votre chambre.

*
* *

Quand Harry et Emma revinrent au quartier général du parti travailliste après avoir rempli leur premier formulaire, ils étaient épuisés.

— Comment cela s'est-il passé ? s'enquit Griff en examinant leur écritoire d'un œil professionnel.

— Pas trop mal, répondit Harry. Si le domaine Woodbine est représentatif, le plus dur est passé.

— J'aimerais bien. Ce quartier devrait être solidement acquis au parti travailliste, mais demain vous irez sur Arcadia Avenue, et vous vous rendrez alors vraiment compte de ce contre quoi nous avons à lutter. Avant de rentrer chez vous, affichez votre meilleure réponse de la journée sur le tableau. Le gagnant obtient une boîte de chocolats au lait Cadbury.

— Une femme, dit Emma avec un large sourire, m'a dit : « Mon mari vote tory, mais moi, je soutiens toujours sir Giles. Je vous en supplie, ne le dites pas à mon mari. »

— Ce n'est pas rare, répondit Griff en souriant lui aussi. Et n'oubliez pas, Emma, que votre tâche la plus importante est de vous assurer que le candidat se nourrisse bien et dorme bien.

— Et moi ? fit Harry, au moment où Giles entrait en coup de vent.

— Vous ne m'intéressez pas, répliqua Griff. Ce n'est pas votre nom qui se trouve sur le bulletin de vote.

— Combien de réunions ai-je ce soir ? demanda immédiatement Giles.

— Trois, répondit Griff, sans avoir besoin de consulter ses notes. Le YMCA de Hammond Street à 19 heures, le club de *snooker*[1] de Cannon Road à 20 heures et le cercle des travailleurs à 21 heures. Assurez-vous de ne pas arriver en retard à aucun de ces rendez-vous et d'être bien au lit avant minuit.

— À quelle heure Griff se couche-t-il ? fit Emma après qu'il eut filé à toute vitesse pour régler la dernière crise.

— Il ne se couche jamais, chuchota Giles. C'est un vampire.

*
* *

Le téléphone sonnait lorsque Ross Buchanan entra dans sa chambre d'hôtel. Il traversa la pièce à grands pas et saisit le récepteur.

— Vous avez Hong Kong en ligne, monsieur.

— Bonjour, monsieur Buchanan, dit une voix écossaise au milieu d'un grésillement de parasites. Sandy McBride à l'appareil. J'ai décidé de vous appeler pour vous faire savoir que tout s'est passé comme vous l'aviez prédit. Quasiment à la minute près, en fait.

— Et quel est le nom du courtier ?

— Benny Driscoll.

— Rien de surprenant à cela. Donnez-moi les détails.

— Quelques instants après l'ouverture de la Bourse de Londres, un ordre de vente est apparu sur la bande du téléscripteur concernant deux cent mille actions

---

1. Sorte de billard joué avec vingt-deux boules de différentes couleurs dont une blanche et quinze rouges.

de la Barrington. Comme vous me l'aviez demandé, nous les avons immédiatement toutes rachetées.

— À quel cours ?

— Quatre livres, trois shillings.

— Et depuis, d'autres ont-elles apparu sur le marché ?

— Pas beaucoup. Et, franchement, vu les excellents résultats que vous avez annoncés à votre assemblée générale, il y a eu plus d'ordres d'achat que de vente.

— Quel est le cours de l'action en ce moment ?

Il entendait le crépitement sonore du téléscripteur en arrière-plan.

— Quatre livres, six shillings. Il semble s'être stabilisé dans ces eaux-là.

— Bien. N'en achetez plus, sauf s'il descend sous les quatre livres, trois shillings.

— Entendu, monsieur.

— Cela devrait faire passer des nuits blanches au commandant pendant les trois semaines à venir.

— Le commandant ? fit le courtier, mais Buchanan avait déjà raccroché.

Comme Griff le leur avait annoncé, Arcadia Avenue était un bastion tory, mais Emma et Harry ne revinrent pas bredouilles au quartier général de la circonscription.

Après que Griff eut examiné leur formulaire, il les regarda d'un air perplexe.

— Nous avons suivi vos instructions à la lettre, expliqua Harry. Lorsque nous avions le moindre doute, on a coché le nom en vert, autrement dit : « incertain ».

— Si vous avez raison, dans notre circonscription, l'élection va être bien plus serrée que ne l'annoncent les sondages, déclara Griff tandis qu'un Giles essoufflé entrait en trombe en brandissant un exemplaire du *Bristol Evening Post*.

— Vous avez vu la une, Griff ? lança-t-il en lui tendant la première édition du journal.

Griff lut le gros titre et rendit le journal à Giles.

— Laissez courir, conseilla-t-il. Ne dites rien, ne faites rien. Voilà mon avis.

Emma jeta un coup d'œil par-dessus l'épaule de Giles pour lire la manchette. « Fisher propose un débat à Barrington. »

— La proposition semble intéressante, commenta-t-elle.

— Ce serait intéressant, seulement si Giles était assez idiot pour accepter.

— Pourquoi ? s'enquit Harry. Après tout, c'est un bien meilleur débatteur que Fisher et il a une bien plus grande expérience de la politique.

— C'est bien possible, déclara Griff, mais il ne faut jamais offrir une tribune à son adversaire. Giles étant le député en exercice, il peut choisir les modalités.

— Soit. Mais avez-vous lu ce que ce salaud a ajouté ? dit Giles.

— Pourquoi est-ce que je perdrais mon temps avec Fisher, fit Griff, alors qu'il n'y aura pas de débat ?

Pour toute réponse, Giles se mit à lire la première page à haute voix :

— « Barrington devra répondre à un grand nombre de questions s'il espère rester député de la circonscription des docks de Bristol le 26 mai. Comme je le connais, je suis persuadé que le héros de Tobrouk ne va pas se défiler. Je me trouverai à Colston Hall jeudi prochain, le 19 mai, et je serai ravi de répondre à toutes les questions que me posera le public. Il y aura trois sièges sur l'estrade, et si sir Giles n'apparaît pas, je suis convaincu que les électeurs sauront en tirer les conclusions qui s'imposent. »

— Trois sièges ? fit Emma.

— Fisher sait que les libéraux viendront parce qu'ils n'ont rien à perdre, expliqua Griff. Mais je ne change pas d'avis. Ne prêtez aucune attention à ce salaud. Il y aura un autre gros titre demain et ensuite, ajouta-t-il en désignant le journal, ça ne sera plus bon que pour envelopper du *fish and chips*.

*
* *

Ross Buchanan était assis à son bureau de la Barrington et consultait le dernier rapport des chantiers navals irlandais Harland & Wolff lorsque sa secrétaire l'appela au téléphone :

— J'ai Sandy McBride en ligne depuis Hong Kong. Souhaitez-vous prendre l'appel ?

— Oui. Passez-le-moi.

— Bonjour, monsieur. Je pense que vous aimeriez savoir que Benny Driscoll me téléphone à intervalles réguliers pour savoir si nous avons des actions de la Barrington à vendre. J'en ai encore deux cent mille en réserve et, vu que le cours continue à monter, j'appelais pour savoir si vous vouliez que j'en cède quelques-unes.

— Pas avant la fin de la période réglementaire de trois semaines. Jusque-là, nous ne vendons pas, nous achetons.

*
* *

Lorsque Giles vit la manchette de l'*Evening Post*, le lendemain, il comprit qu'il ne pouvait plus éviter une confrontation directe avec Fisher : «L'évêque de Bristol doit présider le débat électoral». Cette fois-ci, Griff lut la une plus attentivement.

«L'évêque de Bristol, monseigneur Frederick Cockin, a accepté d'agir comme modérateur du débat électoral qui doit se tenir jeudi prochain, 19 mai, à 19 h 30, à Colston Hall. Le commandant Alex Fisher, le candidat du parti conservateur, et M. Reginald Ellsworthy, le candidat du parti libéral, ont tous les deux accepté d'y participer. Sir Giles Barrington, le candidat du parti travailliste, n'a pas encore répondu à notre invitation.»

— Je continue à penser que vous devriez laisser courir, conseilla Griff.
— Mais regardez la photo de la première page, dit Giles en mettant le journal dans la main de son directeur de campagne.

Griff regarda la photo, qui montrait un fauteuil vide au milieu de l'estrade de Colston Hall et éclairé par un projecteur au-dessus de la légende suivante : « Sir Giles viendra-t-il ? »

— Vous devez bien comprendre que, si je n'y vais pas, ils s'en donneront à cœur joie.

— Et si vous y allez, ce sera leur jour de gloire... Mais à vous de décider, reprit Griff après un court silence. Et si vous êtes déterminé à y aller, il nous faut tirer parti de la situation.

— Comment ?

— Vous publierez un communiqué demain matin, à 7 heures, afin de faire la une, pour changer.

— Pour dire quoi ?

— Pour dire que vous êtes ravi de relever le défi, parce que cela vous donnera l'occasion de révéler la véritable politique tory et par la même occasion de laisser les Bristoliens décider qui est le meilleur pour les représenter au Parlement.

— Qu'est-ce qui vous a fait changer d'avis ? demanda Giles.

— J'ai jeté un coup d'œil aux derniers sondages et ils suggèrent que vous allez perdre de plus d'un millier de voix. Vous n'êtes donc plus le favori, mais le challenger.

— Quel autre problème pourrait surgir ?

— Votre femme pourrait venir s'installer au premier rang et poser la première question. Puis votre petite amie apparaîtrait et la giflerait. Dans ce cas, vous n'aurez plus besoin de vous faire de souci en ce qui concerne le *Bristol Evening Post*, parce que vous ferez la une de tous les journaux du pays.

## 23

Giles se rassit sous une salve d'applaudissements. Son allocution devant la salle comble n'aurait guère pu mieux se dérouler et parler en dernier avait été, en fait, un avantage.

Les trois candidats étaient tous les trois arrivés une heure à l'avance et avaient tourné les uns autour des autres comme des écoliers prenant leur première leçon de danse. L'évêque, qui servirait de modérateur, les avait finalement rassemblés pour leur expliquer comment il avait prévu de procéder.

— Je vais demander à chacun d'entre vous de faire une déclaration liminaire, laquelle ne devra pas durer plus de huit minutes. Lorsque sept minutes se seront écoulées, j'agiterai ma sonnette, dit-il en joignant le geste à la parole. Je ferai la même chose au bout de huit minutes pour vous indiquer que vous avez utilisé le temps imparti. Lorsque vous aurez tous les trois terminé votre exposé, j'inviterai le public à vous interroger.

— Comment va-t-on décider de l'ordre de passage ? s'enquit Fisher.

— À la courte paille.

L'évêque tendit alors trois pailles tenues dans son poing serré et pria chaque candidat d'en choisir une.

Fisher tira la plus courte.

— Vous serez donc le premier, commandant Fisher, déclara l'évêque. Vous, monsieur Ellsworthy, vous passerez en deuxième, et vous, sir Giles, en dernier.

Giles sourit à Fisher.

— Pas de chance, mon vieux, lui dit-il.

— Pas du tout ! Je souhaitais passer en premier, se récria Fisher, ce qui surprit même l'évêque.

Lorsque celui-ci conduisit les trois hommes sur l'estrade à 19 h 25, ce fut la seule fois de la soirée où l'auditoire applaudit en même temps. Giles s'installa et regarda la salle bondée. Il estima que plus d'un millier de personnes s'étaient déplacées pour assister à la joute.

Sachant que les trois partis avaient reçu deux cents billets pour leurs adhérents, Giles en déduisit qu'il restait environ quatre cents futurs électeurs indécis à séduire, soit l'équivalent de sa majorité aux dernières élections.

À 19 h 30, l'évêque ouvrit la séance. Il présenta les trois candidats, puis invita le commandant Fisher à faire sa déclaration liminaire.

Celui-ci avança lentement jusqu'au bord de l'estrade, plaça le texte de son allocution sur le pupitre et tapota le micro. Il lut son discours nerveusement, la tête baissée, craignant à l'évidence de perdre le fil.

Lorsque l'évêque agita sa sonnette pour lui signaler qu'il ne lui restait plus qu'une minute, il se mit à accélérer le rythme, ce qui le fit buter sur les mots. Giles aurait pu lui parler de la règle d'or selon laquelle il faut préparer une allocution de seulement sept minutes si le temps qui vous est imparti est de huit minutes. Il vaut mieux terminer un peu plus tôt que d'être arrêté au milieu de sa péroraison. Malgré tout, Fisher regagna son siège sous les applaudissements prolongés de ses partisans.

Giles fut surpris lorsque Reg Ellsworthy se leva pour présenter le programme du parti libéral. Son allocution n'était pas rédigée et il n'avait même pas préparé une liste des principaux sujets à traiter. Il préféra discuter des questions locales et, lorsque la sonnette lui indiqua qu'il ne lui restait qu'une minute, il s'arrêta en plein milieu d'une phrase et regagna son siège. Ellsworthy avait réussi l'exploit, s'étonna Giles, de favoriser Fisher. Cependant, un cinquième du public continua à encourager son champion.

Giles se leva sous les applaudissements de ses deux cents supporters, même si une partie de la foule demeura impassible. Il était habitué à ce genre de comportement lorsqu'il s'adressait aux représentants du gouvernement à la Chambre. Il se tint à côté du pupitre, jetant de temps en temps un coup d'œil à ses notes.

Il commença par décrire les échecs du gouvernement conservateur depuis qu'il était au pouvoir puis indiqua ce que feraient les travaillistes s'ils formaient le prochain gouvernement. Il aborda ensuite certaines questions locales et réussit même à lancer une pique contre « la politique du trottoir » du parti libéral, ce qui déclencha les rires de la salle comble. Lorsqu'il termina son discours, la moitié de l'auditoire au moins applaudit. Si la rencontre s'était arrêtée là, il n'y aurait eu qu'un vainqueur.

— Les candidats vont maintenant répondre aux questions du public, annonça l'évêque. Et j'espère que tout se déroulera de façon ordonnée et respectueuse.

Trente des partisans de Giles se mirent debout d'un bond et levèrent la main pour poser des questions préparées afin d'aider leur candidat et de couper l'herbe sous le pied des deux autres. Cependant, soixante autres mains tout aussi déterminées se levèrent en même temps.

Ayant eu la finesse de repérer l'endroit où se trouvaient les trois blocs de partisans, l'évêque choisit habilement des membres neutres du public qui voulaient connaître l'opinion des candidats, notamment sur l'installation des parcmètres à Bristol, ce qui donna au candidat libéral l'occasion de briller, sur la fin du rationnement, que les candidats soutenaient tous les trois, et sur l'extension de l'électrification des chemins de fer, ce qui ne donna l'avantage à aucun.

Giles savait toutefois qu'une flèche lui serait tôt ou tard décochée et qu'il lui faudrait s'assurer qu'elle n'atteigne pas sa cible. Finalement, le moment arriva.

— Sir Giles pourrait-il expliquer pourquoi, pendant la dernière session du Parlement, il s'est rendu plus souvent à Cambridge que dans sa circonscription ? demanda un homme élancé d'âge moyen, que Giles crut reconnaître.

Giles resta coi quelques instants pour se rasséréner. Il allait se lever pour répondre lorsque Fisher se leva brusquement, à l'évidence pas du tout surpris par la question et certain que toute l'assistance savait à quoi précisément la question faisait allusion.

— Permettez-moi de vous promettre à tous, déclara ce dernier, que je passerai bien plus de temps à Bristol que dans n'importe quelle autre ville, quelles qu'en soient les distractions.

Giles baissa le regard vers l'auditoire où il aperçut des rangées de visages au regard vide. Le sens des propos de Fisher semblait complètement échapper à l'auditoire.

Le candidat libéral se leva à son tour. Il n'avait clairement pas saisi l'allusion puisque tout ce qu'il trouva à dire fut :

— Étant diplômé d'Oxford, je ne me rends à l'autre université que si j'y suis obligé.

Les deux adversaires de Giles lui avaient fourni les munitions pour tirer à son tour. Il se leva et se tourna vers Fisher.

— Puisqu'il a l'intention de passer davantage de temps à Bristol que dans toute autre ville, je suis obligé de demander au commandant Fisher si cela signifie qu'il n'ira pas à Londres siéger à la Chambre des communes, au cas où il gagnerait l'élection de jeudi.

Il se tut alors pour laisser les rires et les applaudissements se calmer avant d'ajouter :

— Je suis certain de ne pas avoir à rappeler au candidat conservateur les mots d'Edmund Burke : « J'ai été élu pour représenter les habitants de Bristol à Westminster et non les habitants de Westminster à Bristol. » Voilà au moins un conservateur avec lequel je suis entièrement d'accord.

Il se rassit sous des applaudissements prolongés. Tout en sachant qu'il n'avait pas répondu à la question, il avait le sentiment de s'en être plutôt bien tiré.

— Il ne nous reste assez de temps que pour une seule question, annonça l'évêque en désignant une femme assise vers le milieu de la salle, au centre d'une rangée et qui, à son avis, devait être neutre.

— Les candidats peuvent-ils nous dire où sont ce soir leurs épouses respectives ?

Fisher s'appuya au dossier de son siège et croisa les bras, tandis qu'Ellsworthy avait l'air perplexe. L'évêque finit par se tourner vers Giles et déclara :

— Je pense que c'est votre tour de répondre en premier.

Giles se leva et fixa la femme.

— Mon épouse et moi, répondit-il, sommes en instance de divorce, qui, je l'espère, sera prononcé très bientôt.

Il s'assit au milieu d'un silence pénible.

Ellsworthy se leva d'un bond.

— Je dois reconnaître que, depuis que je suis le candidat du parti libéral, je n'ai pas réussi à trouver quelqu'un qui accepte de sortir avec moi. Alors ne parlons pas de m'épouser.

Cette déclaration fut accueillie par des éclats de rire et de chaleureux applaudissements. Giles crut quelques instants qu'Ellsworthy était parvenu à alléger l'atmosphère.

Fisher se mit lentement debout.

— Ma fiancée, dit-il, prenant Giles par surprise, qui m'accompagne ce soir, est assise au premier rang et sera à mes côtés durant le reste de la campagne. Jenny, voudrais-tu te lever pour saluer l'assistance ?

Une jolie jeune femme se leva, se tourna pour faire face à l'auditoire qu'elle salua de la main. Son geste fut accueilli par une salve d'applaudissements.

— Où ai-je déjà vu cette femme ? chuchota Emma, tandis que Harry se concentrait sur Fisher qui, ayant à l'évidence quelque chose à ajouter, n'avait pas regagné son siège.

— Je pense que cela vous intéressera de savoir que j'ai reçu ce matin une lettre de lady Barrington.

Le silence se fit dans la salle, plus complet que lorsque les candidats s'étaient exprimés. Giles était assis au bord de son siège comme Fisher tirait d'une poche intérieure de sa veste une lettre qu'il déplia et commença à lire.

— « Cher commandant Fisher, je tiens à vous dire à quel point j'admire la vaillante campagne que vous menez pour le parti conservateur. Je voulais vous faire savoir que, si j'habitais Bristol, je n'hésiterais pas à voter pour vous, car je pense que vous êtes de loin le meilleur candidat. Il me tarde de vous voir occuper votre siège à la Chambre des communes. Bien à vous, Virginia Barrington. »

Un véritable tohu-bohu se déclencha dans la salle et Giles se rendit compte que tout ce qu'il avait accompli depuis une heure s'était évaporé en une minute. Fisher replia la lettre et la rangea dans sa poche avant de regagner sa place. L'évêque tenta vaillamment de rappeler l'assistance à l'ordre, tandis que, sous le regard désespéré des partisans de Giles, ceux de Fisher n'arrêtaient pas de pousser des vivats.

Griff avait donc raison. Il ne faut jamais offrir une tribune à son adversaire.

*
* *

— Avez-vous réussi à racheter certaines de ces actions ?

— Pas encore, répondit Benny. Le cours des Barrington est toujours très élevé étant donné que les bénéfices annuels ont été meilleurs que prévu et que les conservateurs vont sans doute accroître leur majorité aux élections.

— Quel est le cours actuel de l'action ?

— Environ quatre livres, sept shillings, et je ne pense pas qu'il va baisser dans un futur proche.

— Combien risquons-nous de perdre ? s'enquit Fisher.

— « Nous » ? Il ne s'agit pas de « nous » ! répondit Benny. Vous êtes le seul concerné. Lady Virginia ne va rien perdre. Elle a vendu toutes ses actions à un prix bien plus élevé que celui auquel elle les avait achetées.

— Mais si elle ne les rachète pas, je vais perdre mon siège au conseil d'administration.

— Si elle les rachetait, elle devrait payer un lourd surcoût et je ne crois pas que ça lui ferait plaisir, précisa Benny avant d'ajouter : Voyez le bon côté des choses, mon commandant. À cette heure, la semaine prochaine, vous serez député.

*
* *

Le lendemain, le député en exercice ne trouva rien d'agréable à lire dans les deux journaux locaux.

On parlait à peine de son allocution et il y avait une grande photo d'une Virginia absolument radieuse en une, au-dessus du texte de sa lettre adressée à Fisher.

— Ne tournez pas la page, conseilla Griff.

Giles tourna immédiatement la page et découvrit le résultat des derniers sondages, qui prédisait que les tories accroîtraient leur majorité de vingt-trois sièges. La circonscription des docks de Bristol figurait à la huitième place sur la liste des circonscriptions dont le député ne disposait que d'une très faible majorité et qui étaient donc susceptibles de passer aux conservateurs.

— Un député ne peut pas faire grand-chose quand le vent tourne et que son parti n'a plus la faveur du pays, déclara Griff, une fois que Giles eut fini de lire l'article. Je crois qu'un excellent député en exercice peut rafler mille voix de plus et un adversaire médiocre en perdre un millier, mais, franchement, je ne suis même pas certain que deux mille de plus seraient suffisantes. Toutefois, cela ne nous empêchera pas de lutter jusqu'au bout pour gagner la moindre voix jusqu'à 21 heures, jeudi. Aussi ne baissez surtout pas la garde. Je veux que vous arpentiez les rues et serriez la main de tout ce qui bouge. Sauf celle d'Alex Fisher. Si vous tombez sur lui, je vous autorise à l'étrangler.

— Avez-vous réussi à racheter des actions Barrington ?

— Hélas, non, mon commandant. Elles ne sont jamais passées sous les quatre livres, trois shillings.

— Par conséquent, j'ai perdu ma place au conseil d'administration.

— Je crois que vous allez découvrir que ç'a toujours été plus ou moins le but de la Barrington, dit Benny.

— Que voulez-vous dire ?

— C'est Sandy McBride qui a acheté vos actions dès qu'elles sont arrivées sur le marché et il a été le principal acheteur durant les trois dernières semaines. Tout le monde sait que c'est le courtier de la Barrington.

— Le salaud !

— Apparemment, ils vous ont vu venir, mon commandant ! Mais il n'y a pas que de mauvaises nouvelles : lady Virginia a fait un bénéfice de soixante-dix mille livres par rapport à son investissement initial. Je pense donc qu'elle vous est redevable.

Giles n'aurait pas pu travailler plus dur pendant la dernière semaine de campagne, même s'il lui arrivait d'avoir l'impression d'être Sisyphe en train de pousser son rocher jusqu'au sommet de la montagne.

Lorsqu'il arriva à son quartier général de campagne la veille de l'élection, ce fut la première fois qu'il vit Griff avec l'air déprimé.

— Au cas où cela aurait échappé à quelqu'un, un millier de ces trucs a été distribué hier soir dans toutes les boîtes aux lettres de la circonscription.

Giles regarda la reproduction de la première page du *Bristol Evening Post* où figurait la photo de Virginia au-dessus du texte de sa lettre. Sous la lettre, on lisait : « Si vous voulez être représenté au Parlement par un homme honnête, votez Fisher. »

— Cet homme est une vraie merde, commenta Griff. Lâchée en plein sur nous, de très haut, ajouta-t-il, au moment où l'un des premiers bénévoles entrait dans la salle chargé des journaux du matin.

Giles s'affala sur sa chaise et ferma les yeux. Quelques instants plus tard, il aurait juré avoir entendu Griff s'esclaffer. Et c'était bien le cas. Il ouvrit les yeux et Griff lui passa un exemplaire du *Daily Mail*.

— Ça va être très serré, mon garçon, mais en tout cas, on est de nouveau dans la course.

Giles ne reconnut pas tout de suite la jolie fille figurant à la une du journal et qui venait d'être choisie pour jouer un premier rôle dans le « Benny Hill Show[1] ». Jenny avait raconté au journaliste chargé des spectacles en quoi consistait son travail avant d'obtenir son premier contrat important. « On me donnait dix livres par jour pour accompagner un candidat tory dans sa circonscription et pour raconter à tout le monde que j'étais sa fiancée. »

Giles trouva que ce n'était pas une belle photo de Fisher.

---

1. Célèbre émission télévisée comique qui dura des années 1950 à 1980. L'émission était à base de sketches où dominaient la farce, les courses-poursuites et la parodie d'acteurs et d'actrices célèbres. Acteur, chanteur, Benny Hill était alors l'un des comiques les plus populaires du Royaume-Uni.

Fisher poussa un juron quand il vit la une du *Daily Mail*.

Il avala sa troisième tasse de café noir et se leva pour se rendre à son quartier général de campagne, juste au moment où il entendit le courrier du matin tomber sur le paillasson. Les lettres devraient attendre jusqu'au soir et il n'y aurait prêté aucune attention s'il n'en avait pas aperçu une frappée de l'écusson de la compagnie Barrington. Il se pencha, la ramassa et retourna à la cuisine. Il déchira l'enveloppe et en tira deux chèques. Le premier, de mille livres, libellé à son nom et représentant ses émoluments trimestriels d'administrateur de la Barrington, le second, de sept mille trois cent quarante et une livres, correspondant aux dividendes annuels de lady Virginia, dont le bénéficiaire était également le commandant Alex Fisher, afin que personne ne puisse savoir que c'étaient les sept et demi pour cent de parts de lady Virginia qui avaient permis à Fisher de siéger au conseil d'administration. Plus maintenant.

Quand il rentrerait ce soir-là, il rédigerait un chèque du même montant et l'enverrait à lady Virginia. Était-il trop tôt pour lui téléphoner ? Il consulta sa montre. Il était 8 heures et quelques, et il était censé se trouver devant Temple Meads pour accueillir les électeurs qui sortaient de la gare pour se rendre au travail. Elle devait sûrement être déjà réveillée. Il décrocha le combiné et appela un numéro à Kensington.

Il y eut plusieurs sonneries avant qu'une voix endormie ne réponde. Il était sur le point de raccrocher.

— Qui est à l'appareil ? demanda Virginia.

— Alex Fisher. Je vous appelle pour vous faire savoir que j'ai vendu toutes vos actions Barrington et que vous avez réalisé un bénéfice de plus de soixante-dix mille livres. (Il attendit un merci, mais rien n'arriva.) J'aimerais savoir si vous projetez de racheter vos actions, poursuivit-il. Après tout, vous avez gagné pas mal d'argent depuis que je suis au conseil d'administration.

— Et vous également, commandant, comme je n'ai pas besoin de vous le rappeler, je crois. Mais mes projets ont quelque peu changé et ils ne comprennent plus la Barrington.

— Mais, si vous ne rachetez pas vos sept et demi pour cent, je perds mon siège au conseil d'administration.

— Cela ne va guère m'empêcher de dormir, commandant.

— Vu les circonstances, je me demandais…

— Quelles circonstances ?

— Si vous pouviez considérer qu'une petite prime serait justifiée, poursuivit-il en fixant le chèque de sept mille trois cent quarante et une livres.

— Que voulez-vous dire par « petite » ?

— Je pensais à cinq mille livres, peut-être ?

— Je vais y réfléchir.

Le silence se fit au bout du fil et Alex se demanda même si elle avait raccroché.

— J'y ai réfléchi, commandant, reprit-elle finalement, et j'ai décidé que non.

— Alors, peut-être un prêt… dit-il en tentant de ne pas paraître désespéré.

— Votre gouvernante ne vous a-t-elle jamais parlé d'*Hamlet* ? « Ne sois ni emprunteur, ni prêteur » ? Bien sûr que non, puisque vous n'avez jamais eu de gouvernante.

Elle se retourna et frappa trois coups secs contre le châlit de bois.

— Ah, commandant, ma femme de chambre vient d'arriver avec mon petit déjeuner. Je vais donc devoir vous dire adieu. Et quand je dis adieu, c'est adieu !

Il entendit le « clic » du téléphone qu'on raccroche. Il regarda le chèque de sept mille trois cent quarante et une livres libellé à son nom et se rappela les paroles de Benny : « Elle vous est redevable. »

24

Le jour des élections, Giles était debout à 5 heures du matin, et pas seulement parce qu'il ne parvenait pas à dormir.

Lorsqu'il arriva au rez-de-chaussée, Denby ouvrit la porte de la salle du petit déjeuner et lui dit «Bonjour, sir Giles», comme si on votait tous les jours.

Il entra dans la pièce, prit un bol sur le buffet et le remplit de corn flakes et de morceaux de fruits. Il étudiait le programme de la journée quand la porte s'ouvrit pour laisser passer Sebastian vêtu d'un élégant blazer bleu et d'un pantalon de flanelle grise.

— Seb! Quand es-tu rentré?

— Tard hier soir, oncle Giles. La plupart des écoles ont un jour de congé parce qu'elles servent de bureau de vote. Alors j'ai demandé si je pouvais rentrer à la maison pour t'aider.

— Qu'aimerais-tu faire? demanda Giles comme Denby plaçait une assiette d'œufs au bacon devant lui.

— Tout ce qui peut t'aider à gagner.

— Si c'est ce que tu veux faire, écoute-moi attentivement. Le jour des élections, le parti a huit salles de comité réparties dans toute la circonscription. Elles sont toutes gérées par des volontaires et certains d'entre eux ont déjà participé à douze élections. Ils auront les rapports de démarchage à jour concernant les quartiers dont ils sont chargés. Chaque rue, chaque avenue, chaque impasse sera marquée pour montrer où habitent nos partisans. Nous aurons également un volontaire assis devant chaque bureau de vote pour cocher le nom des électeurs ayant voté. Le plus important, c'est de rapporter cette liste dans la salle du comité pour qu'on puisse savoir où se trouvent les partisans qui n'ont pas encore voté afin de nous assurer qu'ils parviennent à leur bureau de vote avant la fermeture à 21 heures. En règle générale, il y a davantage d'électeurs qui nous sont favorables entre 8 et 10 heures du matin, juste après l'ouverture des bureaux, alors que les tories commencent à arriver à 10 heures et continueront à venir jusqu'à 16 heures. Ensuite, lorsque les électeurs rentrent du travail, c'est pour nous le moment crucial, parce que s'ils ne votent pas sur le chemin du retour à la maison, il est quasiment impossible de les faire ressortir de chez eux, ajouta-t-il au moment où Emma et Harry entraient dans la pièce. Qu'est-ce que Griff vous fait faire aujourd'hui, à tous les deux ? s'enquit Giles.

— Je gère une salle de comité, répondit Emma.

— Je frappe à la porte des électeurs cochés en rouge, dit Harry. Et, s'il faut les faire venir en voiture, je m'en chargerai.

— N'oublie pas, reprit Giles, que pour certains d'entre eux, la dernière fois qu'ils sont montés en voiture remonte probablement aux dernières élections, sauf s'il y a eu un mariage ou un enterrement dans la famille au cours des quatre dernières années... Emma, quelle salle de comité t'a confiée Griff ?

— Je dois seconder M$^{lle}$ Parish dans le quartier Woodbine.

— Tu devrais être flattée. M$^{lle}$ Parish est une légende vivante. Des hommes craignent pour leur vie s'ils oublient de voter. Au fait, Seb s'est porté volontaire pour être l'un de vos coursiers. Je lui ai déjà expliqué quel sera son travail.

Emma sourit à son fils.

— Bon, je file ! lança Giles en se mettant debout d'un bond, mais seulement après avoir placé du bacon entre deux tranches de pain bis.

Emma reconnut que seule Élisabeth aurait pu le réprimander, et encore, pas un jour d'élection.

— Je passerai dans toutes les salles de comité à un moment ou à un autre de la journée, dit-il en partant. À tout à l'heure.

Denby l'attendait devant la porte d'entrée.

— Désolé de vous déranger, monsieur. J'espère que cela ne causera pas de problème si cet après-midi le personnel du château prend une demi-heure de pause entre 16 heures et 16 h 30.

— Pour une raison précise ?

— Pour voter, monsieur.

— Combien de voix ? chuchota-t-il, l'air penaud.

— Six pour vous, monsieur, et une incertaine. Le nouveau jardinier a des idées au-dessus de sa condition. Il se prend pour un tory.

— Alors espérons que je ne perde pas d'une seule voix, dit Giles en franchissant la porte en courant.

Jessica l'attendait dans l'allée et, comme chaque matin, tenait la portière ouverte pour son oncle.

— Est-ce que je peux venir avec toi, oncle Giles? demanda-t-elle.

— Pas cette fois-ci. Mais je te promets que tu seras à mes côtés aux prochaines élections. Je dirai à tout le monde que tu es ma fiancée et alors je remporterai une victoire triomphale.

— Il n'y a rien que je puisse faire pour aider?

— Non. Ah, si... Tu connais le nouveau jardinier?

— Albert? Oui, il est très gentil.

— Il pense voter pour le parti conservateur. Essaye de l'en dissuader avant 16 heures.

— D'accord, d'accord, promit Jessica, comme Giles s'installait au volant.

*
* *

Il se gara devant l'entrée des docks juste avant 7 heures. Il serra la main de tous les ouvriers de l'équipe du matin avant qu'ils ne pointent et celle de tous ceux de l'équipe du soir qui débauchaient. Il fut étonné de constater qu'un grand nombre d'entre eux voulaient lui parler.

— Cette fois-ci, je vais pas vous laisser tomber, m'sieur.

— Vous pouvez compter sur moi.

— Je vais justement au bureau de vote maintenant.

Lorsque Dave Coleman, le contremaître de nuit, pointa avant de sortir, Giles le prit à part et lui demanda s'il connaissait la raison de l'empressement des ouvriers.

— Un grand nombre d'entre eux pensent qu'il est grand temps que vous régliez vos problèmes conjugaux, répondit Coleman qui était connu pour son franc-parler, mais ils détestent tant ce prétentieux de commandant Fisher qu'ils ne veulent surtout pas que ce soit lui qui présente nos doléances au Parlement. Personnellement, je l'aurais davantage respecté s'il avait eu le courage de se montrer sur les docks. Il y a une poignée de tories dans le syndicat, mais il n'a même pas pris la peine de chercher à les connaître.

Giles fut réconforté par l'accueil qu'il reçut lorsqu'il se rendit à la fabrique de cigarettes W. D. & H. O. Wills et à nouveau quand il alla rencontrer les travailleurs de la Bristol Aeroplane Company. Toutefois, il savait que, le jour des élections législatives, tous les candidats sont convaincus qu'ils vont gagner, même ceux du parti libéral.

Giles arriva à la première salle de comité quelques minutes après 10 heures. Le président lui indiqua que vingt-deux pour cent de leurs partisans connus avaient déjà voté. C'était le même pourcentage que lors de l'élection de 1951, lorsque Giles avait gagné avec une majorité de quatre cent quatorze voix.

— Et les tories ? s'enquit Giles.
— Seize pour cent.
— Et par rapport à 1951 ?
— Ils ont un pour cent de plus, reconnut le président de la salle du comité.

Lorsque Giles arriva à la huitième salle, il était juste un peu plus de 16 heures. M<sup>lle</sup> Parish l'attendait près de la porte, une assiette de sandwichs au fromage et à la tomate dans une main et un grand verre de lait dans l'autre. M$^{lle}$ Parish était l'une des rares personnes dans le quartier Woodbine à posséder un réfrigérateur.

— Comment cela se passe-t-il ? demanda Giles.

— Il a plu entre 10 et 16 heures mais, Dieu merci, maintenant le soleil a fait son apparition. Je commence à croire que Dieu est peut-être socialiste. Mais nous avons encore beaucoup de travail pour regagner le terrain perdu les cinq dernières heures.

— Vous ne vous êtes jamais trompée sur les résultats d'une élection, Iris. Quel est votre pronostic ?

— Vous voulez la vérité ?

— Oui, la vérité.

— C'est trop serré pour faire un pronostic.

— Eh bien, alors, retournons au travail.

Il commença à faire le tour de la salle pour remercier tous les bénévoles.

— Votre famille a fait des merveilles, déclara M$^{lle}$ Parish. Étant donné qu'ils sont tories.

— Emma sait tout faire.

— Elle travaille bien, poursuivit M$^{lle}$ Parish, comme Giles regardait sa sœur transcrire sur le rapport de démarchage les chiffres qui venaient d'arriver d'un bureau de vote. Mais le jeune Sebastian lui vole la vedette. Si on en avait dix comme lui, on ne perdrait jamais.

Giles sourit.

— Alors, où se trouve ce jeune homme en ce moment ?

— Soit il se dirige vers un bureau de vote, soit il en revient. Il ne sait pas rester immobile.

*
* *

Sebastian était en fait immobile car il attendait qu'un scrutateur lui remette la dernière liste de noms afin qu'il puisse l'apporter à M<sup>lle</sup> Parish qui continuait à le gaver de chocolats au lait Tizer & Fry, malgré les coups d'œil réprobateurs de sa mère.

— L'ennui, expliquait le scrutateur à un ami qui venait de voter, c'est que les Miller, tous les six, ne se donnent même pas la peine de traverser la rue alors qu'ils n'arrêtent pas de se plaindre du gouvernement tory. Par conséquent, si on perd par une demi-douzaine de voix, on saura à qui s'en prendre.

— Pourquoi tu ne leur envoies pas M<sup>lle</sup> Parish ? demanda l'ami.

— Elle a assez de boulot comme ça, sans être obligée de venir jusqu'ici. Je m'en chargerais bien moi-même, mais je ne peux pas abandonner mon poste.

Sebastian ne fit ni une ni deux, il sortit de la salle et traversa la rue. Il s'arrêta devant le numéro 21, hésita quelques instants, puis, prenant son courage à deux mains, frappa à la porte. Il faillit détaler quand il vit la taille de l'homme qui ouvrit la porte.

— Qu'est-ce que tu veux, mioche ? hurla l'homme.

— Je représente le commandant Fisher, le candidat du parti conservateur, répondit Sebastian. Il espère que vous le soutiendrez aujourd'hui étant donné que les sondages laissent prévoir que l'élection sera très serrée.

— Fous le camp avant que je te flanque une gifle, répliqua M. Miller avant de lui claquer la porte au nez.

Sebastian retraversa la rue en courant et, comme il recueillait les derniers chiffres auprès du scrutateur, il vit s'ouvrir la porte du 21 pour laisser passer M. Miller qui se dirigeait vers le bureau de vote, suivi de cinq membres de sa famille. Sebastian ajouta les Miller à son rapport de démarchage avant de regagner la salle du comité au pas de course.

*\* \**

Giles revint aux docks à 18 heures pour rencontrer l'équipe de jour qui quittait son service et celle de nuit qui s'apprêtait à le prendre.

— Vous êtes resté planté là toute la journée, m'sieur ? plaisanta l'un des ouvriers.

— C'est l'impression que ça me donne, répondit Giles en serrant une autre main.

Le voyant là, un ou deux dockers rebroussèrent chemin et se précipitèrent vers le bureau de vote qui se trouvait à deux pas, tandis que ceux qui sortaient des docks semblaient tous prendre la même direction, qui n'était pas celle du pub le plus proche.

À 18 h 30, après que les dockers eurent tous pointé ou furent rentrés chez eux, Giles fit ce qu'il avait fait durant les deux dernières campagnes : il grimpa dans le premier autobus qui regagnait la ville.

Une fois à bord, il monta à l'impériale et serra la main de plusieurs passagers étonnés. Une fois qu'il eut fait la même chose en bas, il sauta de l'autobus à l'arrêt suivant et monta dans un autobus qui allait en sens inverse. Il continua à grimper dans les autobus et à en descendre pendant deux heures et demie et à serrer des mains jusqu'à 21 h 01.

Il descendit du dernier autobus et s'assit seul à l'arrêt. Il ne pouvait rien faire de plus pour gagner l'élection.

*
* *

Entendant un seul coup résonner au loin, il consulta sa montre : 21 h 30. Le moment était venu de bouger. En ayant plus qu'assez des autobus, il marcha lentement vers le centre-ville, dans l'espoir que l'air du soir lui éclaircirait les idées avant le comptage des voix.

La police locale avait déjà dû commencer à ramasser les urnes dans toute la circonscription pour les transporter à l'hôtel de ville, opération qui durerait plus d'une heure. Une fois qu'elles auraient été toutes apportées, vérifiées et revérifiées, M. Wainwright, le secrétaire de mairie, donnerait l'ordre de briser les sceaux afin que le comptage puisse débuter. Ce serait un miracle si le résultat était annoncé avant 1 heure du matin.

Sam Wainwright n'était pas le genre d'homme destiné à battre des records de vitesse. «Lentement mais sûrement», telle serait son épitaphe. Quoique Giles ait eu affaire au secrétaire de mairie durant la décennie écoulée, il ne savait toujours pas quel parti avait sa préférence. Il le soupçonnait de s'abstenir de voter. Giles savait cependant que c'était sa dernière élection puisque Wainwright allait prendre sa retraite à la fin de l'année. Giles pensait que la ville aurait beaucoup de chance si elle lui trouvait un successeur digne de ce nom. Quelqu'un pouvait prendre sa suite, mais personne ne pouvait le remplacer, selon la formule de Thomas Jefferson à propos de Benjamin Franklin lorsqu'il lui avait succédé au poste d'ambassadeur des États-Unis en France.

Un ou deux passants le saluèrent de la main comme il poursuivait sa marche en direction de l'hôtel de ville, tandis que d'autres ne lui prêtaient aucune attention. Il se mit à réfléchir à sa vie et à ce qu'il pourrait faire s'il n'était plus le député de la circonscription des docks de Bristol. Il allait avoir trente-cinq ans dans deux semaines. Ce n'était guère un âge avancé, bien sûr, mais depuis son retour à Bristol, juste après la guerre, il n'avait exercé qu'un seul métier et, franchement, il n'était guère qualifié pour faire autre chose. C'était l'éternel problème pour un député dont le siège n'est pas acquis d'avance.

Il pensa alors à Virginia, qui aurait pu rendre sa vie tellement plus facile en apposant sa signature au bas d'un simple bout de papier six mois plus tôt. Il se rendait compte à présent que cela n'avait jamais fait partie de ses projets. Elle avait toujours eu l'intention d'attendre que l'élection soit passée afin de le gêner au maximum. Il était à présent persuadé que c'était elle qui avait fait nommer Fisher au conseil d'administration de la Barrington et il se demanda même si ce n'était pas elle qui avait mis dans la tête de Fisher l'idée qu'il était capable de battre Giles et de lui succéder à la Chambre des communes.

En ce moment, elle était probablement tranquillement chez elle, à Londres, en train d'attendre le résultat des élections, même si en réalité elle ne s'intéressait qu'à un siège. Préparait-elle une nouvelle attaque contre les actions de la compagnie pour commencer à mettre en œuvre son projet à long terme, celui de faire mordre la poussière à la famille Barrington ? Giles était sûr, cependant, que Virginia avait trouvé des adversaires dignes d'elle avec Emma et Ross Buchanan.

C'est Grace qui lui avait ouvert les yeux sur la vraie nature de Virginia, mais ensuite elle n'en avait plus parlé. C'est également grâce à elle que Giles avait rencontré Gwyneth. Celle-ci avait eu très envie de venir à Bristol pour l'aider à garder son siège, mais elle avait été la première à reconnaître que si on l'avait vue faire campagne avec lui dans la grand-rue, Fisher aurait été la seule personne à en tirer parti.

Il lui avait téléphoné à Cambridge tous les matins avant de se rendre au bureau, mais pas à son retour à la maison le soir puisqu'il rentrait rarement avant minuit, bien qu'elle lui ait demandé de la réveiller. S'il perdait ce soir, il se rendrait en voiture à Cambridge le lendemain matin pour lui faire part de ses soucis. S'il gagnait, il la rejoindrait l'après-midi et fêterait sa victoire avec elle. Quel que soit le résultat, il n'allait pas la perdre.

— Bonne chance, sir Giles, lança une voix qui le ramena au monde réel. Je suis certain que vous allez gagner, poursuivit le passant.

Giles lui rendit son sourire rayonnant de confiance, mais il n'était guère sûr de la victoire.

La forme massive de l'hôtel de ville se profilait devant lui. Les deux licornes dorées perchées très haut, à chaque extrémité du toit, grossissaient à chaque pas.

Les bénévoles choisis pour aider au comptage des voix devaient déjà être sur place. Il s'agissait d'une grande responsabilité et l'opération était généralement confiée à des conseillers municipaux de la circonscription ou à des cadres du parti. Comme elle l'avait fait pour les quatre élections précédentes, M<sup>lle</sup> Parish superviserait le travail des six scrutateurs travaillistes et Giles savait qu'elle avait invité Harry et Emma à rejoindre son équipe triée sur le volet.

— J'aurais bien aimé que Sebastian participe lui aussi, avait-elle dit à Giles, mais il est trop jeune.

— Il va être déçu, avait-il répondu.

— Il l'a été, en effet. Mais je lui ai fourni un laissez-passer pour qu'il puisse tout voir depuis le balcon.

— Merci.

— Ne me remerciez pas. Je regrette seulement qu'il n'ait pas participé à toute la campagne.

Giles prit une profonde inspiration avant de gravir les marches de l'hôtel de ville. Quel que soit le résultat, il ne faudrait pas qu'il oublie de remercier les nombreuses personnes qui l'avaient soutenu et dont la seule récompense serait la victoire. Il se rappela les paroles du vieux Jack après que Giles eut marqué une centaine au cricket au stade Lord's de Londres : tout le monde peut être un bon gagnant, mais la valeur d'un grand homme se mesure à sa réaction face à la défaite.

## 25

Griff Haskins marchait de long en large dans le couloir de l'hôtel de ville lorsqu'il aperçut Giles qui se dirigeait vers lui. Ils se serrèrent la main comme s'ils ne s'étaient pas vus depuis plusieurs semaines.

— Si je gagne, dit Giles, vous…
— Pas de sentiment avec moi, l'interrompit Griff. Nous avons encore du pain sur la planche.

Ils franchirent les portes battantes et entrèrent dans la grande salle. Les milliers de sièges qui s'y trouvaient normalement avaient été remplacés par des rangées de tables à tréteaux, vingt-quatre en tout, flanquées de chaises en bois.

Les mains sur les hanches, les pieds écartés, Sam Wainwright se tenait au milieu de l'estrade. Il donna un coup de sifflet pour annoncer le début de la partie. Des ciseaux firent leur apparition, des sceaux furent brisés, les urnes ouvertes et renversées pour permettre à des milliers de petits morceaux de papier, chacun portant trois noms, de se déverser sur les tables devant les scrutateurs.

Leur premier travail consistait à trier les bulletins de vote et à en faire trois piles avant que le comptage puisse débuter. Un côté de la table se concentrait sur Fisher tandis que l'autre s'occupait de Barrington. La recherche des bulletins pour Ellsworthy prit un peu plus de temps.

Giles et Griff arpentaient nerveusement la pièce, tentant de deviner d'après la hauteur des tas de bulletins si un camp ou l'autre l'emportait nettement. Après avoir fait un tour complet des tables, il leur parut clair qu'aucun ne menait. Giles paraissait clairement en tête si l'on regardait la pile des bulletins sortis des urnes du quartier Woodbine, mais Fisher gagnait sans conteste si on s'intéressait aux urnes apportées des bureaux de vote d'Arcadia Avenue. Après un nouveau tour de salle, ils n'étaient pas plus avancés. Tout ce qu'ils pouvaient prédire, sans crainte de se tromper, c'était que les libéraux arriveraient en troisième position.

Giles leva la tête quand il entendit des applaudissements éclater de l'autre côté de la salle. Fisher venait d'entrer, accompagné de son directeur de campagne et de quelques partisans clés. Giles en reconnut certains qui avaient assisté au débat. Il ne put s'empêcher de noter que Fisher s'était changé. Il avait mis une chemise propre et un élégant costume croisé, ce qui lui donnait déjà l'air du parfait député. Après avoir bavardé avec deux ou trois des scrutateurs, il commença lui aussi à se déplacer dans la salle en faisant bien attention à ne pas se retrouver nez à nez avec Barrington.

Giles et Griff, ainsi que Mlle Parish, Harry et Emma continuèrent à longer lentement les tables dans les deux sens, regardant avec attention les scrutateurs ranger les bulletins en piles de dix et, le nombre de cent une fois atteint, les attacher avec d'épais rubans élastiques rouges, bleus ou jaunes afin qu'on puisse les identifier rapidement. Finalement, les liasses de cinq cents furent alignées comme des soldats au défilé.

Les scrutateurs se chargèrent chacun d'une rangée pour vérifier que les piles de dix bulletins n'en comptaient pas neuf ou onze et surtout qu'il n'y en avait pas cent dix ou quatre-vingt-dix dans les piles de cent. S'ils pensaient qu'il y avait eu une erreur, ils pouvaient demander qu'on recompte la pile en présence de M. Wainwright ou de l'un de ses assesseurs. Il ne fallait pas faire ce genre de demande à la légère, indiqua Mlle Parish aux membres de son équipe.

Après deux heures de comptage, Griff haussa les épaules lorsque Giles lui demanda à voix basse ce qu'il en était, à son avis. À cette heure, en 1951, Griff avait pu lui assurer qu'il avait gagné, même si ce n'était qu'avec une majorité de quelques centaines de voix. Mais pas ce soir.

Une fois que les piles de cinq cents bulletins étaient impeccablement rangées, les scrutateurs levaient la main pour indiquer au secrétaire de mairie qu'ils avaient terminé leur tâche et qu'ils étaient prêts à confirmer les résultats auxquels ils étaient parvenus. Finalement, une fois que le dernier scrutateur eut levé la main, M. Wainwright donna un nouveau coup de sifflet strident et cria :

— À présent, vérifiez une seconde fois chaque pile de bulletins ! Les candidats et leur directeur de campagne auraient-ils l'amabilité de me rejoindre sur l'estrade ?

Giles et Griff furent les premiers à gravir les marches, Fisher et Ellsworthy juste derrière eux. Sur une table au centre de l'estrade, afin que tout le monde puisse clairement voir ce qui se déroulait, se trouvait une petite pile de bulletins de vote. Pas plus d'une douzaine, estima Giles.

— Messieurs, annonça le secrétaire de mairie, ce sont là les bulletins nuls. Selon la loi électorale, je suis le seul, absolument le seul, à juger si certains d'entre eux doivent être pris en compte dans le résultat définitif. Vous avez cependant le droit, dans tous les cas, de ne pas être d'accord avec moi.

Il se plaça devant la pile de bulletins, ajusta ses verres, puis étudia le premier bulletin. Le nom de Fisher était coché d'une croix mais par-dessus était gribouillé « *God Save the Queen* ».

— C'est à l'évidence un vote pour moi, déclara Fisher, avant que Wainwright n'ait pu donner son avis.

Le secrétaire de mairie regarda Giles, puis Ellsworthy et, comme ils hochèrent tous les deux la tête, le bulletin fut placé à sa droite. Sur le bulletin suivant, le nom de Fisher avait bien été coché mais d'un trait, pas d'une croix.

— L'électeur avait clairement l'intention de voter pour moi, déclara Fisher d'un ton ferme.

À nouveau, Giles et Ellsworthy opinèrent du chef.

Le secrétaire de mairie plaça le bulletin sur la pile de Fisher, ce qui fit sourire le candidat du parti conservateur, jusqu'au moment où il vit que, sur les trois bulletins suivants, le nom de Barrington était coché d'un trait.

Sur le bulletin d'après, les noms des trois candidats avaient été barrés et remplacés par « Votez pour

Desperate Dan[1] ! ». Ils tombèrent tous d'accord que c'était un bulletin nul. Sur le suivant, le nom d'Ellsworthy était coché d'un trait et on considéra que c'était une voix pour le candidat libéral. Le huitième portait l'inscription : « Abolissez la peine de mort ! » Sans bénéficier du moindre commentaire, il rejoignit la pile des bulletins nuls. Sur le neuvième, le nom de Barrington étant coché d'un trait, Fisher fut bien obligé de le laisser passer, ce qui permettait à Giles de mener avec quatre voix contre deux pour Fisher, alors qu'il ne restait que deux bulletins à examiner. Sur le suivant, le nom de Barrington était coché d'un trait tandis qu'à côté de celui de Fisher on avait écrit : « Jamais ! »

— Il s'agit à l'évidence d'un bulletin nul, affirma Fisher.

— Dans ce cas, rétorqua le secrétaire de mairie, je vais devoir considérer de la même manière celui où il est inscrit *God Save the Queen*.

— C'est logique, intervint Ellsworthy. Il vaut mieux les enlever tous les deux.

— Je suis d'accord avec le commandant Fisher, dit Giles, qui se rendait compte que cela ferait passer son avance de 4 contre 2 à 4 contre 1.

Fisher fit mine de protester, mais resta coi.

Ils regardèrent tous le dernier bulletin. Wainwright sourit.

---

[1]. Célèbre personnage d'une bande dessinée anglaise qui commença à paraître en 1937. Cet homme du Far West, le plus fort du monde, peut soulever une vache d'une main et sa barbe est si drue qu'il doit se raser avec un chalumeau. C'était à l'origine un hors-la-loi, un *desperado*, d'où son nom.

— Pas de mon vivant, je suppose, commenta-t-il en plaçant sur la pile des nuls un bulletin qui réclamait « l'indépendance pour l'Écosse ».

— Il y a donc quatre voix pour Barrington, une pour Fisher et une pour Ellsworthy, annonça M. Wainwright après avoir vérifié à nouveau tous les bulletins et avant d'inscrire les chiffres dans son carnet. Merci, messieurs, ajouta-t-il.

— Espérons que ce ne sera pas la seule fois où vous gagnez ce soir, marmonna Griff à Giles comme ils descendaient de l'estrade et rejoignaient M<sup>lle</sup> Parish et ses scrutateurs.

Le secrétaire de mairie revint sur le devant de l'estrade et donna un troisième coup de sifflet. Son équipe d'assesseurs se mit immédiatement à arpenter les allées entre les rangées de tables et à inscrire les chiffres définitifs que leur communiquaient les scrutateurs, avant de les apporter au secrétaire de mairie.

M. Wainwright étudia attentivement tous les chiffres puis les entra dans une grosse machine à calculer, sa seule concession au monde moderne. Après avoir appuyé une dernière fois sur la touche du « plus », il inscrivit les résultats définitifs en face des trois noms, les examina quelques instants, puis invita les trois candidats à le rejoindre de nouveau sur l'estrade. Il leur communiqua alors les résultats et accepta la requête de Giles.

Se rendant compte que son camp avait perdu, M<sup>lle</sup> Parish fronça les sourcils lorsqu'elle vit Fisher faire le signe de la victoire à ses supporters. Elle leva les yeux vers la galerie et aperçut Sebastian qui agitait désespérément les bras pour tenter d'attirer son attention. Elle lui répondit d'un geste, mais baissa les yeux lorsque M. Wainwright tapota le micro, provoquant un silence anxieux dans la salle.

— Moi, président du bureau de vote de la circonscription des docks de Bristol, déclare que le nombre total des voix recueillies par chaque candidat est le suivant :

| | |
|---|---:|
| Sir Giles Barrington | 18 714 |
| M. Reginald Ellsworthy | 3 472 |
| Commandant Alexander Fisher | 18 908 |

Une énorme salve d'applaudissements prolongés éclata dans le camp de Fisher. Wainwright attendit que l'ordre revienne avant d'ajouter :

— Le député actuel a demandé un recomptage et j'ai accédé à sa requête. Que chaque scrutateur vérifie soigneusement sa pile une fois de plus et s'assure qu'aucune erreur n'a été commise.

Les scrutateurs se mirent à vérifier et revérifier chaque liasse de dix, puis de cent et finalement de cinq cents bulletins, avant de lever la main pour indiquer qu'ils avaient accompli leur tâche pour la seconde fois.

Giles leva les yeux vers le ciel auquel il adressa une prière muette. C'est alors qu'il aperçut Sebastian qui agitait frénétiquement le bras, mais il fut alors distrait par Griff.

— Il faut que vous pensiez à votre allocution, lui dit celui-ci. Vous devez remercier le secrétaire de mairie, ses employés, vos collaborateurs, et surtout, si Fisher gagne, vous devez vous montrer magnanime. Après tout, il y aura toujours une nouvelle élection.

Giles n'était pas certain de se présenter à une prochaine élection. Il ouvrait la bouche pour l'annoncer lorsque M$^{lle}$ Parish se précipita vers eux.

— Je suis désolée de vous interrompre, dit-elle, mais Sebastian semble essayer d'attirer votre attention.

Giles et Griff levèrent les yeux vers le balcon où Sebastian se penchait dangereusement par-dessus la balustrade, suppliant presque l'un d'entre eux de le rejoindre.

— Montez donc voir quel est le problème, dit Griff, tandis que Giles et moi nous préparons à la passation de pouvoir.

M$^{lle}$ Parish monta au balcon où Sebastian l'attendait en haut des marches. Il lui attrapa le bras, la tira vers la rambarde et désigna la salle.

— Vous voyez l'homme assis au bout de la troisième rangée, qui porte la chemise verte ?

M$^{lle}$ Parish regarda dans la direction qu'il indiquait.

— Oui. Et alors ? fit-elle.

— Il a triché.

— Qu'est-ce qui vous fait dire ça ? demanda M$^{lle}$ Parish en s'efforçant de garder un ton calme.

— Il a dit à l'un des assesseurs du secrétaire de mairie qu'il avait cinq cents voix pour Fisher.

— Oui, en effet, acquiesça M$^{lle}$ Parish. Il a cinq piles de cent bulletins devant lui.

— Je sais, mais l'une de ces piles a un bulletin pour Fisher au-dessus et les quatre-vingt-dix-neuf en dessous sont pour oncle Giles.

— Êtes-vous sûr de ce que vous avancez ? Parce que si Griff demande à M. Wainwright de vérifier personnellement ces bulletins et que vous vous êtes trompé…

— J'en suis sûr et certain, rétorqua Sebastian d'un ton de défi.

Même si Mlle Parish n'était toujours pas convaincue, ce fut la première fois depuis longtemps qu'elle faillit se mettre à courir. Une fois redescendue au rez-de-chaussée, elle se précipita vers Giles qui bavardait avec Emma et Griff en s'efforçant d'avoir l'air confiant. Elle leur fit part des assertions de Sebastian mais ses propos furent accueillis par des expressions d'incrédulité. Tous les quatre levèrent les yeux vers le balcon où Sebastian agitait frénétiquement le doigt pour désigner l'homme à la chemise verte.

— Je n'ai aucun mal à croire ce que dit Sebastian, déclara Emma.

— Pourquoi ? s'enquit Griff. Avez-vous personnellement vu cet homme placer un bulletin pour Fisher au-dessus d'une de nos piles ?

— Non. Mais je l'ai vu au débat jeudi dernier. C'est lui qui a demandé à Giles pourquoi il était allé à Cambridge plus souvent qu'il n'était venu à Bristol pendant la dernière session du Parlement.

Giles scruta le visage de l'homme alors que de plus en plus de mains se levaient dans la salle, ce qui indiquait que le recomptage était presque terminé.

— Je crois que tu as raison, dit-il.

Griff les quitta sans un mot de plus et remonta rapidement sur l'estrade pour demander au secrétaire de mairie s'il pouvait lui dire deux mots en privé.

Une fois qu'il eut entendu les affirmations du directeur de campagne de Giles, M. Wainwright leva les yeux vers Sebastian puis les baissa vers le scrutateur assis à l'extrémité de la troisième rangée de tables.

— Voilà une grave accusation fondée sur la seule parole d'un enfant, dit-il en regardant à nouveau Sebastian.

— Ce n'est pas un enfant, dit Griff. C'est un jeune homme. Et, de toute façon, il s'agit d'une requête officielle pour que vous fassiez personnellement une vérification.

— Eh bien, à vos risques et périls ! lança Wainwright, après avoir une fois de plus jeté un coup d'œil au scrutateur concerné.

Sur ce, il appela deux de ses assesseurs.

— Suivez-moi, leur dit-il, sans leur donner la moindre explication.

Les trois hommes descendirent les marches de l'estrade et se dirigèrent droit sur la table au bout de la troisième rangée, Giles et Griff sur leurs talons. Le secrétaire de mairie regarda l'homme à la chemise verte et lui dit :

— Me permettriez-vous de prendre votre place, monsieur ? Le directeur de campagne de sir Giles m'a prié de vérifier personnellement vos résultats.

L'homme se leva lentement et se tint à l'écart tandis que Wainwright s'asseyait à sa place et examinait les cinq tas de bulletins en faveur de Fisher placés devant lui.

Il prit la première pile, ôta l'élastique bleu et regarda le premier bulletin. Une rapide vérification le convainquit que les cent bulletins avaient été correctement attribués à Fisher. L'examen de la deuxième pile aboutit au même résultat, tout comme la troisième. À ce moment-là, seul Sebastian, qui regardait du haut du balcon, semblait toujours optimiste.

Lorsque Wainwright enleva le bulletin du dessus de la quatrième pile, il vit une croix à côté du nom de Barrington. Il vérifia le reste de la pile lentement et soigneusement et constata que les quatre-vingt-dix-neuf autres bulletins étaient pour Barrington. Finalement, il vérifia la cinquième pile, composée uniquement de bulletins Fisher.

Personne n'avait remarqué que le candidat du parti conservateur s'était joint au petit groupe qui entourait la table.

— Il y a un problème ? demanda Fisher.

— Rien que je ne puisse régler, répondit le secrétaire de mairie en se tournant vers l'un de ses assesseurs. Demandez aux policiers d'escorter cet homme et de l'expulser du bâtiment, lui dit-il.

Il parla ensuite avec son secrétaire avant de remonter sur l'estrade et de reprendre sa place derrière la calculatrice. Cette fois encore, il prit son temps pour y enregistrer tous les chiffres que lui donnaient ses assesseurs. Après qu'il eut appuyé pour la dernière fois sur la touche «plus», il inscrivit les nouveaux chiffres en face du nom de chaque candidat et, une fois qu'il fut enfin sûr de lui, il leur demanda à tous de remonter sur l'estrade. Cette fois-ci, après qu'il les eut informés des totaux révisés, Giles ne demanda pas un nouveau comptage.

Wainwright retourna vers le micro pour annoncer les résultats à un auditoire qui s'était distrait en échafaudant toute une série d'hypothèses à voix basse.

— ... déclare que le nombre total des voix pour les divers candidats est le suivant :

Sir Giles Barrington                               18 813
M. Reginald Ellsworthy                              3 472
Commandant Alexander Fisher                        18 809

Cette fois-ci, ce furent les partisans travaillistes qui laissèrent éclater leur joie, interrompant le déroulement des opérations durant plusieurs minutes avant que Wainwright puisse annoncer que le commandant Fisher avait demandé un recomptage.

— Que tous les scrutateurs vérifient soigneusement leurs résultats, pour la troisième fois, s'il vous plaît, poursuivit-il, et qu'ils informent immédiatement l'un de mes assesseurs s'ils souhaitent signaler des modifications.

Lorsque Wainwright revint au bureau, son secrétaire lui remit l'ouvrage de référence qu'il avait demandé. Il tourna plusieurs pages de *Macaulay's Election Law* jusqu'à ce qu'il trouve la rubrique qu'il avait repérée l'après-midi. Tandis que Wainwright constatait qu'il avait bien compris les obligations du président d'un bureau de vote, les scrutateurs de Fisher allaient et venaient à vive allure dans les allées entre les tables, exigeant qu'on leur montre le deuxième bulletin de chaque pile Barrington.

Quoi qu'il en soit, quarante minutes plus tard, Wainwright put annoncer qu'il n'y avait aucun changement par rapport aux résultats du deuxième comptage. Fisher exigea immédiatement un nouveau recomptage.

— Je n'accepte pas cette requête, répliqua Wainwright. Les résultats se sont révélés identiques après trois comptages différents, ajouta-t-il en citant les termes exacts de Macaulay.

— Mais ce n'est manifestement pas le cas ! aboya Fisher. Ils ne se sont révélés identiques que deux fois. La première fois, j'avais largement gagné.

— Ils se sont révélés identiques après trois comptages différents, répéta Wainwright, si on prend en considération la regrettable erreur commise par votre collègue au premier comptage.

— Mon collègue ? s'exclama Fisher. Vous m'insultez ! Je n'ai jamais vu cet homme de ma vie. Si vous ne retirez pas ces propos et si vous refusez qu'on procède à un nouveau comptage, force me sera de consulter mes avocats dès demain matin.

— Ce serait tout à fait regrettable, répondit Wainwright, parce que cela m'ennuierait beaucoup de voir le conseiller municipal Peter Maynard s'efforcer d'expliquer à la barre des témoins qu'il n'avait jamais eu l'occasion de rencontrer le président de la section locale de son parti, qui se trouve également être le candidat de son parti aux élections législatives.

Fisher devint rouge comme une pivoine et quitta précipitamment l'estrade.

M. Wainwright se leva de son siège, se dirigea lentement vers le devant de l'estrade et tapota le micro pour la dernière fois, avant de s'éclaircir la gorge et d'annoncer :

— En tant que président du bureau de vote de la circonscription des docks de Bristol, je déclare que le nombre total de voix reçues par chaque candidat est le suivant :

| | |
|---|---:|
| Sir Giles Barrington | 18 813 |
| M. Reginald Ellsworthy | 3 472 |
| Commandant Alexander Fisher | 18 809 |

— Je déclare, par conséquent, que sir Giles Barrington est dûment élu député de la circonscription des docks de Bristol.

Le représentant à la Chambre des communes de la circonscription des docks de Bristol leva les yeux vers le balcon et fit un profond salut à Sebastian Clifton.

# Sebastian Clifton

# 1955-1957

## 26

— Levez vos verres à la santé de l'homme qui nous a fait gagner l'élection ! clama Griff qui, un verre de champagne dans une main et une cigarette dans l'autre, vacillait périlleusement sur une table au milieu de la pièce.

— À la santé de Sebastian ! hurlèrent en chœur toutes les personnes présentes avec force rires et applaudissements.

— Aviez-vous déjà bu du champagne ? s'enquit Griff après être descendu pour rejoindre Sebastian.

— Une fois seulement, reconnut le jeune homme. Lorsque mon ami Bruno a fêté son quinzième anniversaire et que son père nous a invités tous les deux à dîner dans un pub du quartier. Il me semble, par conséquent, que c'est ma deuxième coupe.

— Je vous conseille de ne pas vous y habituer. C'est le nectar des riches. Nous, les ouvriers, dit-il en passant un bras autour des épaules de l'adolescent, nous ne pouvons espérer en boire que deux ou trois coupes par an, et aux frais de quelqu'un d'autre, qui plus est.

— Mais j'ai l'intention de devenir riche.

— J'aurais dû m'en douter ! lança Griff en remplissant à nouveau sa coupe. Alors vous allez devenir un « socialiste champagne », et Dieu sait que notre parti en a déjà plus qu'il n'en faut.

— Je n'appartiens pas à votre parti ! se récria Sebastian. Je suis tory dans toutes les circonscriptions à part celle de mon oncle Giles.

— Alors il faudra que vous veniez habiter à Bristol, déclara Griff tandis que le nouveau député réélu s'approchait d'eux.

— C'est peu probable, intervint Giles. Ses parents me disent espérer qu'il sera admis à Cambridge avec une bourse prestigieuse.

— Alors, si vous êtes à Cambridge plutôt qu'à Bristol, vous verrez sans doute davantage votre oncle que nous.

— Vous avez trop bu, Griff, dit Giles en tapotant le dos de son directeur de campagne.

— Pas autant que si on avait perdu, répliqua Griff en vidant sa coupe. Et n'oubliez pas que les foutus tories ont accru leur majorité à la Chambre.

— Il faudrait qu'on rentre, Seb, si tu veux être un tant soit peu en forme pour l'école demain. Dieu seul sait combien de règles tu as enfreintes ces deux dernières heures.

— Puis-je dire au revoir à M$^{lle}$ Parish avant qu'on s'en aille ?

— Oui, bien sûr. Vas-y pendant que je règle la note des boissons. C'est moi qui régale maintenant que les élections sont terminées.

Sebastian se fraya un chemin entre les groupes de bénévoles, certains d'entre eux oscillant sur leurs pieds telles des branches d'arbres dans le vent, tandis que d'autres, la tête appuyée sur la table la plus proche, avaient perdu conscience ou étaient simplement incapables de faire le moindre mouvement. Il aperçut M^lle^ Parish, assise dans un coin à l'autre bout de la salle, avec deux bouteilles de champagne vides pour toute compagnie. Quand il la rejoignit enfin, il ne fut pas entièrement sûr qu'elle le reconnaissait.

— Mademoiselle Parish, je voulais juste vous remercier de m'avoir permis de faire partie de votre équipe. Vous m'avez énormément appris. Je regrette seulement que vous ne soyez pas l'un de mes professeurs à l'Abbey.

— Voilà un véritable compliment, Sebastian, répondit-elle. Mais je crains de ne pas être née dans le bon siècle. Ce n'est pas demain la veille qu'un collège privé de garçons offrira un poste d'enseignante à une femme… Bonne chance, Sebastian ! poursuivit-elle en se hissant avec difficulté sur ses pieds pour le serrer fortement dans ses bras. J'espère que vous serez admis à Cambridge.

— Qu'a voulu dire M^lle^ Parish quand elle a déclaré qu'elle n'était pas née dans le bon siècle ? demanda Sebastian à Giles tandis que la voiture roulait vers le manoir.

— Simplement que les femmes de sa génération n'ont pas eu la chance d'embrasser une vraie carrière. Elle aurait été un merveilleux professeur, et des centaines d'enfants auraient tiré profit de sa sagesse et de son bon sens. En fait, nous avons perdu deux générations d'hommes dans des guerres mondiales et deux générations de femmes à qui on n'a pas offert la possibilité de les remplacer.

— Voilà de belles paroles, oncle Giles. Mais que va-t-on faire pour remédier à la situation ?

— J'aurais pu en faire fichtrement plus si les travaillistes avaient gagné les élections, répondit Giles en riant, car dès demain j'aurais sans doute fait partie du gouvernement. Je vais devoir me contenter de passer une nouvelle session assis au premier rang des bancs de l'opposition.

— Maman va-t-elle avoir le même problème ? Parce qu'elle ferait une bonne parlementaire.

— Non. Bien que je ne pense pas qu'elle veuille siéger à la Chambre. Je crains qu'elle ait du mal à supporter les imbéciles, ce qui fait partie du boulot. Mais j'ai le sentiment qu'elle finira par tous nous surprendre.

Il arrêta la voiture devant le manoir, coupa le contact et plaça un doigt sur ses lèvres.

— Chut ! fit-il. J'ai promis à ta mère d'éviter de réveiller Jessica.

Ils longèrent l'allée de gravier sur la pointe des pieds et Giles ouvrit la porte d'entrée avec précaution, espérant qu'elle ne grincerait pas. Ils avaient traversé la moitié du vestibule lorsque Giles l'aperçut, dormant à poings fermés, recroquevillée dans un fauteuil, à côté des dernières braises d'un feu mourant. Il la prit doucement dans ses bras et la transporta au premier étage. Sebastian courut devant, ouvrit la porte de la chambre de la fillette et souleva la couverture pendant que Giles la déposait sur le lit. Giles allait refermer la porte derrière lui lorsqu'il entendit une voix qui disait :

— Est-ce qu'on a gagné, oncle Giles ?

— Oui, Jessica, chuchota Giles. Avec quatre voix de plus.

— Tu me dois l'une d'elles, dit Jessica avec un long bâillement. Parce que j'ai persuadé Albert de voter pour toi.

— Alors elle compte double, intervint Sebastian.

Avant qu'il ait le temps d'expliquer pour quelle raison, Jessica s'était rendormie.

*
* *

Lorsque Giles descendit prendre le petit déjeuner, le lendemain matin, c'était plutôt l'heure du brunch.

— Bonjour, bonjour, bonjour, dit-il en faisant le tour de la table.

Il prit une assiette sur le buffet, souleva le couvercle de trois récipients en argent et se servit de grosses parts d'œufs brouillés, de bacon et de haricots blancs au four, comme s'il était toujours écolier. Il s'installa ensuite entre Sebastian et Jessica.

— Maman dit qu'avant de se servir du chaud il faut boire un verre de jus d'orange frais et manger des corn flakes avec du lait, déclara Jessica.

— Et elle a raison, acquiesça Giles. Mais ça ne m'empêchera pas de m'asseoir à côté de ma petite amie préférée.

— Je ne suis pas ta petite amie préférée, protesta Jessica, ce qui réduisit Giles à quia plus efficacement que n'importe quel ministre tory avait jamais réussi à le faire. Maman m'a dit que c'est Gwyneth qui est ta petite amie préférée… Ah, ces hommes politiques ! ajouta-t-elle en imitant Emma, qui éclata de rire.

Giles aborda prudemment un sujet moins périlleux.

— Vas-tu jouer avec le onze, cette année ? demanda-t-il à Sebastian.

— Pas si on a l'intention de gagner des matchs, répliqua Sebastian. Non, je vais devoir occuper le plus clair de mon temps à bûcher huit matières de la première partie de mon examen pour avoir une chance de passer en terminale l'année prochaine.

— Cela ferait plaisir à ta tante Grace.

— Sans parler de sa mère, intervint Emma sans lever les yeux de son journal.

— Quelles seront tes matières principales si tu es admis en terminale ? demanda Giles, qui cherchait toujours à se tirer d'un mauvais pas.

— Langues vivantes. Et mathématiques comme matière en option.

— Si tu obtiens une bourse prestigieuse pour Cambridge, tu auras été plus fort que moi et ton père.

— Que ton père et moi, corrigea Emma.

— Mais pas que maman ou tante Grace, lui rappela Sebastian.

— C'est vrai, reconnut Giles, qui décida de se taire et de se concentrer sur son courrier matinal que Marsden était allé chercher au château Barrington.

À l'aide d'un coupe-papier, il ouvrit une longue enveloppe blanche et en sortit un seul feuillet, qu'il attendait depuis six mois. Il relut le document puis bondit de joie. Tous s'arrêtèrent de manger et le fixèrent avec étonnement.

— La reine t'a-t-elle demandé de former un nouveau gouvernement ? finit par lui demander Harry.

— Non. Les nouvelles sont bien meilleures que ça. Virginia a finalement signé le document concernant le divorce. Je suis enfin libre !

— Il semble qu'elle l'ait signé juste à temps, dit Emma en levant les yeux du *Daily Express.*

— Que veux-tu dire ?

— Une photo d'elle illustre la rubrique de William Hickey et j'ai l'impression qu'elle est enceinte d'environ sept mois.

— On dit qui est le père ?

— Non, mais sur la photo, l'homme qui a un bras autour d'elle est le duc d'Arezzo, répondit Emma en passant le journal à son frère. Et, apparemment, il veut que tout le monde sache qu'il est l'homme le plus heureux du monde.

— Là-dessus, il n'est qu'en deuxième position.

— Est-ce que ça veut dire que je n'aurai plus jamais à parler à lady Virginia ? s'enquit Jessica.

— En effet, répondit Giles.

— Youpi ! s'exclama Jessica.

Il décacheta une seconde enveloppe et en tira un chèque. L'ayant examiné, il leva sa tasse de café à la santé de sir Walter Barrington, son grand-père, et à celle de Ross Buchanan.

Emma hocha la tête tandis qu'il brandissait le chèque pour le lui montrer.

— J'en ai un moi aussi, dit-elle silencieusement.

Quelques instants plus tard, la porte s'ouvrit et Denby entra.

— Désolé de vous déranger, sir Giles, mais le professeur Hughes est en ligne.

— J'allais l'appeler, dit Giles, en ramassant son courrier avant de se diriger vers la porte.

— Prends la communication dans mon bureau, proposa Harry. Comme ça, tu ne seras pas dérangé.

— Merci, dit Giles, qui sortit de la pièce presque en courant.

— On devrait y aller, Seb, dit Harry, si tu espères toujours rentrer à temps pour l'étude de ce soir.

Sebastian permit à sa mère de lui donner un rapide baiser avant de monter chercher sa valise. Quand il redescendit quelques instants plus tard, Denby tenait la porte d'entrée ouverte pour lui.

— Au revoir, monsieur Sebastian, dit-il. Il nous tarde de vous revoir aux grandes vacances.

— Merci, Denby, dit Sebastian en se précipitant dans l'allée où il trouva Jessica près de la portière du passager de la voiture.

Il l'étreignit fortement puis s'installa sur le siège avant à côté de son père.

— Assure-toi de réussir dans les huit matières, lui dit-elle, pour que je puisse dire à tous mes amis que mon grand frère est un as.

## 27

Le directeur aurait été le premier à reconnaître que le jeune homme qui était revenu à Beechcroft Abbey après avoir pris deux jours de vacances pour aider son oncle pendant les élections législatives n'était plus la même personne.

M. Richards, le directeur de résidence de Sebastian, décrivit ce changement comme «l'épiphanie paulinienne de Sebastian sur le chemin de Bristol», car lorsque Clifton rentra pour potasser ses examens, il ne se contenta plus de se laisser porter par le courant et de compter sur son don naturel pour les langues vivantes et les maths, attitude qui lui avait toujours permis jusque-là de franchir la ligne d'arrivée. Pour la première fois de sa vie, il se mit à bûcher tout autant que Bruno Martinez et Vic Kaufman, ses deux copains moins doués que lui.

Quand les résultats de la première partie de l'examen de fin d'études furent fixés sur le panneau d'affichage de l'école, personne ne fut étonné d'apprendre qu'ils passaient tous les trois en terminale, même si plusieurs personnes – mais pas sa tante Grace – furent stupéfaites de voir Sebastian inclus dans le groupe trié sur le volet qui devait se présenter au concours des bourses prestigieuses de Cambridge.

* *<br>*

Le directeur de résidence de Sebastian accepta que Clifton, Kaufman et Martinez partagent un bureau pendant leur année de terminale, et même si Sebastian paraissait travailler autant que ses deux amis, M. Richards déclara au directeur du collège qu'il craignait toujours que le jeune homme ne retombe dans ses anciens errements. Ces craintes auraient pu se révéler infondées si quatre incidents qui allaient forger son avenir ne s'étaient pas produits pendant la dernière année de Sebastian à Beechcroft Abbey.

Le premier eut lieu au début du nouveau trimestre, lorsque Bruno invita Sebastian et Vic à venir dîner avec lui et son père au Beechcroft Arms pour célébrer leur victoire sur les examinateurs. Sebastian accepta avec joie et se réjouissait à l'avance de goûter à nouveau aux plaisirs du champagne lorsque le dîner fut annulé au dernier moment. Bruno expliqua qu'un contretemps inattendu avait obligé son père à changer son emploi du temps.

— Il a plutôt changé d'avis, déclara Vic, après que Bruno fut parti répéter avec la chorale.

— Que veux-tu dire ? fit Sebastian en levant les yeux de ses devoirs.

— Tu vas probablement t'apercevoir que M. Martinez a appris que j'étais juif, et, Bruno ayant refusé de célébrer la victoire sans moi, il a annulé l'invitation.

— Je pourrais parfaitement comprendre, Kaufman, qu'il annule l'invitation parce que tu es une mauviette et une nouille, mais tout le monde s'en fiche que tu sois juif.

— Ça gêne bien plus de gens que tu ne le crois. Tu te rappelles la fois où Bruno t'a invité à son quinzième anniversaire ? Il a expliqué qu'il n'avait le droit d'inviter qu'une seule personne et que ce serait mon tour la prochaine fois. Nous, les juifs, on n'oublie pas ce genre d'affront.

— Je n'arrive toujours pas à croire que M. Martinez ait annulé le dîner pour la seule raison que tu es juif.

— Bien sûr, Seb, parce que tes parents sont des gens civilisés. Ils ne jugent pas les gens d'après leurs origines, et tu as inconsciemment hérité de leur manque de préjugés. Mais, hélas, tu ne représentes pas la majorité, même dans cette école.

Sebastian s'apprêtait à protester mais son ami n'avait pas fini.

— Je sais que certaines personnes pensent, continua Bruno, que nous, les juifs, nous sommes paranoïaques à propos de l'Holocauste, mais qui pourrait nous le reprocher après les continuelles révélations sur ce qui s'est réellement passé dans les camps de concentration ? Crois-moi, Seb, je renifle l'odeur d'un antisémite à trente mètres et tôt ou tard ta sœur aura à faire face aux mêmes problèmes.

— Jessica n'est pas juive ! s'esclaffa Sebastian. Un peu bohémienne, peut-être, mais pas juive.

— Bien que je ne l'aie rencontrée qu'une seule fois, je peux t'assurer, Seb, qu'elle est juive.

Il n'était pas facile de réduire Sebastian à quia, mais Vic y était parvenu.

Le deuxième incident survint pendant les grandes vacances, quand Sebastian rejoignit son père dans son cabinet de travail pour examiner avec lui son bulletin de fin d'année. Sebastian jetait un coup d'œil aux nombreuses photos de famille disposées sur son bureau, lorsque l'une d'elles en particulier attira son attention. Elle représentait sa mère bras dessus, bras dessous avec son père et son oncle Giles sur la pelouse du manoir. Sa mère devait avoir douze ou treize ans à l'époque et elle portait son uniforme du collège de filles de Red Maids. La ressemblance était si grande que, l'espace d'un instant, Sebastian crut que c'était Jessica. Ce n'était sans doute qu'un effet d'optique, mais il se souvint ensuite de leur visite au foyer du D$^r$ Barnardo et de la rapidité avec laquelle ses parents avaient cédé lorsqu'il avait décidé que Jessica était la seule fillette qu'il voulait considérer comme sa sœur.

— Tout à fait satisfaisant dans l'ensemble, déclara son père après avoir lu le dernier feuillet du bulletin. Je regrette que tu laisses tomber le latin, mais je suis certain que le directeur a de bonnes raisons pour justifier cette décision. Et je suis d'accord avec M. Banks-Williams : si tu continues à bien travailler, tu as toutes les chances d'obtenir une bourse pour Cambridge. Banks-Williams, ajouta Harry en souriant, n'est pas homme à utiliser des hyperboles mais, le jour de la distribution des prix, il m'a annoncé qu'il prévoit de t'emmener, le trimestre prochain, visiter Peterhouse, son ancien collège à l'université de Cambridge, parce qu'il espère que tu y seras admis dans les mêmes conditions que lui. Naturellement, c'est lui qui avait obtenu la plus prestigieuse bourse du collège.

Sebastian continuait à fixer la photo.

— Tu as entendu ce que je viens de dire ? lui demanda son père.

— Papa, répondit Seb d'un ton calme, son regard passant de la photo à son père, tu ne penses pas que l'heure est venue de me dire la vérité sur Jessica ?

Harry repoussa le bulletin sur le côté, hésita quelques instants, puis se cala dans son fauteuil et raconta tout à son fils. Il commença par la mort du grand-père de Sebastian qui avait été poignardé par Olga Piotrovska, puis passa à la découverte du bébé dans le panier dans son bureau. Ensuite il expliqua comment Emma avait fait une enquête qui l'avait conduite au foyer Barnardo à Bridgwater. Quand il parvint à la fin de son récit, Sebastian lui posa une seule question :

— Quand allez-vous lui dire la vérité ?

— C'est la question que je me pose chaque jour.

— Pourquoi as-tu attendu si longtemps, papa ?

— Parce que je ne veux pas qu'elle ait à subir ce que, d'après toi, ton ami Vic Kaufman subit tous les jours.

— Jessica sera encore plus malheureuse si elle découvre la vérité par elle-même.

La question suivante stupéfia Harry.

— Tu veux que ce soit moi qui la lui dise ?

Incrédule, Harry fixa son fils de dix-sept ans. À quel moment un enfant devient-il un adulte ? se demanda-t-il.

— Non, finit-il par répondre. Ta mère et moi devons prendre nos responsabilités. Mais il faudra trouver le bon moment.

— Ce ne sera jamais le bon moment.

Harry essaya de se rappeler la dernière fois où il avait entendu ces paroles.

Le troisième incident se produisit lorsque Sebastian tomba amoureux pour la première fois. Pas d'une femme, mais d'une ville. Ce fut le coup de foudre, parce qu'il n'avait jamais rien vu de tel. Elle était belle, exigeante, désirable et tentatrice à la fois. Lorsqu'il lui tourna le dos pour rentrer à Beechcroft, il était encore plus décidé à voir son nom imprimé en lettres d'or sur le tableau des mentions de l'école.

Après son retour de Cambridge, il se mit à travailler un nombre d'heures incroyable et même le directeur de l'école commençait à croire que l'impossible avait des chances de se produire. Mais Sebastian rencontra alors son second amour, ce qui provoqua le quatrième incident.

S'il était conscient de l'existence de Ruby depuis quelque temps déjà, ce ne fut qu'au cours de son dernier trimestre à Beechcroft qu'il la remarqua vraiment. Même alors, il aurait pu ne pas lui prêter grande attention si elle n'avait pas effleuré sa main tandis qu'il attendait un bol de porridge au comptoir. Il supposa que c'était arrivé par hasard et il n'y aurait plus pensé si cela ne s'était pas reproduit le lendemain.

Il faisait la queue pour avoir un deuxième bol de porridge, bien que Ruby l'ait servi la première fois plus généreusement que tous les autres élèves. Comme il se détournait pour regagner sa table, elle lui glissa un morceau de papier dans la main. Il attendit d'être seul dans son bureau après le petit déjeuner pour le lire.

« Rendez-vous dans School Lane à 17 heures ? »

Sebastian savait fort bien que School Lane était interdit aux élèves et que si on y était pris on recevait des coups de canne de la main du directeur de résidence. Mais il jugea que ça valait la peine de courir le risque.

Lorsque la cloche sonna pour annoncer la fin du dernier cours, il quitta discrètement la salle et fit un très long détour, contournant les terrains de sport avant d'escalader une clôture de bois et de dévaler un talus abrupt pour tomber dans School Lane. Il avait un quart d'heure de retard mais Ruby sortit de derrière un arbre et se dirigea droit sur lui. Elle avait tout à fait changé d'aspect... Non seulement elle avait ôté son tablier pour revêtir un chemisier blanc et une jupe plissée noire, mais elle avait également dénoué ses cheveux, et c'était la première fois qu'il la voyait avec du rouge à lèvres.

Bien qu'ils n'aient pas grand-chose à se dire, après ce premier rendez-vous, ils se virent deux, parfois trois fois par semaine, mais jamais pendant plus d'une demi-heure car ils devaient tous les deux rentrer à 18 heures pour le dîner.

Seb avait embrassé Ruby plusieurs fois à leur deuxième rendez-vous avant d'apprendre grâce à elle ce qu'on ressent lorsque les lèvres s'entrouvrent et que les langues se touchent. Comme ils se cachaient derrière un arbre, il n'alla guère au-delà de tentatives pour découvrir différentes parties du corps de la jeune fille. Toutefois, puisqu'il ne restait que quinze jours avant la fin de l'année scolaire, elle lui permit de défaire les boutons de son chemisier et de placer la main sur sa poitrine. Une semaine plus tard, il trouva l'agrafe de son soutien-gorge dans son dos et il décida qu'après les examens il allait obtenir deux diplômes.

Et c'est à ce moment-là que tout alla de travers.

28

— Renvoyé temporairement ?
— Vous ne m'avez pas laissé le choix, Clifton.
— Mais, monsieur, il ne reste que quatre jours avant la fin de l'année.
— Dieu seul sait ce que vous réussiriez à faire pendant ce temps si je ne vous renvoyais pas, rétorqua le directeur.
— Qu'ai-je donc fait pour mériter ce sévère châtiment, monsieur ?
— Je crois que vous ne savez que trop ce que vous avez fait, Clifton, mais si vous voulez que je vous dresse la liste de toutes les infractions au règlement que vous avez commises ces derniers jours, je le ferai avec plaisir.

Sebastian se retint de rire en se rappelant sa dernière escapade.

M. Banks-Williams, docteur ès lettres, baissa la tête et étudia les notes qu'il avait jetées sur le papier avant de convoquer l'adolescent dans son bureau. Il ne reprit la parole qu'au bout d'un long moment.

— Étant donné qu'il reste moins d'une semaine avant la fin de l'année scolaire, Clifton, et puisque vous avez terminé votre examen de fin d'études, j'aurais pu oublier que vous avez été surpris en train de fumer dans le bâtiment des anciens vestiaires, voire ne prêter aucune attention à la bouteille de bière vide trouvée sous votre lit, mais votre dernière entorse à la morale ne peut être passée sous silence si facilement.

— Ma dernière entorse à la morale ? répéta Sebastian, amusé par la gêne du directeur.

— On vous a trouvé dans votre bureau en compagnie d'une servante après l'extinction des feux.

Sa conduite aurait-elle été acceptable s'il ne s'était pas agi d'une servante et s'il avait laissé la lumière allumée ? avait envie de demander Sebastian.

Il se rendait compte cependant qu'une telle désinvolture risquait de lui causer davantage d'ennuis et que, s'il n'avait pas obtenu une bourse prestigieuse pour Cambridge, la plus prestigieuse obtenue par l'école depuis plus d'une génération, il aurait pu être mis à la porte définitivement et pas seulement temporairement. Mais il réfléchissait déjà à la façon dont il pourrait tourner la situation à son avantage. Après que Ruby lui eut fait clairement comprendre qu'en échange d'une petite rémunération elle était disposée à accorder ses faveurs, Sebastian avait accepté ses conditions avec joie, et elle avait été d'accord pour entrer dans son bureau par la fenêtre ce soir-là après l'extinction des lumières. Alors qu'il n'avait jamais vu une femme nue auparavant, il avait vite compris en revanche que ce n'était pas la première fois que Ruby enjambait le rebord de cette fenêtre. Le directeur interrompit le cours de ses pensées.

— Je dois vous poser une question d'homme à homme, dit-il d'un ton encore plus pompeux que d'habitude. Il est fort possible que votre réponse influe sur ma décision de conseiller ou non au responsable des admissions à Cambridge d'annuler votre inscription, mesure qui nous affecterait tous beaucoup à Beechcroft. Quoi qu'il en soit, ce qui prime pour moi, c'est la réputation de l'école.

Sebastian serra les poings et s'efforça de rester calme. Passe encore d'être expulsé temporairement, mais perdre sa place à Cambridge était tout autre chose. Il se tut, attendant que le directeur pose sa question.

— Réfléchissez avant de me répondre, Clifton, parce que votre réponse risque de décider de votre avenir. Kaufman ou Martinez ont-ils joué un rôle dans votre…

Le directeur hésita, cherchant à l'évidence le mot exact avant de finalement reprendre la même expression.

— … entorse à la morale ?

Sebastian se retint de sourire. L'idée que Victor Kaufman puisse prononcer les termes de « petite culotte » – et surtout qu'il essaye d'enlever ledit sous-vêtement à Ruby – aurait provoqué l'incrédulité, voire les moqueries, même d'élèves de seconde.

— Je peux vous assurer, monsieur le directeur, qu'à ma connaissance Victor n'a jamais fumé une seule cigarette ni avalé la moindre gorgée de bière. Quant aux femmes, il est même gêné de se déshabiller devant l'infirmière.

Le directeur sourit. Clifton avait à l'évidence donné la réponse qu'il souhaitait entendre et, en outre, c'était la vérité.

— Et Martinez ?

Sebastian dut décider au pied levé s'il allait protéger son meilleur ami. Lui et Bruno étaient inséparables depuis que Sebastian était venu à son secours pendant une bataille de polochons dans le dortoir, au début de leur première année alors que le seul crime du petit nouveau était d'être un «métèque» et, pire, de venir d'un pays qui ne jouait pas au cricket, sport que Sebastian détestait, ce qui les rapprocha encore plus. Sebastian savait que Bruno fumait volontiers une cigarette de temps en temps et il l'avait une fois accompagné au pub du coin pour boire une bière, mais seulement après les examens. Il savait aussi que Bruno ne refuserait pas ce que Ruby avait à offrir, mais il ignorait ce que le directeur savait déjà. En outre, Bruno avait été également admis à Cambridge pour la rentrée de septembre et, si Sebastian avait rencontré le père de son ami deux fois seulement, il ne voulait pas que ce soit à cause de lui que son fils ne puisse plus y aller.

— Et Martinez ? répéta le directeur d'un ton un peu plus ferme.

— Comme vous le savez, bien sûr, monsieur le directeur, Bruno est un fervent catholique et il m'a à maintes reprises assuré que son épouse serait la première femme avec qui il coucherait.

Cette déclaration était vraie, même si Bruno ne s'était pas exprimé récemment de manière aussi péremptoire.

Le directeur opina du chef d'un air songeur et Sebastian se demanda pendant quelques instants s'il l'avait convaincu jusqu'au moment où M. Banks-Williams ajouta :

— Et qu'en est-il des cigarettes et de l'alcool ?

— Il a essayé de fumer une cigarette pendant les vacances, reconnut Sebastian, mais ça l'a rendu malade et, autant que je sache, il n'a pas renouvelé l'expérience.

En tout cas, pas depuis hier soir, fut-il tenté d'ajouter. Le directeur n'avait pas l'air convaincu.

— Et, une fois, je l'ai vu boire une coupe de champagne, poursuivit Sebastian, mais pour fêter son admission à Cambridge. Et il était alors avec son père.

Ce que Sebastian n'avoua pas, c'est que, après que M. Martinez les eut raccompagnés à l'école ce soir-là dans sa Rolls-Royce rouge, Sebastian avait apporté la bouteille en catimini dans son bureau où ils l'avaient terminée après l'extinction des feux. Mais il avait lu un trop grand nombre de romans policiers de son père pour ignorer que les coupables se condamnent souvent en prononçant une phrase de trop.

— Je vous remercie, Clifton, de votre franchise à ce propos, car cela a dû quelque peu vous gêner d'être interrogé sur un ami. Personne n'aime les cafteurs.

Cette déclaration fut suivie d'un long silence que Sebastian se garda de rompre.

— S'il n'y a manifestement aucune raison que je dérange Kaufman, reprit enfin le directeur, je vais devoir quand même dire deux mots à Martinez, ne serait-ce que pour m'assurer qu'il n'enfreigne pas le règlement de l'école pendant les derniers jours qui lui restent à passer à Beechcroft.

Sebastian sourit. Une goutte de sueur roulait le long de son nez.

— J'ai cependant écrit à votre père, poursuivit le directeur, pour lui expliquer pourquoi vous allez rentrer chez vous quelques jours avant la fin des classes. Mais, grâce à votre franchise et à vos évidents remords, je ne vais pas informer le responsable des inscriptions à Cambridge que vous avez été renvoyé temporairement.

— Je vous en suis très reconnaissant, dit Sebastian, l'air sincèrement soulagé.

— Vous allez à présent retourner à votre bureau pour faire vos bagages et vous préparer à partir sur-le-champ. Votre directeur de résidence a été prévenu et il va organiser votre retour à Bristol.

— Merci, monsieur, répondit Sebastian en baissant la tête de peur que le directeur n'aperçoive son sourire narquois.

— Ne tentez pas de contacter Kaufman ou Martinez avant de quitter l'école… Autre chose, Clifton, vous êtes toujours soumis au règlement de l'école jusqu'au dernier jour du trimestre. Si vous commettiez la moindre infraction, je n'hésiterais pas à reconsidérer ma décision à propos de votre admission à Cambridge. Est-ce bien compris ?

— Absolument.

— Espérons que cette affaire vous a appris quelque chose. Quelque chose qui vous servira à l'avenir.

— Espérons-le, répondit Sebastian, comme le directeur se levait de son bureau et lui donnait une lettre.

— Remettez cela à votre père dès que vous arriverez chez vous.

— Comptez sur moi, promit Sebastian en plaçant la lettre dans une poche intérieure de sa veste.

Le directeur lui tendit la main et Sebastian la lui serra mollement.

— Bonne chance, Clifton, dit le directeur sans conviction.

— Merci, monsieur, fit Sebastian avant de refermer doucement la porte derrière lui.

*\
* *

Le directeur se rassit, satisfait de la façon dont s'était déroulé l'entretien. Il était soulagé mais pas surpris que Kaufman n'ait pas été impliqué dans une affaire aussi déplaisante, d'autant plus que Saul Kaufman, son père, faisait partie du conseil d'administration de l'école et était président de la banque Kaufman, l'une des institutions financières les plus respectées de la City de Londres.

Il ne voulait surtout pas non plus se brouiller avec le père de Martinez qui avait récemment indiqué qu'il ferait une donation de dix mille livres sterling à la bibliothèque de l'école si son fils était admis à Cambridge. Il ne savait pas très bien d'où venait sa fortune, mais les frais d'inscription et toutes les dépenses supplémentaires étaient toujours réglés rubis sur l'ongle.

En revanche, Clifton avait constitué un problème dès l'instant où il avait franchi les grilles de l'école. Le directeur s'était efforcé d'être compréhensif, vu les rudes épreuves traversées par ses parents, mais la tolérance de l'école avait ses limites. En fait, s'il n'avait pas été probable que Clifton obtienne la plus prestigieuse bourse pour Cambridge, M. Banks-Williams l'aurait expulsé sans hésitation depuis longtemps. Il était soulagé de ne plus avoir à le revoir et il espérait que Sebastian n'allait pas décider de faire partie de l'Association des anciens élèves de l'école.

— Les anciens élèves ! fit-il à haute voix, sa mémoire lui revenant d'un coup.

Il était censé prendre la parole au cours de leur dîner annuel à Londres, ce soir-là, et il devait y présenter le rapport de fin d'année scolaire, son dernier après avoir été directeur du collège durant quinze ans. Il n'appréciait guère le Gallois qui avait été choisi pour le remplacer. C'était le genre de type qui n'attachait pas son nœud papillon correctement et qui n'aurait infligé à Clifton qu'un simple avertissement.

Sa secrétaire avait dactylographié son discours et l'avait posé sur son bureau, au cas où il souhaiterait y apporter d'ultimes modifications. Il aurait aimé le relire une fois de plus avant de le lui donner à taper, mais cela n'avait pas été possible à cause de son entrevue avec Clifton. Il devrait donc effectuer à la main toute correction de dernière minute pendant son voyage en train.

Il consulta sa montre, rangea le discours dans sa serviette et monta dans ses appartements privés. Il fut ravi de constater que son épouse avait déjà mis dans sa valise son smoking, une chemise blanche empesée, un nœud papillon, des socquettes propres, ainsi que sa trousse de toilette. Il avait clairement indiqué son désaccord au président de l'association lorsqu'un vote avait décidé qu'on cesserait de porter l'habit noir à queue-de-pie au dîner annuel.

Sa femme l'accompagna en voiture jusqu'à la gare et ils arrivèrent quelques minutes seulement avant l'heure du train express pour Paddington. Il acheta un billet de première classe aller-retour puis traversa à grands pas la passerelle pour gagner le quai le plus éloigné où un train venait de s'arrêter avant de déverser ses passagers. Il descendit sur le quai et consulta à nouveau sa montre. Il avait quatre minutes d'avance. Il fit un signe de tête au chef de train qui remplaçait un drapeau rouge par un vert.

— En voiture ! hurla-t-il comme le directeur se dirigeait vers une voiture de première classe en tête de train.

Il monta dans le compartiment et s'affala sur un siège d'angle où il fut accueilli par un nuage de fumée. Quelle répugnante habitude ! Il était d'accord avec le journaliste du *Times* qui avait récemment suggéré que le Great Western Railway réserve aux passagers de première classe un bien plus grand nombre de compartiments non fumeurs.

Il sortit le discours de sa serviette et le plaça sur ses genoux. Lorsque la fumée se dissipa, il leva les yeux et le découvrit, assis de l'autre côté du compartiment.

# 29

Sebastian écrasa sa cigarette, se mit debout d'un bond, attrapa sa valise dans le filet au-dessus de lui et sortit du compartiment sans un mot. Il était douloureusement conscient du fait que, même s'il se taisait, le directeur ne le quittait pas des yeux.

Il trimbala sa valise à travers plusieurs wagons jusqu'à l'autre bout du train avant de se glisser dans une voiture de troisième classe bondée. Les yeux fixés sur le paysage, il s'efforça de trouver une issue à la situation présente.

Peut-être devrait-il retourner en première pour raconter au directeur qu'il allait passer quelques jours à Londres avec son oncle, le député sir Giles Barrington ? Mais pourquoi aurait-il pris cette décision alors qu'on lui avait donné l'ordre de rentrer à Bristol et de remettre la lettre du directeur à son père ? En fait, ses parents se trouvaient à Los Angeles pour assister à une cérémonie universitaire au cours de laquelle sa mère devait recevoir son diplôme d'études commerciales, avec mention très bien, et ils ne rentreraient pas en Angleterre avant la fin de la semaine.

Comment se fait-il que vous ne me l'avez pas tout de suite dit? pouvait-il entendre répondre le directeur. Car, dans ce cas, votre directeur de résidence aurait pu vous fournir le billet adéquat. Eh bien, pour la simple raison qu'il avait eu l'intention de rentrer à Bristol le dernier jour de l'année scolaire, et lorsque ses parents seraient arrivés le samedi, ils n'y auraient vu que du feu. Il aurait pu d'ailleurs s'en tirer s'il ne s'était pas trouvé dans un compartiment de première classe, une cigarette aux lèvres. Ne l'avait-on pas averti des conséquences s'il enfreignait une fois de plus le règlement de l'école avant la fin du trimestre? Avant la fin du dernier trimestre... Il avait commis trois infractions au règlement en moins d'une heure après avoir quitté l'école. Il est vrai qu'il avait bien cru ne jamais revoir le directeur.

Je suis un ancien élève, maintenant, et j'ai le droit d'agir à ma guise, avait-il envie de dire, mais il savait que cela ne marcherait pas. Et s'il décidait de regagner la voiture de première classe, le directeur risquait de découvrir qu'il n'avait qu'un billet de troisième classe, tricherie habituelle lorsqu'il allait à l'école ou en revenait à chaque début ou fin de trimestre.

Il s'installait alors à une place d'angle dans un compartiment de première en s'assurant qu'il jouissait d'une vue dégagée sur le couloir. Dès que le contrôleur entrait à l'autre bout de la voiture, il sortait prestement du compartiment et disparaissait dans les toilettes les plus proches sans verrouiller la porte et en laissant en place la mention «libre». Une fois que le receveur était passé dans la voiture suivante, il revenait discrètement dans le compartiment de première classe et y restait jusqu'à la fin du voyage. Comme il s'agissait d'un train direct, ça marchait toujours. Enfin, sauf une fois... Ce jour-là, un contrôleur zélé était revenu sur ses pas et l'avait surpris dans la mauvaise voiture. Sebastian avait immédiatement fondu en larmes et s'était excusé en expliquant que ses parents voyageaient toujours en première et qu'il ne savait même pas qu'il existait une troisième classe. Il s'en était tiré mais il n'avait alors que onze ans. Il en avait aujourd'hui dix-sept et le contrôleur ne serait pas le seul à douter de sa parole.

Il savait qu'il n'avait pas la moindre chance d'être gracié et, s'étant fait à l'idée qu'il n'irait pas à Cambridge en septembre, il se mit à réfléchir à ce qu'il ferait après l'arrivée du train à la gare de Paddington.

Tandis que le train filait à travers la campagne en direction de la capitale, le directeur ne jeta pas le moindre coup d'œil à son discours.

Devait-il partir à la recherche du gamin et exiger une explication ? Il savait que son directeur de résidence lui avait fourni un billet aller de troisième classe pour Bristol, alors que faisait-il dans un compartiment de première classe d'un train se dirigeant vers Londres ? Se serait-il par mégarde trompé de train ? Sûrement pas. Ce garçon savait toujours très bien où il allait. Il n'avait tout simplement pas imaginé qu'il pourrait être pris en flagrant délit. De toute façon, il était en train de fumer, bien qu'on lui ait dit qu'il était tenu de respecter le règlement de l'école jusqu'au dernier jour de l'année scolaire. Il n'avait même pas attendu une heure pour le défier. Il n'avait aucune circonstance atténuante. Il ne lui avait pas laissé le choix.

Le lendemain, il annoncerait à la réunion générale du matin que Clifton avait été renvoyé définitivement. Puis il téléphonerait au responsable des admissions au collège Peterhouse de l'université, et ensuite au père de Clifton, pour lui expliquer pourquoi son fils n'irait pas à Cambridge en septembre. Après tout, M. Banks-Williams, docteur ès lettres, devait prendre en considération la réputation de l'école, réputation sur laquelle il veillait jalousement depuis quinze ans.

Il tourna plusieurs pages de son discours avant de trouver le passage recherché. Il relut ce qu'il avait écrit sur les succès de Clifton, hésita un instant avant de rayer le paragraphe d'un trait.

*
* *

Sebastian se demandait s'il devait être le premier ou le dernier à descendre quand le train arriverait à Paddington. Peu importait, en fait, du moment qu'il évitait de tomber sur le directeur.

Ayant décidé qu'il sortirait le premier, il fut prêt à bondir de son siège pendant les vingt dernières minutes du trajet. Il vida ses poches et constata qu'il avait une livre, douze shillings et six pence, bien plus que d'habitude, mais il est vrai que son directeur de résidence lui avait remboursé tout l'argent de poche qu'il n'avait pas dépensé.

Il avait d'abord projeté de passer quelques jours à Londres avant de rentrer à Bristol le dernier jour du trimestre et il n'avait pas eu la moindre intention de remettre la lettre du directeur à son père. Il la tira de sa poche. Elle était adressée à «Monsieur H. A. Clifton», nom suivi de la mention «Personnel». Après avoir jeté un coup d'œil alentour pour vérifier que personne ne le regardait, il l'ouvrit d'un coup sec. Il la lut lentement, puis la relut. Le ton était modéré, les termes mesurés et, à sa grande surprise, aucune allusion n'était faite à propos de Ruby. Si seulement il avait pris le train pour Bristol, s'il était rentré à la maison et avait donné la lettre à son père après son retour d'Amérique, les choses auraient pu se passer tout à fait différemment. Nom de Dieu ! Et, d'abord, que fabriquait le directeur dans ce train ?

Il remit la lettre dans sa poche et tenta de réfléchir à ce qu'il allait faire à Londres, car il n'était sûrement pas question qu'il rentre à Bristol avant que tous ces nuages se soient dissipés, ce qui risquait de prendre un certain temps. Mais combien de jours espérait-il survivre avec une livre, douze shillings et six pence ? Il le découvrirait bientôt.

Il se tenait près de la portière longtemps avant que le train n'entre en gare de Paddington et il l'ouvrit avant l'arrêt. Il sauta à terre, se précipita vers la barrière aussi rapidement que sa valise le lui permettait, donna son billet à l'employé puis se perdit dans la foule.

Ce n'était que la deuxième fois qu'il venait à Londres et la première fois il était avec ses parents. Une voiture les attendait et les avait emportés jusqu'à l'hôtel particulier de son oncle à Smith Square. Oncle Giles l'avait emmené à la Tour de Londres pour voir les joyaux de la Couronne, puis au musée de Madame

Tussaud pour admirer les personnages en cire, tels Edmund Hillary, Betty Grable et Don Bradman – le grand joueur de cricket australien –, avant de boire du thé et de manger une brioche qui collait aux doigts au Regent Palace Hotel. Le lendemain, oncle Giles leur avait fait visiter la Chambre des communes et ils avaient vu, assis au premier rang, Winston Churchill dont les yeux lançaient des éclairs. Sebastian avait été surpris de constater qu'il était très petit.

Lorsque l'heure était venue de rentrer à Bristol, Sebastian avait dit à son oncle qu'il lui tardait de revenir à Londres. Aujourd'hui, il était de retour, mais aucune voiture ne l'attendait, et son oncle était la dernière personne à qui il oserait rendre visite. Il n'avait pas la moindre idée de l'endroit où il allait passer la nuit.

Comme il se frayait un chemin au milieu de la foule, quelqu'un manqua de le faire tomber en butant contre lui. Il vit un jeune homme s'éloigner en courant sans même prendre la peine de s'excuser.

Il sortit de la gare et se retrouva dans une rue bordée d'une enfilade de maisons victoriennes mitoyennes. Des panneaux proposant des chambres avec petit déjeuner étaient accrochés aux fenêtres de plusieurs d'entre elles. Il choisit le *bed-and-breakfast* qui avait le heurtoir le mieux astiqué et les jardinières les plus soignées. Une femme avenante vêtue d'une robe d'intérieur en nylon à fleurs vint ouvrir et fit un charmant sourire à son éventuel client. Si elle fut surprise de découvrir sur le seuil un jeune homme en uniforme d'écolier, elle ne le montra pas.

— Entrez donc, monsieur. Cherchez-vous une chambre ?

— Oui, répondit Sebastian, étonné qu'on lui donne du « monsieur ». J'ai besoin d'une chambre pour une nuit et j'aimerais en connaître le prix.

— Quatre shillings par nuit, petit déjeuner compris. Ou une livre par semaine.

— J'ai seulement besoin d'une chambre pour cette nuit, répondit Sebastian qui se rendait compte que, s'il avait l'intention de demeurer quelque temps à Londres, il allait devoir chercher dès le lendemain matin un logement moins cher.

— Bien sûr, dit-elle en soulevant sa valise et en longeant le couloir.

Il n'avait jamais vu une femme porter une valise, mais elle avait déjà gravi la moitié des marches avant qu'il puisse l'en empêcher.

— Je m'appelle M$^{me}$ Tibbet, reprit-elle, « Tibby » pour les habitués.

Parvenue au premier étage, elle ajouta :

— Je vous mets à la 7. Comme elle donne sur l'arrière, vous risquez moins d'être réveillé par la circulation matinale.

N'ayant jamais été réveillé par la circulation, Sebastian n'avait pas la moindre idée de ce qu'elle voulait dire.

Elle déverrouilla la porte de la 7 et s'écarta pour laisser son client entrer dans la chambre. La pièce était plus petite que son bureau à Beechcroft, mais, à l'instar de sa propriétaire, elle était nette et soignée. Il y avait un lit à une place, des draps impeccables, ainsi qu'un lavabo dans un coin.

— La salle de bains se trouve au bout du couloir, précisa M$^{me}$ Tibbet avant qu'il ait eu le temps de poser la question.

— J'ai changé d'avis, madame Tibbet, dit-il. Je vais la prendre pour une semaine.

Elle tira une clé de sa robe, mais avant de la lui remettre, elle déclara :

— Cela fera une livre. Payable à l'avance.

— Oui, bien sûr, dit Sebastian.

Il plongea la main dans la poche de son pantalon et s'aperçut qu'elle était vide. Il essaya une autre poche, puis une autre, mais son argent était introuvable. Finalement, il se mit à genoux par terre et fouilla frénétiquement dans sa valise.

Les mains sur les hanches, M<sup>me</sup> Tibbet avait cessé de sourire. Il continua à remuer ses vêtements dans tous les sens avant d'abandonner la partie. Il s'affala sur le lit, priant Dieu que Tibby soit plus compréhensive que le directeur.

*
\* \*

Le directeur entra dans sa chambre au Reform Club et prit un rapide bain avant de revêtir son smoking. Il vérifia la position de son nœud papillon puis descendit rejoindre son hôte.

Nick Judd, le président de l'Association des anciens élèves, l'attendait au bas de l'escalier. Il accompagna son invité d'honneur dans la salle de réception où ils se joignirent à d'autres membres du comité qui consommaient au bar.

— Que prenez-vous, monsieur le directeur ? demanda le président.

— Un sherry sec, s'il vous plaît.

Il fut déconcerté par ce que lui dit ensuite Judd :

— Permettez-moi d'être le premier à vous féliciter, lui dit-il après avoir commandé, pour l'obtention par l'école de la bourse la plus prestigieuse de Peterhouse. Cela ajoute un fleuron à votre couronne et vous permet de terminer en beauté votre dernière année.

Le directeur resta coi et se dit qu'il allait devoir réinsérer les trois lignes rayées de son discours. La nouvelle du renvoi définitif de Clifton pourrait être annoncée un peu plus tard. Après tout, le gamin avait obtenu cette bourse et les choses resteraient en l'état tant qu'il n'aurait pas parlé le lendemain matin au responsable des inscriptions à Cambridge. Malheureusement, le président ne fut pas le seul à évoquer l'exploit de Clifton, et lorsque le directeur se leva pour faire son compte rendu annuel, il ne vit aucune raison de mettre l'assemblée au courant de ce qu'il avait l'intention de faire le lendemain. Il fut surpris que l'annonce de l'obtention de la bourse soit saluée par des applaudissements aussi prolongés.

Le discours fut bien reçu et quand M. Banks-Williams se rassit, tant d'anciens élèves vinrent à la table d'honneur pour lui souhaiter une agréable retraite qu'il faillit rater son dernier train pour rentrer à Beechcroft. À peine s'était-il installé dans son compartiment de première classe que ses pensées se tournèrent à nouveau vers Sebastian Clifton. Il commença à écrire quelques mots de l'allocution qu'il prononcerait à la réunion générale du matin… «Critères», «décence», «honneur», «discipline» et «respect» furent ceux qui lui vinrent à l'esprit, et lorsque le train s'arrêta à la gare de Beechcroft, il avait terminé le premier jet.

Il fut soulagé de voir que, malgré l'heure tardive, sa femme l'attendait dans la voiture.

— Comment cela s'est-il passé ? demanda-t-elle, avant même qu'il ait refermé la portière.

— Vu les circonstances, je peux dire, me semble-t-il, que mon discours a été bien reçu.

— Vu les circonstances ?

Avant qu'ils atteignent la maison, il avait eu le temps de raconter à sa femme tous les détails de sa rencontre avec Clifton dans le train.

— Et que comptes-tu faire à ce sujet ? s'enquit-elle comme il déverrouillait la porte d'entrée.

— Il ne m'a pas laissé le choix. Demain matin, je vais annoncer à la réunion générale que Clifton a été renvoyé définitivement et que, par conséquent, hélas, il n'ira pas à Cambridge en septembre.

— N'est-ce pas une mesure un peu draconienne ? suggéra M$^{me}$ Banks-Williams. Après tout, il se peut qu'il ait eu une bonne raison de se trouver dans le train de Londres.

— Alors pourquoi a-t-il quitté la voiture dès qu'il m'a vu ?

— Il n'avait sans doute pas envie de faire tout le voyage en ta compagnie, mon cher. Après tout, tu peux être très intimidant.

— Mais n'oublie pas que je l'ai également surpris en train de fumer, fit-il, sans réagir à sa remarque.

— Pourquoi s'en serait-il privé ? Ayant franchi les limites de l'école, il n'était pas *in statu pupillari*.

— Je lui avais clairement indiqué qu'il était soumis au règlement de l'école jusqu'à la fin de l'année scolaire et qu'autrement il devrait faire face aux conséquences.

— Veux-tu un petit verre avant d'aller au lit, mon cher ?

— Non, merci. Il faut que j'essaye de passer une bonne nuit de sommeil. Demain ne va pas être un jour de tout repos.

— Pour toi ou pour Clifton ? demanda-t-elle avant d'éteindre la lumière.

*
* *

Sebastian s'assit au bout du lit et raconta à M^me Tibbet tout ce qui s'était passé ce jour-là. Il n'omit rien, allant jusqu'à lui montrer la lettre écrite par le directeur.

— Ne pensez-vous pas qu'il serait sage de rentrer chez vous ? Après tout, vos parents vont se faire un sang d'encre si vous n'êtes pas là à leur retour. Et, de toute façon, vous ne pouvez pas être sûr que le directeur va vous renvoyer définitivement.

— Croyez-moi, madame Tibbet, le Plouc a sans doute déjà pris sa décision et il va l'annoncer à la réunion générale demain matin.

— Vous devriez rentrer chez vous malgré tout.

— Ça m'est impossible après avoir trahi mes parents. Leur plus grand souhait a toujours été que j'aille à Cambridge. Ils ne me pardonneront jamais.

— Je n'en suis pas aussi sûre que vous. Mon père disait toujours que la nuit porte conseil et qu'il faut attendre le lendemain matin pour prendre une décision. Autrement, on risque de le regretter plus tard. L'avenir paraît toujours plus radieux le matin.

— Mais je n'ai aucun endroit où dormir.

— Ne dites pas de bêtises, répondit M<sup>me</sup> Tibbet en passant un bras autour des épaules du jeune homme. Vous pouvez passer la nuit ici. Mais pas le ventre vide. Alors, une fois que vous aurez défait votre valise, descendez me rejoindre dans la cuisine.

# 30

— J'ai un problème avec la 3, dit la serveuse en entrant dans la cuisine en trombe.

— Quelle sorte de problème, Janice? demanda posément M$^{me}$ Tibbet en cassant deux œufs dans une grande poêle.

— Je ne comprends rien à ce qu'ils disent.

— Ah, oui. C'est M. et M$^{me}$ Ferrer. Je crois qu'ils sont français. Tout ce que tu as besoin de savoir c'est *un, deux* et *œuf* *[1]. Il suffit de parler lentement sans élever la voix. Ce n'est pas leur faute s'ils ne parlent pas anglais.

— Vous voulez que je leur parle? s'enquit Sebastian en reposant sa fourchette et son couteau.

— Vous parlez français? demanda M$^{me}$ Tibbet en replaçant la poêle sur la cuisinière.

— Oui.

— Alors allez-y, je vous en prie.

---

1. Les mots en italique et suivis d'un astérisque sont en français dans le texte.

Il se leva de table et accompagna Janice dans la salle à manger. Les neuf tables étaient occupées et Janice se dirigea vers un couple d'âge moyen assis à l'autre bout de la salle.

— *Bonjour, monsieur*, dit Sebastian. *En quoi puis-je vous aider\* ?*

Le client fixa Sebastian d'un air perplexe.

— *Somos españoles*, dit-il.

— *Buenos días, señor. ¿ Puedo ayudarles ?* demanda Sebastian.

Janice attendit que M. et Mme Ferrer aient fini de parler.

— *Enseguida vuelvo*, leur dit Sebastian avant de retourner à la cuisine.

— Alors, que veulent nos amis français ? s'enquit Mme Tibbet en cassant deux œufs de plus.

— Ils sont espagnols, pas français, précisa Sebastian, et ils voudraient des toasts de pain bis légèrement grillés, deux œufs à la coque et deux tasses de café noir.

— Autre chose ?

— Oui. Ils veulent savoir comment se rendre à l'ambassade espagnole.

— Janice, sers-leur le café et les toasts pendant que je prépare les œufs.

— Et moi, qu'est-ce que je peux faire ? demanda Sebastian.

— Il y a un annuaire téléphonique sur la table de l'entrée. Cherchez l'adresse de l'ambassade d'Espagne, trouvez un plan de Londres et montrez-leur comment s'y rendre.

— Au fait, dit Sebastian en plaçant une pièce de six pence sur la table, ils m'ont donné ça.

M^me Tibbet sourit.

— Votre premier pourboire, commenta-t-elle.

— C'est la première pièce que je gagne, dit Sebastian en poussant la pièce sur la table. Par conséquent, je ne vous dois plus que trois shillings et six pence.

Sur ce, il sortit de la cuisine, prit l'annuaire du téléphone sur la table de l'entrée, releva l'adresse de l'ambassade d'Espagne et, après l'avoir trouvée sur un plan, il expliqua à M. et M^me Ferrer comment se rendre à Chesham Place. Quelques instants plus tard, il rapporta six pence de plus à la cuisine.

— Si vous continuez comme ça, dit M^me Tibbet, je serai forcée de faire de vous mon associé.

Il ôta sa veste, roula ses manches et se dirigea vers l'évier.

— Mais qu'est-ce que vous faites ?

— Je vais faire la plonge, répondit-il en ouvrant le robinet d'eau chaude. N'est-ce pas ce que font les clients dans les films quand ils n'ont pas d'argent pour payer l'addition ?

— Je parie que ça aussi, c'est une première pour vous, dit M^me Tibbet en plaçant deux lamelles de bacon à côté de deux œufs au plat. Pour la une, Janice. M. et M^me Ramsbottom du Yorkshire. Eux non plus, je ne les comprends pas du tout... Dites-moi, Sebastian, poursuivit-elle alors que Janice sortait de la cuisine, parlez-vous d'autres langues ?

— L'allemand, l'italien, le français et l'hébreu.

— L'hébreu ? Vous êtes juif ?

— Non, mais un de mes copains de collège l'était et il me l'a appris pendant les cours de chimie.

— Je pense que vous devriez vous rendre à Cambridge le plus tôt possible, s'esclaffa M<sup>me</sup> Tibbet, parce que vous n'avez aucune compétence pour être plongeur.

— Je n'irai pas à Cambridge, madame Tibbet, lui rappela-t-il, et c'est entièrement ma faute. En revanche, j'ai bien l'intention de me rendre à Eaton Square pour essayer de trouver la maison de mon ami Bruno Martinez. Il doit rentrer du collège vendredi après-midi.

— Très bonne idée. Et il devrait savoir si vous avez été renvoyé ou simplement… Quelle était l'autre possibilité ?

— Exclu temporairement, répondit Sebastian, comme Janice entrait vivement dans la cuisine chargée de deux assiettes vides, le plus grand compliment que peut recevoir un cuisinier.

Elle les passa à Sebastian avant de prendre deux œufs durs de plus.

— Pour la 5, rappela M<sup>me</sup> Tibbet à Janice.

— Et la 9 veut un supplément de corn flakes, dit Janice.

— Eh bien, va chercher un nouveau paquet à l'office, espèce de gourde !

Sebastian finit la vaisselle seulement à 10 heures passées.

— Qu'est-ce qu'on fait, maintenant ?

— Janice va passer l'aspirateur dans la salle à manger puis mettre le couvert pour le petit déjeuner de demain pendant que je nettoie la cuisine. Les chambres sont rendues à midi et, après le départ des clients, on change les draps, on fait les lits et on arrose les jardinières devant les fenêtres.

— Et, moi, que voulez-vous que je fasse ? s'enquit Sebastian en déroulant ses manches.

— Prenez un bus pour Eaton Square et demandez si votre ami est attendu vendredi. Mais pas avant d'avoir fait votre lit et rangé votre chambre.

— On dirait ma mère ! s'esclaffa-t-il.

— Je prends ça pour un compliment. Revenez avant 13 heures, sans faute, parce que j'attends des Allemands et il se pourrait que vous puissiez vous rendre utile. Vous allez avoir besoin de ça, ajouta-t-elle en lui rendant les deux pièces de six pence. Sauf si vous avez l'intention d'aller à Eaton Square et d'en revenir à pied.

— Merci, madame Tibbet.

— Tibby... Vu qu'à l'évidence vous allez devenir un habitué.

Il empocha l'argent et embrassa M$^{me}$ Tibbet sur les deux joues, ce qui la fit taire pour la première fois.

Il quitta la cuisine avant qu'elle ait eu le temps de se remettre, grimpa l'escalier quatre à quatre, fit son lit, rangea sa chambre et redescendit dans le vestibule où il consulta le plan. Il fut surpris de découvrir qu'Eaton Square ne s'écrivait pas de la même façon que l'école qui avait refusé d'admettre son oncle Giles à cause de quelque incartade dont personne ne parlait dans la famille.

Avant son départ, Janice lui dit de prendre l'autobus numéro 36, de descendre à Sloane Square et de finir le trajet à pied.

La première chose qu'il remarqua lorsqu'il referma derrière lui la porte de la maison d'hôtes, ce fut le nombre de personnes qui filaient en tous sens, à bien plus vive allure que les Bristoliens. Il se joignit à une file d'attente à un arrêt et regarda plusieurs autobus rouges arriver et repartir avant qu'apparaisse un numéro 36. Il grimpa à bord, monta à l'impériale et, afin de bien voir tout ce qui se passait dans la rue, s'installa sur la banquette de devant.

— Où allez-vous, jeune homme ? lui demanda le contrôleur.

— À Sloane Square. Et pourriez-vous me prévenir quand nous y arriverons ?

— Deux pence, s'il vous plaît.

Tandis que l'autobus passait devant Marble Arch, longeait Park Lane et contournait Hyde Park Corner, il s'émerveillait de tout ce qu'il voyait, tout en s'efforçant de se concentrer sur ce qu'il allait faire une fois arrivé à destination. Il savait que Bruno habitait Eaton Square, mais il ne connaissait pas le numéro de la maison. Pourvu que ce soit une petite place !

— Sloane Square ! hurla le contrôleur, au moment où l'autobus s'arrêtait devant la librairie WHSmith.

Sebastian descendit l'escalier quatre à quatre. Une fois sur le trottoir, il chercha un point de repère. Son regard se posa sur le Royal Court Theatre, où Joan Plowright jouait *Les Chaises*. Il consulta son plan, passa devant le théâtre, tourna à droite, estimant qu'Eaton Square devait se trouver deux cents mètres plus loin.

Une fois qu'il y fut parvenu, il ralentit le pas dans l'espoir d'apercevoir la Rolls-Royce rouge de don Pedro, mais il ne la vit pas. Il comprit qu'à moins d'un coup de chance il risquait de mettre des heures à trouver la maison de Bruno.

Comme il avançait sur le trottoir il remarqua que la moitié des maisons avaient été divisées en appartements et que les noms des résidents figuraient près des diverses sonnettes. Les autres étaient des maisons de ville et le nom des occupants n'était pas indiqué. Il y avait seulement un heurtoir en cuivre ou une sonnette avec la mention « Livreurs ». Sebastian était sûr que le père de Bruno n'était pas du genre à partager une porte d'entrée avec quelqu'un d'autre.

Il se tint sur la plus haute marche du numéro 1 et appuya sur la sonnette des livreurs. Quelques instants plus tard, un maître d'hôtel apparut, portant une longue veste noire et une cravate blanche, tenue qui lui rappela celle de Marsden au château Barrington.

— Je cherche M. Martinez, déclara Sebastian d'un ton courtois.

— Aucun monsieur de ce nom ne réside ici, répondit le maître d'hôtel, avant de refermer la porte sans que Sebastian ait eu le temps de lui demander s'il savait où habitait M. Martinez.

Durant l'heure qui suivit, Sebastian rencontra toutes sortes de réactions, allant de « Il n'habite pas là » à une porte claquée au nez. C'est vers la fin de la deuxième heure, à l'autre bout de la place, qu'en réponse à sa sempiternelle question, une soubrette lui demanda :

— S'agit-il d'un monsieur étranger qui a une Rolls-Royce rouge ?

— Oui, c'est bien lui, répondit Sebastian, soudain soulagé.

— Il me semble qu'il habite au 44, à deux portes d'ici, dit la soubrette en pointant le doigt vers la droite.

— Merci beaucoup.

Il se dirigea à grands pas vers le numéro 44, gravit les marches, prit une profonde inspiration et frappa deux fois avec le heurtoir de cuivre.

On mit quelque temps à venir ouvrir. Apparut alors un homme costaud mesurant bien plus d'un mètre quatre-vingts et qui avait davantage l'air d'un boxeur que d'un maître d'hôtel.

— Qu'est-ce que vous voulez ? demanda-t-il avec un accent que Sebastian ne reconnut pas.

— J'aimerais savoir si c'est ici qu'habite M. Martinez.

— Qui êtes-vous ?

— Je m'appelle Sebastian Clifton.

— Oui, je l'ai entendu parler de vous, dit l'homme d'un ton soudain plus amène. Mais il n'est pas là.

— Savez-vous quand il doit revenir ?

— Je crois l'avoir entendu dire qu'il serait de retour vendredi après-midi.

Sebastian décida d'en rester là.

— Merci, fit-il seulement.

Le géant eut un bref hochement de tête avant de claquer la porte. À moins qu'il l'ait simplement refermée.

Sebastian partit en courant en direction de Sloane Square, déterminé à arriver à temps pour aider M<sup>me</sup> Tibbet à accueillir les Allemands. Il prit le premier autobus qui se dirigeait vers Paddington. Une fois de retour au 37 Praed Street, il rejoignit M<sup>me</sup> Tibbet et Janice dans la cuisine.

— La chance vous a-t-elle souri, Seb ? s'enquit M<sup>me</sup> Tibbet avant même qu'il n'ait le temps de s'asseoir.

— J'ai réussi à trouver la maison de Bruno, répondit-il d'un ton triomphal, et...

— 44 Eaton Square, l'interrompit-elle tout en plaçant une assiette de saucisses et de purée devant lui.

— Comment le savez-vous ?

— Un Martinez figure dans l'annuaire, mais vous étiez déjà parti lorsque j'y ai pensé. Savez-vous quand il sera de retour ?

— Oui. Vendredi après-midi.

— Je vous ai donc sur les bras pendant deux jours encore. Ce qui est un avantage, parce que les Allemands restent jusqu'à vendredi après-midi. Par conséquent, vous... (Un coup sec frappé à la porte interrompit ses pensées.) Ce doit être M. Kroll et ses amis, si je ne me trompe. Venez avec moi, Seb, et voyons si vous arrivez à comprendre ce qu'ils disent.

Abandonnant à regret sa saucisse et sa purée, il la suivit. Il l'avait juste rattrapée lorsqu'elle ouvrit la porte d'entrée.

*
\* \*

Il ne dormit pas beaucoup durant les quarante-huit heures qui suivirent. Il dut monter et descendre des bagages, héler des taxis, servir à boire et surtout traduire une myriade de questions depuis : « Où se trouve le Palladium Music Hall ? » jusqu'à : « Connaissez-vous de bons restaurants allemands ? » M$^{me}$ Tibbet était capable de répondre à la plupart des questions sans avoir à consulter une carte ou un guide. Le jeudi soir, la veille de leur départ, Sebastian rougit lorsqu'on lui posa une question à laquelle il ne savait pas répondre. M$^{me}$ Tibbet vint à sa rescousse.

— Dites-leur qu'ils trouveront toutes les filles qu'ils veulent au Windmill Theatre à Soho.

Les Allemands lui firent un profond salut.

Lorsqu'ils s'en allèrent le vendredi après-midi, M. Kroll donna une livre à Sebastian et lui serra chaleureusement la main. Sebastian remit l'argent à M$^{me}$ Tibbet, qui le refusa.

— Cet argent vous appartient. Vous l'avez amplement mérité.

— Mais je n'ai toujours pas payé ma pension. Et si je ne la règle pas, ma grand-mère, qui est gérante du Grand Hotel de Bristol, me le reprochera jusqu'à la fin des temps.

— Bonne chance, Seb, dit M$^{me}$ Tibbet en le prenant dans ses bras.

Quand elle finit par le relâcher, elle s'écarta et lui lança :

— Ôtez votre pantalon !

Sebastian parut encore plus gêné que la fois où M. Kroll lui avait demandé l'adresse d'une boîte de strip-tease.

— Il faut que je le repasse, si vous ne voulez pas avoir l'air de sortir tout juste du travail.

## 31

— Je ne suis pas sûr qu'il soit là, répondit un homme que Sebastian ne pourrait jamais oublier. Mais je vais vérifier.
— Seb ! lança une voix qui résonna dans le couloir de marbre. Quel plaisir de te voir, mon vieux ! ajouta Bruno en serrant la main de son ami. Je craignais de ne jamais te revoir et que la rumeur était fondée.
— Quelle rumeur ?
— Karl, priez Elena de servir le thé au salon.
Bruno fit entrer Sebastian dans la maison. Si à Beechcroft, Sebastian avait toujours mené la barque, Bruno acceptant de jouer les fidèles lieutenants, à présent les rôles étaient inversés et l'invité suivit l'hôte le long d'un corridor jusqu'au salon. Sebastian avait toujours cru avoir grandi dans un certain confort, voire dans le luxe, mais ce qu'il découvrit en entrant dans le salon aurait pu surprendre de grands aristocrates apparentés à la famille royale. Les tableaux, les meubles, même les tapis n'auraient pas juré dans un musée.
— Quelle rumeur ? répéta nerveusement Sebastian en s'asseyant sur le bord d'un canapé.

— J'y viendrai bientôt. Mais, d'abord, explique-moi pourquoi tu es parti si soudainement ? Tu étais avec Vic et moi dans le bureau, et d'un seul coup tu as disparu.

— Le directeur de résidence n'a rien dit à la réunion générale le lendemain matin ?

— Pas le moindre mot, ce qui n'a fait qu'ajouter au mystère. Chacun avait sa théorie, naturellement, mais puisque le directeur de résidence et Banks-Williams restaient muets comme une tombe, personne ne pouvait distinguer la réalité de la fiction. J'ai interrogé l'intendante, ce puits de science, mais elle la bouclait chaque fois qu'on prononçait ton nom. Et ça ne lui ressemble pas. Vic craignait le pire, mais il voit toujours le verre à moitié vide. Il était convaincu que tu avais été renvoyé définitivement et qu'on n'entendrait plus parler de toi, mais je lui ai dit qu'on se retrouverait tous les trois à Cambridge.

— J'ai bien peur que non. Vic a raison.

Il raconta alors tout ce qui s'était passé depuis son entretien avec le directeur au début de la semaine. Son ami comprit clairement à quel point il était bouleversé d'avoir perdu sa place à Cambridge.

— Voilà pourquoi le Plouc m'a convoqué dans son bureau mercredi matin après la réunion générale, dit Bruno quand Sebastian eut terminé son récit.

— De quelle punition as-tu écopé ?

— Coups de canne, annulation de mon statut de préfet et la menace d'un renvoi temporaire au moindre écart de conduite.

— J'aurais pu m'en tirer avec un simple renvoi temporaire si le Plouc ne m'avait pas surpris en train de fumer dans le train pour Londres.

— Pourquoi allais-tu à Londres alors que tu avais un billet pour Bristol ?

— J'avais l'intention de traîner dans la ville jusqu'à vendredi et de rentrer à la maison le dernier jour du trimestre. Comme maman et papa ne reviennent des États-Unis que demain, j'ai pensé qu'ils n'y verraient que du feu. Si je n'étais pas tombé par hasard sur le Plouc dans le train, personne ne l'aurait su.

— Mais si tu rentres à Bristol aujourd'hui, tes parents n'apprendront jamais la vérité.

— Hélas, si. N'oublie pas ce que le Plouc m'a dit : « Vous êtes toujours soumis au règlement de l'école jusqu'au dernier jour du trimestre », fit-il en imitant le directeur, les doigts accrochés aux revers de sa veste. « Si vous commettiez la moindre infraction, je n'hésiterais pas à reconsidérer ma décision à propos de votre admission à Cambridge. Est-ce bien compris ? » Et moins d'une heure après avoir quitté son bureau, je commettais sous son nez trois infractions au règlement !

Une servante entra dans la pièce, chargée d'un grand plateau en argent croulant sous des gourmandises qu'ils n'avaient eu ni l'un ni l'autre l'occasion de goûter à Beechcroft.

Bruno beurra un muffin chaud.

— Dès qu'on aura fini de goûter, dit-il, retourne donc chercher tes affaires à ta pension. Tu peux passer la nuit ici et on va essayer de réfléchir à ce que tu devrais faire ensuite.

— Mais que va penser ton père ?

— En revenant du collège, je lui ai expliqué que je n'irais pas à Cambridge en septembre si tu n'avais pas endossé toute la responsabilité. Il a dit que j'avais de la chance d'avoir un tel ami et qu'il aimerait avoir l'occasion de te remercier personnellement.

— Si Banks-Williams t'avait interrogé en premier, Bruno, tu aurais fait exactement la même chose.

— Là n'est pas la question, Seb. Il t'a interrogé en premier, je m'en suis tiré avec quelques coups de canne et Vic n'a rien eu. Il a failli se faire prendre, d'ailleurs, parce qu'il espérait connaître Ruby plus intimement.

— Ruby... Tu as appris ce qui lui est arrivé, à elle ?

— Elle a disparu le même jour que toi et la cuisinière m'a dit qu'on ne la reverrait pas.

— Et, malgré ça, tu crois toujours que j'ai une chance d'aller à Cambridge ?

Ils restèrent tous les deux cois.

— Elena, dit Bruno quand la servante revint avec un gros gâteau, mon ami va aller chercher ses affaires à Paddington. Pourriez-vous demander au chauffeur de l'y conduire et préparer une chambre pour lui avant qu'il revienne ?

— Je crains que le chauffeur soit déjà parti pour aller chercher votre père à son bureau et je ne pense pas qu'ils rentreront avant le dîner.

— Alors tu vas devoir prendre un taxi, dit Bruno à Sebastian. Mais pas avant d'avoir goûté le gâteau de la cuisinière.

— J'ai juste assez d'argent pour un ticket d'autobus, chuchota Sebastian. Alors ne parlons pas de prendre un taxi.

— Je vais en appeler un et faire mettre la course sur le compte de mon père, dit Bruno en saisissant le couteau à gâteau.

*
* *

— Quelles merveilleuses nouvelles ! s'exclama M$^{me}$ Tibbet une fois que Sebastian lui eut raconté tout ce qui s'était passé l'après-midi. Je pense quand même que vous devriez téléphoner à vos parents pour leur dire où vous êtes. Après tout, vous n'êtes toujours pas sûr d'avoir perdu votre place à Cambridge.

— Ruby a été virée, mon directeur de résidence refuse de discuter du sujet et même l'intendante, qui n'a pas sa langue dans sa poche, reste bouche cousue. Je peux vous assurer, madame Tibbet, que je n'irai pas à Cambridge. De toute façon, mes parents ne rentrent pas d'Amérique avant demain. Alors, même si je le voulais, je ne pourrais pas les contacter.

— Eh bien, si vous partez, dit-elle sans autre commentaire, allez faire votre valise, parce que je pourrais utiliser la chambre. J'ai déjà dû refuser trois clients.

— Je vais la libérer le plus vite possible.

Il monta l'escalier quatre à quatre. Une fois qu'il eut fait sa valise et rangé la chambre, il redescendit dans le vestibule où l'attendaient M$^{me}$ Tibbet et Janice.

— Ç'a été une semaine mémorable, tout à fait mémorable, déclara M$^{me}$ Tibbet en ouvrant la porte d'entrée. Une semaine que ni Janice ni moi ne sommes près d'oublier.

— Quand je rédigerai mes Mémoires, Tibby, je vous consacrerai tout un chapitre, affirma Sebastian comme ils sortaient tous les trois sur le trottoir.

— Vous nous aurez toutes les deux oubliées bien avant, commenta-t-elle d'un air triste.

— Il n'y a aucun risque. Cet endroit deviendra mon deuxième foyer, vous verrez. (Il planta un baiser sur la joue de Janice puis étreignit longuement Tibby.) Vous n'allez pas vous débarrasser de moi aussi facilement, ajouta-t-il en montant dans le taxi.

M$^{me}$ Tibbet et Janice firent de grands signes comme la voiture repartait en direction d'Eaton Square. Tibby avait eu envie de le supplier une nouvelle fois d'appeler sa mère dès qu'elle reviendrait d'Amérique, mais elle savait que ce serait inutile.

— Janice, va changer les draps de la 7, dit-elle au moment où le taxi tournait à droite et sortait de leur champ de vision.

Elle rentra vivement dans la maison. Si Seb n'avait pas l'intention de téléphoner à sa mère, elle s'en chargerait.

\*
\* \*

Ce soir-là, le père de Bruno emmena les deux adolescents dîner au Ritz. Il y eut du champagne, une nouvelle fois. Et des huîtres, une première pour Sebastian. Don Pedro – comme il voulait que Sebastian l'appelle – n'arrêtait pas de le remercier d'avoir endossé toute la responsabilité de leurs incartades et ainsi permis à Bruno d'aller quand même à Cambridge. « Attitude si britannique ! » répétait-il à l'envi.

Bruno mangeait du bout des lèvres et se joignait peu à la conversation. La confiance dont il avait fait montre l'après-midi semblait s'être envolée en présence de son père. Mais la plus grande surprise de la soirée fut la révélation de don Pedro : Bruno avait deux frères aînés, Diego et Luis, alors que Bruno n'en avait jamais parlé et qu'ils n'étaient jamais venus lui rendre visite à Beechcroft Abbey. Sebastian avait envie d'en demander la raison mais, son ami gardant la tête baissée, il décida d'attendre qu'ils soient seuls.

— Ils travaillent avec moi dans les affaires de la famille, expliqua don Pedro.

— Et de quelles affaires s'agit-il ? s'enquit Sebastian en toute innocence.

— Import-export, répondit don Pedro, sans entrer dans les détails.

Don Pedro offrit à son jeune invité son premier cigare cubain et lui demanda ce qu'il comptait faire maintenant qu'il n'allait plus à Cambridge.

— Je suppose que je vais devoir chercher du travail, reconnut Sebastian entre deux quintes de toux.

— Aimeriez-vous gagner cent livres en espèces ? Vous pourriez faire quelque chose pour moi à Buenos Aires et vous seriez de retour en Angleterre pour la fin du mois.

— Merci, monsieur. C'est très généreux de votre part. Mais que serais-je censé faire pour une somme aussi importante ?

— M'accompagner à Buenos Aires lundi prochain, y rester quelques jours comme mon invité, puis ramener un colis à Southampton sur le *Queen Mary*.

— Mais pourquoi moi ? Nul doute que l'un de vos employés pourrait effectuer une tâche aussi simple.

— Parce que le colis contient un trésor de famille, répondit don Pedro sans se démonter. Et il me faut quelqu'un qui parle espagnol et anglais et à qui l'on peut faire confiance. La façon dont vous vous êtes conduit lorsque Bruno a eu des ennuis m'a convaincu que vous êtes la personne parfaite. Et, ajouta-t-il en regardant Bruno, c'est peut-être ma façon de vous remercier.

— C'est très gentil à vous, monsieur, répondit Sebastian, incapable de croire qu'il ne rêvait pas.

— Permettez-moi de vous faire une avance de dix livres, et vous recevrez les quatre-vingt-dix autres à votre retour en Angleterre.

Il sortit deux billets de cinq livres de son portefeuille et les poussa sur la table. C'était la première fois que Sebastian recevait autant d'argent.

— Et si, vous et Bruno, vous preniez du bon temps, ce week-end? Après tout, vous l'avez amplement mérité.

Bruno restait silencieux.

Dès que le dernier client eut terminé son repas, comme si c'était la première fois qu'elle donnait ces instructions, M$^{me}$ Tibbet dit à Janice de passer l'aspirateur dans la salle à manger et de mettre le couvert pour le petit déjeuner du lendemain, mais seulement après avoir fini la vaisselle. Sur ce, elle disparut à l'étage. Janice supposa qu'elle se rendait dans son cabinet de travail pour préparer la liste des courses du matin, or elle resta assise à son bureau, l'œil fixé sur le téléphone. Elle se versa un verre de whisky, chose qu'elle faisait rarement avant que son dernier client soit couché, en avala une gorgée et décrocha l'appareil.

— Service de l'annuaire, dit-elle, puis attendit qu'une autre voix prenne le relais.

— Quel nom ? demanda la voix.
— M. Harry Clifton.
— Quelle ville ?
— Bristol.
— L'adresse ?
— Je ne l'ai pas sous la main, mais c'est un auteur célèbre, répondit-elle en essayant de donner l'impression qu'elle le connaissait.

Il y eut un moment de silence et elle commençait à se demander si la communication avait été coupée quand la voix reprit :

— Cet abonné est sur liste rouge, madame. Par conséquent, je crains de ne pouvoir vous mettre en relation avec lui.

— Mais il s'agit d'une urgence !

— Désolée, madame, mais même si vous étiez la reine, je n'aurais pas le droit de vous le passer.

M$^{me}$ Tibbet raccrocha. Elle réfléchit un moment. Y avait-il un autre moyen de contacter M$^{me}$ Clifton ? Puis elle pensa à Janice et retourna à la cuisine.

— Où achètes-tu ces livres de poche dans lesquels tu es toujours plongée ? lui demanda-t-elle.

— À la gare. Sur le chemin du travail, répondit Janice sans cesser de faire la vaisselle.

M$^{me}$ Tibbet nettoya la cuisinière tout en pensant à la réponse de Janice. Une fois qu'elle fut satisfaite du résultat, elle ôta son tablier, le plia avec soin et prit son panier à provisions.

— Je vais faire les courses, annonça-t-elle.

Après être sortie de la pension, elle ne tourna pas à droite comme tous les matins pour acheter les plus belles tranches de bacon danois chez le boucher, les fruits les plus frais chez l'épicier et les pains les plus chauds qui sortaient du four chez le boulanger et qu'elle achetait seulement si le prix était raisonnable. Mais pas ce jour-là. Ce jour-là, elle tourna à gauche et se dirigea vers la gare de Paddington.

Elle tenait fermement son porte-monnaie, car des clients dépités lui avaient maintes fois raconté comment on les avait volés peu de temps après leur arrivée à Londres. Sebastian étant la dernière victime. S'il était très mûr pour son âge, il était cependant toujours très naïf.

Peut-être parce qu'elle n'avait jamais pénétré dans une librairie auparavant, elle se sentait inhabituellement nerveuse en traversant la rue pour se fondre dans la foule des banlieusards qui entraient dans la gare. Elle n'avait guère eu le temps de lire depuis la mort de son mari et de son bébé au cours d'un bombardement aérien sur l'East End, quinze ans plus tôt. Si son fils avait survécu, il aurait maintenant à peu près l'âge de Sebastian.

Après cela, sans toit au-dessus de la tête, elle avait migré vers l'ouest, tel un oiseau qui a besoin de trouver un nouvel endroit pour se nourrir. Elle avait pris un travail de bonne à tout faire dans la pension de famille Safe Haven. Trois ans plus tard, elle y devint serveuse et, lorsque le propriétaire mourut, elle reprit l'affaire, la banque cherchant un repreneur, qui que ce fût, pour continuer à rembourser le crédit.

Elle faillit couler, mais en 1951, elle fut sauvée par le festival de Grande-Bretagne qui attira à Londres des millions de visiteurs, ce qui permit à sa pension de faire un bénéfice pour la première fois. Ce bénéfice avait crû d'année en année, le crédit avait fini par être remboursé et l'affaire lui appartenait désormais. Elle comptait sur ses habitués pour passer l'hiver, ayant appris très tôt que ceux qui dépendent uniquement des clients de passage sont vite obligés de mettre la clé sous la porte.

Émergeant brusquement de sa rêverie, elle jeta un coup d'œil circulaire dans la gare jusqu'à ce que ses yeux se posent sur l'enseigne de WHSmith. Elle regarda des voyageurs entrer dans la librairie et en sortir en coup de vent. Si la plupart des clients n'achetaient qu'un journal du matin pour un demi-penny, d'autres consultaient à loisir les livres sur les rayonnages au fond du magasin.

Elle finit par entrer puis s'arrêta au milieu de la librairie, gênant le passage. Quand elle aperçut une femme à l'autre bout du magasin en train de ranger sur les étagères des livres qu'elle prenait dans un chariot en bois, elle se dirigea vers elle mais n'osa pas l'interrompre dans son travail.

— Puis-je vous aider, madame ? s'enquit poliment la vendeuse.

— Connaissez-vous l'auteur Harry Clifton ?

— Bien sûr ! fit l'employée. C'est l'un de nos auteurs les plus appréciés. Cherchez-vous un titre en particulier ?

M$^{me}$ Tibbet secoua la tête.

— Eh bien, allons voir ce que nous avons en stock.

M$^{me}$ Tibbet dans son sillage, la vendeuse se dirigea vers l'autre côté du magasin et s'arrêta lorsqu'elle atteignit le rayon où un écriteau annonçait « Romans policiers ». Les ouvrages de la série William Warwick étaient soigneusement rangés et les livres manquants confirmaient que l'auteur était, en effet, très apprécié.

— Et naturellement, reprit la vendeuse, il y a également les journaux de prison ainsi qu'une biographie écrite par lord Preston, intitulée *Le Principe héréditaire*, qui traite de la captivante affaire d'héritage Clifton-Barrington. Peut-être vous en souvenez-vous ? Elle a fait la une des journaux pendant des semaines.

— Quel roman de M. Clifton me recommanderiez-vous ?

— Chaque fois qu'on me pose cette question à propos de n'importe quel auteur, je suggère de commencer par le premier.

Elle prit un exemplaire de *William Warwick et l'Affaire du témoin aveugle* sur l'étagère.

— Est-ce que l'autre, celui sur l'héritage, m'en apprendrait davantage sur la famille Clifton ?

— Oui, et vous trouverez l'ouvrage aussi passionnant qu'un roman, répondit la vendeuse en se dirigeant vers le rayon « Biographies ». Cela fera trois shillings, madame, ajouta-t-elle en lui tendant les deux livres.

Lorsque M<sup>me</sup> Tibbet revint à la pension juste avant le déjeuner, Janice fut étonnée de constater que son panier était vide et encore plus de voir sa patronne s'enfermer dans le bureau, dont elle ne sortit que lorsqu'un coup frappé contre la porte d'entrée annonça un client.

Elle mit deux jours et deux nuits pour terminer *Le Principe héréditaire* de Reg Preston. M<sup>me</sup> Tibbet comprit alors qu'elle devrait se rendre dans un autre lieu où elle n'était encore jamais allée et qui serait bien plus intimidant qu'une librairie.

\*
\* \*

Souhaitant parler au père de Bruno avant qu'il ne parte au travail, Sebastian descendit prendre le petit déjeuner tôt le lundi matin.

— Bonjour, monsieur, dit-il en s'asseyant à table.

— Bonjour, Sebastian, répondit don Pedro en reposant son journal. Alors, avez-vous décidé si vous voulez m'accompagner à Buenos Aires ?

— Oui, monsieur. J'adorerais venir, s'il n'est pas déjà trop tard.

— Pas de problème, répondit don Pedro. Du moment que vous êtes prêt quand je reviendrai.

— À quelle heure allez-vous partir, monsieur ?

— Vers 17 heures.

— Je serai prêt, affirma Sebastian au moment où Bruno entrait dans la pièce.

— Tu seras ravi d'apprendre que Sebastian va à Buenos Aires avec moi, annonça don Pedro à son fils qui s'asseyait à table. Il rentrera à Londres à la fin du mois. Prends bien soin de lui à son retour.

Bruno s'apprêtait à faire une remarque lorsque Elena entra et plaça un porte-toasts plein au milieu de la table.

— Que souhaitez-vous pour le petit déjeuner, monsieur ? demanda-t-elle à Bruno.

— Deux œufs durs, s'il vous plaît.

— Moi aussi, dit Sebastian.

— Il faut que je parte, déclara don Pedro en se levant de sa place habituelle, au bout de la table. J'ai un rendez-vous à Bond Street... Vous devez avoir fait votre valise et être prêt à partir à 17 heures, dit-il à

Sebastian. On ne peut pas se permettre de manquer la marée.

— J'ai hâte de partir, répondit Sebastian d'un ton vraiment sincère.

— Passe une bonne journée, papa, dit Bruno à son père.

Il ne reparla qu'après avoir entendu la porte d'entrée se refermer.

— Es-tu certain d'avoir pris la bonne décision ? fit-il en regardant son ami assis en face de lui.

*
\* \*

M<sup>me</sup> Tibbet n'arrêtait pas de trembler. Elle n'était pas sûre de pouvoir y arriver. Lorsque les clients s'installèrent pour prendre le petit déjeuner ce matin-là, on leur servit des œufs trop durs, des toasts brûlés et du thé tiède, et ce fut Janice qui essuya les reproches. En outre, M<sup>me</sup> Tibbet n'ayant pas fait les courses depuis deux jours, le pain était rassis, les fruits trop mûrs et il n'y avait plus de bacon. Janice fut soulagée lorsque le dernier client mécontent quitta la salle à manger. L'un d'eux refusa même de régler l'addition.

Elle descendit dans la cuisine pour voir si M<sup>me</sup> Tibbet ne se sentait pas bien, mais elle n'était plus là. Où était-elle passée ?

En fait, M<sup>me</sup> Tibbet se trouvait dans le bus 148 qui descendait Whitehall. Elle ne savait toujours pas si elle en aurait le courage. Même s'il acceptait de lui parler, que lui dirait-elle ? Après tout, en quoi cela la regardait-elle ? Elle était si soucieuse qu'elle oublia de descendre avant que l'autobus ne traverse le Westminster

Bridge. Elle ne se pressa pas pour repasser la Tamise, mais, contrairement aux touristes, ce n'était pas pour admirer la vue de chaque côté du pont.

Elle eut le temps de changer d'avis plusieurs fois avant d'arriver à Parliament Square où elle marcha de plus en plus lentement jusqu'à l'entrée de la Chambre des communes où, telle la femme de Loth, elle se changea en statue de sel.

Le gardien, habitué à accueillir des gens qui étaient impressionnés lors de leur première venue au palais de Westminster, sourit à la visiteuse pétrifiée.

— Puis-je vous aider, madame ?

— Est-ce ici que je dois venir pour voir un député ?

— Avez-vous rendez-vous ?

— Non, répondit M$^{me}$ Tibbet en espérant qu'elle serait éconduite.

— Ne vous en faites pas. Rares sont les gens qui en ont un. Il vous faudra seulement espérer qu'il se trouve à la Chambre et qu'il soit libre pour vous recevoir. Mettez-vous dans la file d'attente, l'un de mes collègues va s'occuper de vous.

Elle gravit les marches, passa devant Westminster Hall et se joignit à une longue file d'attente silencieuse. Lorsque ce fut son tour, plus d'une heure plus tard, elle se rappela qu'elle n'avait pas indiqué à Janice où elle allait.

On l'accompagna jusqu'au hall central où un planton la conduisit à la réception.

— Bonjour, madame, lui dit l'employé de service. Quel député souhaiteriez-vous voir ?

— Sir Giles Barrington.

— Faites-vous partie de sa circonscription ?

Voilà une autre occasion de fuir, telle fut sa première pensée.

— Non. Je dois l'entretenir d'une affaire personnelle.

— Je comprends, répondit l'employé, comme si plus rien ne pouvait le surprendre. Pourrais-je avoir votre nom ? Je vais remplir le formulaire de visite.

— M$^{me}$ Florence Tibbet.

— Et votre adresse ?

— 37 Praed Street, Paddington.

— Et de quoi souhaitez-vous parler à sir Giles ?

— Il s'agit de son neveu, Sebastian Clifton.

L'employé finit de remplir la fiche puis la remit à un huissier.

— Combien de temps vais-je devoir attendre ? s'enquit M$^{me}$ Tibbet.

— S'ils sont là, les députés vous reçoivent assez vite. Mais peut-être voudriez-vous vous asseoir en attendant, ajouta-t-il en désignant les bancs verts qui entouraient le hall central.

L'huissier avança à grands pas dans le long couloir menant à la Chambre basse. Lorsqu'il entra dans le couloir des députés, il remit la fiche à l'un de ses collègues qui la porta à la Chambre, laquelle était pleine de députés venus entendre Peter Thorneycroft, le chancelier de l'Échiquier, annoncer que, maintenant que la crise de Suez était terminée, la mesure concernant le rationnement de l'essence serait levée.

Apercevant sir Giles Barrington, assis à sa place habituelle, l'huissier tendit au premier député du troisième rang la fiche qui débuta sa lente progression le long des bancs, chaque membre vérifiant le nom avant de la passer à son voisin, jusqu'à ce qu'elle atteigne sir Giles.

Le député de la circonscription des docks de Bristol fourra la fiche dans sa poche et, dans l'espoir d'intercepter le regard du président, bondit de sa place dès que le ministre des Affaires étrangères eut terminé de répondre à la précédente question.

— Sir Giles Barrington ! lança le président.

— Le ministre des Affaires étrangères peut-il expliquer à la Chambre de quelle manière l'annonce du président des États-Unis va affecter l'industrie britannique, et en particulier nos concitoyens qui travaillent dans le domaine de la défense ?

M. Selwyn Lloyd se remit debout et agrippa la tribune d'où s'expriment les membres du gouvernement.

— Je peux dire à l'honorable et vaillant gentleman que je suis en contact permanent avec notre ambassadeur à Washington et qu'il m'assure…

Lorsque, quarante minutes plus tard, M. Lloyd eut répondu à la dernière question, Giles avait totalement oublié la fiche du visiteur.

Ce ne fut qu'une heure plus tard, alors qu'il était assis dans le salon de thé en compagnie de quelques collègues, qu'il fit tomber la fiche par terre en sortant son portefeuille de sa poche. Il la ramassa et jeta un coup d'œil au nom qu'il ne reconnut pas. Il la retourna, lut le message, se leva d'un bond, sortit du salon de thé en trombe et ne cessa de courir qu'en arrivant dans le hall central, priant le ciel pour que la visiteuse n'ait pas abandonné. Lorsqu'il s'arrêta devant le bureau de l'employé de service, il lui demanda d'appeler une certaine M$^{me}$ Tibbet.

— Désolé, sir Giles, mais la dame est repartie il y a quelques instants. Elle a dit qu'elle devait retourner à son travail.

— Nom de Dieu ! s'exclama Giles, avant de retourner la fiche et de regarder l'adresse.

## 32

— Praed Street, Paddington, dit Giles en montant dans un taxi devant l'entrée réservée aux députés. Et je suis déjà en retard, ajouta-t-il. Alors faites vite !

— Vous voudriez quand même pas que je dépasse la vitesse autorisée, m'sieur ? répliqua le chauffeur tandis qu'il franchissait le portail principal et roulait avec précaution jusqu'à Parliament Square.

Si, eut envie de répondre Giles, mais il tint sa langue. Dès qu'il avait appris que M<sup>me</sup> Tibbet avait quitté la Chambre, il avait téléphoné à son beau-frère pour lui faire part du mystérieux message de l'inconnue. La première réaction de Harry avait été de vouloir sauter dans le premier train en partance pour Londres, mais Giles lui avait conseillé de n'en rien faire, au cas où il s'agissait d'une fausse alarme. De toute façon, lui avait dit Giles, il était tout à fait possible que Sebastian soit déjà sur le chemin du retour à Bristol.

Très tendu, Giles aurait voulu que tous les feux passent au vert et il poussait le chauffeur à changer de file chaque fois qu'il pouvait gagner quelques mètres.

Il ne cessait de penser à ce qu'avaient dû éprouver Harry et Emma ces deux derniers jours. Avaient-ils mis Jessica au courant ? Si oui, elle devait être assise sur les marches du perron du manoir, attendant dans l'angoisse le retour de Sebastian.

Qu'allait donc faire un député dans une maison d'hôtes de Paddington ? se demanda le chauffeur lorsqu'il arrêta son taxi devant le numéro 37. Mais ça ne le regardait pas, d'autant plus qu'il reçut un très généreux pourboire.

Giles sauta du taxi, se précipita vers la porte d'entrée et actionna plusieurs fois le heurtoir. Quelques instants plus tard, une jeune femme ouvrit la porte.

— Désolée, monsieur, mais l'hôtel est complet.

— Je ne cherche pas une chambre, lui répondit Giles. Je souhaite parler à… (Il jeta un coup d'œil à la carte de la visiteuse.)… M$^{me}$ Tibbet.

— Qui dois-je annoncer ?

— Sir Giles Barrington.

— Attendez là, monsieur, je vous prie, je vais la prévenir, dit la jeune femme avant de refermer la porte, le laissant sur le trottoir.

Sebastian s'était-il trouvé, tout ce temps, à seulement une centaine de mètres de la gare de Paddington ? À peine deux minutes plus tard, la porte se rouvrit brusquement.

— Je suis absolument désolée, sir Giles, déclara M$^{me}$ Tibbet, l'air très troublée, Janice ne sait pas qui vous êtes. Je vous en prie, venez au salon.

Une fois que Giles se fut installé dans un confortable fauteuil à haut dossier, M$^{me}$ Tibbet lui offrit une tasse de thé.

— Non, merci. Il me tarde de savoir si vous avez des nouvelles de Sebastian. Ses parents sont fous d'inquiétude.

— Je m'en doute. Les malheureux... Je l'ai plusieurs fois exhorté à contacter sa mère, mais...

— Mais ? l'interrompit Giles.

— C'est une longue histoire, sir Giles, mais je vais être le plus brève possible.

Dix minutes plus tard, elle expliquait que la dernière fois qu'elle avait vu Sebastian, c'était lorsqu'il était parti en taxi à Eaton Square et qu'elle ne l'avait pas revu depuis.

— Autrement dit, il séjourne chez son ami Bruno Martinez au 44 Eaton Square ? fit Giles.

— En effet, sir Giles. Mais j'ai...

— Je vous suis extrêmement reconnaissant, dit Giles en se levant et en sortant son portefeuille.

— Vous ne me devez rien, monsieur, répondit M^me Tibbet avec un geste de dénégation. Tout ce que j'ai fait, c'était pour Sebastian, pas pour vous. Mais, si vous me permettez de vous donner un seul conseil...

— Bien sûr, dit Giles en se rasseyant.

— Sebastian craint que ses parents soient furieux contre lui parce qu'il a gâché ses chances d'aller à Cambridge...

— Il n'a pas perdu sa place à Cambridge, l'interrompit Giles.

— Voilà la meilleure nouvelle de la semaine ! Alors vous avez intérêt à le retrouver au plus vite pour le lui dire, parce qu'il ne rentrera pas chez lui tant qu'il pense que ses parents lui en veulent.

— Je me rends de ce pas au 44 Eaton Square, dit Giles en se levant pour la seconde fois.

— Avant que vous partiez, reprit M<sup>me</sup> Tibbet, il faut que vous sachiez qu'il n'a pas dénoncé son ami et que c'est la raison pour laquelle Bruno Martinez n'a pas subi le même châtiment. Voilà pourquoi il mérite des félicitations plutôt que des reproches.

— Vous gâchez votre talent, madame Tibbet... Vous auriez dû être diplomate.

— Quel flatteur vous faites, sir Giles! Comme la plupart des députés, d'ailleurs. Bien que vous soyez le premier que je rencontre, reconnut-elle. Mais je ne veux pas vous retenir davantage.

— Merci encore. Dès que j'aurai retrouvé Sebastian et réglé le problème, peut-être accepterez-vous de revenir à la Chambre pour que nous prenions le thé tous les trois?

— C'est très aimable à vous, sir Giles. Mais je ne peux pas me permettre de prendre deux jours de congé la même semaine.

— Alors ce sera la semaine prochaine, répliqua Giles comme elle ouvrait la porte d'entrée et qu'ils sortaient sur le trottoir. J'enverrai une voiture vous chercher.

— C'est très gentil. Mais...

— Il n'y a pas de «mais» qui tienne. Sebastian a eu beaucoup de chance de choisir le numéro 37.

*
* *

Lorsque le téléphone sonna, don Pedro traversa la pièce, mais il ne décrocha pas avant d'avoir vérifié que la porte de son bureau était bien fermée.

— Votre appel international est en ligne, monsieur.
Il y eut un clic puis une voix dit :
— C'est Diego.
— Écoute-moi bien. Tout est en place, notre cheval de Troie y compris.
— Est-ce que ça signifie que Sotheby's a accepté de… ?
— La sculpture sera proposée à la vente à la fin du mois.
— Par conséquent, tout ce qu'il nous faut maintenant, c'est un convoyeur.
— Je crois avoir trouvé la personne idéale. Un camarade d'école de Bruno qui cherche du travail et qui parle couramment l'espagnol. Mieux encore, son oncle est député et l'un de ses grands-pères était un lord. Par conséquent, il a du sang bleu, comme ils disent, ce qui ne peut que faciliter les choses.
— Est-ce qu'il sait pourquoi tu l'as choisi ?
— Non. Il vaut mieux garder ça secret. Cela va nous permettre de rester à distance pendant le déroulement de l'opération.
— Quand va-t-il arriver à Buenos Aires ?
— Il va prendre le bateau avec moi ce soir et il sera tranquillement de retour en Angleterre longtemps avant qu'on découvre le pot aux roses.
— Penses-tu qu'il est assez mûr pour accomplir une tâche aussi importante ?
— La valeur n'attend pas le nombre des années, et ce qui est tout aussi important, il est un brin risque-tout.
— Il semble la personne idéale, en effet. Tu as mis Bruno au parfum ?

— Non. Moins il en sait, mieux ça vaut.

— D'accord. Veux-tu que je fasse autre chose avant ton arrivée ?

— Assure-toi seulement que le colis est prêt à être chargé et que sa place est réservée sur le *Queen Mary* pour son voyage de retour.

— Et les billets de banque ?

Les pensées de don Pedro furent interrompues par un petit coup frappé à la porte. Il tourna la tête et vit Sebastian entrer dans la pièce.

— J'espère que je ne vous dérange pas, monsieur.

— Non, non, répondit don Pedro en raccrochant.

Il sourit au jeune homme, la dernière pièce du puzzle.

*
\* \*

Il pensa s'arrêter à la première cabine téléphonique pour appeler Harry et l'informer qu'il avait retrouvé la piste de Sebastian et qu'il s'apprêtait à aller le chercher, mais avant de donner ce coup de téléphone, il voulait d'abord voir son neveu en tête à tête.

Dans Park Lane, les voitures roulaient pare-chocs contre pare-chocs et le chauffeur de taxi ne semblait pas avoir envie de se glisser entre deux voitures quand l'occasion se présentait et encore moins de passer à l'orange. Il prit une profonde inspiration. De toute façon, se dit-il comme ils contournaient Hyde Park Corner, quelle différence feraient quelques minutes de plus ou de moins ?

Le taxi finit par s'arrêter devant le 44 Eaton Square et Giles paya la somme exacte qu'affichait le compteur avant de gravir les marches et de frapper à la porte. Un véritable géant vint ouvrir en souriant, presque comme s'il l'avait attendu.

— Vous désirez, monsieur ?

— Je cherche Sebastian Clifton, mon neveu, qui, crois-je comprendre, séjourne ici avec son ami Bruno Martinez.

— Il séjournait bien ici, répondit courtoisement le maître d'hôtel. Mais ils sont partis pour l'aéroport il y a vingt minutes environ.

— Savez-vous quel vol ils doivent prendre ?

— Je n'en ai aucune idée, sir Giles.

— Alors, où vont-ils ?

— Je ne l'ai pas demandé.

— Merci, répondit Giles qui, après avoir été premier batteur pendant des années, savait reconnaître une résistance.

Comme la porte se refermait sur lui, il chercha des yeux un autre taxi. Apercevant un signal jaune allumé, il héla la voiture qui fit immédiatement demi-tour sur place pour répondre à son appel.

— À l'aéroport de Londres, lança Giles avant de s'engouffrer à l'arrière. Et je doublerai le prix de la course si vous m'y menez en quarante minutes.

La voiture démarra au moment où la porte du 44 se rouvrait pour laisser passer un jeune homme qui dévalait les marches en lui faisant de grands signes.

— Arrêtez ! cria Giles.

Le taxi s'arrêta dans un crissement de pneus.

— Décidez-vous, m'sieur !

Giles abaissa la vitre comme le jeune homme courait vers lui.

— Je m'appelle Bruno Martinez, dit-il. Ils ne sont pas partis pour l'aéroport. Ils vont à Southampton pour embarquer sur le *South America*.

— À quelle heure lève-t-il l'ancre ?

— Ils prennent la mer avec la dernière marée ce soir, aux alentours de 21 heures.

— Merci. Je ferai savoir à Sebastian…

— Non. Je vous en prie, monsieur. Et surtout, ne dites pas à mon père que je vous ai parlé.

Aucun des deux ne remarqua que quelqu'un les épiait par une fenêtre du 44.

Sebastian était ravi d'être assis à l'arrière d'une Rolls-Royce, mais il fut surpris qu'ils s'arrêtent à Battersea.

— Avez-vous déjà pris un hélicoptère ? lui demanda don Pedro.

— Non, monsieur. Je n'ai même jamais pris l'avion.

— Cela va nous faire gagner deux heures. Si vous travaillez pour moi, vous allez vite apprendre que le temps, c'est de l'argent.

L'hélicoptère décolla, monta vers le ciel, vira à gauche et mit le cap au sud en direction de Southampton. Sebastian baissa les yeux vers la circulation de la fin d'après-midi. Les voitures sortaient toujours de la capitale à une allure d'escargot.

— Je peux pas aller à Southampton en quarante minutes, m'sieur, dit le chauffeur de taxi.

— D'accord, répondit Giles. Mais si vous pouvez m'emmener sur le quai avant que le *South America* ne lève l'ancre, je doublerai quand même le prix de la course.

La voiture bondit comme un pur-sang sortant de l'écurie et le chauffeur fit de son mieux pour vaincre la circulation de l'heure de pointe, rebroussant brusquement chemin pour s'engouffrer dans des petites rues transversales dont Giles ne soupçonnait même pas l'existence, passant dans la file d'en face avant de se rabattre pour griller un feu venant de virer au rouge. Cela lui prit malgré tout plus d'une heure pour déboucher sur la Winchester Road et découvrir que des travaux réduisaient la circulation à une seule file sur un long tronçon et les obligeaient à rouler à l'allure du conducteur le plus lent. Giles regarda par la vitre mais ne vit pas beaucoup de travaux en cours.

Il consultait constamment sa montre. Leurs chances d'arriver sur le quai avant 21 heures diminuaient de minute en minute. Il pria le ciel pour que le bateau soit retardé ne serait-ce que de quelques minutes, bien qu'il sache que le capitaine ne pouvait se permettre de manquer la marée.

Il s'appuya au dossier du siège et songea aux paroles de Bruno. « Et surtout, ne dites pas à mon père que je vous ai parlé. » Sebastian n'aurait pu en demander plus à un ami. Il jeta un nouveau coup d'œil à sa montre : 19 h 30. Comment le maître d'hôtel avait-il pu commettre une aussi grossière erreur en assurant qu'ils étaient partis pour l'aéroport de Londres ? 19 h 45. Ce n'était évidemment pas une erreur puisque l'homme l'avait appelé « sir Giles », alors qu'il ne pouvait deviner qu'il allait se présenter à leur domicile. À moins que... 20 heures. Et quand il avait dit : « Ils sont partis pour l'aéroport », de quelle autre personne parlait-il ? Du père de Bruno ? 20 h 15. Giles n'avait réussi à répondre à aucune de ces questions lorsque le taxi quitta la Winchester Road et se dirigea vers les quais. 20 h 30. Il chassa ses craintes et se mit à réfléchir à ce qu'il faudrait faire s'ils arrivaient au port avant que le bateau n'ait levé l'ancre. 20 h 45.

— Plus vite ! lança-t-il, bien qu'il ait deviné que le chauffeur roulait déjà pied au plancher.

Il finit par apercevoir le grand navire et, comme il grossissait à vue d'œil, il se mit à croire qu'ils avaient des chances de l'atteindre juste à temps. Il entendit alors le son qu'il redoutait : trois longs coups de sirène.

— « Le temps et la marée n'attendent personne », psalmodia le chauffeur.

Voilà un adage dont Giles se serait bien passé.

Le taxi s'arrêta à côté du *South America*, mais la passerelle avait déjà été relevée et les amarres larguées pour permettre au grand paquebot de s'éloigner lentement du quai et de prendre le large.

Giles se sentit impuissant en voyant deux remorqueurs guider le bateau pour lui faire gagner l'estuaire, fourmis conduisant un éléphant vers un terrain plus sûr.

— Au bureau du capitaine du port ! hurla-t-il sans avoir la moindre idée de l'endroit où il pouvait se trouver.

Le chauffeur dut s'arrêter deux fois pour demander le chemin avant d'immobiliser la voiture devant le seul bâtiment de bureaux encore éclairé.

Giles bondit hors du véhicule, se précipita, sans frapper, dans le bureau du capitaine du port et se trouva nez à nez avec trois hommes stupéfaits.

— Qui êtes-vous ? s'écria un homme vêtu de l'uniforme des autorités portuaires orné de plus de galons d'or que celui de ses deux collègues.

— Sir Giles Barrington. Mon neveu est à bord de ce bateau, dit-il en désignant le port de l'autre côté de la vitre. Y a-t-il moyen de l'en faire descendre ?

— Cela m'étonnerait, monsieur, sauf si le capitaine accepte d'arrêter son bateau pour lui permettre de descendre dans l'un de nos bateaux-pilotes, ce qui me semble extrêmement improbable. Mais je vais essayer. Comment s'appelle le passager ?

— Sebastian Clifton. Il est mineur et ses parents m'ont chargé de le faire descendre de ce bateau.

Le capitaine du port prit un micro et se mit à actionner plusieurs manettes sur un standard afin d'essayer de contacter le capitaine du navire.

— Je ne veux pas vous donner de faux espoirs, dit-il, mais le capitaine et moi avons servi ensemble dans la marine royale, alors…

— Ici le capitaine du *South America*, annonça une voix à l'accent britannique.

— Ici, Bob Walters, capitaine. Nous avons un problème et je te serais reconnaissant si tu pouvais nous aider, dans la mesure du possible, dit le capitaine du port, avant de lui communiquer la demande de sir Giles.

— Normalement, je serais ravi d'accéder à ta demande, Bob, répondit le capitaine, mais le propriétaire du bateau est sur la passerelle et je vais devoir lui demander sa permission.

— Merci, dirent en chœur Giles et le capitaine du port, avant que le silence se fasse sur la ligne.

— Y a-t-il des circonstances dans lesquelles vous avez le droit de passer outre aux ordres d'un capitaine de navire ? demanda Giles.

— Seulement tant que le bateau est dans l'estuaire. Une fois qu'il a dépassé le phare nord, il est censé se trouver dans la Manche et, par conséquent, hors de ma juridiction.

— Pouvez-vous donner un ordre au capitaine tant que son bateau est dans l'estuaire ?

— En effet, monsieur. Mais n'oubliez pas qu'il s'agit d'un navire étranger et nous ne souhaitons pas déclencher un incident diplomatique. Aussi je n'irais contre les désirs d'un capitaine de navire que si j'étais convaincu qu'un acte criminel était en train de se produire.

— Pourquoi mettent-ils tant de temps à répondre ? fit Giles après plusieurs minutes d'attente.

Soudain, une voix grésilla dans l'interphone.

— Désolé, Bob. Le propriétaire refuse d'accéder à ta requête, car nous approchons de la sortie du port et nous entrerons bientôt dans la Manche.

Giles arracha le micro de la main du capitaine du port.

— Ici, sir Giles Barrington. Passez-moi, je vous prie, le propriétaire du bateau. Je souhaite lui parler personnellement.

— Désolé, sir Giles, répondit le capitaine. M. Martinez a quitté la passerelle pour regagner sa cabine. Et il a indiqué qu'il ne voulait être dérangé sous aucun prétexte.

# Harry Clifton

## 1957

33

Harry avait cru que rien ne pourrait surpasser l'immense fierté qu'il avait ressentie en apprenant que l'université de Cambridge avait accordé à Sebastian l'une de ses plus prestigieuses bourses. Il se trompait, car il fut tout aussi fier de voir sa femme monter sur l'estrade pour recevoir son diplôme de commerce avec mention très bien des mains de Wallace Sterling, président de l'université de Stanford.

Mieux que quiconque, Harry savait quels sacrifices Emma avait dû consentir pour satisfaire les exigences incroyablement élevées que le professeur Feldman imposait à ses élèves et s'imposait à lui-même. Et il avait été encore plus exigeant avec Emma, comme il l'avait montré année après année.

Au moment de quitter l'estrade sous les applaudissements chaleureux, le chaperon de la toge universitaire en place, elle lança en l'air son mortier, comme tous les étudiants avant elle, pour indiquer que ses années de licence étaient derrière elle. Elle ne put s'empêcher de se demander ce qu'aurait pensé sa chère mère d'un tel comportement pour une dame de trente-six ans, en public de surcroît.

Le regard de Harry passa de son épouse au distingué professeur d'études commerciales qui était assis sur l'estrade, à deux sièges seulement du président de l'université. Cyrus Feldman ne chercha pas à cacher ses émotions quand ce fut le tour de son étudiante vedette. Il fut le premier à se lever pour l'applaudir et le dernier à se rasseoir. Cela émerveillait souvent Harry de constater que sa femme, comme Élisabeth autrefois, pouvait subtilement faire plier des hommes puissants, du chef d'entreprise au lauréat d'un prix Pulitzer.

Comme Élisabeth aurait été fière de sa fille ! Pas davantage que la mère de Harry, en revanche, car Maisie avait accompli un parcours professionnel tout aussi ardu.

La veille, Harry et Emma avaient dîné avec le professeur Feldman et Ellen, son épouse résignée. Feldman n'avait pas quitté Emma des yeux, allant jusqu'à suggérer qu'elle revienne à Stanford pour rédiger sa thèse de doctorat sous sa direction.

— Et mon pauvre mari ? avait-elle répondu en passant son bras sous celui de Harry.

— Il lui faudra seulement apprendre à se passer de vous pendant deux ans, répliqua Feldman sans chercher à dissimuler ses arrière-pensées.

En entendant une telle proposition faite à leur femme, nul doute qu'un grand nombre d'Anglais au sang chaud n'auraient pas hésité à lui flanquer un coup de poing en pleine figure, et on aurait aisément pardonné à une femme moins patiente que M$^{me}$ Feldman d'entamer une procédure de divorce, à l'instar de ses trois précédentes épouses. Harry se contenta de sourire, tandis que M^me Feldman faisait semblant de ne pas saisir l'allusion.

Puisque Emma voulait se trouver au manoir avant le retour de Sebastian de Beechcroft, Harry avait accepté de rentrer en Angleterre par avion immédiatement après la cérémonie. Pourtant, leur fils n'était plus collégien et dans seulement trois mois il serait étudiant.

Une fois la cérémonie terminée, Emma se promena sur la pelouse pour jouir de l'ambiance festive et faire la connaissance des autres étudiants diplômés qui, comme elle, avaient passé d'innombrables heures d'études solitaires dans des contrées lointaines et qui se rencontraient ce jour-là pour la première fois. Des conjoints furent présentés, des photos de famille montrées, des adresses échangées.

Dès 18 heures, lorsque les serveurs commencèrent à replier les chaises, à ramasser les bouteilles de champagne vides et à empiler les dernières assiettes sales, Harry suggéra qu'ils regagnent leur hôtel.

Emma bavarda durant tout le trajet de retour, pendant qu'elle faisait sa valise, pendant la course en taxi pour gagner l'aéroport et dans la salle d'attente des passagers de première classe. Une fois dans l'avion, dès qu'elle eut trouvé sa place et attaché sa ceinture, elle ferma les yeux et tomba immédiatement dans un profond sommeil.

— Tu parles exactement comme un homme d'âge mûr, déclara Emma tandis qu'ils entamaient le long trajet de l'aéroport de Londres au manoir.

— Je suis un homme d'âge mûr, rétorqua Harry. J'ai trente-sept ans et, pire, les jeunes filles commencent à me donner du « monsieur ».

— Eh bien, moi, je n'ai pas l'impression d'avoir atteint cet âge, dit Emma en regardant la carte. Tourne à droite aux feux et on sera sur la Great Bath Road.

— C'est parce que la vie vient seulement de commencer pour toi.

— Que veux-tu dire ?

— Tu viens de recevoir ton diplôme, d'être nommée au conseil d'administration de la Barrington, ce qui, dans les deux cas, t'ouvre de tout nouveaux horizons. Voyons les choses en face, il y a vingt ans, ces deux événements auraient été inenvisageables pour toi.

— Dans mon cas, ç'a été possible parce que Cyrus Feldman et Ross Buchanan sont des hommes éclairés en matière de parité hommes-femmes. Et n'oublie pas qu'à nous deux Giles et moi possédons vingt-deux pour cent des parts de la compagnie. Or Giles n'a jamais eu la moindre envie de siéger au conseil d'administration.

— C'est possible. Mais, si on constate que tu fais bien ton boulot, cela convaincra peut-être d'autres chefs d'entreprise de suivre l'exemple de Ross.

— Ne te fais pas d'illusions. Cela va prendre des décennies avant qu'on donne une chance à des femmes compétentes de remplacer des hommes incompétents.

— Eh bien, prions le ciel pour qu'au moins les choses soient différentes pour Jessica ! J'espère que, lorsqu'elle quittera l'école, son seul but dans la vie ne sera pas d'apprendre à faire la cuisine et de trouver un bon mari.

— Crois-tu que c'étaient mes seuls buts ?
— Si c'était le cas, tu as doublement échoué. Et n'oublie pas que tu m'as choisi quand tu avais onze ans.
— Dix ans, corrigea Emma. Mais toi, tu as mis sept ans à le comprendre.
— De toute façon, on a tous les deux été admis à Oxford et Grace enseigne à l'université de Cambridge ; c'est le chemin que voudra suivre Jessica.
— Pourquoi nous imiterait-elle alors qu'elle est si douée ? Je sais qu'elle admire les succès de Seb, mais ses modèles sont la sculptrice Barbara Hepworth et une certaine Mary Cassatt. Voilà pourquoi j'ai réfléchi aux autres possibilités qui s'ouvrent à elle, dit Emma tout en consultant la carte, avant de reprendre : Tu tourneras à droite à huit cents mètres environ. Il devrait y avoir un panneau pour Reading.
— Qu'avez-vous comploté toutes les deux derrière mon dos ?
— Si Jessica en a les capacités, et son professeur de dessin m'assure que c'est le cas, l'école souhaiterait qu'elle essaye d'entrer au Royal College of Art ou à la Slade School of Fine Art.
— M$^{lle}$ Fielding n'a-t-elle pas étudié à la Slade ?
— Si. Et elle me répète constamment que Jessica est bien meilleure peintre à quinze ans qu'elle-même l'année de son diplôme.
— Ça doit être plutôt énervant.
— Voilà une réaction typiquement masculine. En fait, M$^{lle}$ Fielding souhaite simplement que Jessica révèle son potentiel. Elle veut qu'elle soit la première élève de Red Maids à obtenir une place au Royal College.

— Ce serait alors une double réussite, puisque Seb est le premier élève de Beechcroft Abbey à obtenir la bourse la plus prestigieuse pour Cambridge.

— Le premier depuis 1922, corrigea Emma. Tourne à gauche au prochain rond-point.

— On doit t'adorer au conseil d'administration de la Barrington, dit Harry comme il suivait ses instructions. Au fait, au cas où tu l'aurais oublié, mon dernier livre sort la semaine prochaine.

— Est-ce qu'on t'envoie dans un endroit intéressant pour en faire la promotion ?

— J'interviendrai vendredi à un déjeuner littéraire du *Yorkshire Post* et il paraît qu'on a vendu tant de billets que le déjeuner a lieu au champ de courses de York plutôt qu'à l'hôtel du coin.

Elle se pencha pour lui donner un baiser sur la joue.

— Félicitations, mon chéri !

— Rien à voir avec moi, hélas. Je ne suis pas le seul orateur.

— Dis-moi qui est ton rival, pour que je puisse le faire assassiner.

— C'est une rivale. Elle s'appelle Agatha Christie.

— William Warwick menace-t-il enfin de détrôner Hercule Poirot ?

— Pas encore, il me semble. M$^{me}$ Christie a écrit quarante-neuf romans et je viens seulement de terminer mon cinquième.

— Peut-être la rattraperas-tu lorsque tu en auras écrit quarante-neuf.

— Tu parles ! Bon. Pendant que je me baladerai dans tout le pays pour essayer de figurer sur la liste des best-sellers, que vas-tu faire, toi ?

— J'ai dit à Ross que je passerai lundi au bureau pour le voir. Je m'efforce de le convaincre de ne pas se lancer dans la construction du *Buckingham*.

— Pourquoi donc ?

— Ce n'est pas le moment de prendre des risques en investissant cette énorme somme dans un paquebot de luxe alors que les gens préfèrent de plus en plus l'avion.

— Je comprends ton point de vue, même si je préférerais prendre le bateau pour aller à New York plutôt que l'avion.

— C'est parce que tu es un homme d'âge mûr, dit Emma en lui tapotant la cuisse. J'ai également promis à Giles que je ferai un saut au château Barrington pour m'assurer que Marsden a tout préparé pour Gwyneth et lui en prévision de leur venue ce week-end.

— Marsden sera fin prêt.

— Il aura soixante ans l'année prochaine et je sais qu'il pense à prendre sa retraite.

— Il ne sera pas facile à remplacer, dit Harry tandis qu'ils passaient devant le premier panneau indiquant la direction de Bristol.

— Gwyneth ne veut pas le remplacer. Elle estime qu'il est grand temps que Giles entre dans la seconde moitié du XX$^e$ siècle.

— Qu'a-t-elle en tête ?

— Elle pense que le gouvernement sera peut-être travailliste après les prochaines élections et, comme Giles serait alors certainement nommé ministre, elle a l'intention de le préparer pour le poste, programme qui n'inclut pas d'être chouchouté par des domestiques. À l'avenir, les seuls serviteurs qui devront l'aider, selon elle, seront des serviteurs de l'État.

— Il a eu de la chance de la rencontrer.

— L'heure n'est-elle pas venue de proposer le mariage à la malheureuse ?

— Oui, en effet. Mais il ne s'est pas entièrement remis de son expérience avec Virginia et je ne pense pas qu'il soit tout à fait prêt à s'engager à nouveau.

— Eh bien, il a intérêt à se dépêcher parce que les femmes comme elle ne courent pas les rues, dit Emma en regardant à nouveau la carte.

Harry doubla un camion.

— J'ai toujours du mal à accepter le fait que Seb n'est plus un collégien, dit-il.

— As-tu déjà prévu quelque chose pour le premier week-end qu'il va passer à la maison ?

— J'ai pensé l'emmener demain voir jouer Gloucester contre Blackheath au County Ground.

— Voilà qui va forger son caractère ! s'esclaffa Emma. Observer une équipe qui perd plus souvent qu'elle ne gagne.

— Et peut-être qu'on pourrait aller tous les trois à l'Old Vic, un soir de la semaine prochaine, ajouta-t-il en ignorant sa remarque.

— Qu'est-ce qui se joue ?

— *Hamlet*.

— Qui joue le prince ?

— Un jeune comédien du nom de Peter O'Toole, qui, d'après Seb, est « dans le vent », quel que soit le sens de l'expression.

— Ce sera merveilleux d'avoir Seb pendant l'été. Peut-être devrions-nous organiser une soirée avant qu'il aille à Cambridge. Pour qu'il ait l'occasion de rencontrer des filles.

— Il aura amplement le temps de rencontrer des filles plus tard. C'est vraiment dommage que le gouvernement abolisse le service militaire. Seb aurait fait un très bon officier, et ça l'aurait fait mûrir d'être responsable d'autres hommes.

— Tu n'es pas un homme d'âge mûr, dit Emma au moment où la voiture s'engageait dans l'allée, tu es carrément préhistorique.

Harry éclata de rire tandis qu'il arrêtait la voiture devant le perron du manoir. Il fut enchanté de voir Jessica les attendre, assise sur la plus haute marche.

— Où est Seb ? demanda Emma en sortant de la voiture et en étreignant Jessica.

— Il n'est pas rentré du collège hier. Il est peut-être allé directement au château Barrington pour passer la nuit chez oncle Giles.

— Je croyais que Giles était à Londres, dit Harry. Je vais l'appeler pour voir s'ils peuvent tous les deux dîner avec nous.

Il gravit les marches et entra dans la maison. Il décrocha le téléphone dans le vestibule et composa un numéro.

— On est rentrés, annonça-t-il en entendant la voix de Giles au bout du fil.

— Bienvenue à la maison, Harry. Ça s'est bien passé aux États-Unis ?

— Ça n'aurait pas pu mieux se passer. Emma a volé la vedette, bien sûr. Je crois que Feldman veut faire d'elle sa cinquième épouse.

— Eh bien, ça présenterait quelques réels avantages. Ça ne dure jamais longtemps avec lui, et comme il vit en Californie, les conditions du divorce seraient très avantageuses.

Harry éclata de rire.

— Au fait, Sebastian est-il avec toi ? demanda-t-il.

— Non. En fait, il y a un certain temps que je ne l'ai pas vu. Mais il est sûrement dans les parages. Téléphone donc à son collège pour voir s'il y est toujours. Rappelle-moi quand tu sauras où il est, parce que j'ai des nouvelles pour vous deux.

— D'accord.

Harry raccrocha et chercha le numéro de téléphone du directeur dans l'annuaire.

— Ne t'en fais pas, ma chérie, ce n'est plus un petit collégien, comme tu n'arrêtes pas de me le répéter, dit-il à Emma en voyant sa mine inquiète. Je suis certain qu'il y a une explication.

Il composa le numéro et prit sa femme dans ses bras en attendant que quelqu'un décroche.

— M. Banks-Williams à l'appareil.

— Ici, Harry Clifton, monsieur le directeur. Désolé de vous déranger après la fin de l'année scolaire, mais sauriez-vous où se trouve mon fils en ce moment ?

— Je n'en ai pas la moindre idée, monsieur Clifton. Je ne l'ai pas revu depuis qu'il a été exclu temporairement au début de la semaine.

— Exclu ?

— Hélas, oui, monsieur Clifton. Je crains de n'avoir guère eu le choix.

— Qu'a-t-il fait pour mériter cette punition ?

— Il a commis plusieurs petites infractions à la discipline. Entre autres, il a fumé.

— Des infractions majeures ?

— Il a été surpris en train de boire dans son bureau avec une servante.

— Et cela justifie un renvoi temporaire ?

— J'aurais pu faire semblant de ne rien voir puisque c'était la dernière semaine du trimestre, mais, malheureusement, ils étaient tous les deux dévêtus.

Harry étouffa un rire et il fut content qu'Emma ne puisse pas entendre les propos de son correspondant.

— Lorsqu'il s'est présenté devant moi le lendemain, je lui ai dit que, après mûre réflexion et après avoir consulté son directeur de résidence, j'étais contraint de le renvoyer temporairement. Je lui ai ensuite confié une lettre pour qu'il vous la remette. Il est clair qu'il ne l'a pas fait.

— Mais où peut-il bien être ? fit Harry, qui commençait à s'inquiéter.

— Aucune idée. Tout ce que je peux vous dire, c'est que son directeur de résidence lui avait fourni un billet de train de troisième classe pour Temple Meads, et j'avais supposé que je ne le reverrais plus. Or, ayant dû partir pour Londres cet après-midi-là afin d'assister au dîner annuel de l'Association des anciens élèves, à ma grande surprise, je suis tombé sur lui dans le train.

— Lui avez-vous demandé pourquoi il se rendait à Londres ?

— Je l'aurais fait, répliqua le directeur d'un ton sec, s'il n'avait pas quitté la voiture dès qu'il m'a vu.

— Mais pourquoi ?

— Peut-être parce qu'il fumait et que je l'avais prévenu qu'il serait définitivement exclu s'il commettait une nouvelle infraction au règlement du collège avant la fin du trimestre. Et il savait que j'appellerais alors le responsable des admissions à Cambridge pour qu'on lui retire sa bourse.

— C'est ce que vous avez fait ?

— Non. Vous devez remercier mon épouse à ce sujet, car personnellement, je voulais le renvoyer définitivement et lui faire perdre sa place à Cambridge.

— Uniquement parce qu'il fumait, alors qu'il n'était même pas à l'intérieur du collège ?

— Ce n'était pas la seule raison. Il voyageait dans un compartiment de première classe alors qu'il n'avait pas assez d'argent pour ça et il a menti à son directeur de résidence en lui disant qu'il rentrait directement à Bristol. Ç'aurait suffi pour me convaincre qu'il ne méritait pas d'être admis dans mon ancienne université. Nul doute que je vais tôt ou tard regretter mon indulgence.

— C'est la dernière fois que vous l'avez vu ? fit Harry en s'efforçant de rester calme.

— Oui. Et je souhaite ne plus jamais le revoir, conclut le directeur avant de raccrocher.

Harry répéta à Emma les propos de son interlocuteur, mais ne lui raconta pas l'épisode de la servante.

— Mais où peut-il bien être en ce moment ? demanda Emma d'un ton anxieux.

— Tout d'abord, avant de prendre une décision sur ce qu'il convient de faire à présent, je vais rappeler Giles pour lui raconter ce qui s'est passé.

Harry décrocha le récepteur et mit un certain temps à rapporter à Giles la conversation presque mot pour mot.

— Il n'est pas difficile de deviner les pensées de Seb quand Banks-Williams l'a surpris dans le train, dit Giles, après être resté silencieux quelques instants.

— Je donne ma langue au chat, dit Harry.

— Mets-toi à sa place. Le directeur l'ayant surpris à fumer et dans le train pour Londres sans en avoir obtenu l'autorisation, il a dû penser qu'il était renvoyé définitivement et qu'il avait perdu sa place à Cambridge. Je suppose qu'il a peur de rentrer à la maison et de devoir vous faire face.

— Eh bien, ce n'est plus le problème. Mais il faut le retrouver et le prévenir. Si je pars pour Londres tout de suite, puis-je loger à Smith Square ?

— Bien sûr, mais ça ne servira à rien, Harry. Tu devrais rester au manoir avec Emma. C'est moi qui vais me rendre à Londres. Comme ça, on couvrira les deux fronts.

— Mais tu es censé passer le week-end avec Gwyneth, au cas où tu l'aurais oublié…

— Et Seb est toujours mon neveu, Harry… Au cas où tu l'aurais oublié.

— Merci.

— Je t'appellerai dès que j'arriverai à Londres.

— Tu avais dit que tu avais des nouvelles pour nous ?

— Ce n'est pas important. En tout cas, pas aussi important que de retrouver Seb.

*
\* \*

Giles se rendit en voiture à Londres ce soir-là, et lorsqu'il arriva à Smith Square, sa gouvernante confirma que Sebastian ne s'était pas manifesté.

Une fois que Giles eut relayé cette information à Harry, il appela le commissaire adjoint de Scotland

Yard. Celui-ci n'aurait pu se montrer plus compatissant, mais il souligna qu'on signalait quotidiennement la disparition d'une bonne dizaine de petits Londoniens et que la plupart étaient bien plus jeunes que Sebastian. Dans une ville de huit millions d'habitants, cela revenait à chercher une aiguille dans une botte de foin. Il promit toutefois de mettre en alerte tous les commissariats de la capitale.

Harry et Emma veillèrent très tard ce soir-là. Ils appelèrent Maisie – la grand-mère de Sebastian –, sa tante Grace, Deakins, Ross Buchanan, Griff Haskins et même Mlle Parish pour savoir si Sebastian les avait contactés. Le lendemain, Harry s'entretint plusieurs fois avec Giles, mais celui-ci n'avait aucune nouvelle à lui communiquer. Une aiguille dans une botte de foin, répéta-t-il.

— Comment Emma supporte-t-elle l'épreuve ?
— Mal. Elle est de plus en plus angoissée au fil des heures.
— Et Jessica ?
— Elle est inconsolable.
— Je t'appelle dès qu'il y a du nouveau.

Le lendemain après-midi, Giles téléphona à Harry depuis la Chambre des communes pour lui dire qu'il se rendait à Paddington pour rencontrer une femme qui souhaitait le voir et avait des nouvelles de Sebastian.

Harry et Emma restèrent assis à côté du téléphone, espérant que Giles les rappellerait dans l'heure, mais il ne les rappela qu'un peu après 21 heures.

— Dis-moi qu'il est en bonne santé, dit Emma après avoir arraché l'appareil de la main de Harry.

— Il est en bonne santé. Mais je crains que ce soit la seule bonne nouvelle... Il est en route pour Buenos Aires.

— Qu'est-ce que tu racontes ? Pourquoi irait-il à Buenos Aires ?

— Je n'en ai aucune idée. Tout ce que je peux te dire, c'est qu'il se trouve à bord du *South America* en compagnie d'un certain Pedro Martinez, le père d'un de ses camarades.

— C'est Bruno. Il est à bord, lui aussi ?

— Non, c'est impossible. Je l'ai vu dans sa maison d'Eaton Square.

— On se met en route immédiatement pour Londres, dit Emma. Et on ira voir Bruno demain matin, à la première heure.

— Vu les circonstances, je ne pense pas que ce soit une bonne idée.

— Pourquoi pas ?

— Pour plusieurs raisons. Notamment parce que je viens de recevoir un coup de fil de sir Alan Redmayne, le secrétaire général du gouvernement. Il m'a demandé si on pouvait tous les trois venir le voir demain à 10 heures. Je ne crois pas qu'il s'agisse d'une simple coïncidence.

## 34

— Bonjour, sir Alan, dit Giles tandis qu'ils entraient tous les trois dans le bureau du secrétaire général du gouvernement. Puis-je vous présenter ma sœur Emma et Harry Clifton, mon beau-frère ?

Sir Alan Redmayne serra la main d'Emma et de Harry avant de leur présenter M. Hugh Spencer.

— M. Spencer est sous-directeur au ministère des Finances, expliqua-t-il. Vous allez bientôt comprendre la raison de sa présence ici.

Ils s'installèrent tous les cinq autour d'une table ronde placée au milieu de la pièce.

— Je suis conscient de la gravité du sujet de notre réunion, déclara sir Alan, mais avant d'en discuter, j'aimerais vous dire, monsieur Clifton, que je suis un fan de William Warwick. Votre dernier livre se trouvant sur la table de nuit de ma femme, je n'aurai malheureusement pas le droit de le lire avant qu'elle ait tourné la dernière page.

— C'est très aimable à vous.

— Permettez-moi d'abord de vous expliquer pourquoi nous avons dû vous faire venir si vite, poursuivit sir Alan en changeant de ton. Monsieur et madame Clifton, j'aimerais d'abord vous assurer que nous sommes tout autant que vous préoccupés du bien-être de votre fils, même si nos intérêts divergent. Le gouvernement, poursuivit-il, s'intéresse à un certain don Pedro Martinez qui est mêlé à tant d'affaires qu'un meuble entier lui est à présent consacré. C'est un citoyen argentin qui possède une maison à Eaton Square, un manoir à Shillingford, trois paquebots de croisière, une écurie de poneys de polo au Guards Polo Club du Great Park de Windsor ainsi qu'une loge à Ascot. Il passe toujours la saison à Londres et il a un grand nombre d'amis et d'associés qui le prennent pour un riche magnat du bétail. Et pourquoi en serait-il autrement ? Il est propriétaire de cent cinquante mille hectares de pampas en Argentine sur lesquels pâturent environ cinq mille têtes de bétail. Bien que cela lui rapporte gros, ce n'est en fait qu'une couverture pour protéger ses activités criminelles.

— C'est-à-dire ? demanda Giles.

— En un mot comme en cent, sir Giles, c'est un escroc international. À côté de lui, Jim Moriarty, l'ennemi juré de Sherlock Holmes, est un enfant de chœur. Mais laissez-moi vous en dire un peu plus sur ce que nous savons de M. Martinez, et je me ferai ensuite un plaisir de répondre à toute question que vous souhaiteriez me poser. Nos chemins se sont croisés pour la première fois en 1935, quand j'étais attaché d'administration au ministère de la Guerre. J'ai alors découvert qu'il faisait du commerce avec l'Allemagne. Il entretenait des rapports étroits avec Heinrich Himmler, le chef des SS, et nous savons qu'il a rencontré Hitler deux fois au moins. Pendant la guerre, il a acquis une immense fortune en fournissant aux Allemands toutes les matières premières qui leur manquaient, alors qu'il habitait toujours à Eaton Square.

— Pourquoi ne l'a-t-on pas arrêté ? s'enquit Giles.

— Cela nous arrangeait de ne pas le faire. Nous souhaitions découvrir quels étaient ses contacts en Grande-Bretagne et ce qu'ils manigançaient. Après la guerre, Martinez est rentré en Argentine poursuivre son commerce de bétail. En fait, il n'est jamais retourné à Berlin après l'entrée des Alliés dans la ville. Il a continué à venir régulièrement dans notre pays. Il a même envoyé ses trois fils dans des écoles privées anglaises et sa fille étudie en ce moment à Roedean.

— Veuillez m'excuser de vous interrompre, intervint Emma, mais quel rôle joue Sebastian dans tout ça ?

— Aucun, madame Clifton, jusqu'à la semaine dernière, lorsqu'il est arrivé à l'improviste au 44 Eaton Square et que son ami Bruno l'a invité à y séjourner.

— Je l'ai rencontré deux fois, dit Harry, et je l'ai trouvé tout à fait charmant.

— Il l'est sans doute. Ce qui renforce l'image de Martinez, bon père de famille qui adore l'Angleterre. Toutefois, lorsqu'il a rencontré don Pedro Martinez pour la deuxième fois, votre fils est devenu sans le savoir complice d'une opération sur laquelle nos services de police travaillent depuis plusieurs années.

— Pour la deuxième fois ? s'étonna Giles.

— Le 18 juin 1954, répondit sir Alan en jetant un coup d'œil à ses notes, Martinez a invité Sebastian à fêter le quinzième anniversaire de Bruno.

— Vous surveillez Martinez à ce point ? fit Giles.
— Absolument.

Le secrétaire général prit une enveloppe en papier gris parmi des documents qui se trouvaient devant lui et en sortit deux billets de cinq livres qu'il plaça sur la table.

— Et vendredi soir, M. Martinez a donné ces deux billets à votre fils.

— Mais Sebastian n'a jamais eu autant d'argent de sa vie ! dit Emma. Nous ne lui donnons qu'une demi-couronne d'argent de poche par semaine.

— Je suppose que Martinez se doutait qu'une telle somme suffirait largement à faire tourner la tête du jeune homme. Et puis, à un moment où il sait votre fils extrêmement vulnérable, il double la mise en l'invitant à l'accompagner à Buenos Aires.

— Comment avez-vous récupéré ces deux banals billets de cinq livres que Martinez a donnés à mon fils ? s'enquit Harry.

— Ils ne sont pas banals, intervint pour la première fois le fonctionnaire du ministère des Finances. Nous en avons intercepté plus de dix mille en huit ans, à la suite de renseignements fournis par ce que la police appelle, me semble-t-il, une source sûre.

— Quelle source sûre ?

— Avez-vous entendu parler du commandant Bernhard Krüger, un officier SS ? demanda Spencer.

Le silence qui suivit suggéra que personne n'en avait entendu parler.

— Le commandant Krüger est un homme intelligent et astucieux qui était inspecteur de police à Berlin avant de rejoindre les SS et de devenir chef de la brigade chargée de lutter contre les faux-monnayeurs. Lorsque la Grande-Bretagne a déclaré la guerre à l'Allemagne, Krüger a convaincu Himmler que les nazis pourraient déstabiliser l'économie britannique en inondant l'Angleterre de parfaites copies de billets de cinq livres, mais seulement s'il avait l'autorisation de choisir les meilleurs imprimeurs, les meilleurs graveurs sur cuivre et les meilleurs retoucheurs détenus dans le camp de concentration de Sachsenhausen dont il était le commandant. Son coup de génie a été de recruter le faussaire Salomon Smolianoff qu'il avait arrêté et envoyé en prison pas moins de trois fois quand il travaillait dans la police berlinoise. Une fois que Smolianoff a fait partie de l'équipe, Krüger et ses acolytes ont pu fabriquer environ vingt-sept millions de billets de cinq livres, soit théoriquement cent trente-cinq millions de livres.

Harry eut le souffle coupé de stupéfaction.

— En 1945, lorsque les Alliés avançaient sur Berlin, Hitler a donné l'ordre de détruire les presses, et nous avons toutes les raisons de croire qu'elles le furent effectivement. Or, quelques semaines avant la reddition de l'Allemagne, Krüger a été arrêté alors qu'il tentait de franchir la frontière suisse avec une valise pleine de faux billets. Il a passé deux ans en prison dans le secteur britannique de Berlin.

» Nous aurions cessé de nous intéresser à lui si la Banque d'Angleterre ne nous avait pas informés que les billets trouvés en possession de Krüger étaient en fait authentiques. Le gouverneur de la banque de l'époque prétendait que personne, absolument personne, n'était capable de contrefaire un billet de cinq livres sterling et que rien ne pourrait le persuader du contraire. Nous avons demandé à Krüger combien de ces billets étaient en circulation, mais avant de nous fournir ce renseignement, il a habilement négocié sa libération, utilisant don Pedro Martinez comme monnaie d'échange.

M. Spencer se tut pour avaler une petite gorgée d'eau, mais personne ne l'interrompit.

— Un accord a été trouvé pour libérer Krüger après seulement trois ans d'incarcération sur sept, mais pas avant qu'il nous ait informés que, vers la fin de la guerre, Martinez avait conclu un marché avec Himmler pour faire sortir d'Allemagne vingt millions de livres en faux billets de cinq livres et les faire transporter en Argentine, où il devrait attendre de nouvelles instructions. Cela n'aurait guère été difficile pour un homme qui avait fait passer toutes sortes de choses en Allemagne, qu'il s'agisse d'un tank Sherman ou d'un sous-marin russe.

» En échange d'une nouvelle remise de peine d'une année, Krüger nous a révélé que Himmler, ainsi qu'une poignée de hauts dirigeants nazis triés sur le volet, peut-être Hitler, espéraient échapper à leur sort en parvenant à gagner Buenos Aires, où ils finiraient leurs jours aux frais de la Banque d'Angleterre.

» Toutefois, quand il est devenu clair que Himmler et ses comparses ne viendraient pas en Argentine, poursuivit Spencer, Martinez s'est retrouvé en possession de vingt millions de livres en faux billets dont il lui fallait se débarrasser, ce qui n'était pas tâche facile. Au début, j'ai pensé que le récit de Krüger n'était qu'une histoire inventée pour sauver sa peau, mais au fil des ans, comme de plus en plus de faux billets de cinq livres apparaissaient sur le marché chaque fois que Martinez se trouvait à Londres ou que son fils Luis jouait à la roulette à Monte-Carlo, je me suis rendu compte que nous étions confrontés à un réel problème. Cela a été prouvé une fois de plus lorsque Sebastian a dépensé l'un de ses deux billets de cinq livres pour payer un costume à Savile Row et que le vendeur n'a pas indiqué qu'il s'agissait d'un faux billet.

— Il y a seulement deux ans, intervint sir Alan, j'ai exprimé à M. Churchill mon agacement concernant l'attitude de la Banque d'Angleterre. Agissant avec la simplicité du génie, il a ordonné qu'on mette en circulation le plus vite possible un nouveau billet de cinq livres. Naturellement, cela ne pouvait pas se faire du jour au lendemain et lorsque la Banque d'Angleterre a fini par annoncer son projet, Martinez a compris que le temps pressait et qu'il devait se débarrasser de son immense fortune de faux billets.

— C'est alors, s'emporta M. Spencer, que les charlatans de la Banque d'Angleterre ont annoncé que tous les billets de cinq livres présentés à la Banque avant le 31 décembre 1957 seraient échangés contre les nouveaux. Par conséquent, Martinez n'avait qu'à faire passer en fraude ses faux billets en Grande-Bretagne et la Banque d'Angleterre pouvait les lui échanger contre des espèces authentiques. Nous estimons qu'en quinze ans Martinez a pu écouler une somme comprise entre cinq et dix millions de livres, mais qu'il lui reste huit, peut-être neuf millions de livres en faux billets toujours dissimulés en Argentine. Lorsque nous avons compris que nous ne pouvions rien faire pour modifier l'attitude de la Banque d'Angleterre, nous avons fait insérer une clause dans le budget de l'année dernière dont la seule raison était de compliquer la tâche de Martinez. Depuis le mois d'avril, il est illégal de faire entrer dans le Royaume-Uni plus de mille livres en espèces. Et il a appris à ses dépens depuis peu que ni lui ni ses associés ne peuvent traverser de frontière en Europe sans que les douaniers fouillent leurs bagages.

— Mais cela n'explique toujours pas ce que fait Sebastian à Buenos Aires, dit Harry.

— Nous avons des raisons de croire, monsieur Clifton, que votre fils est tombé dans les filets de don Pedro, expliqua Spencer. Et nous pensons que celui-ci va l'utiliser pour faire entrer les derniers huit ou neuf millions de livres en Grande-Bretagne. Mais nous ne savons pas où ni comment.

— Sebastian court donc un grave danger ? fit Emma en regardant le secrétaire général droit dans les yeux.

— Oui et non, répondit sir Alan. Tant qu'il ne sait pas pourquoi précisément Martinez a voulu qu'il l'accompagne en Argentine, celui-ci ne touchera pas à un seul cheveu de sa tête. Mais, si votre fils découvrait le pot aux roses durant son séjour à Buenos Aires, et tout nous porte à croire qu'il est intelligent et perspicace, nous n'hésiterions pas à le faire venir dans notre ambassade où il sera en sécurité.

— Pourquoi ne pas agir dès qu'il descendra du bateau ? demanda Emma. Notre fils vaut beaucoup plus pour nous que dix millions de livres, quel qu'en soit le propriétaire, ajouta-t-elle en cherchant du regard le soutien de Harry.

— Parce que cela indiquerait à Martinez que nous sommes au courant de ses projets, dit Spencer.

— Mais Seb risque d'être sacrifié, comme un pion sur un échiquier dont vous n'avez pas la maîtrise.

— Cela n'arrivera pas tant qu'il reste dans l'ignorance. Nous sommes convaincus que, sans l'aide de votre fils, Martinez ne peut espérer déplacer cette quantité d'argent. Sebastian constitue notre dernière chance de découvrir comment il compte effectuer cette opération.

— Il n'a que dix-sept ans, soupira Emma.

— Il n'est pas beaucoup plus jeune que votre mari quand il a été arrêté pour meurtre ou que sir Giles quand il a obtenu la croix de guerre.

— Les circonstances étaient entièrement différentes, insista Emma.

— Mais c'est le même ennemi, intervint sir Alan.

— Nous savons que Seb aimerait vous aider par tous les moyens, dit Harry en prenant la main de sa femme, mais là n'est pas la question. Les risques sont bien trop grands.

— Vous avez raison, bien sûr, reconnut le secrétaire général, et si vous nous dites que vous voulez que nous le prenions sous notre protection dès sa descente du bateau, je vais en donner l'ordre immédiatement. Mais, ajouta-t-il avant qu'Emma puisse acquiescer, nous avons mis au point un plan qui ne peut réussir qu'avec votre aide.

Il attendit d'éventuelles protestations, mais ses trois invités restèrent silencieux.

— Le *South America*, reprit sir Alan, n'arrivera à Buenos Aires que dans cinq jours. Pour que notre plan ait une chance de réussir, il faut que notre ambassadeur reçoive notre message avant que le bateau jette l'ancre.

— Pourquoi ne lui téléphonez-vous pas, tout simplement ? s'enquit Giles.

— J'aimerais bien que les choses soient aussi simples... À Buenos Aires, douze femmes s'occupent du standard international et elles sont toutes payées par Martinez. Il en est de même pour le télégraphe. Elles sont chargées de recueillir tous les renseignements susceptibles de lui être utiles. Sur les hommes politiques, les banquiers, les hommes d'affaires et même sur les opérations policières, afin qu'il puisse les utiliser à son avantage et gagner encore plus d'argent. La seule mention de son nom au téléphone déclencherait l'alarme et son fils Diego serait informé dans la minute. En fait, nous avons parfois pu tirer parti de la situation et lui communiquer de faux renseignements, mais cette fois-ci, ce serait trop risqué.

— Sir Alan, dit le sous-directeur au ministère des Finances, expliquez donc à M. et à M$^{me}$ Clifton ce que nous avons à l'esprit pour qu'ils prennent ensuite eux-mêmes la décision.

## 35

Harry entra dans l'aéroport de Londres et se dirigea immédiatement vers le panneau portant la mention «Membres de l'équipage seulement».

— Bonjour, commandant May, dit l'agent de service après avoir vérifié son passeport, où allez-vous aujourd'hui ?

— À Buenos Aires.

— Bon vol.

Son bagage enregistré, il passa la douane et se dirigea vers la porte numéro 11. Ne vous arrêtez pas, ne regardez ni à droite ni à gauche, n'attirez pas l'attention sur vous : telles étaient les instructions données par l'homme anonyme qui était plus habitué à traiter avec des espions qu'avec des auteurs.

Une fois qu'Emma eut finalement accepté, quoique à contrecœur, que Harry aide à effectuer l'opération «Fin de partie», il n'avait pas arrêté une seconde pendant les dernières quarante-huit heures et, pour citer son ancien adjudant, ses pieds n'avaient pas touché le sol.

La confection d'un uniforme de la compagnie BOAC avait pris une heure ; la photo pour le faux passeport, une autre ; le briefing concernant son nouvel état civil, comprenant un divorce et deux enfants, trois heures ; un cours sur les tâches d'un pilote de la BOAC, trois heures ; et l'étude d'un guide touristique de Buenos Aires, une autre heure. Pendant le dîner avec sir Alan à son club, il avait encore eu des dizaines de questions à lui poser.

Juste avant que Harry quitte l'Athenaeum pour aller passer une nuit blanche chez Giles à Smith Square, sir Alan lui avait confié un épais dossier, une serviette et une clé.

— Lisez tout ce que contient ce dossier pendant le vol pour Buenos Aires puis remettez-le à l'ambassadeur, qui va le détruire. On vous a réservé une chambre à l'hôtel Milonga. Notre ambassadeur, M. Philip Matthews, vous attend à l'ambassade samedi matin à 10 heures. Vous lui donnerez également cette lettre de la part de M. Selwyn Lloyd, le ministre des Affaires étrangères, qui explique les raisons de votre séjour en Argentine.

Dès qu'il eut atteint la porte, il se dirigea immédiatement vers l'hôtesse au comptoir.

— Bonjour, commandant, dit-elle avant même d'ouvrir son passeport. Je vous souhaite un bon voyage.

Il sortit sur la piste, escalada la passerelle et entra dans la cabine vide de première classe.

— Bonjour, commandant May, fit une charmante jeune femme. Je m'appelle Annabel Carrick. Je suis chef de cabine.

L'uniforme et la discipline lui donnèrent l'impression d'être de retour dans l'armée, même s'il avait affaire à un ennemi différent. À moins que ce ne soit le même, comme l'avait suggéré sir Alan.

— Puis-je vous accompagner à votre place ?

— Merci, mademoiselle Carrick, dit-il tandis qu'elle le conduisait vers l'arrière de la cabine de première classe.

Il y avait deux places vides, mais il savait qu'une seule serait occupée. Sir Alan ne prenait aucun risque.

— La première partie du vol devrait durer sept heures, annonça l'hôtesse. Puis-je vous offrir quelque chose à boire avant le décollage, commandant ?

— Un simple verre d'eau, s'il vous plaît.

Il enleva sa casquette et la posa sur le siège à côté de lui, puis plaça la serviette sous le sien. On lui avait demandé de ne pas l'ouvrir avant le décollage et de s'assurer que personne ne puisse voir ce qu'il lisait, quoique le dossier n'ait pas mentionné une seule fois le nom de Martinez, se contentant de l'appeler « le sujet ».

Quelques instants plus tard, les premiers passagers commencèrent à arriver et pendant les vingt minutes suivantes ils repérèrent leur siège, placèrent leurs bagages dans les compartiments au-dessus de leur tête, ôtèrent leur manteau et certains leur veste, s'installèrent, burent une coupe de champagne, attachèrent leur ceinture, choisirent un journal ou une revue et attendirent l'annonce habituelle : « Ici, le commandant de bord... »

Harry sourit en imaginant ce qui se passerait si le commandant avait un malaise au cours du vol et que l'hôtesse se précipitait vers lui pour qu'il lui vienne en aide. Comment réagirait-elle quand il lui révélerait qu'il avait servi dans la marine marchande et dans l'armée américaine, mais jamais dans l'aviation ?

L'avion roula vers la piste mais Harry n'ouvrit pas sa serviette avant qu'ils aient décollé et que le signal indiquant de garder les ceintures attachées soit éteint. Il sortit alors un épais dossier et commença à en étudier le contenu comme s'il préparait un examen.

Il se lisait comme un roman de Ian Fleming, la seule différence étant qu'on lui avait donné le rôle de James Bond. Au fur et à mesure que Harry tournait les pages, la vie de Martinez se déroulait sous ses yeux. Quand il interrompit sa lecture pour dîner, il pensa qu'Emma avait raison et qu'ils n'auraient jamais dû laisser Sebastian avoir quoi que ce soit à faire avec cet homme. C'était bien trop dangereux.

Ils étaient cependant tombés d'accord pour que, si Harry avait le sentiment que la vie de leur fils était en danger, il revienne à Londres par le premier avion, Sebastian assis à côté de lui. Il jeta un coup d'œil par le hublot. Au lieu de voler vers le sud, William Warwick et lui auraient dû rouler vers le nord ce matin-là pour une tournée de promotion. Il s'était réjoui à l'idée de rencontrer Agatha Christie au déjeuner littéraire du *Yorkshire Post*, or, tout en espérant éviter don Pedro Martinez, il se dirigeait vers l'Amérique du Sud.

Il referma le dossier, le rangea dans sa serviette qu'il glissa sous son siège, puis somnola, sans cesser de songer au «sujet». À quatorze ans, Martinez avait quitté l'école et commencé sa vie professionnelle comme apprenti boucher. Il fut mis à la porte au bout de quelques mois (pour une raison inconnue) et tout ce qu'il retint de son apprentissage fut la façon de dépecer une carcasse. Quelques jours seulement après avoir perdu son travail, le sujet était tombé dans la petite délinquance : vol, agression, fracture de machines à sous. Cela se termina par son arrestation et une peine de prison de six mois.

En prison, il partagea une cellule avec Juan Delgado, un criminel de second ordre qui avait passé plus d'années derrière les barreaux qu'en liberté. Après avoir purgé sa peine, il se joignit à la bande de Juan et ne tarda pas à devenir l'un de ses plus fidèles lieutenants. Quand Juan fut arrêté une fois de plus et renvoyé en cellule, Martinez se chargea de son empire sur le déclin. Il avait dix-sept ans à l'époque, le même âge que Sebastian à présent, et il semblait destiné à une vie de hors-la-loi. Mais son destin prit un tour inattendu lorsqu'il tomba amoureux de Consuela Torres, une opératrice téléphonique qui travaillait au standard international. Toutefois, le père de la jeune fille, un homme politique local qui avait l'intention de se présenter aux élections municipales de Buenos Aires, fit clairement comprendre à sa fille qu'il ne voulait pas d'un petit délinquant pour gendre.

Passant outre aux vœux de son père, elle épousa Pedro Martinez et lui donna quatre enfants, dans le bon ordre, selon les critères sud-américains : trois garçons suivis d'une fille. Martinez finit par gagner le respect de son beau-père lorsqu'il récolta assez de fonds pour financer sa campagne victorieuse pour la mairie de Buenos Aires.

Une fois que le maire se fut installé à l'hôtel de ville, tous les contrats municipaux se firent par l'intermédiaire de Martinez, la commission pour le «service rendu» étant toujours de vingt-cinq pour cent. Cependant, le sujet se lassa vite de Consuela et de la politique locale, et élargit son champ d'action dès qu'il comprit qu'une guerre en Europe pourrait offrir d'innombrables occasions à tous ceux qui pourraient invoquer leur neutralité.

Bien qu'il ait été naturellement enclin à soutenir la Grande-Bretagne, ce fut l'Allemagne qui lui permit d'augmenter considérablement sa petite fortune.

Le régime nazi avait besoin d'amis qui puissent honorer les commandes et, quoique le sujet n'ait eu que vingt-deux ans à son arrivée à Berlin, il en repartit deux mois plus tard chargé de toutes sortes de commandes, du pipeline italien au pétrolier grec. Chaque fois qu'il cherchait à signer un contrat, le sujet faisait savoir qu'il était un ami intime du Reichsführer Heinrich Himmler, le chef des SS, et qu'il avait rencontré plusieurs fois Hitler en personne.

Durant les dix années suivantes, au cours de ses voyages à travers le monde pour acquérir les articles figurant sur une longue liste de commandes allemandes, le sujet dormit à bord d'avions, de bateaux, dans des cars et même une fois dans un chariot tiré par un cheval.

Ses rencontres avec Himmler se multiplièrent. Vers la fin de la guerre, au moment où la victoire des Alliés semblait inévitable et que le Reichsmark s'effondrait, le chef des SS commença à payer le sujet en espèces, en billets de cinq livres sterling tout neufs, tout frais sortis des presses de Sachsenhausen. Le sujet traversait alors la frontière suisse pour déposer l'argent à Genève, où il était changé en francs suisses.

Longtemps avant la fin de la guerre, don Pedro avait amassé une immense fortune. Mais ce ne fut qu'au moment où les Alliés se trouvaient aux portes de la capitale allemande que Himmler lui offrit la chance de sa vie. Les deux hommes se serrèrent la main pour conclure l'affaire et le sujet quitta l'Allemagne avec vingt millions de livres en faux billets de cinq livres, son propre sous-marin allemand et un jeune lieutenant appartenant à l'état-major personnel de Himmler. Il ne remit plus les pieds en Allemagne.

À son retour à Buenos Aires, le sujet acheta une banque pour cinquante millions de pesos, cacha ses vingt millions de livres dans les coffres et attendit que les nazis qui avaient survécu arrivent en Argentine pour jouir de leur pension de retraite.

L'ambassadeur regarda la bande du téléscripteur qui défilait en cliquetant à l'autre bout de son bureau.

Un message arrivait directement de Londres. Mais, comme toutes les directives du ministère des Affaires étrangères, il devrait lire entre les lignes, parce que tout le monde savait que les services secrets argentins le recevraient au même moment dans un bureau à cent mètres de là, dans la même rue.

Peter May, le capitaine de l'équipe de cricket d'Angleterre, sera le premier à la batte à l'ouverture des test-matchs au Lord's, samedi à 10 heures. J'ai deux billets pour le match et j'espère que le capitaine May pourra se joindre à vous.

L'ambassadeur sourit. Comme tout collégien anglais, il savait fort bien que les test-matchs, les matchs internationaux, commencent toujours à 11 h 30, un jeudi, et que Peter May n'était pas le premier à la batte. Mais il est vrai que la Grande-Bretagne n'avait jamais été en guerre avec un pays qui jouait au cricket.

*
* *

— On s'est déjà rencontrés, vieille branche ?

Harry referma brusquement le dossier et leva les yeux vers un homme d'âge moyen qui profitait visiblement des déjeuners payés en notes de frais. Il s'accrochait d'une main à l'appuie-tête du siège vide à côté de Harry et tenait un verre de vin rouge dans l'autre.

— Je ne crois pas.

— J'en aurais mis ma main au feu, répliqua l'homme en scrutant le visage de Harry. Mais il se peut que je vous confonde avec quelqu'un d'autre.

Harry poussa un soupir de soulagement quand l'inconnu haussa les épaules et regagna sa place au premier rang de la cabine en titubant. Il allait rouvrir son dossier et continuer à étudier le récit de la vie de Martinez lorsque l'homme fit demi-tour et revint lentement vers lui.

— Êtes-vous célèbre ?

— C'est peu probable, s'esclaffa Harry. Comme vous le voyez, je suis un pilote de la BOAC, et ce depuis une douzaine d'années.

— Par conséquent, vous ne venez pas de Bristol ?

— Non, répondit Harry, en continuant à jouer son rôle. Je suis né à Epsom et aujourd'hui j'habite Ewell.

— Je ne vais pas tarder à retrouver le nom de la personne que vous me rappelez, dit l'homme en repartant vers sa place.

Harry rouvrit son dossier mais, tel Dick Whittington[1], l'homme revint une troisième fois avant que Harry ait eu le temps de lire une seule ligne. Cette fois-là, il saisit la casquette de commandant de bord de Harry et s'affala sur le siège à côté de lui.

— Vous n'écrivez pas des livres par hasard ?
— Non, répliqua Harry d'autant plus fermement que M$^{lle}$ Carrick apparaissait chargée d'un plateau de cocktails.

Il arqua un sourcil et prit un air qui, espérait-il, signifiait : « À l'aide, je vous en prie ! »

— Vous me rappelez un auteur originaire de Bristol, mais je suis incapable de me souvenir de son nom. Êtes-vous certain de ne pas être de Bristol ?

Il regarda Harry de plus près avant de lui envoyer une bouffée de fumée en plein visage.

Harry vit M$^{lle}$ Carrick ouvrir la porte de la cabine de pilotage.

— Ce doit être une vie intéressante, celle d'un pilote…
— Ici, le commandant de bord. Nous allons traverser une zone de turbulences. Aussi les passagers sont-ils priés de regagner leur siège et d'attacher leur ceinture.

---

[1]. Dick Whittington est le héros d'un très célèbre conte anglais du XIV$^e$ siècle, élu trois fois lord-maire de Londres après avoir voulu quitter la ville et être revenu sur ses pas.

M<sup>lle</sup> Carrick reparut et se dirigea tout droit vers l'arrière des première classe.

— Désolée de vous déranger, monsieur, mais le commandant de bord a prié tous les passagers...

— Oui, je l'ai entendu, répondit l'homme en se hissant sur ses pieds, mais pas avant d'avoir envoyé un nouveau nuage de fumée dans la direction de Harry. Le nom de la personne que vous me rappelez va bientôt me revenir à l'esprit.

## 36

Durant la seconde partie du voyage, Harry termina de lire le dossier sur don Pedro Martinez.

Après la guerre, le sujet attendit son heure en Argentine, assis sur une montagne de billets. Himmler s'était suicidé avant de comparaître devant le tribunal de Nuremberg, tandis que six de ses hommes de main furent condamnés à la peine de mort. Dix-huit autres furent envoyés en prison, y compris le commandant Bernhard Krüger. Personne ne vint frapper à la porte de don Pedro pour réclamer son assurance-vie.

Harry tourna la page et constata que la section suivante était consacrée à la famille du sujet. Il fit une petite pause avant de continuer.

Martinez avait quatre enfants. L'aîné, Diego, fut expulsé de Harrow pour avoir attaché un petit nouveau à un radiateur brûlant. Il rentra dans son pays natal, sans même avoir validé la première partie de l'examen de fin d'études. Il y retrouva son père et, trois ans plus tard, il obtint son diplôme de criminel avec mention. Bien qu'il ait porté des costumes croisés à fines rayures confectionnés sur mesure à Savile Row, il aurait été le plus souvent en tenue de prisonnier si son père n'avait pas soudoyé d'innombrables juges, policiers et hommes politiques.

Son deuxième fils, Luis, passa sans transition de gamin à play-boy au cours de vacances d'été sur la Riviera. Il occupait le plus clair de son temps à jouer à la roulette à Monte-Carlo, misant avec les billets de cinq livres de son père dans l'espoir de les regagner dans une autre monnaie.

Chaque fois que Luis avait de la chance, un torrent de francs se retrouvaient sur le compte de don Pedro à Genève. Mais cela continuait à agacer Martinez que le casino réalise davantage de bénéfices que lui.

Le troisième enfant, Bruno, ne tenait vraiment pas de son père, ayant plutôt hérité des qualités de sa mère, quoique son père ait été fier de rappeler à ses amis londoniens qu'il avait un fils qui irait à Cambridge en septembre.

On ne savait pas grand-chose de son quatrième enfant, Maria-Teresa, qui était toujours à Roedean et qui passait toutes ses vacances avec sa mère.

Harry s'arrêta de lire quand M$^{lle}$ Carrick plaça un plateau devant lui, mais même pendant le dîner le sinistre individu continua à hanter son esprit.

Après la guerre, Martinez se mit en devoir de consolider les fonds de sa banque. La Family Farmers Friendly Bank gérait les comptes de clients qui possédaient des terres mais pas de liquidités. Les méthodes de Martinez étaient brutales mais efficaces. Il prêtait aux fermiers les sommes dont ils avaient besoin, à un taux exorbitant, du moment que le montant des emprunts était couvert par la valeur des terrains.

Si les clients ne réussissaient pas à effectuer leur remboursement trimestriel, ils recevaient un avis de saisie qui leur accordait quatre-vingt-dix jours pour rembourser l'emprunt. S'ils n'y parvenaient pas, et c'était le cas de la plupart d'entre eux, les titres de propriété étaient confisqués par la banque et les terrains s'ajoutaient aux vastes domaines déjà acquis par Martinez. Quiconque se plaignait recevait la visite de Diego qui leur remodelait le visage. C'était tellement plus rapide et plus efficace que d'avoir recours à des avocats.

La seule chose qui aurait pu abîmer l'image de tranquille magnat du bétail que Martinez s'était efforcé de cultiver à Londres, c'était que, ayant fini par comprendre que son père avait eu raison, son épouse demanda le divorce. Alors que la procédure suivait son cours à Buenos Aires, Martinez racontait à qui voulait l'entendre que Consuela avait, hélas, succombé au cancer, s'attirant ainsi la compassion.

Le père de Consuela n'ayant pas réussi à se faire réélire à la mairie – Martinez avait soutenu son adversaire –, elle fut obligée d'aller vivre dans un village à quelques kilomètres de Buenos Aires. Sa pension mensuelle ne lui permettait pas de se rendre souvent dans la capitale pour faire les magasins ni de voyager à l'étranger. Et malheureusement pour elle, un seul de ses fils cherchait à rester en contact avec elle et il habitait désormais en Angleterre.

Une seule personne n'appartenant pas à la famille Martinez avait droit à une page entière dans le dossier : Karl Ramirez, que le sujet employait à la fois comme majordome et homme à tout faire. Bien qu'il ait détenu un passeport argentin, il ressemblait étonnamment à un certain Karl Otto Lunsdorf, membre de l'équipe allemande de lutte aux jeux Olympiques de 1936 et qui devint plus tard lieutenant dans les SS, spécialiste des interrogatoires. Provenant sans doute de la même source, les papiers d'identité de Ramirez étaient aussi parfaits que les billets de cinq livres de Martinez.

M$^{lle}$ Carrick enleva le plateau et proposa au commandant May du brandy et des cigares, offre qu'il déclina poliment, après l'avoir remerciée pour les turbulences.

— Elles n'ont pas été aussi fortes que l'avait prévu le commandant, dit-elle en retenant un sourire ironique. Il m'a demandé de vous dire que, si vous descendez au Milonga, vous êtes cordialement invité à prendre le car de la BOAC avec nous, ce qui vous permettrait d'éviter M. Bolton, le Bristolien qui est persuadé de vous avoir déjà rencontré quelque part.

Il ne put s'empêcher de remarquer que M$^{lle}$ Carrick avait jeté plus d'un coup d'œil à sa main gauche, où une marque plus pâle indiquait clairement qu'une alliance avait été tout récemment ôtée, alors que le commandant Peter May avait divorcé d'Angela depuis un peu plus de deux ans. Ils avaient deux enfants : Jim, âgé de dix ans, qui espérait aller à Epsom College, et Sally, huit ans, qui avait son propre poney. Il avait même leur photo pour le prouver. Harry avait confié son alliance à sa femme juste avant de partir. Voilà une autre chose qui avait déplu à Emma.

\*
\* \*

— Londres m'a prié de recevoir un soi-disant capitaine Peter May à 10 heures demain matin, dit l'ambassadeur.

Sa secrétaire inscrivit le rendez-vous dans l'agenda.

— Allez-vous avoir besoin de notes sur le capitaine May ?

— Non. Parce que je ne sais pas du tout qui il est ni pourquoi le ministère des Affaires étrangères souhaite que je le reçoive. Assurez-vous seulement de le conduire directement à mon bureau dès son arrivée.

\*
\* \*

Harry attendit que le dernier passager ait débarqué avant de se joindre à l'équipage. Après être passé à la douane, il sortit de l'aéroport où un minibus attendait.

Le chauffeur plaça sa valise dans le coffre à bagages tandis que Harry montait dans le minibus où il fut accueilli par une M<sup>lle</sup> Carrick tout sourire.

— Puis-je m'asseoir à côté de vous ? demanda-t-il.

— Oui, bien sûr, répondit-elle en lui faisant un peu de place.

— Je m'appelle Peter, dit-il en lui serrant la main.

— Et moi, Annabel. Qu'est-ce qui vous amène en Argentine ? s'enquit-elle comme le minibus se dirigeait vers le centre-ville.

— Mon frère Dick travaille ici. Nous ne nous sommes pas vus depuis trop longtemps, plusieurs années, en fait. Aussi ai-je pensé que je devais faire un effort pour son quarantième anniversaire.

— Votre frère aîné ? fit-elle avec un grand sourire. Que fait-il ?

— Il est ingénieur mécanicien. Il travaille sur le barrage du Paraná depuis cinq ans.

— Je n'en ai jamais entendu parler.

— Rien d'étonnant à cela. C'est un endroit perdu.

— Eh bien, ce sera pour lui un choc culturel quand il viendra à Buenos Aires, parce que c'est l'une des villes les plus cosmopolites du monde, et c'est en tout cas mon escale préférée.

— Combien de temps allez-vous rester cette fois-ci ? demanda Harry pour changer de sujet avant de ne plus savoir quoi dire sur sa famille d'adoption.

— Quarante-huit heures. Vous connaissez Buenos Aires, Peter ? Sinon, vous allez vous régaler.

— Non, c'est la première fois que je viens ici, répondit Harry, qui jouait parfaitement son rôle jusque-là.

« Ne vous déconcentrez pas, lui avait recommandé sir Alan, car c'est à ce moment-là que vous commettrez une gaffe. »

— Alors, quelle est votre destination habituelle ?

— Le saut transatlantique : New York, Boston et Washington.

L'homme du ministère des Affaires étrangères avait choisi ce trajet parce qu'il comprenait trois villes où Harry s'était rendu au cours de la promotion de son livre.

— Ça semble plutôt chouette. Mais assurez-vous de goûter à la vie nocturne pendant votre séjour ici. À côté des Argentins, les Yankees ont l'air de conservateurs.

— Y a-t-il un endroit en particulier où je devrais emmener mon frère ?

— Vous trouverez les meilleurs danseurs de tango au Lézard, mais il paraît que le Majestic possède le meilleur restaurant, non que j'en aie jamais goûté la cuisine… L'équipage se retrouve toujours au Matador Club, sur l'avenue de l'Indépendance. Par conséquent, si vous et votre frère n'avez rien de mieux à faire, joignez-vous à nous, vous êtes les bienvenus.

— Merci, dit Harry au moment où le minibus s'arrêtait devant l'hôtel. Il se peut que j'accepte l'invitation.

Il porta la valise d'Annabel jusque dans l'hôtel.

— C'est un hôtel bon marché et décontracté, dit-elle comme ils s'inscrivaient à la réception. Aussi, si vous souhaitez prendre un bain sans attendre trop longtemps que l'eau soit chaude, je vous conseille de le prendre juste avant de vous coucher ou très tôt le matin, ajouta-t-elle comme ils entraient dans l'unique ascenseur.

Quand ils atteignirent le quatrième étage, Harry quitta Annabel et se retrouva dans un couloir mal éclairé qu'il longea jusqu'à la chambre 469, qui n'était guère plus accueillante que le couloir. Il y avait un grand lit qui s'affaissait au milieu, un robinet d'où gouttait un filet d'eau marron, un porte-serviettes qui n'offrait qu'une mince serviette et un seul gant de toilette, une affichette annonçant que la salle de bains se trouvait au bout du couloir. Il se rappela le mot de sir Alan qui précisait : « Nous vous avons réservé une chambre dans un hôtel où ni Martinez ni ses comparses ne songeraient à venir. » Il comprenait pourquoi. Il aurait été utile que sa mère y soit nommée gérante.

Il enleva sa casquette et s'assit sur le bord du lit. Il aurait voulu téléphoner à Emma pour lui dire à quel point elle lui manquait, mais sir Alan n'aurait pu être plus catégorique : « Aucun appel téléphonique, pas de boîte de nuit, pas de visite touristique, pas de shopping, ne quittez même pas l'hôtel avant l'heure du rendez-vous avec l'ambassadeur. » Il ramena ses pieds sur le lit et appuya sa tête sur l'oreiller. Il pensa à Sebastian, à Emma, à sir Alan, à Martinez et au Matador Club... Et le commandant May s'endormit.

## 37

Lorsqu'il se réveilla, la première chose qu'il fit fut d'allumer la lampe près de son lit et de consulter sa montre : 2 h 26. Il poussa un juron en constatant qu'il ne s'était pas déshabillé.

Harry faillit tomber du lit et se dirigea vers la fenêtre. Il regarda la ville qui, à en juger par le bruit de la circulation et les lumières étincelantes, n'était pas, à l'évidence, près de s'assoupir. Il ferma les rideaux, se dévêtit et se remit au lit en espérant qu'il se rendormirait tout de suite. Toutefois, ses pensées concernant Martinez, Seb, sir Alan, Emma, Giles et même Jessica l'en empêchèrent, et plus il s'efforçait de les chasser de son esprit et de se détendre, plus elles s'imposaient à lui.

À 4 h 30, il abandonna la partie et décida de prendre un bain. C'est à ce moment-là qu'il s'endormit. Quand il se réveilla, il sauta du lit, tira les rideaux et vit les premiers rayons de soleil baigner la ville. Il regarda l'heure : 7 h 10. Se sentant sale, il sourit à la pensée d'un long bain chaud.

Il chercha un peignoir de bain, mais il n'y avait que la mince serviette et une minuscule savonnette. Il sortit dans le couloir et se dirigea vers la salle de bains. Une étiquette portant la mention *«ocupado»* était accrochée à la poignée de la porte, et il entendait quelqu'un s'ébrouer dans la baignoire. Il décida d'attendre pour que personne ne lui pique sa place. Lorsque la porte finit par s'ouvrir, environ vingt minutes plus tard, il tomba nez à nez avec le seul homme qu'il souhaitait ne jamais revoir.

— Bonjour, commandant, fit ce dernier en lui bloquant le passage.

— Bonjour, monsieur Bolton, répondit Harry en tentant de le contourner.

— Rien ne presse, mon vieux. La baignoire va mettre un quart d'heure à se vider et quinze minutes de plus pour se remplir à nouveau.

Harry espérait que, s'il ne répondait pas, Bolton comprendrait et passerait son chemin.

— Votre sosie parfait, poursuivit l'importun, écrit des romans policiers. Le plus étonnant, c'est que, si je me souviens bien du nom du détective, William Warwick, je suis incapable de me rappeler celui de l'auteur. Et je l'ai sur le bout de la langue.

Lorsque Harry entendit les dernières gouttes d'eau gargouiller dans le fond de la baignoire, Bolton s'écarta à contrecœur pour le laisser passer.

— Je l'ai sur le bout de la langue, répéta Bolton en s'éloignant dans le couloir.

Harry referma la porte et la verrouilla. Il avait à peine ouvert le robinet qu'un coup fut frappé à la porte.

— Vous en avez pour combien de temps ?

Lorsqu'il y eut enfin assez d'eau dans la baignoire, il entendit deux personnes bavarder devant la porte. Ou même trois ?

Il restait tout juste assez de savon pour arriver jusqu'à ses pieds et quand il eut fini de se sécher entre les orteils, la serviette était trempée. Il ouvrit la porte et découvrit une file de clients agacés. Il évita de penser à l'heure à laquelle le dernier d'entre eux descendrait prendre son petit déjeuner. M^lle Carrick avait raison, il aurait dû prendre un bain lorsqu'il s'était réveillé au milieu de la nuit.

Une fois de retour dans sa chambre, il se rasa et s'habilla rapidement, soudain conscient qu'il n'avait rien mangé depuis qu'il était descendu de l'avion. Il ferma sa porte à clé, emprunta l'ascenseur jusqu'au rez-de-chaussée et traversa le vestibule pour gagner la salle du petit déjeuner. La première personne qu'il aperçut en entrant fut M. Bolton, seul à une table et en train d'étaler de la marmelade d'orange sur un toast. Harry fit demi-tour et s'enfuit à toutes jambes. Il songea à appeler le room-service, mais, vu le genre de l'hôtel, l'idée lui passa très vite.

Son rendez-vous avec l'ambassadeur n'était qu'à 10 heures, et d'après ses notes le trajet à pied jusqu'à l'ambassade ne lui prendrait qu'entre dix et quinze minutes. Il aurait bien fait une petite balade tout en cherchant un café si sir Alan ne lui avait pas répété plusieurs fois qu'il ne devait pas s'exposer inutilement. Il décida cependant de partir un peu plus tôt et de marcher lentement. Il fut soulagé de constater que M. Bolton ne traînait pas dans le couloir, ni dans l'ascenseur, ni dans le vestibule, et il réussit à sortir de l'hôtel sans le rencontrer une nouvelle fois.

Troisième rue à droite, puis deuxième à gauche, et il arriverait à la place de Mai, lui assurait le guide touristique. Dix minutes plus tard, Harry constata que c'était vrai. On était en train de hisser l'Union Jack en haut de mâts dressés tout autour de la place, ce qui l'étonna.

Il traversa la rue, tâche peu commode dans une ville qui se flattait de ne pas avoir de feux de signalisation, et poursuivit son chemin le long de l'avenue de la Constitution, s'arrêtant un moment pour admirer une statue d'un certain Estrada. D'après les instructions qu'il avait reçues, s'il continuait à avancer, il atteindrait, deux cents mètres plus loin, des grilles en fer forgé portant le blason royal.

Il se retrouva devant l'ambassade à 9 h 33. Une fois qu'il en eut fait le tour, il était 9 h 43. Encore un tour, d'un pas encore plus lent : 9 h 56. Il franchit enfin la grille, traversa une cour au sol de galets, avant de gravir une douzaine de marches, en haut desquelles une imposante double porte fut ouverte par un garde dont les médailles indiquaient qu'ils avaient tous les deux servi dans le même théâtre d'opérations militaires. Le lieutenant Harry Clifton des Texas Rangers aurait aimé s'arrêter pour bavarder avec lui, mais ce n'était pas le jour. Comme il se dirigeait vers le bureau d'accueil, une jeune femme s'avança vers lui.

— Êtes-vous le capitaine May ? s'enquit-elle.

— Oui, en effet.

— Je m'appelle Becky Shaw. Je suis la secrétaire particulière de l'ambassadeur et il m'a priée de vous conduire immédiatement à son bureau.

— Merci.

Elle lui fit longer un couloir au tapis rouge au bout duquel elle s'arrêta puis donna un petit coup contre une impressionnante porte à deux battants et entra sans attendre la réponse. Harry fut rassuré de voir que l'ambassadeur l'attendait.

Il se retrouva dans une belle pièce élégante. L'ambassadeur était assis à son bureau devant un vaste demi-cercle de fenêtres. Son Excellence, petit homme à la mâchoire carrée qui dégageait une grande énergie, se leva et s'avança à grands pas vers Harry.

— Ravi de vous rencontrer, commandant May, dit-il en lui donnant une vigoureuse poignée de main. Puis-je vous offrir un café et peut-être quelques biscuits au gingembre ?

— Des biscuits au gingembre, répéta Harry. Avec plaisir.

L'ambassadeur hocha la tête et sa secrétaire s'empressa de quitter la pièce en refermant la porte derrière elle.

— Je vais être franc, mon vieux, reprit l'ambassadeur en conduisant Harry vers deux confortables fauteuils d'où l'on admirait plusieurs parterres de roses sur une pelouse impeccablement tondue – on se serait cru dans l'un des comtés limitrophes de Londres. Je n'ai absolument aucune idée du motif de notre rendez-vous. Tout ce que je sais, c'est que si le secrétaire général me demande de vous recevoir de toute urgence, c'est qu'il s'agit d'une affaire de première importance. Il n'est pas homme à faire perdre leur temps aux gens.

Harry tira une enveloppe d'une poche de sa veste et la lui remit, ainsi que l'épais dossier qu'on lui avait confié.

— Je reçois rarement ce genre de missives, dit Son Excellence en regardant les armoiries au dos de l'enveloppe.

La porte se rouvrit et Becky reparut, chargée d'un plateau où se trouvaient du café et des biscuits qu'elle posa sur la petite table placée entre eux. L'ambassadeur ouvrit la lettre du ministre des Affaires étrangères, la lut lentement mais attendit que Becky soit ressortie pour réagir.

— Je pensais que je ne pouvais rien apprendre de nouveau sur don Pedro, mais apparemment vous êtes sur le point de me prouver le contraire. Et si vous commenciez par le début, commandant May ?

— Je m'appelle Harry Clifton…

Après deux tasses de café et six biscuits, il avait expliqué pourquoi il était descendu à l'hôtel Milonga et pourquoi il n'avait pas pu téléphoner à son fils pour lui ordonner de rentrer immédiatement en Angleterre.

La réponse de l'ambassadeur le surprit :

— Savez-vous, monsieur Clifton, que si le ministre des Affaires étrangères m'avait enjoint d'assassiner Martinez, j'aurais été ravi de lui obéir ? Cet homme a détruit un nombre inimaginable de vies.

— Et je crains que ce soit à présent le tour de mon fils.

— Pas si je prends l'affaire en main. Je considère que notre priorité est d'assurer la sécurité de votre fils. Ensuite, et je pense que sir Alan juge que c'est tout aussi important, il nous faut découvrir comment Martinez a l'intention de faire passer une somme aussi colossale à la douane. À l'évidence, poursuivit-il en jetant un coup d'œil à la lettre, sir Alan croit que votre fils est peut-être la seule personne qui puisse découvrir comment il va s'y prendre. C'est bien ça ?

— En effet, monsieur. Mais il ne pourra y parvenir que si je réussis à lui parler à l'insu de Martinez.

— Compris.

L'ambassadeur s'appuya au dossier de son siège, ferma les yeux et joignit les doigts comme s'il s'absorbait dans ses prières.

— L'astuce, reprit-il sans rouvrir les yeux, sera d'offrir à Martinez quelque chose que l'argent ne peut acheter.

Il se mit sur pied d'un bond, se dirigea à grands pas vers la fenêtre et fixa la pelouse où plusieurs employés étaient occupés à préparer une garden-party.

— Vous avez dit que Martinez et votre fils n'arriveront que demain à Buenos Aires ?

— Oui, le *South America* ne jettera l'ancre qu'à 6 heures demain matin.

— Et vous n'êtes pas sans savoir que la princesse Margaret est sur le point d'effectuer ici une visite officielle.

— Ah, c'est la raison pour laquelle il y a tant de drapeaux anglais sur la place de Mai.

— Son Altesse Royale ne passera que quarante-huit heures parmi nous, expliqua l'ambassadeur en souriant. Le temps fort de sa visite sera une garden-party donnée lundi après-midi en son honneur à l'ambassade et à laquelle assistera le Tout-Buenos Aires. Pour une raison évidente, Martinez n'a pas été convié, bien qu'il m'ait indiqué on ne peut plus clairement, à maintes reprises, à quel point cela lui ferait plaisir. Pour que mon plan ait une chance de réussir, il va falloir agir vite, très vite.

L'ambassadeur pivota sur ses talons et appuya sur un bouton placé sous son bureau. Quelques instants plus tard, M$^{lle}$ Shaw reparaissait, bloc-notes et crayon en main.

— Je voudrais que vous envoyiez une invitation à don Pedro Martinez pour la garden-party royale de lundi.

Si la secrétaire fut surprise, elle ne le montra pas.

— Et je souhaite également lui faire parvenir une lettre par le même courrier.

Il ferma les yeux, écrivant mentalement la lettre.

— Cher don Pedro, j'ai le grand plaisir… Non, *un plaisir tout particulier*, à vous convier à la garden-party de l'ambassade, où nous aurons tout particulièrement… Non, non, j'ai déjà utilisé «tout particulier», l'immense honneur de recevoir Son Altesse Royale, la princesse Margaret. Point, à la ligne. Comme vous le voyez, l'invitation ci-jointe est pour deux personnes. Loin de moi l'idée de vous donner le moindre conseil, mais si votre personnel comporte un Anglais qui puisse vous accompagner, je pense que Son Altesse Royale en serait ravie. Dans l'espoir que vous pourrez venir, je vous prie d'agréer, etc. Est-ce assez pompeux ?

— Oui, répondit Mlle Shaw en approuvant d'un hochement de tête, tandis que Harry restait coi.

— Mademoiselle Shaw, je la signerai dès que vous l'aurez tapée. Ensuite, je voudrais que vous la fassiez porter sans attendre avec l'invitation afin qu'elle se trouve sur son bureau quand il arrivera demain matin.

— De quand dois-je la dater, monsieur ?

— Bonne question ! la félicita l'ambassadeur en jetant un coup d'œil au calendrier qui se trouvait sur son bureau. À quelle date votre fils a-t-il quitté l'Angleterre, commandant May ?

— Mardi 10 juin, monsieur.

L'ambassadeur jeta un nouveau coup d'œil au calendrier.

— Datez-la du 7, dit-il. On pourra toujours accuser la poste pour le retard. Comme tout le monde. Bon, monsieur Clifton, reprit-il, après avoir regagné son bureau et attendu que la secrétaire eût quitté la pièce, voici ce que je compte faire…

Le lendemain matin, Harry ne vit pas lui-même Sebastian descendre la passerelle du *South America* accompagné de Martinez, mais la secrétaire de l'ambassadeur assista à leur débarquement. Elle alla ensuite porter un mot à son hôtel dans lequel elle confirmait qu'ils étaient bien là et le priait de se présenter à l'entrée latérale de l'ambassade, rue Doctor-Luis-Agote, à 14 heures le lendemain, une bonne heure avant l'arrivée des premiers invités.

Assis au bord du lit, Harry se demandait si l'ambassadeur avait raison de penser que Martinez goberait l'hameçon plus vite qu'un saumon dans une rivière. La seule fois où Harry avait pêché, le saumon l'avait ignoré.

— Quand l'invitation est-elle arrivée ? s'écria Martinez en brandissant la carte.
— Elle a été apportée hier matin par un membre du personnel de l'ambassade, répondit sa secrétaire.
— Ça ne ressemble pas aux Anglais d'envoyer une invitation aussi tardivement, fit Martinez d'un ton suspicieux.

— La secrétaire particulière de l'ambassadeur a téléphoné pour s'excuser. Elle m'a dit qu'elle n'avait pas reçu de réponses à un certain nombre d'invitations envoyées par la poste et qu'elle avait pensé qu'elles s'étaient égarées. Elle a ajouté que, si vous en recevez une deuxième dans le courrier, vous ne devez pas la prendre en compte.

— Ce fichu service postal ! s'exclama Martinez.

Il passa l'invitation à son fils et se mit à lire la lettre de l'ambassadeur.

— Comme tu le vois, c'est une invitation pour deux, dit-il. Tu veux te joindre à moi ?

— Tu plaisantes ou quoi ? Je préférerais m'agenouiller pendant la grand-messe à la cathédrale plutôt que de faire des génuflexions et de lécher des bottes à une garden-party anglaise.

— Alors il se peut que j'y emmène le jeune Sebastian. Après tout, il est petit-fils de lord et ça ne fera pas de mal de montrer que je fréquente l'aristocratie britannique.

— Où est-il en ce moment ?

— Je lui ai réservé une chambre au Royal Hotel pour deux nuits.

— Quelle raison lui as-tu donnée pour l'emmener ?

— Je lui ai proposé de passer quelques jours de vacances à Buenos Aires avant de rentrer en Angleterre chargé d'un colis que je dois faire livrer à Sotheby's, tâche pour laquelle je lui ai dit qu'il serait bien payé.

— Vas-tu lui révéler ce qu'il y a dans la caisse ?

— Sûrement pas. Moins il en saura, mieux ça vaudra.

— Peut-être devrais-je voyager avec lui pour m'assurer qu'il ne commette pas de faux pas.

— Non, cela mettrait en péril toute l'opération. Le gamin va rentrer en Angleterre à bord du *Queen Mary* et, toi et moi, nous regagnerons Londres par avion quelques jours plus tard. Cela lui permettra de passer à travers les mailles du filet tandis que la douane britannique se concentrera sur nous. Et nous serons à Londres largement à temps pour la vente aux enchères.

— Tu veux toujours que j'enchérisse de ta part ?

— Oui. Je ne peux pas prendre le risque de mettre dans le coup quelqu'un qui n'appartient pas à la famille.

— Mais quelqu'un ne risque-t-il pas de me reconnaître ?

— Pas si tu enchéris par téléphone.

## 38

— Voudriez-vous avoir l'amabilité de vous tenir ici, monsieur le Président ? Son Altesse Royale viendra vers vous en premier. Je suis sûr que vous aurez de nombreux sujets de conversation.

— Je ne parle pas très bien l'anglais.

— Ne vous en faites pas, monsieur le Président, Son Altesse Royale a l'habitude de ce genre de problème.

L'ambassadeur fit un pas à droite.

— Bonjour, monsieur le Premier ministre, poursuivit l'ambassadeur. Vous serez la deuxième personne à être présentée à la princesse, une fois qu'elle aura terminé de parler avec le Président.

— Pourriez-vous me rappeler la façon dont on doit s'adresser à Sa Majesté ?

— Bien sûr, monsieur, répondit l'ambassadeur sans corriger son erreur. Son Altesse Royale dira « Bonjour, monsieur le Premier ministre », et vous devrez incliner la tête avant de lui serrer la main.

L'ambassadeur hocha légèrement la tête pour faire une démonstration et plusieurs personnes qui se trouvaient tout près l'imitèrent, au cas où.

— Après l'avoir ainsi saluée, reprit-il, vous direz : « Bonjour, Votre Altesse Royale. » Elle commencera alors la conversation par un sujet de son choix et vous donnerez les réponses adéquates. Il est jugé discourtois de lui poser des questions, et vous lui direz *ma'am*, ce qui se prononce avec un *a* bref, comme dans *jam* et non pas avec un *a* long, comme dans *harm*. Quand elle cessera de vous parler pour passer au maire, vous inclinerez à nouveau la tête en disant : « Au revoir, Votre Altesse Royale. »

Le Premier ministre eut l'air perplexe.

— Son Altesse Royale devrait être là dans quelques minutes, continua l'ambassadeur avant de rejoindre le maire de Buenos Aires à qui il fit les mêmes recommandations avant d'ajouter : Vous serez la dernière personne à être présentée officiellement.

L'ambassadeur ne pouvait manquer de voir Martinez qui s'était placé à quelques pas derrière le maire et il devina que le jeune homme qui se trouvait à ses côtés était le fils de Harry Clifton. Martinez se dirigea tout droit vers l'ambassadeur, laissant Sebastian sur place.

— Est-ce que je vais parler à Sa Majesté? s'enquit-il.

— J'espère vous présenter à Son Altesse Royale. Par conséquent, si vous avez l'amabilité de rester exactement là où vous êtes, monsieur Martinez, je la conduirai jusqu'à vous dès qu'elle aura fini de parler au maire. Mais je crains que cela ne concerne pas votre invité. La princesse n'est pas habituée à devoir parler à deux personnes à la fois, aussi ce jeune homme devra-t-il avoir la bonté de demeurer un peu en arrière.

— Bien sûr, répondit Martinez sans prendre la peine de consulter Sebastian.

— Bon, il vaut mieux que j'y aille. Autrement la cérémonie ne va jamais commencer.

L'ambassadeur se fraya un chemin sur la pelouse entre les nombreux invités pour regagner son bureau, en évitant de fouler le tapis rouge.

Assise dans un coin de la pièce, l'invitée d'honneur parlait à la femme de l'ambassadeur. Un long et élégant fume-cigarette en ivoire pendait de sa main gantée de blanc.

— Nous sommes prêts, *ma'am*, dit l'ambassadeur en inclinant le buste. Quand vous voudrez.

— Eh bien, allons-y! dit la princesse en tirant une dernière fois sur sa cigarette avant de l'écraser dans le cendrier le plus proche.

Il l'accompagna alors sur le balcon où ils s'arrêtèrent quelques instants. Le chef d'orchestre de la garde écossaise leva son bâton et les musiciens commencèrent à jouer la musique peu familière de l'hymne national de l'invitée d'honneur. Tout le monde se tut et, imitant l'ambassadeur, la plupart des hommes se mirent au garde-à-vous.

Après la dernière note, Son Altesse Royale avança lentement sur le tapis rouge, puis monta sur la pelouse où l'ambassadeur lui présenta en premier le président Pedro Aramburu.

— Monsieur le Président, quel plaisir de vous revoir, dit la princesse. Merci de m'avoir fait passer une matinée passionnante. J'ai été ravie de voir l'Assemblée en séance et de déjeuner avec vous et votre gouvernement.

— Nous avons été ravis de vous avoir comme invitée, *ma'am*, répondit le président en récitant la seule phrase qu'il avait répétée.

— Et force m'est d'être d'accord avec vous, monsieur le Président, quand vous affirmez que votre bœuf vaut bien nos meilleurs produits des Highlands d'Écosse.

Ils rirent tous les deux, même si le président n'était pas sûr de comprendre ce qui était drôle.

L'ambassadeur jeta un coup d'œil par-dessus l'épaule du président pour vérifier que le Premier ministre, le maire et M. Martinez étaient tous les trois placés correctement. Il remarqua que Martinez ne quittait pas la princesse des yeux. Il fit un signe de tête à Becky, qui avança immédiatement et se posta derrière Sebastian.

— Monsieur Clifton ? chuchota-t-elle.

— Oui ? fit-il en se retournant brusquement, surpris que quelqu'un connaisse son nom.

— Je suis la secrétaire particulière de l'ambassadeur. Il m'a demandé de vous prier d'avoir l'amabilité de me suivre.

— Dois-je prévenir don Pedro ?

— Non, répliqua Becky d'un ton ferme. Cela ne prendra que quelques minutes.

Sebastian parut hésiter mais il suivit la secrétaire qui naviguа parmi la foule murmurante de jaquettes, pantalons rayés, robes de cocktail, avant de pénétrer dans l'ambassade par une porte latérale que quelqu'un tenait ouverte pour elle. L'ambassadeur sourit, ravi que la première partie de l'opération se soit déroulée sans la moindre anicroche.

— Je vais, bien sûr, transmettre vos salutations à Sa Majesté, dit la princesse avant que l'ambassadeur ne la guide vers le Premier ministre.

Bien qu'il se soit efforcé de se concentrer sur chaque mot prononcé par la princesse au cas où il faudrait réagir, il se permettait de jeter de temps en temps un coup d'œil dans la direction de la fenêtre de son bureau dans l'espoir de voir Becky ressortir sur la terrasse, signe que la rencontre entre père et fils avait eu lieu.

Quand il eut l'impression que la princesse avait assez parlé au Premier ministre, il la conduisit vers le maire.

— Quel plaisir de faire votre connaissance ! s'écria la princesse. Pas plus tard que la semaine dernière, le lord-maire de Londres me disait à quel point il avait eu plaisir à visiter votre ville.

— Merci, *ma'am*, répondit le maire. Je me réjouis à l'avance de lui rendre le compliment l'année prochaine.

L'ambassadeur jeta un coup d'œil vers son bureau mais Becky n'apparaissait toujours pas.

La princesse en eut vite assez du maire et elle fit discrètement comprendre qu'elle voulait avancer. C'est à contrecœur que l'ambassadeur accéda à ses désirs.

— Et puis-je me permettre, *ma'am*, de vous présenter don Pedro Martinez, l'un des premiers banquiers de la ville ? Cela vous intéressera sans doute de savoir qu'il passe chaque année la saison dans sa résidence londonienne.

— C'est vraiment un grand honneur, Votre Majesté, dit Martinez en faisant un profond salut, avant même que la princesse ne lui eût adressé la parole.

— Et où se trouve votre résidence londonienne ? s'enquit la princesse.

— À Eaton Square, Votre Majesté.

— Très agréable quartier. J'ai beaucoup d'amis qui y habitent.

— Eh bien, alors, Votre Majesté, peut-être accepterez-vous de venir dîner chez moi un soir. Venez avec qui vous voulez.

Il tardait à l'ambassadeur d'entendre la réponse de la princesse.

— Voilà une idée intéressante ! dit-elle, avant de s'éloigner rapidement.

Martinez s'inclina très bas à nouveau et l'ambassadeur s'empressa de suivre sa royale invitée. Il fut soulagé quand elle s'arrêta pour bavarder avec sa femme mais la seule phrase qu'il entendit fut : « Quel horrible petit homme ! Comment se fait-il qu'il ait été invité ? »

L'ambassadeur jeta un nouveau coup d'œil vers son bureau et poussa un soupir de soulagement en voyant Becky sortir sur la terrasse et hocher la tête avec force. Il s'efforça de se concentrer sur ce que la princesse disait à sa femme.

— Marjorie, j'ai une envie folle de fumer. Pensez-vous que je puisse m'échapper quelques minutes ?

— Oui, bien sûr, *ma'am*. Voulez-vous que nous rentrions dans la maison ?

Tandis qu'elles s'éloignaient, l'ambassadeur se tourna pour voir ce que faisait Martinez. Toujours sous le charme, il n'avait pas bougé d'un iota et continuait à fixer la princesse sans paraître se rendre compte que Sebastian était discrètement revenu à sa place, à quelques pas derrière lui.

Après le départ de la princesse, il se retourna et fit signe à Sebastian de le rejoindre.

— J'ai été la quatrième personne à parler à la princesse, commença-t-il. Seuls le président, le Premier ministre et le maire lui ont été présentés avant moi.

— Quel grand honneur, monsieur ! fit Sebastian comme s'il avait assisté à toute la rencontre. Vous devez être très fier.

— Je suis ému. C'est l'un des plus beaux jours de ma vie. Et vous savez, ajouta-t-il, je crois que Sa Majesté a accepté de dîner chez moi lorsque je serai de retour à Londres.

— Je me sens coupable.

— Coupable ?

— Oui, monsieur. C'est Bruno, et non moi, qui devrait être ici pour partager votre triomphe.

— Vous pourrez tout raconter à Bruno à notre retour à Londres.

Sebastian regarda l'ambassadeur et sa secrétaire rentrer dans le bâtiment. Son père s'y trouvait-il toujours ?

— Je ne peux rester que le temps que la princesse fume une cigarette, dit l'ambassadeur en entrant en coup de vent dans son bureau, mais il me tardait de savoir comment s'est passée votre rencontre avec votre fils.

— Il a d'abord été stupéfait, bien sûr, répondit Harry en enfilant sa veste de pilote de la BOAC. Mais, quand je lui ai appris qu'il n'avait pas été renvoyé définitivement de son collège et qu'on l'attendait toujours à Cambridge en septembre, il s'est un peu détendu. Je lui ai proposé de rentrer en avion avec moi, mais il m'a répondu qu'il avait promis de ramener un colis à Southampton sur le *Queen Mary* et, vu la gentillesse dont Martinez avait fait preuve à son égard, c'était la moindre des choses qu'il pouvait faire pour le remercier.

— Southampton, répéta l'ambassadeur. Vous a-t-il dit ce qui se trouvait dans le colis ?

— Non. Je n'ai pas insisté de peur qu'il ne devine le vrai motif de mon voyage.

— Sage décision.

— J'ai également songé à rentrer sur le *Queen Mary* avec lui, mais je me suis dit que, dans ce cas, Martinez découvrirait vite le but de ma venue ici.

— Tout à fait d'accord. Alors, qu'avez-vous décidé ?

— Je lui ai promis de l'accueillir quand le *Queen Mary* jettera l'ancre à Southampton.

— Quelle sera la réaction de Martinez, à votre avis, si Sebastian lui apprend que vous êtes à Buenos Aires ?

— J'ai suggéré que ce serait une bonne idée de ne pas le signaler car, à coup sûr, il voudrait que Sebastian rentre avec moi à Londres en avion. Alors il a accepté de ne pas lui en parler.

— Par conséquent, tout ce qui me reste à découvrir, c'est le contenu de ce colis, tandis que vous regagnerez Londres avant que quelqu'un ne vous reconnaisse.

— Je ne sais comment vous remercier pour tout ce que vous avez fait, monsieur. Je suis extrêmement gêné de vous avoir causé un dérangement dont vous vous seriez bien passé en ce moment.

— Ne vous tracassez pas à ce sujet, Harry. Voilà des années que je ne m'étais pas autant amusé. Vous auriez intérêt néanmoins à vous esquiver avant…

La porte s'ouvrit et la princesse entra dans le bureau. L'ambassadeur inclina le buste et Son Altesse

Royale dévisagea l'homme en uniforme de commandant de bord de la BOAC.

— Puis-je vous présenter le commandant Peter May, *ma'am* ? dit l'ambassadeur sans se démonter.

Harry inclina le buste à son tour. La princesse ôta le fume-cigarette de sa bouche.

— Quel plaisir de faire votre connaissance, commandant May… Ne nous sommes-nous pas déjà rencontrés ? fit-elle en le regardant de plus près.

— Non, *ma'am*. Il me semble que je m'en souviendrais…

— Très amusant, commandant May, dit-elle en lui faisant un chaleureux sourire avant d'écraser son mégot. Eh bien, monsieur l'Ambassadeur, sonnez le gong, car j'ai l'impression que c'est l'heure du deuxième round.

Comme M. Matthews raccompagnait la princesse sur la pelouse, Becky emmenait Harry dans la direction opposée. Ils redescendirent l'escalier, traversèrent la cuisine et sortirent par la porte de service, sur le côté du bâtiment.

— Je vous souhaite un bon voyage de retour, commandant May, dit-elle.

Harry revint lentement à l'hôtel, tandis que plusieurs pensées s'entrechoquaient dans sa tête. Il aurait tellement voulu téléphoner à Emma pour lui apprendre qu'il avait vu Sebastian, qu'il était en sécurité et qu'il rentrerait en Angleterre dans quelques jours !

Une fois de retour à l'hôtel, il rangea ses quelques affaires dans sa valise et descendit à la réception pour demander s'il y avait des vols à destination de Londres ce soir-là.

— Je crains qu'il ne soit trop tard pour vous prendre une place à bord du vol de la BOAC de cet après-midi. Mais je pourrais vous réserver une place sur l'avion de la Pan Am pour New York qui décolle à minuit. Et de là vous pourriez...

— Harry !

Il pivota sur ses talons.

— Harry Clifton ! Je savais que c'était vous. Vous ne vous rappelez pas ? Nous nous sommes rencontrés la fois où vous avez fait un discours au Rotary Club de Bristol l'année dernière.

— Vous vous trompez, monsieur Bolton. Je m'appelle Peter May, ajouta-t-il au moment où Annabel passait à côté d'eux, une valise à la main.

Il s'avança vers elle, comme s'ils avaient rendez-vous.

— Permettez-moi de vous aider, dit-il en attrapant la valise avant de sortir de l'hôtel avec elle.

— Merci, dit Annabel, l'air un rien surprise.

— Il n'y a pas de quoi, répondit Harry en donnant leurs deux valises au chauffeur avant de monter dans le bus derrière elle.

— Je ne savais pas que vous rentriez avec nous, Peter.

Moi non plus, eut-il envie de lui dire.

— Mon frère a dû repartir, expliqua-t-il. Il y a un problème avec le barrage. Mais, grâce à vous, nous avons passé un excellent moment hier soir.

— Où êtes-vous allés finalement ?

— Je l'ai emmené au Majestic Hotel. Vous aviez raison. On y mange extraordinairement bien.

— Dites-m'en plus. J'ai toujours eu envie d'y prendre un repas.

Pendant le trajet jusqu'à l'aéroport, il dut inventer un cadeau pour un quarantième anniversaire – une montre Ingersoll – et un repas complet : saumon fumé, bifteck, bien sûr, et tarte au citron. Il ne fut pas impressionné par son imagination culinaire et remercia le ciel qu'elle ne pose pas de questions sur les vins. Il ne s'était couché qu'à 3 heures du matin, affirma-t-il.

— Je regrette de ne pas avoir suivi vos conseils pour le bain, poursuivit Harry. J'aurais dû en prendre un avant d'aller me coucher.

— J'en ai pris un à 4 heures du matin. Vous auriez été le bienvenu, ajouta-t-elle au moment où le bus s'arrêtait à l'aéroport.

Harry ne quitta pas l'équipage d'une semelle tandis qu'il passait la douane et montait dans l'avion. Il choisit à nouveau le siège côté hublot, à la dernière rangée. Avait-il pris la bonne décision, se demandait-il, ou bien aurait-il dû rester sur place ? Il se rappela alors les paroles de sir Alan, moult fois répétées : « Si vous êtes démasqué, partez, et vite ! » Il était certain d'agir pour le mieux. Cette grande gueule de Bolton allait parcourir la ville en disant à tout le monde : « Je viens de voir Harry Clifton qui se fait passer pour un pilote de la BOAC ! »

Une fois que les autres passagers se furent installés, l'appareil roula sur le tarmac pour gagner la piste. Harry ferma les yeux. La serviette était vide, le dossier avait été détruit. Il attacha sa ceinture et se réjouit à l'avance en pensant à la longue nuit de sommeil ininterrompu en perspective.

— Ici, le commandant de bord. J'ai éteint le signal des ceintures. Vous êtes donc maintenant libres de vous déplacer dans l'appareil.

Harry referma les yeux. Il s'endormait tout juste lorsqu'il entendit quelqu'un s'affaler sur le siège à côté de lui.

— J'ai tout compris, dit son voisin, comme Harry ouvrait un œil. Vous étiez à Buenos Aires pour faire des recherches pour votre roman. J'ai pas raison ?

# Sebastian Clifton

## 1957

## 39

Don Pedro fut l'un des derniers à quitter la garden-party, et cela seulement après avoir été convaincu que la princesse ne reviendrait pas.

Sebastian le rejoignit à l'arrière de la Rolls.

— C'est l'un des plus beaux jours de ma vie, répéta don Pedro.

Ne sachant quoi dire de plus sur le sujet, Sebastian resta silencieux. À l'évidence, la tête tournait à don Pedro, non parce qu'il avait trop bu mais à la pensée de fréquenter des altesses royales. Sebastian fut surpris qu'un homme ayant si bien réussi dans la vie soit si facilement flatté. Martinez changea soudain de sujet.

— Je veux vous assurer, mon garçon, que si vous avez jamais besoin d'un travail, il y en aura toujours un pour vous à Buenos Aires. À vous de choisir. Vous pourrez être cow-boy ou banquier... Il n'y a guère de différence entre les deux, après tout ! s'esclaffa-t-il, tout fier de sa plaisanterie.

— C'est très aimable à vous, répondit Sebastian.

Bien qu'il eût voulu lui dire qu'il allait finalement rejoindre Bruno à Cambridge, il se ravisa car il aurait dû expliquer comment il l'avait appris. Il commençait à se demander d'ailleurs pourquoi son père avait fait un demi-tour du monde rien que pour lui dire...

Don Pedro interrompit ses pensées en tirant de sa poche une liasse de billets de cinq livres. Il compta quatre-vingt-dix livres qu'il passa à Sebastian.

— J'ai pour principe de toujours payer à l'avance, fit-il.

— Mais je n'ai pas encore effectué la tâche, monsieur.

— Je sais que je peux compter sur vous.

Cette déclaration le fit se sentir un peu coupable à cause de son secret, et si la voiture ne s'était pas arrêtée devant le bureau de Martinez, il n'aurait peut-être pas suivi le conseil de son père.

— Ramenez M. Clifton à son hôtel, dit don Pedro à son chauffeur. Une voiture viendra vous chercher mercredi après-midi pour vous conduire au quai, ajouta-t-il en se tournant vers Sebastian. Amusez-vous bien pendant les deux jours qui vous restent. Buenos Aires a beaucoup à offrir à un jeune homme.

Harry n'était pas du genre à utiliser un langage grossier, même dans ses livres. Tout simplement parce que sa mère pieuse aurait désapprouvé. Toutefois, après une heure d'un interminable monologue de Ted Bolton à propos des responsabilités endossées par sa fille en tant que première cheftaine dans les Guides, association où elle avait reçu plusieurs médailles de couture et de cuisine, du rôle de son épouse comme secrétaire chargée des admissions à l'Union des mères de Bristol, des orateurs qu'il avait invités à parler au Rotary Club cet automne, sans parler de son opinion sur Marilyn Monroe, Nikita Khrouchtchev, Hugh Gaitskell et Tony Hancock, il finit par exploser. Ouvrant les yeux, il se redressa sur son siège.

— Allez-vous me foutre la paix, monsieur Bolton ?

À sa grande surprise et à son grand soulagement, Bolton se leva et regagna son siège sans un mot de plus. Harry s'endormit quelques instants après.

*
* *

Sebastian décida de suivre le conseil de don Pedro et de profiter au maximum de ses deux derniers jours dans la ville avant de monter à bord du *Queen Mary* et de rentrer au pays.

Après le petit déjeuner du lendemain matin, il changea quatre de ses billets de cinq livres contre trois cents pesos, quitta l'hôtel et partit à la recherche de l'Arcade espagnole où il espérait trouver des cadeaux pour sa mère et sa sœur. Pour sa mère, il choisit une broche en rhodite d'une nuance rose pâle qu'on ne pouvait trouver nulle part ailleurs, selon le vendeur. Si le prix le fit sursauter, il se rappela les tourments qu'il infligeait à sa mère depuis deux semaines.

Se promenant sous les arcades, sur le chemin du retour à l'hôtel, un dessin dans la vitrine d'une galerie attira son regard et lui fit penser à Jessica. Il entra dans la boutique pour le regarder de plus près. Le galeriste l'assura que c'était l'œuvre d'un artiste prometteur. Par conséquent, il s'agissait non seulement d'une belle œuvre, mais l'achat constituerait un bon investissement. Et, oui, il acceptait l'argent anglais. Sebastian espéra seulement que Jessica aurait la même opinion que lui sur la *Coupe d'oranges* de Fernando Botero.

La seule chose qu'il s'acheta fut une magnifique ceinture de cow-boy en cuir à grosse boucle. Elle n'était pas bon marché mais il ne put résister à la tentation.

Il s'arrêta pour déjeuner dans une taverne et mangea trop de bœuf rôti argentin tout en lisant un vieil exemplaire du *Times*. Des doubles lignes jaunes allaient être tracées dans tous les centres-villes des grandes agglomérations de Grande-Bretagne. Il était impossible que son oncle Giles ait voté en faveur de cette mesure.

Après le déjeuner, grâce à son guide, il trouva le seul cinéma de Buenos Aires qui jouait des films en anglais. Il s'assit tout seul au dernier rang, regarda *Une place au soleil* et tomba amoureux d'Elizabeth Taylor. Où pouvait-on trouver une fille comme ça ?

Continuant son chemin, il entra dans une librairie de livres d'occasion qui offrait toute une étagère de romans anglais. Il sourit en voyant le premier livre de son père vendu au prix réduit de trois pesos et ressortit du magasin après avoir acheté un exemplaire très usagé d'*Officiers et gentlemen* d'Evelyn Waugh.

Le soir, il dîna au restaurant de l'hôtel et, à l'aide de son guide, choisit plusieurs endroits qu'il espérait avoir encore le temps de visiter : la cathédrale Metropolitana, le Museo Nacional de Bellas Artes, la Casa

Rosada et le Jardín Botánico Carlos Thays dans le quartier du vieux Palermo. Don Pedro avait raison : la ville avait beaucoup à offrir.

Il signa l'addition et décida de rentrer dans sa chambre pour continuer à lire Evelyn Waugh. C'est exactement ce qu'il aurait fait s'il ne l'avait pas remarquée, perchée sur un tabouret du comptoir. Elle lui fit un sourire aguicheur qui le figea sur place. Le deuxième sourire agit sur lui comme un aimant et quelques instants plus tard il se tenait à côté d'elle. Elle avait l'air d'avoir le même âge que Ruby, mais elle était bien plus attirante.

— Voulez-vous me payer un verre ? fit-elle.

Il acquiesça d'un signe de tête et se hissa sur le tabouret à côté d'elle. Elle se tourna vers le barman et commanda deux coupes de champagne.

— Je m'appelle Gabriella.

— Moi, c'est Sebastian, dit-il en lui tendant la main qu'elle serra.

Il ne se doutait pas que le contact d'une main féminine pouvait produire cet effet sur lui.

— D'où êtes-vous ? s'enquit-elle.

— D'Angleterre.

— Je visiterai l'Angleterre un de ces jours. La Tour de Londres et Buckingham Palace, dit-elle tandis que le barman leur servait deux coupes de champagne.

» *Cheers !* N'est-ce pas ce que disent les Anglais ? À la vôtre !

— *Cheers !* répéta-t-il en levant son verre.

Il avait du mal à ne pas regarder les jambes fines et gracieuses de la jeune femme. Il avait envie de les toucher.

— Vous résidez à l'hôtel ? demanda-t-elle en plaçant une main sur la cuisse du jeune homme.

Il remercia le ciel, la lumière du bar était si tamisée que Gabriella ne pouvait pas voir la couleur de ses joues.

— Oui, répondit-il.

— Vous êtes seul ? fit-elle sans enlever sa main.

— Oui, souffla-t-il.

— Vous aimeriez que je monte dans votre chambre, Sebastian ?

Il n'en croyait pas sa chance. Il avait trouvé Ruby à Buenos Aires et le directeur du collège était à dix mille kilomètres de là. Il n'eut pas besoin de répondre car elle avait déjà glissé au bas de son tabouret avant de lui prendre la main et de le conduire vers la sortie du bar.

Ils se dirigèrent vers une rangée d'ascenseurs, à l'autre bout du vestibule.

— Quel est votre numéro de chambre, Sebastian ?

— 1170, répondit-il au moment où ils entraient dans l'ascenseur.

Quand ils atteignirent sa chambre au onzième étage, il eut du mal à insérer la clé dans la serrure. Elle se mit à l'embrasser avant même qu'ils soient à l'intérieur de la pièce et continua pendant qu'elle lui ôtait prestement sa veste et lui défaisait sa ceinture. Elle ne cessa que lorsque le pantalon tomba par terre.

Quand il rouvrit les yeux, il vit que le chemisier et la jupe de Gabriella avaient rejoint ses vêtements à lui. Il aurait voulu rester debout pour admirer son corps mais elle lui reprit la main, cette fois pour le mener jusqu'au lit. Il enleva sa cravate et sa chemise en un tour de main, ayant une folle envie de la toucher partout tout de suite. Elle s'affala à la renverse sur le lit et l'attira fermement à elle. Quelques instants plus tard, il poussait un soupir sonore.

Il resta immobile quelques instants avant qu'elle se dégage vivement du poids de son corps, ramasse ses vêtements et disparaisse dans la salle de bains. Il ramena le drap pour cacher sa nudité et attendit impatiemment son retour. Il se réjouissait à l'avance de passer toute la nuit avec sa déesse, se demandant combien de fois il pourrait faire l'amour avant le matin. Mais, lorsque la porte de la salle de bains se rouvrit, la jeune femme reparut entièrement vêtue, l'air de s'apprêter à repartir.

— C'était une première pour toi ? s'enquit-elle.

— Bien sûr que non.

— Je m'en doutais. Mais tu me dois quand même trois cents pesos.

Sebastian se redressa d'un coup, ne sachant trop ce qu'elle voulait dire.

— Tu ne crois quand même pas que c'est ta belle gueule et ton charme anglais qui m'ont poussée à monter dans ta chambre ?

— Non. Bien sûr que non, répondit Sebastian.

Il sortit du lit, ramassa sa veste sur le sol et en sortit son portefeuille. Il fixa un regard perplexe sur les billets de cinq livres restants.

— Ça fait vingt livres, dit-elle, ayant, à l'évidence, déjà rencontré ce problème.

Il prit quatre billets de cinq livres et les lui tendit.

Elle se saisit de l'argent et disparut.

*
* *

Lorsque l'avion atterrit enfin à l'aéroport de Londres, Harry tira parti de son uniforme pour se mêler aux membres de l'équipage et passer la douane au milieu d'eux sans être arrêté. Il déclina l'offre d'Annabel de prendre avec elle le car pour Londres, préférant rejoindre la longue file d'attente à la station de taxis.

Quarante minutes plus tard, le taxi s'arrêta devant la maison de Giles à Smith Square. Se réjouissant d'avance à la pensée d'un long bain, d'un repas anglais et d'une bonne nuit de sommeil, il cogna contre la porte avec le heurtoir en cuivre. Il espérait que Giles serait chez lui.

Quelques instants plus tard, la porte s'ouvrit et son beau-frère éclata de rire en le voyant. Il se mit au garde-à-vous et salua.

— Bienvenue au bercail, mon commandant !

Lorsqu'il se réveilla le lendemain matin, il regarda immédiatement dans son porte-monnaie. Il ne lui restait que dix livres alors qu'il avait pensé commencer sa vie à Cambridge avec quatre-vingts livres en poche. Il regarda ses vêtements éparpillés sur le sol, mais même sa nouvelle ceinture en cuir avait perdu son attrait. Ce matin-là, il n'irait visiter que des lieux dont l'accès était gratuit.

Oncle Giles avait raison. Au cours d'une vie, certaines expériences révélatrices, lui avait-il dit, nous apprennent beaucoup sur nous-mêmes. On dépose alors cette prise de conscience sur un compte dans lequel on peut puiser plus tard.

Une fois qu'il eut rangé dans sa valise ses quelques affaires et regroupé les cadeaux pour sa famille, il pensa à l'Angleterre et à ses futurs débuts d'étudiant. Quand il sortit de l'ascenseur au rez-de-chaussée, il fut surpris de voir, debout dans le hall, la casquette sous le bras, le chauffeur de don Pedro qui remit sa casquette dès qu'il aperçut Sebastian.

— Le patron veut vous voir, lui dit-il.

Sebastian monta à l'arrière de la Rolls-Royce, ravi d'avoir l'occasion de remercier don Pedro pour tout ce qu'il avait fait pour lui, même s'il n'avait pas l'intention d'avouer qu'il ne lui restait plus que dix livres. Dès son arrivée au domicile de Martinez, on le conduisit au bureau de don Pedro.

— Sebastian, je suis désolé de vous avoir obligé à venir, mais il est survenu un petit problème.

Le cœur de Sebastian se mit à battre la chamade car il eut peur de ne pas pouvoir repartir tout de suite.

— Un problème ?

— J'ai reçu un coup de téléphone de mon ami M. Matthews, l'ambassadeur d'Angleterre. Il a fait remarquer que vous étiez entré dans le pays sans passeport. Je lui ai répondu que vous aviez voyagé à bord de mon bateau et que, durant votre séjour à Buenos Aires, vous étiez mon invité, mais il a expliqué que cela n'allait pas vous aider à rentrer en Grande-Bretagne.

— Est-ce que ça veut dire que je vais rater le bateau ? fit Sebastian, incapable de dissimuler son angoisse.

— Sûrement pas. Mon chauffeur va vous accompagner à l'ambassade sur le chemin du port et l'ambassadeur a promis qu'un passeport vous attendra à l'accueil.

— Merci.

— Naturellement, ça aide que l'ambassadeur soit l'un de mes amis, dit Martinez avec un sourire... N'oubliez pas de remettre ça à la douane quand vous débarquerez à Southampton.

— Est-ce le colis que je dois transporter en Angleterre ?

— Non, non ! s'esclaffa Martinez. Ce ne sont que les documents d'exportation correspondant à ce qui se trouve dans la caisse. Il vous suffira de les présenter à la douane, puis Sotheby's prendra le relais.

Sebastian n'avait jamais entendu parler de Sotheby's. Il retint le nom.

— Bruno a appelé hier soir, poursuivit Martinez. Il lui tarde de vous revoir à Londres et il espère que vous logerez avec lui à Eaton Square. Après tout, c'est probablement une meilleure adresse que celle d'une pension de famille de Paddington.

Sebastian repensa à Tibby. Il aurait aimé répliquer que le Safe Haven valait bien le Majestic Hotel de Buenos Aires.

— Merci, monsieur, se contenta-t-il de répondre.

— Bon voyage, et assurez-vous que Sotheby's récupère mon colis. Dès que vous arriverez à Londres, prévenez Karl que vous l'avez bien livré et rappelez-lui que je serai de retour lundi.

Il se leva, contourna sa table de travail avant d'empoigner les épaules de Sebastian et de l'embrasser sur les deux joues.

— Je vous considère comme mon quatrième fils, déclara-t-il.

Le fils aîné de don Pedro se tenait devant la fenêtre de son bureau à l'étage inférieur quand Sebastian sortit du bâtiment, chargé d'une grosse enveloppe valant huit millions de livres. Il le regarda grimper à l'arrière de la Rolls et resta sur place jusqu'à ce que le chauffeur ait quitté le bord du trottoir pour se mêler à la circulation matinale. Il monta ensuite l'escalier quatre à quatre pour rejoindre son père.

— La statue est-elle bien à bord ? s'enquit don Pedro après avoir refermé la porte.

— On l'a descendue à la cale ce matin sous mes yeux. Mais je ne suis toujours pas convaincu.

— De quoi ?

— Huit millions de livres t'appartenant se trouvent cachés dans cette statue et aucun membre de notre équipe ne sera à bord pour la surveiller. Tu as confié toute l'opération à un gamin frais émoulu du collège.

— Voilà précisément pourquoi personne ne s'intéressera à la statue, ni à lui. Les documents sont au nom de Sebastian Clifton, et tout ce qu'il aura à faire sera de présenter le manifeste à la douane, signer l'autorisation, puis Sotheby's prendra le relais sans que rien indique que nous sommes le moins du monde concernés.

— Espérons que tu as raison.

— Lundi, quand nous atterrirons à l'aéroport de Londres, je suis sûr qu'une dizaine de douaniers au moins s'empresseront de fouiller dans tous nos bagages. Tout ce qu'ils apprendront alors, c'est la marque de mon après-rasage favori... Pendant ce temps, la statue reposera tranquillement à Sotheby's dans l'attente de la première enchère.

* * *

Quand Sebastian entra dans l'ambassade pour récupérer son passeport, il fut étonné de trouver Becky debout près du bureau de l'accueil.

— Bonjour, dit-elle. L'ambassadeur est enchanté de faire votre connaissance.

Sur ce, elle pivota sur ses talons et longea le couloir en direction du bureau de M. Matthews.

Sebastian la suivit pour la deuxième fois. Son père se trouvait-il de l'autre côté de la porte et allait-il rentrer en Angleterre avec lui ? C'est ce qu'il espérait. Becky frappa un petit coup, ouvrit la porte et s'écarta pour le laisser passer.

L'ambassadeur regardait par la fenêtre lorsque Sebastian entra dans le bureau. Dès qu'il entendit la porte s'ouvrir, il se retourna, traversa la pièce et serra chaleureusement la main du jeune homme.

— Je suis content de faire enfin votre connaissance, dit-il. Je voulais vous le remettre en main propre, ajouta-t-il en prenant un passeport sur son bureau.

— Merci, monsieur.

— Puis-je aussi m'assurer que vous ne prévoyez pas de rapporter plus de mille livres en Angleterre ? Je ne voudrais pas que vous enfreigniez la loi.

— Il ne me reste plus que dix livres, avoua Seb.

— Eh bien, si c'est tout ce que vous avez à déclarer, vous devriez franchir la douane comme une lettre à la poste.

— Je dois seulement escorter une sculpture pour don Pedro Martinez que Sotheby's récupérera. Je ne sais pas ce que c'est, à part que, d'après le manifeste, elle s'appelle *Le Penseur* et qu'elle pèse deux tonnes.

— Bon. Je ne vous retiens pas, dit l'ambassadeur en le raccompagnant à la porte. Au fait, Sebastian, quel est votre deuxième prénom ?

— Arthur, monsieur, répondit Sebastian en ressortant dans le couloir. C'est celui de mon grand-père.

— Bon voyage, mon garçon !

Ce furent les dernières paroles prononcées par M. Matthews avant de refermer la porte. Puis il retourna à sa table de travail et inscrivit trois noms sur un bloc-notes.

## 40

— J'ai reçu ce communiqué hier matin de la part de Philip Matthews, notre ambassadeur en Argentine, annonça le secrétaire général du gouvernement en distribuant des copies à toutes les personnes assises autour de la table. Lisez-le soigneusement.

Lorsqu'il avait reçu sur son téléscripteur le communiqué de seize pages en provenance de Buenos Aires, sir Alan avait passé le reste de la matinée à vérifier minutieusement chaque paragraphe. Il savait que ce qu'il cherchait serait dissimulé au milieu d'un fatras de détails sans intérêt sur les activités de la princesse Margaret au cours de sa visite officielle.

Il s'étonna d'apprendre que l'ambassadeur avait invité Martinez à la garden-party royale et encore plus de découvrir que ce dernier avait été présenté à Son Altesse Royale. Tout en supposant que Matthews avait dû avoir une bonne raison pour enfreindre le protocole de la sorte, il espérait qu'il n'existait pas une photo rangée dans quelque archive de journal pour rappeler un beau jour à tout le monde cette réception.

Ce fut juste avant midi que sir Alan trouva le paragraphe qu'il cherchait. Il demanda à sa secrétaire d'annuler son rendez-vous du déjeuner.

Son Altesse Royale a eu la gentillesse de me faire part des derniers résultats du premier test-match de cricket qui a eu lieu au Lord's, écrivait l'ambassadeur. Quelle magnifique prestation du capitaine May à la batte et quel dommage qu'il ait été mis hors jeu à la dernière minute !

Sir Alan leva les yeux et sourit à Harry Clifton, qui était lui aussi absorbé dans la lecture du communiqué.

J'ai été ravi d'apprendre qu'Arthur Barrington reviendra jouer pour le deuxième test-match à Southampton dimanche 23 juin, car avec une moyenne d'un peu plus de huit aux matchs internationaux, cela pourrait faire toute la différence pour l'Angleterre.

Sir Alan avait souligné «Arthur», «dimanche», «Southampton» et «huit» avant de poursuivre sa lecture.

Je suis cependant resté perplexe lorsque Son Altesse Royale m'a déclaré que Tate sera une édition bienvenue au numéro 5, mais elle m'a assuré que c'est un personnage aussi important que John Rothenstein, le directeur du cricket, qui le lui a dit, ce qui m'a donné à penser.

Le secrétaire général du gouvernement souligna «Tate», «n° 5», «édition», avant de poursuivre sa lecture.

477

> Je rentrerai à Londres en auguste, largement à temps pour voir le dernier test-match à Millbank. Espérons donc qu'on aura alors gagné la série de neuf. Entre parenthèses, ce terrain va avoir besoin d'un rouleau de deux tonnes.

Cette fois-ci, sir Alan avait souligné «auguste», «Millbank», «neuf» et «deux tonnes». Il commençait à regretter de ne pas s'être davantage intéressé au cricket à Shrewsbury, mais à l'époque il avait été «mouillé» – membre d'une équipe d'aviron – et non pas «sec» – membre d'une autre équipe sportive. Cependant, sir Giles ayant appartenu à l'équipe de cricket d'Oxford, sir Alan était sûr que les subtilités du jeu ne tarderaient pas à lui être expliquées.

Sir Alan fut satisfait de voir que tout le monde paraissait avoir fini de lire le communiqué bien que M$^{me}$ Clifton ait continué à prendre des notes.

— Je pense avoir compris la plus grande partie de ce que notre représentant à Buenos Aires cherche à nous dire, mais il y a encore deux ou trois nuances qui m'échappent. Par exemple, j'ai besoin qu'on m'explique qui est Arthur Barrington, parce que même moi je sais que le grand batteur des test-matchs se prénomme Ken.

— Arthur est le deuxième prénom de Sebastian, dit Harry. Par conséquent, je crois qu'on peut supposer qu'il arrivera à Southampton le dimanche 23 juin, vu que les test-matchs ne se jouent jamais le dimanche et qu'il n'existe pas de terrain pour les matchs internationaux à Southampton.

Le secrétaire général hocha la tête.

— Et «huit» doit correspondre au nombre de millions de livres qui, d'après l'ambassadeur, sont concernés dans cette affaire, suggéra Giles depuis l'autre bout de la table, parce que la moyenne de Ken Barrington aux test-matchs dépasse cinquante.

— Parfait, dit sir Alan, en notant ces renseignements. Mais je ne comprends pas pourquoi Matthews a écrit «édition» au lieu d'«addition» et «auguste» plutôt qu'«août».

— Ni «Tate», dit Giles. Parce que Maurice Tate était à la batte dans l'équipe d'Angleterre au numéro 9 et sûrement pas au numéro 5.

— Ça, ça m'a mis hors jeu, moi aussi, dit sir Alan, amusé par son propre calembour. Mais quelqu'un peut-il m'expliquer les deux modifications orthographiques ?

— Je crois pouvoir le faire, répondit Emma. Ma fille Jessica est artiste et je me rappelle qu'elle m'a dit que beaucoup de sculpteurs fondent neuf éditions de leurs œuvres qui sont ensuite numérotées. Et le fait qu'il ait mentionné «auguste» à la place d'«août» suggère l'identité de l'artiste.

— Cela n'éclaire guère ma lanterne, dit sir Alan, et, à l'expression des personnes autour de la table, il était évident qu'il n'était pas le seul dans ce cas.

— Il s'agit de Renoir ou de Rodin, expliqua Emma. Et, comme il ne serait guère possible de dissimuler huit millions de livres dans une peinture à l'huile, je soupçonne que vous les trouverez cachées dans une sculpture d'Auguste Rodin.

— Et suggère-t-il que sir John Rothenstein, le directeur de la Tate Gallery à Millbank, pourra me dire de quelle sculpture il s'agit ?

— L'ambassadeur nous l'a déjà dit, répliqua Emma d'un ton triomphal. C'est l'un des mots que vous avez omis de souligner. Feu ma mère l'aurait repéré longtemps avant moi, ajouta Emma, incapable de réprimer un petit rictus. Même sur son lit de mort.

Harry et Giles sourirent.

— Et quel mot aurais-je dû souligner, madame Clifton ?

Dès qu'Emma eut répondu, le secrétaire général du gouvernement décrocha le téléphone placé à côté de lui.

— Appelez John Rothenstein à la Tate, dit-il, et prenez-moi un rendez-vous avec lui ce soir après la fermeture du musée.

Sir Alan reposa le récepteur et sourit à Emma.

— J'ai toujours recommandé qu'on emploie davantage de femmes dans la fonction publique.

— J'espère, sir Alan, que vous soulignerez «davantage» et «femmes», dit Emma.

Accoudé au bastingage du pont supérieur du *Queen Mary*, Sebastian regardait Buenos Aires s'éloigner et finir par ressembler à l'esquisse d'une ville sur la planche à dessin d'un architecte.

Tant de choses s'étaient passées en si peu de temps depuis qu'il avait été renvoyé temporairement de Beechcroft ! Il ne comprenait toujours pas d'ailleurs pourquoi son père avait effectué ce long voyage rien que pour lui annoncer qu'il n'avait pas perdu sa place à Cambridge. Cela n'aurait-il pas été beaucoup plus simple de téléphoner à l'ambassadeur qui, à l'évidence, connaissait don Pedro ? Et pour quelle raison l'ambassadeur lui avait-il remis personnellement son passeport alors que Becky aurait pu le lui donner à l'accueil ? Encore plus étrange, pourquoi l'ambassadeur avait-il voulu connaître son deuxième prénom ? Il n'avait toujours pas trouvé les réponses à ces questions avant que Buenos Aires disparaisse à l'horizon. Peut-être son père pourrait-il les lui fournir.

Il pensa ensuite à l'avenir. Sa première tâche, pour laquelle il avait été déjà généreusement rémunéré, était de faire passer sans encombre la sculpture à la douane, et il n'avait pas l'intention de quitter le quai avant que Sotheby's l'ait réceptionnée.

Entre-temps, il comptait se détendre et jouir de la traversée. Il avait l'intention de finir *Officiers et gentlemen* et espérait trouver le premier tome de la trilogie, *Hommes en armes*, à la bibliothèque du bord.

Maintenant qu'il était sur le chemin du retour au pays, il se dit qu'il devrait réfléchir à ce qu'il pourrait faire au cours de sa première année à Cambridge pour impressionner sa mère. Ce serait la moindre des choses après tous les ennuis qu'il avait causés.

— La plupart des critiques, affirma sir John Rothenstein, le directeur de la Tate Gallery, considèrent *Le Penseur* comme la sculpture la plus représentative de Rodin. À l'origine, elle devait faire partie des *Portes de l'enfer* et avait été d'abord appelée *Le Poète*, l'artiste voulant rendre hommage à Dante, son héros. On a tellement associé le sculpteur et cette œuvre que le maître est enterré à Meudon sous un moulage en bronze de la statue...

— Sur les neuf qui ont été originellement fondues, cette édition est bien la cinquième, n'est-ce pas, sir John ? fit sir Alan en continuant de tourner autour de l'imposante statue.

— Vous avez tout à fait raison, sir Alan. Les œuvres de Rodin les plus recherchées sont celles qui ont été fondues de son vivant par Alexis Rudier, un fondeur parisien. Je regrette que, depuis la mort de Rodin, le gouvernement français ait autorisé une autre fonderie à effectuer des éditions limitées, lesquelles, selon les collectionneurs sérieux, ne possèdent pas le même niveau d'authenticité.

— Sait-on où se trouvent à présent les neuf statues authentiques ?

— Oui ! À part celle-ci, il y en a trois à Paris : au Louvre, au musée Rodin et celle de Meudon. Il y en a également une au Metropolitan Museum de New York et une autre au musée de l'Ermitage de Leningrad, et il en reste trois chez des collectionneurs privés.

— Connaît-on l'identité de ces trois collectionneurs ?

— Le baron de Rothschild en possède une dans sa collection personnelle, une autre est la propriété de Paul Mellon, et il y a longtemps que le mystère plane sur la troisième. La seule chose dont on est sûr, c'est qu'il s'agit d'un moulage en bronze fondu du vivant de l'artiste et qu'il a été vendu à un collectionneur particulier par la galerie Marlborough il y a une dizaine d'années. Quoi qu'il en soit, il y a des chances que ce mystère soit levé la semaine prochaine.

— Je ne suis pas sûr de bien vous suivre, sir John.

— Lundi soir, un exemplaire du *Penseur* fondu en 1902 sera vendu aux enchères à Sotheby's.

— Et qui en est le propriétaire ? s'enquit sir Alan, l'air innocent.

— Je n'en ai pas la moindre idée, reconnut Rothenstein. Le catalogue de Sotheby's indique seulement que le propriétaire est un gentleman.

L'appellation fit sourire le secrétaire général du gouvernement.

— Et qu'entend-on par là ?

— Que le vendeur souhaite rester anonyme. Il s'agit souvent d'un aristocrate qui ne veut pas avouer ses problèmes financiers et qui doit se séparer de l'un des trésors de famille.

— Quel prix va atteindre la sculpture, à votre avis ?

— C'est difficile à dire, parce qu'il y a pas mal de temps qu'un Rodin de cette importance n'est pas apparu sur le marché. Mais je serais surpris qu'il parte à moins de cent mille livres.

— Quelqu'un qui n'est pas expert en la matière peut-il faire la différence entre celui-ci, dit sir Alan en contemplant avec admiration le bronze devant lui, et celui qui va être vendu à Sotheby's ?

— Il n'y a aucune différence, dit le directeur, à part le numéro du moulage. Autrement, ils sont absolument identiques.

Le secrétaire général fit encore plusieurs fois le tour du *Penseur* avant de tapoter le monticule sur lequel l'homme est assis. Il n'avait plus aucun doute sur l'endroit où Martinez avait dissimulé les huit millions de livres. Il recula d'un pas et regarda de plus près le socle en bois du moulage en bronze.

— Les neuf moulages ont-ils été fixés sur le même genre de socle? s'enquit-il.

— Pas tout à fait, mais sur des socles similaires, je dirais. Chaque galerie et chaque collectionneur a son idée sur la façon dont l'œuvre doit être présentée. Nous avons choisi un simple socle de bois pour qu'il soit, selon nous, en harmonie avec son environnement.

— Et comment le socle est-il fixé à la statue?

— Pour un bronze de cette taille, quatre petites languettes d'acier sont scellées sur le bas de la statue. Un trou est percé dans chacune d'entre elles, dans lequel on peut faire passer un boulon et une tige biseautée. Il ne reste plus alors qu'à percer trois trous dans le socle et à le fixer sur le fond de la statue avec ce qu'on appelle des écrous à ailettes. N'importe quel bon menuisier peut effectuer ce travail.

— Par conséquent, si l'on veut enlever le socle, on n'a qu'à dévisser les écrous à ailettes pour le détacher de la statue?

— Sans doute. Mais pourquoi voudrait-on faire ça?

— Pourquoi, en effet? fit le secrétaire général en s'autorisant l'ébauche d'un sourire.

Il connaissait maintenant non seulement l'endroit où Martinez avait caché l'argent, mais aussi la façon dont il avait l'intention de le faire entrer frauduleusement en Grande-Bretagne. Et, encore plus important, comment il avait l'intention de retrouver ses huit millions de livres en faux billets de cinq livres sans que personne devine ce qu'il manigançait.

— Quel homme astucieux ! dit-il en donnant au bronze creux une dernière petite tape.

— C'est un génie, affirma le directeur.

— Je n'irais pas aussi loin, dit sir Alan.

Mais il est vrai qu'ils ne parlaient pas de la même personne.

## 41

Le chauffeur de la camionnette blanche Bedford s'arrêta devant la station de métro Green Park sur Piccadilly. Il laissa tourner le moteur et fit deux appels de phares.

Chargés des outils nécessaires à leur métier, trois hommes émergèrent de la station et se dirigèrent à grands pas vers le hayon du véhicule qui, ils le savaient, était déverrouillé. Ils placèrent à l'arrière un petit brasero, un bidon d'essence, un sac d'outils, une échelle, un gros rouleau de corde et une boîte d'allumettes Swan Vesta avant de rejoindre leur chef de groupe.

Si quelqu'un avait été intrigué par leurs mouvements – et cela ne fut pas le cas un dimanche à 6 heures du matin –, il aurait supposé qu'il s'agissait d'artisans, et c'est d'ailleurs ce qu'ils avaient été avant de s'engager dans le SAS[1]. Le caporal Crann avait été charpentier, le sergent Roberts, fondeur et le capitaine Hartley avait appartenu au génie civil.

---

1. Le Special Air Service, l'unité de forces spéciales de l'armée britannique, est l'équivalent du GIGN.

— Bonjour, messieurs ! leur lança le colonel Scott-Hopkins comme les trois hommes montaient dans la camionnette.

*
* *

Sebastian était sur le pont depuis deux heures quand le *Queen Mary* abaissa sa passerelle. Il fut l'un des premiers à débarquer et il se dépêcha d'aller aux bureaux de la douane. Il présenta le manifeste à un jeune douanier, qui l'examina brièvement avant de regarder Sebastian de plus près.

— Attendez là, s'il vous plaît, dit-il avant de disparaître dans une pièce à l'arrière.

Quelques instants plus tard, un homme plus âgé apparut portant trois galons d'argent sur les manchettes de son uniforme. Il demanda à voir le passeport de Sebastian et, après avoir vérifié la photo, il signa immédiatement le permis de dédouanement.

— Monsieur Clifton, mon collègue va vous conduire à l'endroit où la caisse sera déchargée.

Sebastian et le jeune douanier quittèrent l'entrepôt de la douane et virent une grue descendre son palan dans la cale du *Queen Mary*. Vingt minutes plus tard apparut une énorme caisse que Sebastian n'avait jamais vue. Elle fut déposée lentement sur le quai à l'aire de chargement numéro 6.

Un groupe de débardeurs décrochèrent le palan et les chaînes de la caisse afin que la grue puisse pivoter et ramasser la charge suivante, tandis que la caisse était hissée sur un chariot élévateur et transportée au hangar numéro 40. L'opération avait duré quarante-trois minutes. Le jeune douanier demanda à Sebastian de retourner aux bureaux pour remplir certains formulaires.

*** 

La voiture de police actionna sa sirène, dépassa la fourgonnette de Sotheby's sur la route allant de Londres à Southampton et fit signe au chauffeur de se ranger sur une aire de stationnement.

Dès que la fourgonnette s'arrêta, deux policiers descendirent de la voiture de police. Le premier s'approcha de l'avant de la fourgonnette tandis que son collègue se dirigeait vers l'arrière. Le deuxième policier tira de sa poche un couteau à cran d'arrêt, l'ouvrit et planta la lame dans le pneu arrière gauche. Lorsqu'un sifflement se fit entendre, il retourna à la voiture de police.

Le chauffeur de la fourgonnette descendit sa vitre et regarda le policier d'un air perplexe.

— Je ne crois pas avoir dépassé la limitation de vitesse, monsieur l'agent.

— Vous avez raison, monsieur. Mais j'ai pensé que vous devriez savoir que votre pneu arrière gauche est crevé.

Le chauffeur sortit de son véhicule, se dirigea vers l'arrière et fixa le pneu à plat d'un air incrédule.

— Eh bien, monsieur l'agent, je ne m'en étais absolument pas aperçu.

— C'est ce qui arrive avec les crevaisons lentes, expliqua le policier, au moment où une camionnette Bedford blanche passait près d'eux. Ravi d'avoir pu vous aider, monsieur, ajouta-t-il en le saluant, avant de rejoindre son collègue qui attendait dans la voiture de police et de repartir sur-le-champ.

Si le chauffeur de la fourgonnette de Sotheby's avait demandé à voir la carte du policier, il aurait constaté qu'il appartenait à la police londonienne de Rochester Row et qu'il se trouvait, par conséquent, à des kilomètres de sa zone de compétence. Mais, comme l'avait découvert sir Alan, rares étaient les officiers ayant travaillé sous ses ordres dans le SAS qui appartenaient à présent à la police du Hampshire et qui étaient disponibles au pied levé un dimanche matin.

*
* *

Don Pedro et Diego furent conduits à l'aéroport international Ministro Pistarini. Leurs six grosses valises passèrent la douane sans être inspectées, puis ils montèrent à bord d'un avion de la BOAC en partance pour Londres.

— Je préfère voyager dans un avion anglais, déclara don Pedro au steward qui les accompagnait à leurs places en première classe.

Le Boeing Stratocruiser décolla à 17 h 43, seulement quelques minutes après l'heure prévue.

*
* *

Le chauffeur de la camionnette blanche tourna et monta sur le quai avant de se diriger tout droit vers l'entrepôt numéro 40, tout au bout des docks. Personne dans la camionnette ne s'étonna que le colonel

Scott-Hopkins sache exactement où il allait. Après tout, il avait effectué la reconnaissance des lieux quarante-huit heures auparavant. Homme méticuleux, le colonel ne laissait jamais rien au hasard.

Lorsque le véhicule s'arrêta, il donna une clé au capitaine Hartley. Son second descendit de voiture et déverrouilla la double porte de l'entrepôt. Le colonel fit entrer la camionnette dans le vaste bâtiment. Devant eux, posée sur le sol au centre de la salle, se trouvait une énorme caisse en bois.

Tandis que l'ingénieur refermait le portail, les trois autres se dirigèrent vers l'arrière de la camionnette pour y prendre leur équipement.

Le charpentier appuya l'échelle contre la caisse, grimpa dessus et, à l'aide d'un pied-de-biche, commença à arracher les clous qui maintenaient le couvercle en place. Pendant qu'il s'activait ainsi, le colonel gagna l'autre bout de l'entrepôt et grimpa dans la cabine d'une petite grue, apportée là la veille, puis la conduisit jusqu'à la caisse.

L'ingénieur retira le gros rouleau de corde de l'arrière de la camionnette, fit un nœud coulant à l'une des extrémités, avant de jeter la corde sur son épaule. Il se tint à l'écart, prêt à accomplir le devoir du bourreau. Le charpentier mit huit minutes à arracher tous les clous de l'épais couvercle de la caisse. Une fois qu'il eut terminé, il redescendit et posa le couvercle sur le sol. L'ingénieur le remplaça sur l'échelle, le rouleau toujours suspendu à son épaule gauche. Lorsqu'il atteignit le dernier échelon, il se pencha en avant, se laissa tomber dans la caisse et attacha soigneusement la grosse corde sous les deux bras du *Penseur*. Il aurait préféré utiliser une chaîne, mais le colonel avait affirmé avec force que la sculpture ne devait pas subir le moindre dommage.

Une fois que l'ingénieur se fut assuré que la corde était correctement fixée, il fit un double nœud plat et brandit le nœud coulant pour signaler qu'il était prêt. Le colonel abaissa la chaîne de la grue jusqu'à ce que le crochet du bout se trouve à quelques centimètres au-dessus de la caisse ouverte. L'ingénieur attrapa le crochet, y enfila le nœud coulant, puis leva les pouces pour indiquer que la tâche était accomplie.

Le colonel tendit la chaîne et commença à soulever la statue centimètre par centimètre. En premier apparut la tête penchée, le menton posé sur le dos de la main, suivie du torse, des jambes musclées et enfin du gros monticule de bronze où était assis *Le Penseur* absorbé dans ses réflexions. Le socle en bois sur lequel était fixée la statue apparut en dernier. Une fois que la sculpture fut complètement sortie de la caisse, le colonel l'abaissa jusqu'à ce qu'elle ne soit qu'à une soixantaine de centimètres au-dessus du sol.

L'ouvrier fondeur s'allongea par terre, se glissa sous la statue, examina les quatre écrous à ailettes et prit une pince dans son sac à outils.

— Empêchez ce foutu machin de bouger ! s'écria-t-il.

L'ingénieur attrapa les genoux du *Penseur* tandis que le charpentier lui tenait l'arrière-train pour empêcher la statue d'osciller. Le fondeur dut bander tous ses muscles et sentit le premier écrou céder, puis un autre, avant de se détacher enfin. Il recommença l'opération trois fois et soudain, sans crier gare, le socle en bois tomba sur lui.

Or, ce n'est pas ce qui stupéfia ses trois collègues, car, une fraction de seconde après, des millions de livres en billets de cinq tout neufs se déversèrent de la statue et l'ensevelirent.

— Est-ce que ça veut dire que je peux enfin toucher ma pension d'ancien combattant ? fit le charpentier en regardant, incrédule, la montagne de billets.

Le colonel s'autorisa un sourire ironique au moment où l'ouvrier fondeur se dégageait de la montagne de billets en grommelant.

— Je crains que non, Crann. J'ai des ordres on ne peut plus stricts, répondit-il en descendant de la grue. Tous ces billets, sans exception, doivent être détruits.

Si un officier du SAS fut jamais tenté de désobéir, ce fut cette fois-là.

L'ingénieur dévissa le bouchon du bidon et versa à contrecœur quelques gouttes d'essence sur les charbons du brasero. Il craqua une allumette et recula d'un pas au moment où les flammes jaillirent. Le colonel prit la tête de l'opération et y jeta cinquante mille livres, suivi, sans enthousiasme, des trois autres qui en lancèrent des milliers et des milliers dans le feu insatiable.

Lorsque le dernier billet eut disparu, le regard fixé sur l'amas de cendres, les quatre hommes demeurèrent silencieux quelques instants, tout en s'efforçant d'éviter de penser à ce qu'ils venaient de faire.

Ce fut le charpentier qui rompit le silence.

— Ça donne un tout nouveau sens à l'expression « avoir de l'argent à ne savoir qu'en faire[1] ».

---

1. *To have money to burn*, en anglais : « avoir de l'argent à brûler ».

À part le colonel, ils éclatèrent tous de rire.

— Bien. Continuons le boulot, fit le colonel d'un ton sec.

L'ouvrier fondeur s'allongea sur le sol et se glissa sous la statue. Tel un haltérophile, il souleva le socle en bois et le maintint en l'air, tandis que l'ingénieur et le charpentier rentraient les petites tiges d'acier dans les quatre trous pratiqués sur le fond de la statue.

— Tenez-la bien droit ! cria l'ouvrier fondeur comme l'ingénieur et le charpentier agrippaient les côtés du socle pendant qu'il replaçait les quatre écrous à ailettes, d'abord avec les doigts, puis avec la pince, jusqu'à ce qu'ils soient bien en place.

Une fois qu'il fut certain qu'ils ne pouvaient pas être plus serrés, il se dégagea de dessous la statue et leva à nouveau les pouces à l'intention du colonel.

Celui-ci manœuvra le levier dans la cabine, soulevant *Le Penseur* lentement jusqu'à ce qu'il oscille à quelques centimètres au-dessus de la caisse ouverte. L'ingénieur monta sur l'échelle tandis que le colonel commençait à abaisser la statue et que le capitaine Hartley la faisait entrer prudemment dans la caisse. Une fois que les bras du *Penseur* furent dégagés des cordes, le charpentier remplaça l'ingénieur en haut de l'échelle et cloua à nouveau le lourd couvercle.

— Bien, messieurs, dit le colonel, faisons le ménage pendant que le caporal fait son travail, comme ça, on ne va pas perdre de temps.

Les trois hommes se mirent à jeter de l'eau sur le feu, à balayer le plancher et à ranger à l'arrière de la camionnette tout ce dont ils n'avaient plus besoin.

L'échelle, le pied-de-biche et les trois clous supplémentaires furent les dernières choses à être rangées. Le colonel remit la grue à l'endroit précis où il l'avait trouvée, tandis que le charpentier et l'ouvrier fondeur grimpaient dans la camionnette. L'ingénieur déverrouilla la porte du hangar et s'écarta pour permettre au colonel de sortir le véhicule. Il laissa le moteur en marche, attendant que son second referme la porte à clé et s'asseye sur le siège du passager.

Le colonel roula lentement le long du quai jusqu'à l'entrepôt des douanes. Il descendit du véhicule, entra dans le bureau et rendit la clé au douanier qui arborait les trois galons d'argent sur sa manche.

— Merci, Gareth, dit le colonel. Je sais que sir Alan vous sera très reconnaissant et vous remerciera sans aucun doute personnellement quand on se retrouvera tous pour le dîner annuel en octobre.

Le douanier salua le colonel Scott-Hopkins qui sortit du bureau, se remit au volant de la camionnette blanche Bedford, tira sur le démarreur et repartit en direction de Londres.

*
\* \*

Munie d'un nouveau pneu, la fourgonnette de Sotheby's arriva sur le quai avec environ quarante minutes de retard sur l'horaire prévu.

Lorsque le chauffeur fit halte devant le hangar numéro 40, il fut surpris de voir une dizaine de douaniers autour du colis qu'il était venu chercher.

— Il se passe quelque chose, Bert, dit-il à son collègue.

Quand ils descendirent de la fourgonnette, un chariot élévateur souleva l'énorme caisse et, avec l'aide de plusieurs douaniers, bien trop nombreux selon Bert, la fit entrer à l'arrière du véhicule. La remise d'une œuvre qui prenait normalement environ deux heures se termina en vingt minutes, paperasse comprise.

— Qu'est-ce qui peut bien y avoir dans la caisse ? fit Bert comme ils quittaient les lieux.

— Je donne ma langue au chat, répondit le chauffeur. Mais ne te plains pas, parce qu'on sera de retour pour écouter *«Henry Hall's Guest Night»* sur la BBC.

Sebastian fut lui aussi surpris par la rapidité et l'efficacité avec lesquelles l'opération avait été menée. Soit, supposa-t-il, la statue avait une valeur inestimable, soit don Pedro avait autant d'influence à Southampton qu'à Buenos Aires.

Une fois qu'il eut remercié le douanier aux trois galons d'argent, il regagna le terminal et se joignit aux quelques passagers restants au service du contrôle des passeports. Le premier tampon dans son premier passeport le fit sourire, mais bientôt il fondit en larmes lorsqu'il parvint au hall des arrivées où ses parents attendaient pour l'accueillir. Il leur dit à quel point il était désolé, et quelques instants plus tard, c'était comme s'il n'était jamais parti. Il n'y eut ni récriminations ni sermon, ce qui le fit se sentir encore plus coupable.

Durant le trajet du retour à Bristol, il eut beaucoup de choses à raconter. Tibby, Janice, Bruno, M. Martinez, la princesse Margaret, l'ambassadeur et les douaniers firent tour à tour leur entrée et leur sortie. Il décida cependant de ne pas mentionner Gabriella. Il la garderait pour Bruno.

Comme ils franchissaient le portail du manoir, il vit tout de suite Jessica qui se précipitait vers eux.

— Je n'aurais jamais cru que tu me manquerais autant, dit-il en descendant de voiture et en la prenant dans ses bras.

*
* *

La fourgonnette de Sotheby's tourna dans Bond Street juste après 19 heures. Le chauffeur ne fut pas étonné de voir une demi-douzaine de porteurs attendre sur le trottoir. Même s'ils étaient tous payés en heures supplémentaires, il devait leur tarder de rentrer chez eux.

M. Dickens, le chef du département des impressionnistes, surveilla le transfert de la caisse depuis la chaussée jusqu'à l'entrepôt de la salle des ventes. Il attendit patiemment que les lattes soient arrachées et les éclats de bois balayés pour vérifier que le numéro du catalogue correspondait bien à celui de la sculpture. Il se pencha en avant pour voir le six gravé dans le bronze sous la signature d'Auguste Rodin. Il sourit et cocha quelque chose sur le manifeste.

— Un grand merci, les gars ! lança-t-il. Vous pouvez tous rentrer chez vous. Je m'occuperai de la paperasse demain matin.

M. Dickens étant le dernier à quitter le bâtiment ce soir-là, il ferma les portes avant de se diriger vers la station de métro Green Park. Il ne remarqua pas l'homme qui se tenait dans l'entrée d'un magasin d'antiquités de l'autre côté de la rue.

Lorsque M. Dickens eut disparu, l'homme émergea de l'ombre et entra dans la cabine téléphonique la plus proche sur Curzon Street. Ne laissant jamais rien au hasard, il avait pile quatre pennies et composa un numéro qu'il connaissait par cœur. Lorsqu'il entendit une voix à l'autre bout du fil, il appuya sur le bouton A.

— Un penseur vide passe la nuit à Bond Street, monsieur, dit-il.

— Merci, mon colonel, répondit sir Alan. Et j'ai besoin que vous vous occupiez d'une autre affaire. Je reprendrai contact avec vous.

La communication fut coupée.

Lorsque le vol 714 de la BOAC en provenance de Buenos Aires atterrit à l'aéroport de Londres, le lendemain matin, don Pedro ne fut pas le moins du monde surpris que ses bagages et ceux de Diego soient ouverts et fouillés de fond en comble par plusieurs douaniers exagérément zélés. Quand ils eurent finalement tracé à la craie une croix sur le côté du dernier bagage, Martinez perçut une légère déception chez les douaniers.

Une fois qu'ils se furent installés à l'arrière de la Rolls-Royce, la voiture roulant en direction d'Eaton Square, don Pedro dit à son fils :

— La seule chose dont tu dois te souvenir à propos des Anglais, c'est qu'ils n'ont aucune imagination.

## 42

Alors que le premier lot ne devait pas être mis aux enchères avant 19 heures, comme lors de toutes les soirées d'ouverture d'une vente impressionniste, la salle était bondée longtemps avant l'heure.

Les trois cents places étaient occupées par des hommes en smoking, tandis qu'un grand nombre de femmes étaient en robe du soir, comme s'ils assistaient à une première à l'Opéra. Cela promettait d'ailleurs d'être aussi passionnant, et même si l'intrigue était écrite à l'avance, les meilleures répliques venaient toujours des spectateurs.

Les invités se divisaient en plusieurs catégories : les enchérisseurs sérieux qui arrivaient souvent tard parce qu'ils avaient des places réservées et qu'ils n'étaient probablement pas intéressés par les tout premiers lots, lesquels, comme les personnages secondaires dans les pièces de Shakespeare, ne sont là que pour chauffer l'auditoire ; les marchands d'art et les galeristes, qui préféraient rester debout au fond de la salle avec leurs collègues pour partager les miettes tombant de la table des riches, lorsqu'un lot n'atteignait pas son prix minimal et devait être retiré de la vente aux enchères ; et ceux qui considéraient l'événement comme une réception mondaine. S'ils n'avaient nullement l'intention de faire des enchères, ils adoraient assister aux joutes entre multimillionnaires.

Finalement, l'espèce la plus meurtrière se subdivisait elle aussi en diverses catégories : les épouses, qui venaient voir combien leurs maris allaient consacrer à l'achat d'objets qui ne les intéressaient pas, elles, car elles préféraient dépenser leur argent dans d'autres établissements de la même rue ; venaient ensuite les petites amies qui gardaient le silence car elles espéraient devenir des épouses ; et enfin celles qui étaient simplement belles et qui n'avaient qu'un seul but dans la vie : chasser épouses et petites amies du champ de bataille.

Il y avait cependant des exceptions à la règle. Par exemple, sir Alan Redmayne qui était là pour représenter son pays. Il allait essayer d'acquérir le lot 29 mais ne savait pas jusqu'où il porterait les enchères.

Sir Alan n'ignorait guère les étranges traditions des salles des ventes du West End. Au fil des ans, il avait acquis une petite collection d'aquarelles anglaises du XVIII$^e$ siècle et avait également, à l'occasion, fait des enchères de la part du gouvernement sur une peinture ou une sculpture qui, d'après ses maîtres, ne devait pas être autorisée à quitter le pays. C'était néanmoins la première fois de toute sa carrière qu'il mettrait des enchères sur une œuvre majeure tout en espérant qu'un étranger venu de l'autre côté de l'Atlantique surenchérirait.

Ce matin-là, le *Times* avait prédit que *Le Penseur* de Rodin pourrait être adjugé pour cent mille livres, un record pour une œuvre du maître français. Toutefois, le *Times* ne pouvait pas savoir que sir Alan avait l'intention de pousser les enchères au-delà de cette somme car ce n'était qu'à ce moment-là qu'il pourrait être certain que le seul enchérisseur restant serait don Pedro Martinez, qui croyait que la statue valait en fait plus de huit millions de livres.

Giles lui avait posé l'unique question à laquelle il avait voulu éviter de répondre :

— Si Martinez ne surenchérissait pas, que feriez-vous alors de la sculpture ?

— Elle serait accueillie par la National Gallery d'Écosse, avait-il répondu, dans le cadre de la politique d'acquisition d'œuvres d'art du gouvernement. Vous pourrez en parler dans vos Mémoires, mais seulement après ma mort.

— Et si vous avez raison ?

— Alors j'y consacrerai tout un chapitre dans les miens.

Lorsque sir Alan entra dans la salle des ventes, il se glissa jusqu'à un siège du dernier rang dans le coin gauche. Un peu plus tôt, il avait téléphoné à M. Wilson pour l'informer qu'il enchérirait sur le lot 29 et qu'il serait assis à sa place habituelle.

Lorsque M. Wilson gravit les cinq marches de l'estrade, la plupart des principaux enchérisseurs s'étaient déjà installés à leur place. De chaque côté du commissaire-priseur se tenait une rangée d'employés de Sotheby's. La plupart d'entre eux enchériraient pour des clients qui ne pouvaient être présents ce jour-là ou qui craignaient d'être emportés par l'ambiance et de se laisser aller à faire une enchère beaucoup plus élevée que prévu. À gauche, sur une plate-forme, il y avait une longue table derrière laquelle étaient assis les cadres supérieurs les plus expérimentés de la salle des ventes. Devant eux étaient posés des téléphones blancs dans lesquels ils chuchoteraient lorsque serait mis en vente le lot auquel s'intéressait leur client.

Depuis le fond de la salle, sir Alan voyait que presque toutes les places étaient occupées. Il restait cependant trois sièges libres au troisième rang, qui étaient sans doute réservés pour un client important. Qui allait s'asseoir de chaque côté de don Pedro Martinez ? Il feuilleta le catalogue jusqu'à la page où se trouvait *Le Penseur* de Rodin, lot 29. Martinez avait largement le temps de faire son entrée.

À 19 heures précises, du haut de l'estrade, M. Wilson regarda ses clients et leur fit un sourire bienveillant.

— Bonsoir, mesdames, messieurs, et bienvenue à la vente impressionniste de Sotheby's, dit-il après avoir tapoté le micro. Lot numéro 1, annonça-t-il en jetant un coup d'œil vers sa gauche pour vérifier que le porteur avait placé le bon tableau, un charmant pastel de Degas représentant deux ballerines en train de répéter au Trocadéro, sur le chevalet. La mise à prix est de cinq mille livres. Six mille. Sept mille. Huit mille…

Sir Alan nota avec intérêt que presque tous les premiers lots dépassèrent le prix de l'estimation, ce qui prouvait, comme l'avait suggéré le *Times* ce matin-là, qu'il existait une nouvelle race de collectionneurs qui avaient fait fortune depuis la guerre et qui voulaient afficher leur réussite en investissant dans les œuvres d'art.

Ce fut pendant la mise en vente du douzième lot que, flanqué de deux jeunes hommes, don Pedro Martinez entra dans la salle. Sir Alan reconnut Bruno, le plus jeune fils de Martinez, et il supposa que l'autre devait être Sebastian Clifton. La présence de Sebastian le convainquit que Martinez devait être sûr que l'argent se trouvait toujours à l'intérieur de la statue.

Les marchands d'art et les galeristes commencèrent à discuter entre eux : Martinez s'intéressait-il au lot 28, *Coin du parc de l'hôpital Saint-Paul à Saint-Rémy*, de Van Gogh, ou au lot 29, *Le Penseur* de Rodin ?

Sir Alan s'était toujours considéré comme un homme sachant garder son sang-froid dans les moments difficiles, mais, tandis que les tableaux se succédaient sur le chevalet, il sentait les battements de son cœur s'accélérer progressivement. La première enchère fut de quatre-vingt mille livres pour *Coin du parc de l'hôpital Saint-Paul à Saint-Rémy* et le marteau du commissaire-priseur adjugea la peinture pour cent quarante mille livres, un record pour un Van Gogh. Sir Alan prit son mouchoir et s'épongea le front.

Il tourna la page du catalogue pour regarder le chef-d'œuvre qu'il admirait, mais pour lequel, ironiquement, il espérait toujours ne pas être le plus offrant.

— Lot numéro 29, *Le Penseur* d'Auguste Rodin, annonça M. Wilson. Si vous consultez le catalogue, vous noterez qu'il s'agit d'un moulage effectué par Alexis Rudier du vivant du sculpteur. L'œuvre est visible à l'entrée de la salle des ventes, ajouta-t-il.

Plusieurs têtes se tournèrent pour contempler l'énorme statue de bronze.

— Cette œuvre ayant suscité un intérêt considérable, la mise à prix sera de quarante mille livres. Merci, monsieur, dit-il en désignant un homme assis juste en face de lui dans la travée du milieu.

De nouvelles têtes se tournèrent, cette fois-ci pour identifier l'enchérisseur.

Sir Alan enchérit en faisant un signe de tête imperceptible.

— Cinquante mille, reprit le commissaire-priseur, son attention se portant à nouveau sur l'homme assis dans la travée centrale qui avait cette fois encore levé la main. J'ai soixante mille, continua-t-il après un simple coup d'œil dans la direction de sir Alan.

M. Wilson nota le même léger hochement de tête de la part de sir Alan et se tourna derechef vers l'homme dans la travée du milieu et suggéra quatre-vingt mille livres, mais l'homme fit une moue de déception et secoua fermement la tête.

— J'ai soixante-dix mille livres, dit-il en fixant à nouveau sir Alan qui était envahi par le doute.

C'est alors que M. Wilson regarda vers sa gauche et lança :

— Quatre-vingt mille. J'ai une enchère téléphonique à quatre-vingt mille, fit-il, avant de porter immédiatement son attention sur sir Alan. Quatre-vingt-dix mille ? ronronna-t-il.

Sir Alan opina du chef.

Wilson regarda à nouveau vers le téléphone où une main se leva quelques secondes plus tard.

— Cent mille. Cent dix mille ? demanda-t-il en jetant un coup d'œil à sir Alan avec un sourire jusqu'aux oreilles.

Allait-il prendre le risque ? Pour la première fois de sa vie, le secrétaire général du gouvernement joua à quitte ou double. Il hocha la tête.

— J'ai cent dix mille livres, dit Wilson, en fixant l'employé de Sotheby's qui tenait le récepteur contre son oreille en attendant ses instructions.

Martinez se retourna pour tenter de repérer la personne qui surenchérissait contre lui.

La conversation chuchotée continua un moment encore. Sir Alan était plus nerveux de seconde en seconde. Il s'efforça de réfléchir à la possibilité que Martinez ait été plus malin que lui et ait réussi à faire entrer huit millions de livres dans le pays tandis que le SAS mettait le feu à des imitations de faux billets. Vingt secondes lui semblèrent durer une heure. Soudain, l'homme au téléphone leva la main.

— J'ai une enchère téléphonique de cent vingt mille, annonça Wilson en tentant de ne pas prendre un ton triomphal, avant de regarder sir Alan qui resta absolument impassible. J'ai une enchère de cent vingt mille livres au téléphone, répéta-t-il. J'adjuge le lot à cent vingt mille livres. C'est votre dernière chance, poursuivit-il en fixant sir Alan droit dans les yeux, mais le secrétaire général du gouvernement avait retrouvé son visage impénétrable, qui lui était plus naturel.

— Adjugé, pour cent vingt mille livres sterling, déclara Wilson en abaissant son marteau qui émit un bruit sourd et en souriant à l'enchérisseur du téléphone.

Sir Alan poussa un soupir de soulagement et fut particulièrement ravi de voir un sourire de suffisance s'étaler sur le visage de Martinez, sourire qui le convainquit que l'Argentin croyait avoir racheté sa propre statue pour seulement cent vingt mille livres.

Après l'adjudication des deux lots suivants, Martinez se leva de son siège au troisième rang et, sans ménagement pour ses voisins, sans se demander le moins du monde s'ils continuaient à suivre la vente, avança dans la rangée. Dès qu'il atteignit l'allée, il se dirigea à grands pas vers la sortie, l'air satisfait. Les deux jeunes hommes dans son sillage eurent l'élégance d'avoir l'air gênés.

Sir Alan attendit l'adjudication de six lots de plus avant de s'esquiver. Quand il se retrouva dans Bond Street, le temps était si agréable qu'il décida d'aller à pied à son club situé sur Pall Mall et de s'offrir une demi-douzaine d'huîtres et une coupe de champagne. Il aurait volontiers donné un mois de salaire pour voir le visage de Martinez au moment où il découvrirait que sa victoire était en fait une défaite.

43

Le lendemain matin, l'enchérisseur par téléphone passa trois appels avant de quitter le 44 Eaton Square quelques minutes après 10 heures. Il héla un taxi et demanda au chauffeur de le conduire au 19 St James's Street. Lorsqu'ils s'arrêtèrent devant la Midland Bank, il pria le chauffeur de l'attendre.

Il ne fut pas surpris que le directeur soit disponible pour le recevoir. Après tout, il ne devait pas avoir beaucoup de clients qui n'avaient jamais été dans le rouge. Le directeur l'invita à entrer dans son bureau.

— À quel nom souhaitez-vous que soit établie la traite bancaire ? s'enquit-il, une fois que le client se fut assis.

— Sotheby's.

Il établit la traite, la signa, la plaça dans une enveloppe, puis la remit au jeune M. Martinez, comme il l'appelait intérieurement. Diego plaça l'enveloppe dans une poche de sa veste et s'en alla sans un mot de plus.

« Sotheby's » fut le seul mot qu'il prononça en refermant la portière avant de se caler sur le siège arrière.

Lorsque le taxi s'arrêta devant l'entrée de la salle des ventes sur Bond Street, Diego demanda à nouveau au chauffeur d'attendre. Il sortit du taxi, poussa la porte et se dirigea immédiatement vers la caisse.

— En quoi puis-je vous aider, monsieur ? s'enquit le jeune homme qui se tenait derrière le comptoir.

— J'ai acheté le lot numéro 29 durant la vente d'hier soir, répondit Diego, et j'aimerais régler la facture.

Le jeune homme feuilleta le catalogue.

— Ah, oui ! *Le Penseur* de Rodin. Cent vingt mille livres, monsieur.

— Bien sûr.

Il sortit l'enveloppe de sa poche intérieure, en retira la traite bancaire – document qui empêchait qu'on connaisse jamais le nom de l'acheteur – et la plaça sur le comptoir.

— Souhaitez-vous qu'on vous livre la sculpture ou préférez-vous venir la chercher vous-même ?

— Je viendrai la chercher dans une heure.

— Je doute que ce soit possible. Voyez-vous, monsieur, le lendemain d'une vente importante, on ne sait plus où donner de la tête.

Diego sortit son portefeuille et plaça un billet de cinq livres sur le comptoir, ce qui était sans doute plus que le salaire hebdomadaire du jeune homme.

— Eh bien, donnez de la tête dans ma direction. Et si la sculpture m'attend quand je reviendrai dans une heure, il y en aura deux autres semblables à celui-ci.

Le jeune homme glissa le billet dans une poche arrière, geste qui confirmait que le marché était conclu.

Diego regagna le taxi en attente et indiqua au chauffeur une adresse sur Victoria Street. Lorsque la voiture s'arrêta devant le bâtiment, Diego en descendit et se sépara d'un autre billet de cinq livres de son père. Il attendit la monnaie, rangea deux vrais billets d'une livre dans son portefeuille et donna six pence au chauffeur. Il entra dans le bâtiment et se dirigea vers la seule employée disponible.

— Puis-je vous aider ? s'enquit une jeune femme vêtue d'un uniforme marron et jaune.

— Je m'appelle Martinez, répondit-il. J'ai téléphoné tout à l'heure pour réserver un fourgon.

Lorsqu'il eut rempli le formulaire habituel, il donna un autre billet de cinq livres et rangea trois billets authentiques dans son portefeuille.

— Merci, monsieur. Le fourgon se trouve dans la cour de derrière. Il est garé à la place 71, ajouta-t-elle en lui remettant une clé.

Il gagna la cour et, quand il eut trouvé le fourgon, il déverrouilla le hayon et jeta un coup d'œil à l'intérieur. C'était parfait pour le boulot à effectuer. Il s'installa derrière le volant, mit le moteur en marche et prit le chemin de Sotheby's. Vingt minutes plus tard, il se garait devant l'entrée de derrière, sur George Street.

Au moment où il descendit du fourgon, le portail de la salle des ventes s'ouvrit et un chariot amena sur le trottoir une grosse caisse couverte d'étiquettes rouges portant la mention « VENDU ». Elle était accompagnée de six hommes en longs manteaux verts qui, vu leur imposant gabarit, auraient pu être lutteurs professionnels avant de travailler pour Sotheby's.

Diego ouvrit le hayon du fourgon et douze poignes soulevèrent la caisse du chariot aussi facilement que si elle avait contenu un plumeau et la glissèrent à l'arrière du véhicule. Diego verrouilla le hayon et donna deux billets de cinq livres au jeune employé de la caisse.

Une fois installé à nouveau derrière le volant, il jeta un coup d'œil à sa montre : 11 h 41. Il avait toutes les chances de gagner Shillingford en deux heures, même s'il savait que son père était déjà en train de faire les cent pas dans l'allée.

\*
\* \*

Lorsque Sebastian aperçut le blason bleu clair de l'université de Cambridge dans le courrier du matin, il s'empara de l'enveloppe et l'ouvrit sur-le-champ. Quand il recevait une lettre, il regardait en premier la signature au bas du feuillet. Brian Padgett, docteur ès lettres, était un nom qui ne lui disait rien.

*Cher monsieur Clifton,*

Il avait encore du mal à s'habituer à cette appellation.

*Mes chaleureuses félicitations pour l'obtention de la bourse des langues vivantes du collège. Comme vous le savez sans doute, le premier trimestre commence le 16 septembre, mais j'espère que nous pourrons nous rencontrer avant cette date afin de discuter de deux ou trois sujets, notamment de la liste des lectures à faire avant le début du trimestre. J'aimerais également examiner avec vous le programme de première année de licence.*

*Peut-être pourriez-vous m'envoyer un mot ou, mieux, me passer un coup de téléphone.*

*Bien à vous,*

*Brian Padgett,*
*Docteur ès lettres, conseiller pédagogique en chef*

Une fois qu'il eut relu la lettre, il décida de téléphoner à Bruno pour savoir s'il avait reçu le même genre de lettre. Si oui, ils pourraient se rendre à Cambridge ensemble.

Diego ne fut pas le moins du monde surpris de voir son père sortir en courant dès qu'il franchit la grille. Mais ce qui l'étonna, ce fut de voir son frère Luis et tout le personnel de Shillingford Hall le suivre à une distance respectueuse, Karl fermant la marche, un sac en cuir à la main.

— Tu as la statue ? lui demanda son père avant même que Diego n'ait le temps de descendre du fourgon.

— Oui, répondit Diego qui serra la main de son frère avant de se diriger vers l'arrière du véhicule.

Il déverrouilla le hayon, révélant la grosse caisse ornée d'une bonne dizaine d'étiquettes qui portaient la mention « VENDU ». Don Pedro sourit et tapota la caisse comme s'il s'agissait de l'un de ses chiens, puis s'écarta pour laisser les autres faire le boulot.

Diego surveilla l'équipe qui commença à tirer et pousser l'énorme caisse, centimètre par centimètre, pour l'extirper du fourgon jusqu'à ce qu'elle soit sur le point de tomber sur le sol. Karl et Luis s'empressèrent d'attraper deux des coins tandis que Diego et le chef cuisinier agrippaient l'autre côté et que le jardinier soutenait le milieu d'une main ferme.

Les six porteurs improvisés avancèrent en chancelant vers l'arrière de la maison et, au grand dam du jardinier, déposèrent la caisse au milieu de la pelouse.

— Tu veux qu'on la redresse ? s'enquit Diego, une fois qu'ils eurent repris leur souffle.

— Non, répondit don Pedro. Laisse-la sur le flanc. Ce sera plus facile ainsi de détacher le socle.

Karl prit un marteau fendu dans son sac d'outils et se mit à tirer sur les clous profondément enfoncés qui maintenaient en place les lattes de bois, tandis que le cuisinier, le jardinier et le chauffeur arrachaient avec leurs mains les panneaux de bois sur les côtés.

Dès que le dernier bout de bois eut été enlevé, ils firent tous un pas en arrière pour contempler *Le Penseur* couché de façon grotesque sur son derrière. Don Pedro ne quittait pas des yeux le socle en bois. Se penchant en avant, il le regarda de plus près mais le socle paraissait intact. Il fit un signe de tête à Karl.

Son fidèle garde du corps se pencha en avant à son tour et examina les quatre écrous à ailettes, puis prit une pince dans le sac d'outils et se mit à dévisser l'un d'entre eux, qui commença par résister, avant de céder. Il se détacha enfin de sa tige biseautée et tomba sur l'herbe. Karl répéta l'opération trois fois jusqu'à ce que tous les écrous aient été dévissés. Il fit une brève pause avant de saisir les deux côtés du socle. Réunissant ses forces, il le détacha de la statue et le lâcha sur l'herbe. Un sourire de satisfaction aux lèvres, il s'écarta pour permettre à son maître d'avoir le plaisir d'être le premier à regarder à l'intérieur.

Martinez s'agenouilla et plongea son regard dans le trou béant tandis que Diego et le reste de l'équipe attendaient ses ordres. Il y eut un long silence puis don Pedro poussa un cri à réveiller les morts qui reposaient en paix dans le cimetière de la paroisse voisine. L'air plus ou moins inquiet, les six hommes le fixèrent, ne sachant trop ce qui avait causé cet éclat, jusqu'au moment où il hurla :

— Où est mon argent ?

Diego n'avait jamais vu son père aussi furieux. Il s'agenouilla immédiatement à ses côtés, plongea la main dans la statue et l'agita en tous sens à l'intérieur, à la recherche des millions disparus, mais tout ce qu'il en retira fut un seul et unique billet de cinq livres qui était resté plaqué contre le bronze.

— Où est passé l'argent, nom de Dieu ? s'écria Diego.

— Quelqu'un a dû le voler, dit Luis.

— Tu m'en diras tant ! hurla don Pedro.

Personne d'autre ne donna son avis tandis qu'il continuait à fixer le trou béant, refusant toujours d'accepter que tout ce qu'il récoltait après une année de préparatifs était un seul faux billet de cinq livres. Plusieurs minutes passèrent avant qu'il ne se relève en chancelant, et lorsqu'il finit par ouvrir la bouche, il semblait remarquablement calme.

— Je ne sais pas qui a fait le coup, dit-il en désignant du doigt la statue, mais je vais pourchasser les coupables et leur montrer de quel bois je me chauffe.

Sur ce, il tourna le dos à la statue et se dirigea vers la maison. Seuls Diego, Luis et Karl osèrent le suivre. Il franchit la porte d'entrée, traversa le vestibule, entra dans le salon et s'arrêta devant un portrait en pied de la maîtresse du peintre James Tissot. Il décrocha M^me Kathleen Newton du mur et l'appuya contre le rebord de la fenêtre. Ensuite, il fit pivoter un cadran plusieurs fois, d'abord vers la gauche puis vers la droite. Lorsqu'il entendit un déclic, il ouvrit la lourde porte du coffre-fort. Il contempla quelques instants les billets de cinq livres soigneusement empilés que les membres de sa famille et son personnel de confiance avaient fait entrer en fraude dans le pays au cours des dix dernières années, puis en retira trois grosses liasses qu'il répartit entre Diego, Luis et Karl.

— Personne ne souffle avant d'avoir trouvé la personne qui m'a volé mon argent. Chacun d'entre vous doit jouer son rôle, et vous serez récompensés d'après vos résultats. Je veux que tu découvres, poursuivit-il en se tournant vers Karl, qui a indiqué à Giles Barrington que son neveu était en route vers Southampton et non pas vers l'aéroport de Londres.

Karl hocha la tête, tandis que Martinez pivotait sur ses talons pour faire face à Luis.

— Ce soir, tu iras à Bristol pour déterminer quels sont les ennemis de Barrington. Les députés ont toujours des ennemis, et n'oublie pas qu'un grand nombre d'entre eux se trouvent dans son propre camp. Quand tu seras là-bas, essaye de recueillir tous les renseignements possibles sur la compagnie maritime de la famille. Connaît-elle des difficultés financières ? A-t-elle des problèmes avec les syndicats ? Y a-t-il des désaccords entre les membres du conseil d'administration ? Les actionnaires expriment-ils des doutes ? Creuse très profondément, Luis. Tu ne trouveras de l'eau peut-être que plusieurs mètres sous la surface.

» Diego, continua-t-il en se tournant vers son fils aîné, retourne à Sotheby's et cherche à savoir qui était l'enchérisseur pour le lot 29, parce qu'il devait savoir que mon argent n'était plus dans la statue, autrement il n'aurait pas osé pousser si haut les enchères.

Don Pedro se tut quelques instants, puis se mit à donner de petits coups avec son index sur la poitrine de Diego.

— Mais ta mission la plus importante, reprit-il, est de constituer une équipe qui me permettra de détruire le responsable de ce vol. Commence par mettre au courant les meilleurs avocats possible, parce qu'ils connaissent les flics pourris et les criminels qui ne se font jamais prendre. Et ils ne posent pas trop de questions du moment qu'on les arrose correctement. Une fois qu'on aura toutes les réponses et que tout sera en place, je serai prêt à rendre aux coupables la monnaie de leur pièce.

## 44

— Cent vingt mille livres, dit Harry. Un enchérisseur par téléphone, mais le *Times* ne semble pas connaître l'identité de l'acheteur.

— Une seule personne pouvait payer une telle somme pour la sculpture, dit Emma. À présent, M. Martinez a dû découvrir qu'il a été floué.

Levant les yeux du journal, Harry vit que sa femme tremblait.

— Et, poursuivit-elle, s'il y a une chose que l'on sait sur cet homme, c'est qu'il va chercher à savoir qui lui a volé son argent.

— Mais il n'a aucune raison de penser que Seb est impliqué dans l'affaire. Je n'ai passé que quelques heures à Buenos Aires et seul l'ambassadeur savait qui j'étais en réalité.

— Sauf monsieur… Comment s'appelait-il déjà ?

— Bolton. Mais il est revenu dans le même avion que moi.

— Si j'étais Martinez, dit Emma d'une voix brisée, Seb serait la première personne à laquelle je penserais.

— Mais pourquoi ? D'autant plus qu'il n'y est pour rien.

— Parce qu'il est la dernière personne à avoir vu la statue avant qu'elle soit remise à Sotheby's.

— Ce n'est pas une preuve.

— Crois-moi, ce sera une preuve suffisante pour Martinez. Je pense que nous devons prévenir Seb que...

La porte s'ouvrit et Jessica entra en trombe dans la pièce.

— Maman, tu ne devineras jamais où Seb va demain.

\*
\* \*

— Luis, raconte-moi ce que tu as découvert à Bristol.

— J'ai passé le plus clair de mon temps à retourner pierre après pierre pour voir ce qui se dissimulait dessous.

— Et alors ?

— J'ai appris que, si Barrington est aimé et très respecté dans sa circonscription, il s'est fait plusieurs ennemis au fil du temps. Y compris son ancienne femme, et...

— Pourquoi lui en veut-elle ?

— Elle considère que Barrington l'a affreusement trompée à propos du testament de sa mère et, de plus, ça lui déplaît d'avoir été remplacée par la fille d'un mineur gallois.

— Alors peut-être devrais-tu essayer de la contacter ?

— J'ai déjà essayé mais ce n'est pas aussi simple. Les Anglais de la haute s'attendent toujours à ce que ce soit une personne de leur connaissance qui fasse les présentations. Mais, quand j'étais à Bristol, j'ai rencontré un homme qui prétend bien la connaître.

— Comment s'appelle-t-il ?

— C'est le commandant Alex Fisher.

— Et quelle est sa relation avec Barrington ?

— C'était le candidat du parti conservateur aux dernières élections, et Barrington l'a battu de quatre voix. Fisher prétend que Barrington lui a volé son siège et j'ai eu l'impression qu'il était quasiment prêt à tout pour se venger.

— Alors nous devons le soutenir dans son combat.

— J'ai aussi découvert que, depuis qu'il a perdu les élections, Fisher a contracté des dettes dans tout Bristol et qu'il cherche désespérément une planche de salut.

— Alors il va falloir que je lui en lance une, pas vrai ? Et que peux-tu me dire sur la copine de Barrington ?

— Gwyneth Hughes. Elle a un doctorat et enseigne les maths au collège de filles Saint-Paul, à Londres. La section locale du parti travailliste attend une annonce sur leur union depuis que le divorce a été prononcé, mais, pour citer un membre du comité qui l'a rencontrée, on ne peut guère la décrire comme une jolie poupée.

— Oublie-la. Elle ne nous apportera rien, sauf s'il la plaque. Concentre-toi plutôt sur son ex-femme, et si le commandant peut organiser un rendez-vous, cherche à savoir si c'est l'argent ou la vengeance qui l'intéresse. La grande majorité des ex-épouses veulent l'un ou l'autre, et le plus souvent, les deux... Bien joué, mon garçon, conclut-il en souriant à Luis. Et toi, qu'as-tu à me dire ? poursuivit-il en se tournant vers Diego.

— Je n'ai pas encore terminé, intervint Luis, d'un ton un rien chagrin. J'ai également rencontré quelqu'un qui connaît mieux la famille Barrington qu'elle ne se connaît elle-même.

— Qui donc ?

— Un détective privé du nom de Derek Mitchell. Il a travaillé pour les Barrington et pour les Clifton par le passé, mais j'ai l'impression que pour une coquette somme, je pourrais le persuader de…

— Évite-le comme la peste, l'interrompit don Pedro d'un ton ferme. S'il est prêt à trahir ses anciens employeurs, qu'est-ce qui te fait croire qu'il ne fera pas de même avec nous si ça l'arrange ? Mais ça ne veut pas dire qu'on ne doit pas le garder à l'œil.

Luis hocha la tête, même s'il eut l'air déçu.

— Diego ? reprit Martinez.

— Un certain Peter May, pilote de la BOAC, a passé deux nuits à l'hôtel Milonga au moment précis où Sebastian Clifton séjournait à Buenos Aires.

— Et alors ?

— On a vu le même homme sortir par la porte de derrière de l'ambassade d'Angleterre le jour de la garden-party.

— C'est peut-être une simple coïncidence.

— Et le réceptionniste du Milonga a entendu quelqu'un l'appeler Harry Clifton, et, comme par hasard, c'est justement le nom du père de Sebastian.

— Ça semble moins être une coïncidence.

— Lorsqu'il a été démasqué, l'homme a pris le premier avion pour Londres.

— Alors ce n'est plus du tout une coïncidence.

— En outre, M. Clifton est parti sans payer sa note d'hôtel, laquelle a été ensuite réglée par l'ambassade d'Angleterre. Ce qui prouve non seulement que père et fils se trouvaient à Buenos Aires au même moment, mais qu'ils ont dû travailler main dans la main.

— Mais pourquoi ne sont-ils pas descendus au même hôtel ? s'enquit Luis.

— Parce qu'ils ne voulaient pas être vus ensemble, à mon avis, répondit don Pedro. Bien joué, Diego, poursuivit-il après quelques instants de silence. Et ce Harry Clifton, ajouta-t-il, était-ce également l'enchérisseur pour ma statue ?

— Non, je ne le crois pas. Quand j'ai demandé son identité au directeur de Sotheby's, il m'a assuré qu'il n'en avait pas la moindre idée. Malgré une allusion de ma part, j'ai compris que M. Wilson n'est clairement pas homme à se laisser soudoyer. Je suppose que, s'il se sentait menacé d'une manière ou d'une autre, il appellerait immédiatement Scotland Yard. Mais j'ai peut-être repéré l'unique faiblesse de Wilson, continua Diego. Quand j'ai suggéré que tu envisageais de remettre en vente *Le Penseur*, il a lâché que le gouvernement pourrait décider de l'acheter.

Don Pedro explosa et lâcha une bordée d'injures qui auraient choqué un gardien de prison. Il mit un certain temps à se calmer et, quand il se rasséréna enfin, il déclara, chuchotant presque :

— Par conséquent, on sait maintenant qui a volé mon argent. Les coupables ont déjà dû détruire les billets ou les remettre à la Banque d'Angleterre. De toute façon, cracha-t-il, on ne verra plus jamais un penny de cet argent.

— Mais même le gouvernement britannique n'aurait pu mener cette opération sans la collaboration des familles Clifton et Barrington, suggéra Diego. Par conséquent, notre cible n'a pas bougé.

— Tout à fait d'accord. Où en est la constitution de ton équipe ? fit-il en s'empressant de changer de sujet.

— J'ai formé un petit groupe de personnes qui n'aiment pas payer des impôts. Pour le moment, je les ai mises sous contrat et je leur ai versé une avance. Elles sont prêtes à passer à l'action dès que tu donneras le feu vert.

— Ont-elles la moindre idée de l'identité de leur futur employeur ?

— Non. Elles me prennent pour un étranger plein aux as et, franchement, elles ne posent pas trop de questions du moment qu'elles sont payées à temps et en espèces.

— Fort bien… As-tu pu identifier, demanda Martinez à Karl, la personne qui a dit à Barrington que son neveu se dirigeait vers Southampton et non pas vers Londres ?

— Je ne peux pas le prouver, mais j'ai le regret de vous répondre que le seul nom figurant sur ma liste de suspects est celui de Bruno.

— L'honnêteté de ce garçon finira par lui jouer des tours. C'est la faute de sa mère. Nous devons prendre garde à ne jamais discuter de ce que j'ai en tête quand il se trouve dans les parages.

— Mais aucun d'entre nous ne sait vraiment ce que tu as en tête, dit Diego.

— N'oublie jamais, répliqua don Pedro en souriant, que si tu veux mettre à genoux un empire, il faut commencer par tuer l'héritier du trône.

## 45

La sonnette de la porte d'entrée retentit à 9 h 59. Karl alla ouvrir.

— Bonjour, monsieur, dit-il. En quoi puis-je vous aider ?

— J'ai rendez-vous avec M. Martinez à 10 heures.

Karl inclina légèrement le buste et s'écarta pour laisser entrer le visiteur. Il lui fit ensuite traverser le vestibule et frappa discrètement à la porte du bureau.

— La personne que vous attendiez est arrivée, monsieur.

Martinez se leva derrière sa table de travail et tendit la main.

— Bonjour. Je suis ravi de vous rencontrer.

Après avoir refermé la porte, Karl se dirigea vers la cuisine et passa à côté de Bruno qui bavardait au téléphone.

— ... mon père m'a donné deux billets pour la demi-finale hommes de demain à Wimbledon et il a suggéré que je t'invite.

— C'est très sympa de ta part, dit Seb, mais vendredi je dois voir mon conseiller pédagogique à

Cambridge. Par conséquent, je ne pense pas que ce sera possible.

— Quel frileux tu fais! Rien ne t'empêche de venir à Londres demain matin. Le match ne commence qu'à 14 heures. Donc il suffit que tu arrives ici pour 11 heures. Ça te donne pas mal de temps.

— Mais il faut absolument que je sois à Cambridge pour midi le lendemain.

— Eh bien, tu peux passer la nuit ici et Karl t'accompagnera en voiture à la gare de Liverpool Street vendredi matin de bonne heure.

— Qui joue?

— Fraser contre Cooper. Ça promet d'être un match sensationnel. Et si tu es bien sage, je te conduirai à Wimbledon dans ma chouette bagnole toute neuve.

— Tu as une voiture? s'écria Sebastian, éberlué.

— Un coupé décapotable MGA orange. Papa me l'a offert pour mes dix-huit ans.

— Sale veinard! Pour les miens, mon père m'a offert l'œuvre complète de Proust.

Bruno éclata de rire.

— Et si tu te tiens bien, il se peut même que pendant le trajet je te parle de ma toute dernière petite amie.

— «Toute dernière»? se moqua Sebastian. Il faudrait que tu en aies déjà eu au moins une pour parler de la «toute dernière».

— Perçois-je un soupçon de jalousie?

— Je te le dirai lorsque je l'aurai rencontrée.

— Tu n'en auras pas l'occasion parce que je ne la reverrai que vendredi et à ce moment-là tu seras déjà dans le train pour Cambridge… On se voit demain vers 11 heures.

Bruno raccrocha, et il se dirigeait vers sa chambre, lorsque la porte du bureau s'ouvrit pour laisser sortir son père, un bras passé autour des épaules d'un homme à l'allure militaire. Bruno n'aurait jamais cherché à écouter la conversation de son père s'il n'avait pas entendu le nom de Barrington.

— Nous allons très bientôt vous faire retrouver votre place au conseil d'administration, disait son père comme il raccompagnait son visiteur jusqu'à la porte d'entrée.

— Ce sera pour moi un moment délicieux.

— Toutefois, mon commandant, je veux que vous sachiez que cela ne m'intéresse pas d'attaquer de temps en temps la Barrington pour le simple plaisir de mettre la famille dans l'embarras. Mon projet à long terme est de m'emparer de la compagnie et de faire de vous le président. Qu'en pensez-vous ?

— Si ça provoque la chute de Giles Barrington par la même occasion, rien ne me ferait davantage plaisir.

— Il ne s'agit pas seulement de Barrington. Mon intention est de détruire, l'un après l'autre, tous les membres de la famille.

— C'est encore mieux.

— Par conséquent, ce que vous devez faire en priorité, c'est acheter les actions Barrington dès qu'elles se trouvent sur le marché. Lorsque vous aurez acquis sept pour cent des parts de l'entreprise, je vous replacerai au conseil d'administration comme mon représentant.

— Merci, monsieur.

— Pas de «monsieur» entre nous. Mes amis m'appellent Pedro.

— Et moi Alex.

— Eh bien, Alex, à partir de maintenant nous sommes associés et nous poursuivons un seul but.

— Marché conclu, Pedro, acquiesça le commandant tandis que les deux hommes se serraient la main.

Don Pedro crut entendre le commandant s'éloigner en sifflotant. Quand il rentra dans la maison, il trouva Karl qui l'attendait dans le vestibule.

— Il faut que nous parlions, monsieur.

— Allons dans mon bureau.

Ils ne reparlèrent qu'une fois la porte refermée. Karl rapporta la conversation entre Bruno et son ami.

— Je savais bien qu'il serait incapable de résister à ces billets pour Wimbledon, dit-il avant de décrocher le téléphone posé sur son bureau. Allez me chercher Diego! hurla-t-il dans l'appareil. Et à présent, poursuivit-il à l'intention de Karl, voyons si on peut tenter le gamin en lui proposant quelque chose d'encore plus irrésistible.

— Que puis-je faire pour toi, papa? dit Diego, au bout du fil.

— Le jeune Clifton a gobé l'hameçon et il viendra à Londres demain pour aller à Wimbledon. Si Bruno peut le persuader d'accepter mon autre proposition, peux-tu tout mettre en place pour vendredi?

Sebastian dut emprunter le réveil de sa mère afin d'être sûr de se lever à temps pour prendre le train de

7 h 23 à destination de Paddington. Emma l'attendait dans le vestibule et lui proposa de le conduire en voiture jusqu'à Temple Meads.

— À Londres, comptes-tu voir M. Martinez ?

— Très probablement, car c'est lui qui a suggéré que j'accompagne Bruno à Wimbledon. Pourquoi demandes-tu ça ?

— Pour rien.

Il avait envie de lui demander pourquoi elle s'intéressait tant à M. Martinez, mais il soupçonnait que, s'il posait la question, il recevrait la même réponse : « Pour rien. »

— Auras-tu le temps de voir tante Grace quand tu seras à Cambridge ? s'enquit sa mère, changeant de sujet un peu trop précipitamment.

— Elle m'a invité pour le thé à Newnham samedi après-midi.

— N'oublie pas de l'embrasser pour moi, lui recommanda Emma comme la voiture s'arrêtait devant la gare.

Dans le train, Sebastian s'assit dans un coin du compartiment. Pourquoi ses parents semblaient-ils à ce point obsédés par un homme qu'ils n'avaient jamais rencontré ? Il décida de demander à Bruno s'il était au courant d'un problème en particulier. D'ailleurs, le voyage de Sebastian à Buenos Aires n'avait pas paru beaucoup enthousiasmer Bruno.

Lorsque le train entra en gare de Paddington, Sebastian n'était toujours pas près de résoudre le mystère. Il tendit son billet au contrôleur, sortit de la gare, traversa la rue et ne fit halte que lorsqu'il eut atteint le numéro 37. Il frappa à la porte.

— Grand Dieu ! s'écria M^me Tibbet quand elle vit qui se tenait sur le seuil. Je ne pensais pas vous revoir un jour, Seb, poursuivit-elle en le prenant dans ses bras.

— Cet établissement sert-il le petit déjeuner à des étudiants de première année fauchés ?

— Si cela signifie que vous allez finalement à Cambridge, alors je vais voir ce que je peux préparer tout de suite. Et fermez la porte derrière vous, ajouta-t-elle tandis que Sebastian la suivait à l'intérieur de la maison.

Sebastian fit demi-tour et alla refermer la porte, puis descendit au sous-sol rejoindre Tibby dans la cuisine.

— Voyez donc ce que le chat a rapporté ! s'écria Janice en l'apercevant, avant de l'étreindre elle aussi et de lui servir le meilleur petit déjeuner qu'il avait mangé depuis qu'il s'était assis pour la dernière fois dans cette cuisine.

— Alors, qu'avez-vous fait depuis la dernière fois où l'on s'est vu ? s'enquit M^me Tibbet.

— Je suis allé en Argentine et j'ai rencontré la princesse Margaret.

— Où c'est, l'Argentine ? demanda Janice.

— C'est très loin d'ici, expliqua M^me Tibbet.

— Et je vais à Cambridge en septembre, ajouta-t-il entre deux bouchées. Grâce à vous, Tibby.

— J'espère que cela ne vous a pas déplu que je contacte votre oncle. Le pire, c'est qu'il a dû venir me voir à Paddington.

— Heureusement que vous l'avez contacté, dit Sebastian. Autrement je serais peut-être toujours en Argentine.

— Et qu'est-ce qui vous amène à Londres cette fois-ci ? s'enquit Janice.

— Vous m'avez tellement manqué, toutes les deux, que j'ai dû revenir. Et, à part chez vous, où pourrais-je prendre un petit déjeuner correct ?

— Elle est un peu grosse, la ficelle ! se moqua M$^{me}$ Tibbet en lui mettant une troisième saucisse sur son assiette.

— En fait, il y a une autre raison, reconnut Sebastian. Bruno m'a invité cet après-midi pour assister à la demi-finale hommes à Wimbledon. Fraser contre Cooper.

— Je suis amoureuse d'Ashley Cooper, dit Janice en lâchant son torchon.

— Tu tomberais amoureuse de quiconque atteint la demi-finale, lui rappela M$^{me}$ Tibbet.

— C'est pas vrai ! Je ne suis jamais tombée amoureuse de Neale Fraser.

Sebastian s'esclaffa et n'arrêta pas de rire pendant toute l'heure qui suivit. C'est pourquoi il n'arriva à Eaton Square qu'un peu avant 11 h 30. Lorsque Bruno ouvrit la porte, Seb s'excusa :

— *Mea culpa*, fit-il. Mais, pour ma défense, j'ai été retenu par deux de mes petites amies.

*
\* \*

— Décris-moi le processus une fois de plus, dit Martinez, sans oublier aucun détail.

— Une équipe de trois chauffeurs expérimentés ont effectué plusieurs essais cette semaine, expliqua Diego. Et ils vont faire un dernier chronométrage cet après-midi.

— Qu'est-ce qui pourrait clocher ?

— Si Clifton n'accepte pas ta proposition, il faudra annuler toute l'opération.

— Connaissant le gamin, je sais qu'il sera incapable d'y résister. Assure-toi seulement que je ne tombe pas sur lui le matin de son départ pour Cambridge. Parce que je ne suis pas certain de pouvoir m'empêcher de l'étrangler.

— J'ai fait de mon mieux pour que vos chemins ne se croisent pas. Ce soir, tu dînes au Savoy avec le commandant Fisher, et demain tu as un rendez-vous à la City en tout début de matinée. Un avocat d'affaires te mettra au courant de tes droits une fois que tu auras acquis sept pour cent de la Barrington.

— Et l'après-midi ?

— On va tous les deux à Wimbledon. Pas pour voir la finale femmes mais pour que tu aies dix mille alibis.

— Et où sera Bruno ?

— Il sera au cinéma avec sa petite amie. Le film commence à 14 h 15 et se termine vers 17 heures. Par conséquent, il n'apprendra la triste nouvelle au sujet de son ami que le soir, à son retour à la maison.

Lorsque Sebastian se coucha ce soir-là, il eut du mal à s'endormir. Comme dans un film muet, il revit, plan par plan, tout ce qui s'était passé durant la journée... Petit déjeuner avec Tibby et Janice, trajet jusqu'à Wimbledon dans la MG, demi-finale devant des spectateurs sur des charbons ardents, et finalement victoire de Cooper 8-6 après le quatrième set. La journée s'était terminée par une visite chez M^me JoJo sur Brewer Street, au milieu d'une dizaine de Gabriella. Voilà autre chose qu'il ne raconterait pas à sa mère.

Et puis, pour couronner le tout, sur le chemin du retour, Bruno lui avait demandé s'il avait envie de prendre la MG au lieu du train pour se rendre à Cambridge le lendemain.

— Ton père ne va pas s'y opposer ?
— C'est lui qui en a eu l'idée.

*
\* *

Lorsqu'il descendit prendre le petit déjeuner le lendemain matin, ayant souhaité le remercier pour toutes ses gentillesses, il fut déçu de constater que don Pedro était déjà parti pour assister à une réunion à la City. Il lui enverrait une lettre dès son retour à Bristol.

— Quelle journée formidable on a passée hier ! s'exclama Sebastian en remplissant un bol de corn flakes avant de s'asseoir en face de Bruno.

— Au diable, ce qui s'est passé hier ! s'écria Bruno. Je me préoccupe beaucoup plus de ce qui va se passer aujourd'hui.

— Quel est le problème ?
— Est-ce que je dis à Sally ce que je ressens pour elle, ou est-ce que je fais comme si elle le savait déjà ?
— Ça te pose un vrai problème ?
— C'est facile pour toi. Tu as tellement plus d'expérience que moi en la matière.
— C'est vrai.

— Arrête de ricaner. Autrement je ne te prête pas la MG.

Sebastian essaya de reprendre son sérieux. Bruno se pencha au-dessus de la table.

— Comment est-ce que je devrais m'habiller, à ton avis? demanda-t-il.

— Il faut que tu sois à la fois décontracté et élégant. Mets un foulard plutôt qu'une cravate, suggéra Sebastian au moment où le téléphone du vestibule sonna. Et n'oublie pas que Sally se fera elle aussi du souci au sujet de sa toilette, ajouta-t-il tandis que Karl entrait dans la pièce.

— Il y a une demoiselle Thornton au téléphone pour vous, monsieur Bruno.

Sebastian éclata de rire comme Bruno s'empressait de sortir de la pièce. Il étalait de la marmelade d'orange sur un deuxième toast quand son ami revint quelques minutes plus tard.

— Zut, zut, zut! maugréa-t-il.

— Qu'est-ce qui ne va pas?

— Sally ne peut pas sortir. Elle est enrhumée et elle a de la fièvre.

— En plein été? fit Sebastian. J'ai plutôt l'impression qu'elle cherche un prétexte pour annuler le rendez-vous.

— Tu te trompes une fois de plus. Elle m'a dit qu'elle irait mieux demain et qu'il lui tarde de me voir.

— Alors, pourquoi ne viens-tu pas à Cambridge avec moi? Moi, je me fiche de ce que tu portes.

— Faute de grives, on mange des merles! ricana Bruno. De toute façon, je n'ai rien de mieux à faire.

## 46

« Zut, zut, zut ! » fit remonter Karl de la cuisine pour chercher à savoir quel était le problème. Il arriva juste à temps pour voir les deux jeunes gens disparaître par la porte d'entrée. Il traversa le vestibule en courant et sortit sur le trottoir juste au moment où la MG orange quittait le trottoir, Sebastian derrière le volant.

— Monsieur Bruno ! hurla-t-il.

Aucun des deux amis ne tourna la tête, Sebastian ayant allumé la radio pour écouter les dernières informations sur Wimbledon. Karl se précipita jusqu'au milieu de la chaussée en faisant de grands gestes mais Sebastian ne ralentit pas. Il courut après la voiture qui atteignait un feu vert au bout de la rue.

— Passe au rouge, cria-t-il au feu, qui obtempéra, mais pas avant que Sebastian n'ait tourné à gauche et accéléré en direction de Hyde Park Corner.

Karl dut accepter le fait qu'ils lui avaient échappé. Était-il possible que Bruno ait demandé à être déposé quelque part avant que Clifton ne continue sa route vers Cambridge ? D'ailleurs, ne devait-il pas emmener sa petite copine au cinéma cet après-midi-là ? Mais pas question de compter là-dessus.

Il repartit en courant vers la maison. Où M. Martinez était-il censé être ce jour-là ? Il savait qu'il devait passer l'après-midi à la demi-finale femmes de Wimbledon, mais, ah, oui ! il avait auparavant un rendez-vous à la City. Peut-être était-il donc toujours au bureau. Cet homme qui ne croyait pas en Dieu pria le ciel pour que son patron ne soit pas déjà parti pour Wimbledon.

Il franchit en trombe la porte laissée ouverte, saisit le téléphone et composa le numéro du bureau. Quelques minutes plus tard, la secrétaire de don Pedro décrocha.

— Il faut que je parle au patron de toute urgence. De toute urgence, insista-t-il.

— Mais M. Martinez et Diego viennent de partir pour Wimbledon.

*
* *

— Seb, il faut que je te parle de quelque chose qui me tracasse depuis un certain temps.

— Tu veux savoir pourquoi je pense qu'il est peu probable que Sally vienne au rendez-vous demain ?

— Non. C'est bien plus grave que ça.

Même si Sebastian sentit que le ton de son ami avait changé, il ne pouvait pas tourner la tête pour le regarder de plus près pendant qu'il négociait le virage de Hyde Park Corner.

— Bien que je ne puisse dire précisément ce qui me fait penser ça, j'ai l'impression que mon père t'évite depuis ton arrivée à Londres.

— Ce que tu dis n'a pas de sens, puisque c'est lui qui a suggéré que je t'accompagne à Wimbledon, lui rappela Sebastian comme ils remontaient Park Lane.

— Je le sais. Et c'est aussi papa qui a proposé que tu empruntes ma MG aujourd'hui. Je me demandais seulement si quelque chose s'était passé à Buenos Aires qui ait pu l'agacer.

— Pas à ma connaissance, répondit Sebastian, au moment où, ayant aperçu un panneau indiquant la direction de l'A1, il passait sur la voie extérieure.

— Et je ne comprends toujours pas pourquoi ton père a fait un demi-tour du monde pour te voir, alors qu'il n'avait qu'à décrocher le téléphone.

— J'avais l'intention de lui poser la même question, mais il était soucieux à cause des préparatifs de son futur voyage de promotion de son livre en Amérique. Quand j'ai interrogé ma mère à ce sujet, elle a joué les idiotes. Or, crois-moi, ma mère est tout sauf idiote.

— Et je ne comprends pas non plus pourquoi tu es resté à Buenos Aires alors que tu aurais pu rentrer en avion avec ton père.

— Parce que j'avais promis à ton père d'accompagner une grosse caisse jusqu'à Southampton et que je ne voulais pas le laisser tomber après tout le mal qu'il s'était donné.

— C'est sûrement la statue que j'ai vue couchée sur la pelouse à Shillingford. Mais ça ne fait qu'ajouter au mystère. Pourquoi mon père te demanderait-il de ramener une statue d'Argentine, pour l'amener jusqu'à une salle des ventes et la racheter lui-même ?

— Je n'en ai aucune idée. J'ai signé le formulaire de dédouanement comme il me l'avait demandé et, une fois que Sotheby's a récupéré la caisse, je suis rentré à Bristol avec mes parents… Pourquoi cet interrogatoire ? Je n'ai fait que suivre les instructions de ton père.

— Parce que hier un homme est venu voir mon père à la maison et je l'ai entendu mentionner le nom de Barrington.

Sebastian s'arrêta aux feux de signalisation.

— Tu connais l'identité de cet homme ?

— Non. Je ne l'avais jamais vu, mais j'ai entendu mon père lui donner du « commandant ».

*
\* \*

— Votre attention, s'il vous plaît, lança le haut-parleur.

La foule se tut alors que M$^{lle}$ Gibson s'apprêtait à servir pour le premier set.

— M. Martinez est prié de se rendre au secrétariat de toute urgence.

Don Pedro ne réagit pas tout de suite puis se leva lentement.

— Il a dû y avoir un pépin, dit-il.

Diego sur ses talons, il se précipita immédiatement le long de la rangée de spectateurs et se rua vers la sortie la plus proche. Quand il arriva dans le couloir, il demanda au vendeur de programmes où se trouvait le secrétariat.

— Dans le grand bâtiment au toit vert, monsieur, répondit le jeune caporal-chef en pointant le doigt vers sa droite. Vous ne pouvez pas vous tromper.

Don Pedro dévala les marches et quitta le court central, mais Diego l'avait dépassé bien avant qu'il atteigne la sortie. Diego accéléra le pas et prit la direction du grand bâtiment qui dominait la ligne des toits, jetant de temps en temps un coup d'œil en arrière pour s'assurer que son père n'était pas trop à la traîne. Il ralentit quand il aperçut un vigile en uniforme à côté d'une double porte.

— Où se trouve le secrétariat ? cria-t-il.

— Troisième porte à gauche, monsieur.

Diego ne ralentit l'allure que lorsqu'il vit la mention « Secrétariat du club » inscrite sur une porte. Il l'ouvrit et tomba nez à nez avec un homme qui portait une élégante veste vert et violet.

— Je suis M. Martinez. Vous venez de m'appeler par le haut-parleur.

— En effet, monsieur. Un certain M. Karl Ramirez a téléphoné pour vous prier de l'appeler chez vous sans tarder. Il a déclaré que c'était extrêmement urgent.

Diego saisit le récepteur qui se trouvait sur le bureau du secrétaire et il était en train de composer le numéro de la maison lorsque son père entra en trombe dans le secrétariat, les joues en feu.

— Quelle est l'urgence ? s'enquit-il entre deux halètements.

— Je ne le sais pas encore. On m'a juste prié de téléphoner à Karl à la maison.

Dès qu'il entendit « C'est vous, monsieur Martinez ? », Don Pedro s'empara du téléphone.

— Oui, répondit-il, avant d'écouter attentivement ce que Karl avait à lui dire.

— Qu'est-ce qui se passe ? fit Diego qui s'efforçait de rester calme, alors que son père était devenu livide et agrippait le bord du bureau du secrétaire.

— Bruno se trouve dans la voiture.

*
* *

— Dès mon retour ce soir, dit Bruno, j'aurai une explication avec mon père. Je ne vois pas comment tu aurais pu l'énerver si tu n'as fait que suivre ses instructions.

— Je n'en ai aucune idée, répondit Sebastian en prenant au rond-point la première sortie pour s'engager sur l'A1 et se joindre aux voitures qui roulaient sur la route à quatre voies.

Il appuya sur le champignon, adorant sentir le vent souffler dans ses cheveux.

— Il se peut que je me raconte des histoires, reprit Bruno, mais je préférerais tirer les choses au clair.

— Si le commandant s'appelle Fisher, alors je peux t'affirmer que même toi tu n'arriveras pas à accomplir cet exploit.

— Je ne comprends pas. Qui diable est ce Fisher ?

— C'est le candidat conservateur qui était l'adversaire de mon oncle aux dernières élections. Tu ne t'en souviens pas ? Je t'avais tout raconté sur lui.

— C'est le type qui a essayé de lui voler la victoire en trichant ?

— C'est bien lui. Et il a également tenté de déstabiliser la compagnie de transport maritime Barrington en achetant et en vendant des actions de l'entreprise chaque fois qu'elle était sous pression. Et ça n'a pas dû arranger les choses lorsque le président du conseil d'administration s'est finalement débarrassé de lui pour le remplacer par ma mère.

— Mais pourquoi mon père aurait-il à faire avec un salaud de son espèce ?

— Il est possible qu'il ne s'agisse même pas de Fisher. Dans ce cas, on serait tous les deux en train de se raconter des histoires.

— Espérons que tu as raison. Mais je crois qu'on devrait quand même rester aux aguets, au cas où l'un de nous deux découvrirait quelque chose qui puisse résoudre le mystère.

— Excellente idée. Parce que, quoi qu'il arrive, je ne veux surtout pas me mettre ton père à dos.

— Et même si l'un de nous deux découvre que, pour une raison ou une autre, il existe des dissensions entre nos deux familles, on n'est pas obligés de s'en mêler.

— Je suis tout à fait d'accord, renchérit Sebastian comme le compteur kilométrique montait à cent, encore une nouvelle expérience pour lui. Combien de livres au programme ton conseiller pédagogique te demande de lire avant le début du trimestre ? s'enquit-il au moment où il passait sur la voie extérieure pour dépasser trois camions de charbon roulant en convoi.

— Il a suggéré que j'en lise une douzaine, mais j'ai eu l'impression qu'il ne s'attendait pas à ce que je les aie tous lus pour le jour de la rentrée.

— Je ne crois pas avoir lu une douzaine de livres de toute ma vie, reconnut Sebastian au moment où il dépassait le dernier camion.

Il dut freiner brusquement lorsque le chauffeur du deuxième camion déboîta soudain et se mit à doubler le premier. Juste au moment où il semblait que le camion allait regagner la voie intérieure, Sebastian jeta un coup d'œil dans le rétroviseur et vit que le troisième camion était lui aussi passé sur la voie extérieure.

Avançant petit à petit, le camion de devant arriva au niveau de celui qui était toujours sur la voie intérieure. Sebastian jeta un nouveau coup d'œil dans le rétroviseur et commença à s'inquiéter en voyant que celui derrière lui paraissait se rapprocher.

Bruno se retourna et fit de grands gestes de colère au chauffeur du camion qui les suivait, tout en hurlant à tue-tête : « Rabattez-vous ! »

Le visage impassible, le conducteur restait penché sur son volant tandis que son véhicule continuait à se rapprocher inexorablement alors que le camion devant eux n'avait toujours pas complètement dépassé celui qui roulait toujours sur la voie intérieure.

— Dépêche-toi, pour l'amour du ciel ! cria Sebastian tout en appuyant de toutes ses forces sur le klaxon, même s'il savait que le chauffeur du camion devant lui ne pouvait pas entendre un traître mot de ce qu'il disait.

Lorsqu'il regarda à nouveau dans le rétroviseur, il fut horrifié de constater que le camion qui le suivait n'était désormais qu'à quelques centimètres de son pare-chocs arrière. Celui qui le précédait n'avait toujours pas assez progressé pour se rabattre, ce qui empêchait Sebastian d'accélérer. Bruno faisait à présent de grands gestes au conducteur roulant sur leur gauche, mais celui-ci avançait à vitesse constante. Il aurait pu aisément ralentir pour leur permettre de se rabattre sur la voie intérieure, mais il ne leur accorda pas le moindre coup d'œil.

Sebastian serra le volant encore plus fort lorsque le camion qui le suivait toucha son pare-chocs arrière et poussa la petite MG, propulsant dans les airs sa plaque minéralogique. Sebastian essaya d'avancer d'une cinquantaine de centimètres mais il ne pouvait pas rouler plus vite sans heurter le camion devant lui et être plié entre les deux comme un accordéon.

Quelques secondes plus tard, ils furent projetés en avant une deuxième fois, comme le camion de derrière enfonçait l'arrière de la MG encore plus violemment, la poussant à trente centimètres du camion de devant. Ce fut seulement lorsque celui de derrière les heurta une troisième fois que les paroles de Bruno, « Es-tu certain d'avoir pris la bonne décision ? », ressurgirent dans son esprit. Il jeta un coup d'œil à Bruno qui agrippait le tableau de bord des deux mains.

— Ils essayent de nous tuer ! hurla-t-il. Pour l'amour du ciel, Seb, fais quelque chose !

L'air désemparé, Sebastian regarda vers les voies en sens inverse où un flot ininterrompu de véhicules roulaient en direction du sud.

Quand le camion qui les précédait commença à ralentir, il savait que pour avoir le moindre espoir de s'en tirer il devait prendre une décision, et la prendre très vite.

*
* *

Ce fut au responsable des admissions de Cambridge que fut confiée la tâche peu enviable de téléphoner au père du jeune homme pour lui apprendre que son fils avait perdu la vie dans un tragique accident de la circulation.

# REMERCIEMENTS

Je remercie les personnes suivantes pour leurs recherches et leurs inestimables conseils :
Simon Bainbridge, Robert Bowman, Eleanor Dryden, Alison Prince, Mari Roberts et Susan Watt.

# Table

| | |
|---|---|
| Arbre généalogique | 8 |
| Prologue | 11 |
| Harry Clifton et Emma Barrington, 1945-1951 | 23 |
| Giles Barrington, 1951-1954 | 121 |
| Alex Fisher, 1954-1955 | 201 |
| Giles Barrington, 1955 | 257 |
| Sebastian Clifton, 1955-1957 | 313 |
| Harry Clifton, 1957 | 393 |
| Sebastian Clifton, 1957 | 461 |
| Remerciements | 540 |

*Découvrez le début du 4ᵉ tome de la
Chronique des Clifton :*

# Juste retour des choses

TRADUIT DE L'ANGLAIS PAR GEORGES-MICHEL SAROTTE

*Titre original :*

BE CAREFUL WHAT YOU WISH FOR
Publié par Macmillan, 2015.

© Jeffrey Archer, 2014.
© Éditions Les Escales, un département d'Édi8, 2015,
pour l'édition française.

# Prologue

Sebastian serra le volant encore plus fort lorsque le camion qui le suivait toucha son pare-chocs arrière et poussa la petite MG, éjectant dans les airs la plaque minéralogique. Il essaya d'avancer d'une cinquantaine de centimètres mais il ne pouvait pas rouler plus vite sans heurter le camion devant lui et être plissé entre les deux comme un accordéon.

Quelques secondes plus tard, ils furent projetés en avant une deuxième fois quand le camion de derrière emboutit plus violemment la MG, la propulsant à trente centimètres du camion de devant. Ce fut seulement au moment où le camion de derrière les heurta une troisième fois que les paroles de Bruno ressurgirent dans son esprit. « Es-tu certain d'avoir pris la bonne décision ? » Il jeta un coup d'œil à son ami Bruno qui, livide de peur, agrippait le tableau de bord des deux mains.

— Ils essayent de nous tuer ! hurla-t-il. Pour l'amour du ciel, Seb, fais quelque chose !

L'air désemparé, Sebastian regarda vers les voies en sens inverse où un flot ininterrompu de véhicules roulaient en direction du sud.

Lorsque le camion qui les précédait commença à ralentir, Sebastian savait que, pour avoir le moindre espoir de s'en tirer, il devait prendre une décision, et très vite. Il lança un coup d'œil affolé vers l'autre côté de la route, guettant désespérément l'ouverture d'une brèche dans le flot de véhicules. Quand le camion le percuta une quatrième fois, il comprit qu'il n'avait plus le choix.

Il donna un brusque coup de volant à droite, traversa en zigzaguant le terre-plein central et se jeta au milieu des voitures. Il appuya à fond sur l'accélérateur, priant pour qu'ils puissent atteindre les vastes champs qui s'étendaient à perte de vue avant qu'une voiture ne les emboutisse.

Freinant comme des fous, une camionnette et une voiture firent une embardée pour éviter la petite MG qui se précipitait sur elles. L'espace d'un instant, Sebastian crut qu'ils allaient s'en tirer, jusqu'à ce qu'il aperçoive l'arbre qui se dressait devant eux. Ôtant le pied de l'accélérateur, il donna un coup de volant à gauche, mais c'était trop tard. La dernière chose qu'il entendit fut le hurlement de Bruno.

# HARRY ET EMMA CLIFTON
## 1957-1958
### 1

Harry Clifton fut réveillé par la sonnerie du téléphone.

Il était en plein rêve mais il ne se rappelait pas le sujet. Peut-être le son métallique persistant en faisait-il partie. Il se retourna à contrecœur et, clignant des yeux, regarda les petites aiguilles vertes phosphorescentes du réveil posé sur la table de chevet : 6 h 43. Il sourit. Une seule personne oserait l'appeler à cette heure matinale. Il décrocha et murmura d'une voix exagérément endormie :

— Bonjour, ma chérie.

La réponse ne fut pas immédiate et Harry se demanda un instant si le standardiste de l'hôtel s'était trompé de chambre. Il s'apprêtait à raccrocher quand il entendit des sanglots.

— C'est toi, Emma ? s'enquit-il.
— Oui.
— Qu'est-ce qui ne va pas ? fit-il avec douceur.
— Sebastian est mort.

Harry ne réagit pas tout de suite, s'efforçant de croire qu'il était toujours en train de rêver.

— Comment est-ce possible ? finit-il par dire. Je lui ai parlé pas plus tard qu'hier.
— Il a été tué ce matin, expliqua-t-elle, à l'évidence incapable de prononcer plus de quelques mots à la suite.

Harry se redressa brusquement, soudain tout à fait réveillé.

— Dans un accident de voiture, poursuivit Emma entre deux sanglots.

Il tenta de rester calme en attendant qu'elle lui explique précisément ce qui s'était passé.

— Ils se rendaient ensemble à Cambridge.
— « Ensemble » ?
— Sebastian et Bruno.
— Bruno a-t-il survécu ?
— Oui. Il est hospitalisé à Harlow mais les médecins ne sont pas sûrs qu'il passe la nuit.

Harry rejeta la couverture et posa les pieds sur le tapis. Il était frigorifié et avait mal au cœur.

— Je vais prendre un taxi pour l'aéroport sur-le-champ et attraper le premier vol pour Londres.
— Moi, je pars immédiatement pour l'hôpital…

Elle se tut brusquement et Harry se demanda un instant si la communication avait été coupée. Puis il l'entendit murmurer :

— Il faut que quelqu'un identifie le corps.

*

Emma raccrocha mais elle mit un certain temps à trouver la force de se lever et de traverser le salon d'un pas chancelant, en s'appuyant sur les meubles, comme un marin durant une tempête. Quand elle ouvrit la porte, elle tomba sur Marsden qui se tenait dans le vestibule, la tête baissée. Ne l'ayant jamais vu montrer la moindre émotion devant un membre de la famille, elle eut du mal à reconnaître leur vieux serviteur en l'être rabougri qui agrippait le manteau de la cheminée pour ne pas tomber. La cruelle réalité de la mort avait arraché son habituel masque de sérénité.

— Mabel vous a préparé un sac de voyage, madame, balbutia-t-il, et, si vous le permettez, je vais vous conduire à l'hôpital.

— Merci, Marsden. C'est très aimable à vous, répondit-elle comme il lui ouvrait la porte.

Il lui prit le bras pour l'aider à descendre les marches jusqu'à la voiture ; c'était la première fois qu'il touchait Madame. Il ouvrit la portière et, telle une vieille femme, elle s'affala sur le siège en cuir. Il mit le contact, passa la première et entama le long trajet jusqu'à l'hôpital Princess Alexandra, à Harlow.

Elle se rendit soudain compte qu'elle n'avait appelé ni son frère Giles ni sa sœur Grace pour les mettre au courant. Elle leur téléphonerait dans la soirée car elle aurait alors davantage de chances de les trouver seuls, ne voulant pas partager ce moment en présence de tierces personnes. Elle resentit une vive douleur au ventre, comme si elle avait reçu un coup de couteau. Qui allait annoncer à Jessica qu'elle ne reverrait plus son frère ? Redeviendrait-elle jamais la joyeuse fillette éperdue d'admiration pour Seb, tournant autour de lui tel un chiot obéissant qui remue la queue ? Il ne fallait pas qu'elle l'apprenne de la bouche de quelqu'un d'autre. Emma devrait donc revenir au manoir le plus vite possible.

Marsden entra dans la cour du garage où il avait l'habitude de faire le plein, le vendredi après-midi. Quand le pompiste aperçut Mme Clifton assise à l'arrière de l'Austin A30 verte, il porta la main à sa casquette. Elle ne répondit pas à son salut et le jeune homme se demanda s'il avait fait quelque chose qui lui avait déplu. Il remplit le réservoir puis souleva le capot pour vérifier le niveau d'huile. Lorsqu'il l'eut refermé, il porta à nouveau la main à sa casquette mais Marsden démarra sans un mot et sans lui laisser les six pence habituels.

— Qu'est-ce qui leur prend ? murmura le jeune gars, la voiture s'éloignant et quittant son champ de vision.

Une fois qu'ils eurent regagné la route, Emma essaya de se rappeler les paroles exactes prononcées d'une voix entrecoupée par le responsable des admissions du *college* Peterhouse. « Madame Clifton, je suis désolé d'avoir à vous annoncer que votre fils a trouvé la mort dans un accident de voiture. » À part ces faits bruts, M. Padgett ne semblait guère en savoir plus. Mais, comme il l'expliqua, il n'était que le messager.

Les questions s'entrechoquaient dans l'esprit d'Emma. Pourquoi son fils se rendait-il à Cambridge en voiture alors qu'elle lui avait acheté un billet de train seulement deux jours plus tôt ? Qui conduisait, Sebastian ou Bruno ? Roulaient-ils trop vite ? Un pneu avait-il éclaté ? Un autre véhicule était-il impliqué dans l'accident ? Tant de questions ! Mais elle doutait que quelqu'un connaisse toutes les réponses.

Quelques minutes après l'appel de M. Padgett, la police avait téléphoné pour demander si M. Clifton pouvait venir identifier le corps à l'hôpital. Elle avait expliqué que son mari se trouvait à New York pour la tournée de promotion d'un livre. Elle n'aurait peut-être pas accepté de le remplacer si elle avait deviné qu'il serait de retour en Angleterre dès le lendemain. Rentrant en avion, il n'aurait pas, Dieu merci, à passer cinq jours à bord d'un transatlantique, seul avec son chagrin.

Tandis que Marsden traversait des villes inconnues – Chippenham, Newbury, Slough –, don Pedro Martinez fit plus d'une fois irruption au milieu des pensées d'Emma. Était-il possible qu'il ait cherché à se venger de ce qui s'était passé à Southampton quelques semaines auparavant ? Mais cela n'avait aucun sens si l'autre passager de la voiture était son fils Bruno. Ses pensées revinrent vers Sebastian au moment où Marsden quittait la Great West Road et prenait la direction du nord pour gagner l'A1, route empruntée par Sebastian seulement quelques heures plus tôt. Elle avait lu quelque part que, lorsqu'une tragédie personnelle survenait, on n'avait qu'un seul désir : revenir en arrière. Elle avait la même réaction.

Le voyage passa rapidement, Sebastian quittant rarement son esprit. Elle se rappela sa naissance, alors que Harry était en prison à l'autre bout du monde, ses premiers pas à huit mois et quatre jours, son premier mot : « Plus ! » Son premier jour d'école et son bond hors de la voiture avant que Harry n'ait le temps de freiner, puis, plus tard, le collège de Beechcroft Abbey, la fois où le directeur avait voulu le renvoyer mais lui avait accordé sa grâce parce qu'il avait obtenu une bourse prestigieuse de l'université de Cambridge. Tant de joies en perspective, tant de projets à accomplir... jetés d'un seul coup aux oubliettes de l'histoire. Finalement, l'affreuse erreur d'avoir permis au secrétaire général du gouvernement de la persuader de laisser Sebastian participer à son plan pour traduire don Pedro Martinez en justice. Si elle avait repoussé la demande de sir Alan Redmayne, son fils unique serait toujours en vie. Si, si...

Le Livre de Poche s'engage pour l'environnement en réduisant l'empreinte carbone de ses livres. Celle de cet exemplaire est de : 600 g éq. CO₂
Rendez-vous sur www.livredepoche-durable.fr

PAPIER À BASE DE FIBRES CERTIFIÉES

Composition réalisée par Lumina Datamatics

Achevé d'imprimer en juillet 2015 en France par
CPI BRODARD ET TAUPIN
La Flèche (Sarthe)
N° d'impression : 3012047
Dépôt légal 1re publication : mai 2015
Édition 02 – juillet 2015
LIBRAIRIE GÉNÉRALE FRANÇAISE
31, rue de Fleurus – 75278 Paris Cedex 06

15/4450/9